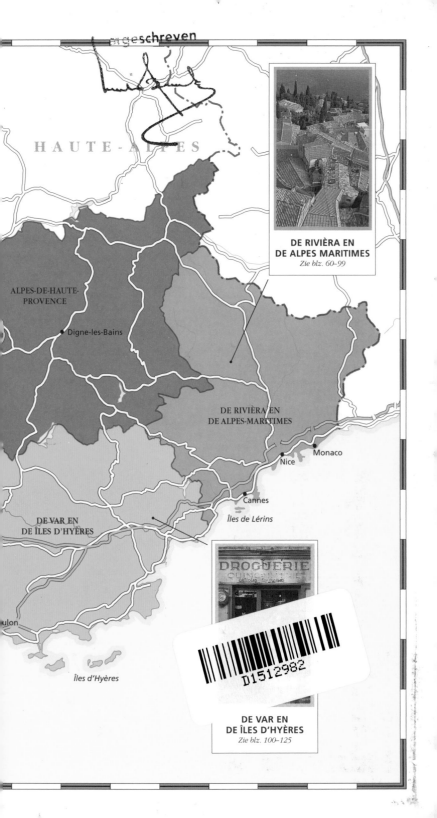

angeschreven

HAUTE-ALPES

ALPES-DE-HAUTE-
PROVENCE

• Digne-les-Bains

**DE RIVIÈRA EN
DE ALPES MARITIMES**
Zie blz. 60–99

**DE RIVIÈRA EN
DE ALPES-MARITIMES**

Nice • Monaco

Cannes
Îles de Lérins

**DE VAR EN
DE ÎLES D'HYÈRES**

DROGUERIE

ulon

Îles d'Hyères

D1512982

**DE VAR EN
DE ÎLES D'HYÈRES**
Zie blz. 100–125

CAPITOOL ✦ REISGIDEN

PROVENCE
& CÔTE D'AZUR

CAPITOOL REISGIDSEN

PROVENCE
& CÔTE D'AZUR

ROGER WILLIAMS

VAN REEMST
UITGEVERIJ

HOUTEN

A Dorling Kindersley book
www.dk.com

Oorspronkelijke titel: Dorling Kindersley Eyewitness Travel
Guides – Provence & Côte d'Azur
© 2008 Oorspronkelijke uitgave:
Dorling Kindersley Limited, Londen
© 2008 Nederlandstalige uitgave:
Van Reemst Uitgeverij/Unieboek bv
Postbus 97
3990 DB Houten
www.capitool.nl

14de herziene druk 2008

Auteurs: John Flower, Jim Keeble, Martin Walters,
Roger Williams
Boekverzorging: *de Redactie*, Amsterdam
Vertaling: Willemien Werkman
Bewerking: Ron de Heer
Actualisering: *Tekstpraktijk*, Ido de Jonge
Omslag: Teo van Gerwen-design, Waalre

Cartografie: Lovell Johns Limited, Oxford UK

Alles is in het werk gesteld om ervoor te zorgen dat de
informatie in dit boek bij het ter perse gaan zo veel mogelijk is
bijgewerkt. Gegevens zoals telefoonnummers, openingstijden,
prijzen, exposities en reisinformatie zijn echter aan veranderingen
onderhevig. De uitgever is niet aansprakelijk voor consequenties
die voortvloeien uit het gebruik van dit boek.

ISBN: 978-90-410-3344-4
NUR 512

INHOUD

Klaprozen bij Sisteron

INLEIDING OP DE PROVENCE

Pampelonne ten zuiden van St-Tropez

◁ **Abbaye de Sénanque, Vaucluse**

Visser in Marseille

Château van Tarascon

Geitenkaas in kastanjeblad

**TIPS VOOR DE
REIZIGER**

Parfum uit de Provence

**Landschap tussen Grasse en
Castellane**

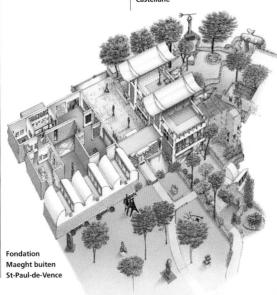
**Fondation
Maeght buiten
St-Paul-de-Vence**

HOE GEBRUIKT U DEZE GIDS

Deze reisgids zal u helpen uw verblijf in de Provence zo aangenaam mogelijk te maken. Het eerste deel, *Inleiding op de Provence*, beschrijft de geografische ligging en plaatst de streek in een historische en culturele context. In *De Provence van streek tot streek* worden alle beziens-

waardigheden gedetailleerd beschreven. Zorgvuldig nagetrokken tips voor hotels, winkels en markten, restaurants en cafés, sport en vertier vindt u in *Tips voor de reiziger* en *Wegwijs in de Provence* adviseert u over alles, van het posten van een brief tot het reizen door het gebied.

VAN STREEK TOT STREEK

De Provence is verdeeld in vijf gebieden, waaraan steeds een hoofdstuk is gewijd. Een kaart van deze gebieden vindt u aan de binnenzijde van de achterflap van dit boek. De interessantste bezienswaardigheden in elk gebied zijn genummerd en staan op een *streekkaart*.

De kleurcode op elke bladzijde maakt dat u de streek gemakkelijk vindt.

1 Inleiding
Het landschap, de geschiedenis en het karakter van elke streek worden hier beschreven, waarbij de ontwikkeling van het gebied en wat het de bezoeker nu te bieden heeft aan bod komen.

Een oriëntatiekaart toont waar het gebied in de Provence ligt.

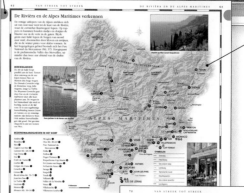

2 Streekkaart
Deze geeft een geïllustreerd overzicht van het hele gebied. De bezienswaardigheden zijn genummerd en u vindt hier tips over het reizen per auto of openbaar vervoer.

Themakaders diepen bijzondere aspecten van een bepaalde bezienswaardigheid uit.

3 Informatie over bezienswaardigheden
Alle belangrijke steden en andere bezienswaardige plaatsen worden in dit deel gedetailleerd beschreven, volgens de nummering op de streekkaart. Er is gedetailleerde informatie over de voornaamste gebouwen en andere attracties in elke plaats.

4 Belangrijkste steden
Een inleiding behandelt de geschiedenis en de plattegrond. De bezienswaardigheden worden apart beschreven en aangegeven op een stadskaart.

In Tips voor de toerist krijgt u praktische informatie om uw bezoek voor te bereiden.

Op **de stadskaart** staan doorgaande wegen en kleinere straten die interessant zijn voor de toerist. Alle bezienswaardigheden staan aangegeven, naast bus- en treinstations, parkeerplaatsen, toeristenbureaus en kerken.

5 Stratenkaart
Deze kaart biedt een gedetailleerde blik op het hart van een bezienswaardige stad of gebied, met foto's van de belangrijkste gebouwen of attracties. Zo krijgt u een goed overzicht.

De aanbevolen route voor een wandeling gaat door de mooiste straten in een gebied.

Een bezoek aan **alle top attracties** kunt u voorbereiden met behulp van de Tips voor de toerist.

6 De belangrijkste attracties
Deze bezienswaardigheden worden over twee of meer hele bladzijden beschreven. Historische gebouwen zijn opengewerkt, waardoor het interieur zichtbaar wordt. Musea hebben een met kleur gecodeerde plattegrond.

De museumwijzer toont de plattegrond van een museum en hoe de collectie is tentoongesteld.

Zwarte sterren markeren de kunstwerken of attracties die niemand mag missen.

INLEIDING OP
DE PROVENCE

DE PROVENCE ONTDEKKEN

In de Provence komen alle zintuigen aan bod: het zicht voor de eindeloze, zonovergoten landschappen, de reuk voor de lavendel en de olijfgaarden, de smaak voor de zongerijpte gewassen en de druiven, het gehoor voor de zacht kabbelende golven en het gevoel

De bekende lavendelparfum

voor de warmte van de zon. U vindt hier de chique badplaatsen van de Rivièra naast kleine eilanden, drukke steden naast *villages perchés*, indrukwekkende opgravingen uit de tijd van de Romeinen naast landelijke dorpjes en eindeloze velden paarse lavendel.

Spectaculair zicht op de Rivièra vanuit een plaats boven Nice

DE RIVIÈRA EN DE ALPES MARITIMES

- Nice, Cannes en Monaco
- Het sensuele Grasse
- Vallée des Merveilles

De fameuze Rivièra is al meer dan 100 jaar de speeltuin voor schilders, componisten, schrijvers en beroemdheden. Het schitterende landschap bekoorde alle grote Franse impressionisten en blijft zijn aantrekkingskracht behouden. Beproef uw geluk in het casino van **Monte Carlo** *(blz. 92–93)*, ga sterren kijken op het **Filmfestival in Cannes** *(blz. 68–69)*, wandel over de Promenade des Anglais in **Nice** *(blz. 80–81)*, de grootste stad van de Rivièra, treed in de voetsporen van Picasso in de aardige *vieille ville* van **Antibes** *(blz. 72)*, of geniet van de zon in **Menton** *(blz. 98–99)*, de citroenstad met het beste klimaat van heel Frankrijk. In het binnenland liggen middeleeuwse stadjes lui

tegen de heuvels aan, zoals het veel gefotografeerde gastronomische **Mougins** *(blz. 66)*. Tussen velden vol geurige rozen en jasmijn ligt de hoofdstad van de parfum, **Grasse** *(blz. 66–67)*, geboorteplaats van Chanel No 5. Het achterland van de Alpes Maritimes is een landschappelijk paradijs vol diepe kloven, glinsterende rivieren en besneeuwde bergtoppen, waar nog weinig toeristen komen. Hoogtepunt is de **Vallée des Merveilles** *(blz. 97)*, waar tussen de woeste pieken steenbokken en geiten rondzwerven.

DE VAR EN DE ÎLES D'HYÈRES

- Het elegante St-Tropez
- Côtes de Provence
- Îles d'Hyères, Gouden Eilanden

St-Tropez *(blz. 118–122)* of St-Trop, zoals de Fransen het noemen, is de chicste badplaats van de Provence. De zandstranden lokken sterren en hun entourage. De stranden in de omgeving lijken zomaar uit het niets op te duiken. In **Fréjus** *(blz. 125)* zijn ze veilig en ongerept en in **Bandol** *(blz. 112)* vindt u inhammen, beschut door beboste heuvels.
Rond Bandol liggen de wijngaarden van de **Côtes de Provence** *(blz. 108–109)*. De wijnen zijn uitstekend, vooral de rode, en er zijn genoeg gelegenheden om ze te proeven. De attractie van de baai van Hyères zijn de eilanden, de **Îles d'Hyères** *(blz. 114–115)*, ook wel *'Îles d'Or'* of 'Gouden Eilanden' genoemd. Deze diepgroene eilanden in een felblauwe zee zijn de aangenaamste van de westelijke Rivièra.

De haven van St-Tropez, een en al glitter en glamour

Het *village perché* Roussillon, bijgenaamd het 'rode dorp'

BOUCHES-DU-RHÔNE EN NÎMES

• **De wonderlijke natuur van de Camargue**
• **Romeinse restanten in Nîmes en Pont du Gard**
• **Marseille en kleinere havens**

De adembenemende, contrasterende landschappen van deze streek zijn op doek vereeuwigd door Van Gogh en Cézanne. In het westen ligt de **Camargue** *(blz. 136–139)*, een van de grootste natuurreservaten van Frankrijk. *Gardians* of Camargue-cowboys hoeden op hun witte paarden zwarte stieren, vogelaars genieten van de soortenrijkdom en natuurliefhebbers worden beloond met unieke planten- en diersoorten.
Nîmes *(blz. 132–133)* is een en al zuidelijke charme met een Spaans tintje. Hier vindt u enkele van de best bewaarde Romeinse gebouwen van Europa, waaronder een kopie van het Colosseum in Rome, **Les Arènes** *(blz. 132)*. Vlakbij ligt een opvallend voorbeeld van Romeinse bouwkunst, de **Pont du Gard** *(blz. 131)*, met 48 m de hoogste brug die de Romeinen ooit bouwden. **Arles** *(blz. 144–146)* is voor velen de parel van de Provence. In dit gebied ligt ook **Marseille** *(blz. 150–152)*, de grootste stad van de Provence en de grootste haven en oudste stad van

Frankrijk. De stad is onlangs opgeknapt en is nu dynamischer dan ooit. Het elegante **Aix-en-Provence** *(blz. 148–149)* mag u niet missen, net als het kleine, charmante **Cassis** *(blz. 153)*.

Verse groenten en fruit op de kleurige markt in Aix-en-Provence

VAUCLUSE

• *Villages perchés* **Gordes en Roussillon**
• **Avignon, een hoogtepunt**
• **Châteauneuf-du-Pape**

Rond de met sneeuw bedekte top van de **Mont Ventoux** *(blz. 160)* ligt deze lieflijke streek met rozemarijn, salie, thijm, lavendel en pijnbomen waar u maar kijkt. De *villages perchés* zijn vaak alleen bereikbaar via kronkelende wegen, maar uw moeite wordt beloond. **Gordes** *(blz. 169)* ligt spectaculair tegen een bergtop en **Roussillon** *(blz. 169)* baadt in een okerkleurig licht. **Avignon** *(blz. 166–168)*, aan de oevers van de Rhône, is een poort naar de Provence. Deze boeiende ommuurde stad is een en al cultuur. In

deze vruchtbare streek mag u de Côtes-du-Rhonewijnen niet missen, vooral niet die uit **Châteauneuf-du-Pape** *(blz. 164)*. Ook de meloenen uit Cavaillon *(blz. 170)*, de grootste moestuin van Frankrijk, zijn heerlijk.

ALPES-DE-HAUTE-PROVENCE

• **De geheime Provence**
• **De Gorges du Verdon**
• **Lavendelvelden van het Plateau de Valensole**

De minst bekende en dunst bevolkte streek van de Provence kent een klimaat dat de Provençaalse warmte combineert met de zuivere Alpenlucht. Het landschap zit vol diepe ravijnen, woeste valleien, bizarre rotsformaties en heldere meren, omringd door de hoge Alpen.
De **Gorges du Verdon** *(blz. 184–185)* is een van Frankrijks topattracties. Deze adembenemende kloof snijdt 700 m diep in de rots. Het gebied is een paradijs voor liefhebbers van buitensporten als wandelen, wildwatervaren, kanoën en hang-gliding. In het noorden ligt de hoogste berg van de Alpes-de-Haute-Provence, de **Mont Pelat** *(blz. 179)*. In het zuiden ligt Frankrijks belangrijkste lavendelgebied, het **Plateau de Valensole** *(blz. 182–183)*. Deze paarse pracht is 's zomers het mooist.

Paarse lavendelvelden op het Plateau de Valensole

De Provence in kaart gebracht

De Provence ligt in de zonovergoten zuidoost-hoek van Frankrijk, in het zuiden begrensd door de Middellandse Zee. De befaamde kustlijn aan de zuidkant van de Provence is ook bekend als de Côte d'Azur of de Rivièra. De streek wordt aan de oostkant door Italië en de Alpen en aan de westkant door de Rhône begrensd. Het gebied is 30.000 km² groot en er wonen ongeveer 4,25 miljoen mensen.

EUROPA

SYMBOLEN

- In deze gids beschreven gebied
- Veerdienst
- Luchthaven
- Snelweg
- Hoofdweg
- Spoorlijn

0 kilometer 100

Voor verklaring andere symbolen *zie achterflap*

Gezicht op het Palais des Papes in Avignon

MIDDELLANDSE ZEE

Zie binnenkant achterflap

EEN SCHETS VAN DE PROVENCE

D e Provence is in korte tijd van karakter veranderd. Twee generaties geleden was het gebied in de ogen van de Fransen een oord van luie boerenkinkels. Voor buitenlanders was het een idylle, alleen weggelegd voor de rijke aristocratie. Tegenwoordig willen de Fransen maar al te graag in de Provence wonen en werken en zijn er het hele jaar door vakantiegangers te vinden.

De technische industrie die hier is gevestigd, trekt eersteklas vakmensen uit de hele wereld aan. Toch blijft de Provence in wezen een landelijk gebied. Aan zijn grenzen heerst een Latijnse atmosfeer: bijna Spaans bij de *gardians* van de Camargue in het westen, Italiaans in Nice in het oosten. De rest van het gebied is overwegend traditioneel en conservatief. Het gesprek leeft alleen op bij spelletjes *boules* of discussies over Europese bureaucratie. Als er eenmaal contact is gelegd, zijn de inwoners van de Provence gastvrij en vriendelijk. Ze zijn, als alle Fransen, gesteld op goede manieren en nauwgezet. Winkeliers zullen u altijd vrien-

Affiche Grand Prix van Monaco

delijk groeten, maar sluiten hun deuren klokslag twaalf uur. Ook andere instellingen houden zich strikt aan de sluitingstijden. De lunch is in de Provence heilig.

Tradities zijn zeer belangrijk voor de inwoners van de Provence. Plaatselijke ambachten zijn nog altijd gerespecteerde beroepen. Kunstenaars die kwamen voor het licht en het landschap leerden er ook andere dingen. Picasso leerde pottenbakken van een plaatselijke ambachtsman. In de huizen staan zelfgedraaide kastanje- en eikenhouten meubels, *terre rouge*-potten, Moustiers-*faïence*, Biotglas en stoffen met traditionele *indiennes*-patronen uit Arles en Nîmes.

Een spelletje *boules* in Châteauneuf-du-Pape

◁ Italiaanse sfeer in de oude stad van Nice

Banketbakker in Sisteron

Het huishouden gebeurt al eeuwenlang op dezelfde manier. De keuken is het hart van het gezin. Men combineert er eenvoud met overvloed, mengt er de geur van kruiden met de gulheid van wijn en bereikt zo het toppunt van smaak.

Verse vis op de markt

Goede smaak is aangeboren. In deze boerengemeenschap zijn het weer, de seizoenen en de oogsten steeds weer het middelpunt van het gesprek. Men is trots op zijn tuinen vol fruitbomen, groenten en bloemen. Zelfs stadsmensen weten hoe groenten moeten worden gekweekt en bezitten vaak een stukje land. Marktkramen zien er prachtig uit en de waren zijn altijd onderwerp van discussie.

Er zijn nog steeds verhitte discussies over de verplichte regelgeving van de Europese Unie, die volgens boeren in het verleden nadelige effecten heeft gehad op het productieve Provençaalse land, toen bijvoorbeeld oude wijngaarden werden omgespit en de welvaart van de landeigenaren snel minder werd.

De oogstcyclus is van groot belang en de weersomstandigheden hebben bijna net zoveel invloed als de maatregelen van de EU. De inwoners van de Provence zijn net zo katholiek als de andere Fransen en hebben een groot gevoel voor mystiek. Verschillende geloven lopen naadloos in elkaar over. Carnaval en Sacramentsdag verlengen het paasfeest, dat hier veel belangrijker is dan in andere delen van Europa. Ook van Kerstmis wordt veel werk gemaakt, de feestelijkheden beginnen al op 4 december, St.-Barbara, met het planten van tarwekorrels, een heidens symbool van vernieuwing.

Op het platteland heerst nog veel bijgeloof. Als er een baby wordt geboren, geeft men een ei, zout, brood en lucifers, terwijl takken driedistel aan de deur worden gespijkerd voor geluk.

De Provence heeft een echt mediterraan landschap: de bergen lopen uit in de zee en plaatsjes zijn tegen de rotsen of afgelegen hellingen aan gebouwd. Het spreekt vanzelf dat tradities hier blijven voortleven. Eeuwenlang kwamen hier de bannelingen uit Frankrijk, die in deze streek een nieuwe identiteit konden aannemen en een ander leven konden beginnen.

Wellicht bleven vreemdelingen daarom altijd buitenstaanders. Ook levenslange vetes waren hier aan de orde

Het oogsten van lindebloesem voor *tilleul* **(thee)**

De indrukwekkende rotsen van Les Pénitents de Mées in de Alpes-de-Haut-Provence

van de dag. Er zijn nu nog steeds dorpen waar de ene familie niet met de andere spreekt, ook al weet niemand meer waarom. Deze levenshouding werd treffend verbeeld door Yves Montand en Gérard Depardieu in Claud Berri's verfilming van Marcel Pagnols *Jean de Florette* en *Manon des Sources*. De kust is het territorium van de *film noir*. Hier leidde de traditie van zwijgen en sterke familiebanden tot weinig goeds. Jean-Paul Belmondo en Alain Delon gaven er een romantisch beeld van in *Borsalino*, en Gene Hackman toonde de zwarte onderkant in *The French Connection*.

In 1982 publiceerde de in Antibes woonachtige Graham Greene een boek over de corruptie in het nabijgelegen Nice. Yann Piatt, die fel campagne voerde tegen drugs en lid van het parlement was voor de Var, werd in 1994 in Hyères vermoord.

Het feit dat Piatt een vrouw was, maakte geen verschil voor haar vijanden, een wrang gegeven in een streek waar vrouwen lang niet altijd als gelijken worden behandeld. Alphonse Daudet wees op de 'onverbeterlijke minachting' in de Provence van mannen voor vrouwen. Toch kiest men de Koningin van Arles om haar deugden en als belichaming van de traditionele waarden van de Provence en groeide in deze streek hét 20ste-eeuwse symbool voor de vrouwelijkheid op, Brigitte Bardot.

De toerist die de vele aspecten van de Provence – de tradities en de schoonheid en glamour – weet te waarderen, wordt rijkelijk beloond. Hoe vaker u echter terugkomt, hoe meer tot u doordringt dat een deel van de charme van de Provence verborgen ligt in de geheimen die de streek weigert prijs te geven.

Terras op de Cours Mirabeau, Aix

De flora en fauna van de Provence

Charaxes jasius

In de verschillende habitats van de Provence – de Middellandse Zee, de wetlands aan de kust, rotsspleten en afgelegen bergtoppen in de Alpes Maritimes – komt een indrukwekkende hoeveelheid insecten, vogels, zoogdieren en bloemen voor. Het gebied heeft het mildste klimaat van Frankrijk: hete, droge zomers en zachte winters. De bloemen zijn in het vroege voorjaar op hun mooist, terwijl de aantallen vogels laat in de lente het grootst zijn. Veel gebieden zijn tot reservaat gemaakt, vaak met gemarkeerde wandelroutes.

De Mont Ventoux. In de lente staan de hellingen in bloei (blz. 160).

De Lubéron (blz. 170–172) is een kalkstenen bergketen, waar veel orchideeën groeien. Het is ook een goed jachtgebied voor roofvogels.

• Orange

Les Alpilles, een kalkstenen bergkam (blz. 141), trekt roofvogels, waaronder havikarenden, aasgieren en oeboes, maar ook deze vriendelijke bijeneter.

Carpentras •

• Avignon

VAUCLUSE

Rhône

• Arles

BOUCHES-DU-RHÔNE EN NÎMES

De Camargue, in de delta van de Rhône, is een van de belangrijkste wetlands van Europa (blz. 136–139). Tot de watervogels die er leven, behoren de purperreiger en de schitterende grote flamingo. Hagedissen, waaronder deze gevlekte hagedis, komen er ook voor.

• Marseille

De Côte Bleue is rijk aan zeedieren, zoals inktvissen, in de diepere wateren.

Les Calangues (blz. 153) zijn smalle inhammen, begrensd door kliffen. In de dennen en eiken op de rotsige hellingen leven bosvogels, zoals uilen.

De Plaine de la Crau bestaat uit 50.000 ha steenvlakten en grasvelden ten zuidoosten van Arles. Er komen vogels voor als deze hop en het zeldzame stekelstaartboen.

Het Parc National du Mercantour *is een van de mooiste alpine reservaten* (blz. 97), *met wild als deze marmot, de gems, de steenbok en de moeflon. U kunt hier uitstekend wandelen.*

Het Réserve Géologique de Haute Provence bij Digne *(blz. 180)* bezit een verzameling reusachtige fossiele schelpen.

De Cime de la Bonette *(blz. 179)* is een hoge pas waar gemzen rondlopen.

Het Gorges du Verdon *gebied, tussen de Alpen en de Middellandse Zee, is een schitterend natuurreservaat met een imposante kloof in het midden* (blz. 184–185). *Vanaf de bodem van het ravijn kunt u de rotsformaties en de planten en vogels zien.*

Barcelonnette •

ALPES-DE-HAUTE-PROVENCE

Digne-les-Bains

Var

De Gorges de la Vésubie *(blz. 95)* biedt uitzichtpunten waar u trekvogels als zwaluwen kunt bekijken.

DE RIVIÈRA EN DE ALPES MARITIMES

Nice

DE VAR EN DE ÎLES D'HYÈRES

• Fréjus

Het Massif de l'Esterel *(blz. 124)* heeft hoge rotsen en een struikbegroeiing die ideaal is voor slangen.

Het Massif des Maures (blz. 116–117) *is dicht begroeid met maquis en bossen van kurkeiken vol bijeneters, roodkopklauwieren en hoppen. Ook de zeldzame Hermanns schildpad leeft er.*

Het Massif de la Ste-Baume is bedekt met loofbomen die in de herfst hun prachtige kleuren tonen.

Toulon

De Îles d'Hyères (blz. 114–115), *op korte afstand van de zuidpunt van de Provence, zijn het beroemdst om hun zeedieren, waaronder vissen als deze lipvis. Ook ziet u er gekko's en zeldzame vogels als de geelsnavelkoekoek.*

SYMBOLEN

- Nationaal park
- Regionaal natuurpark
- Beschermd gebied
- Reservaat

0 kilometer 25

Hooggelegen dorpen

De *villages perchés* of hooggelegen dorpen zijn een van de mooiste architectuurvormen in de Provence. Ze rijzen als bergtoppen op uit de heuvels, waar ze tijdens de woelige middeleeuwen vanwege de veiligheid zijn gebouwd. Ze bewaakten het achterland en de kust. Ze werden gebouwd rond versterkingen en omgeven door dikke muren. Na de 19de-eeuwse agrarische hervormingen konden maar weinige hun boerengemeenschap onderhouden en er volgde een eeuw van armoede en ontvolking. Nu zijn veel van deze dorpen gerestaureerd door een nieuwe generatie kunstenaars, ambachtslieden en vakantiegangers.

Het berglandschap *van Peillon* (blz. 95) *laat goed zien hoe hooggelegen dorpen in het landschap opgaan.*

ST-PAUL-DE-VENCE

St-Paul is een echt *village perché*, waarbij veel hoofdkenmerken zijn bewaard gebleven. De middeleeuwse muren werden in de 16de eeuw versterkt door Frans I. Tegenwoordig wordt het weer belegerd – door toeristen *(blz. 75).*

Ingewikkelde ingangen zetten aanvallers op het verkeerde been en zorgden voor extra veiligheid.

De kapel was altijd het middelpunt van het dorp.

Zijingangen *waren nooit opvallend, maar meestal klein. Ze kwamen uit op kronkelige, smalle straatjes. Soms volgden er meer hekken of bochten om aanvallende soldaten in de war te brengen en het dorp beter te kunnen verdedigen.*

Kastelen en donjons *en soms versterkte kerken lagen altijd op de plaats met het beste uitzicht en waren in tijden van nood een toevluchtsoord. Vele, zoals het kasteel in Eze* (blz. 88), *werden vaak aangevallen en bestaan nu uit ruïnes.*

De kapel *vormde het centrum van het geestelijk leven van de gemeenschap. Hij stond, zoals in Les Baux (blz. 142), meestal dicht bij de vluchttoren en was vaak versterkt. De klok werd geluid als er een aanval dreigde.*

Fonteinen *waren vaak de enige watervoorziening in een dorp. Vele waren, zoals deze in Vence (blz. 74), fraai versierd.*

De arcaden *ondersteunden de gebouwen in de smalle straatjes, zoals hier in Roquebrune (blz. 98). Ze gaven ook beschutting tegen regen en zon.*

Fontein

Overwelfde straten met trappen

RUE GRANDE · LE PONTIS · RUE GRANDE · REMPARTS OUEST · PLACE DE L'HOSPICE · U HAUT FOUR

Een smalle poort kon goed worden verdedigd.

Wallen en bastions boden een sterke verdediging.

De wallen *omringden het hele dorp met dikke stenen muren, vaak met ingebouwde huizen. De verdedigingswerken, zoals in St-Paul (blz. 75), werden in de 16de eeuw versterkt door Frans I en door Vauban, de militaire architect van Lodewijk XIV.*

Hoofdpoorten *waren altijd smal, zodat ze konden worden gesloten en verdedigd. Sommige poorten hadden ook nog valhekken. Dit is een van de 12de-eeuwse poorten in de wallen van Bargemon (blz. 106) in de Var.*

Plattelandsarchitectuur in de Provence

Luiken tegen de zon en de wind

Traditionele aspecten in de architectuur herinneren aan de sterke invloed van het weer op de levensomstandigheden van het platteland in de Provence. Alles is erop gericht de bijtende *mistral* en de hitte van de zon buiten te houden. Dikke stenen muren, kleine vensters en versterkte deuren zijn herkenbare aspecten. Traditionele boerderijen werden vrijwel uitsluitend van hout, klei, steen en aarde gebouwd. Rijen taaie cipressen dienden als windscherm aan de noordkant en platanen en lotusstruiken gaven schaduw aan de zuidkant.

Bories (blz. 169) *zijn hutten van stapelstenen gebouwd met technieken uit 2000 v.C.*

DE MAS UIT DE PROVENCE

De *mas* komt overal in de Provence voor en is een lage, compacte boerderij. Bescherming en sterkte telden zwaar bij de bouw – de muren bestaan uit stenen blokken en de houten deuren en luiken zijn dik en versterkt. Er hoorden meestal een kelder, stallen, een bakoven en een duiventil bij.

Schoorstenen zijn van steen, laag en gedrongen.

In rijen gelegde pannen *of tuiles romaines.*

Duiventil

Grof gehakte *stenen werden voor de muren gebruikt.*

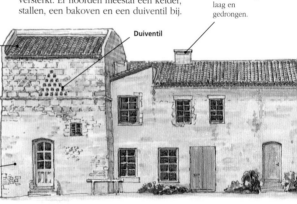

Het bovenste deel van het dak is niet met riet gedekt.

Het dak loopt schuin af en is met riet gedekt.

De noordmuur loopt rond als bescherming tegen de *mistral.*

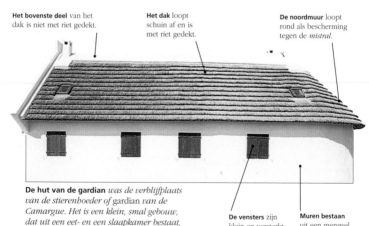

De hut van de gardian *was de verblijfplaats van de stierenhoeder of gardian van de Camargue. Het is een klein, smal gebouw, dat uit een eet- en een slaapkamer bestaat, die zijn gescheiden door een wand van riet.*

De vensters zijn klein en versterkt.

Muren bestaan uit een mengsel van klei en stro.

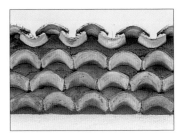

De met pannen gedekte daken *lopen langzaam af en zijn gebaseerd op een Romeins ontwerp, met een decoratieve fries* (génoise) *onder de dakrand. De pannen zijn van dik, rood terracotta en gebogen van vorm – een dubbele of driedubbele rij pannen steekt buiten de muur uit.*

De rijen pannen vormen kanaaltjes waardoor het regenwater van het dak loopt.

Vensters worden *aan drie zijden van de mas gemaakt, maar nooit aan de noordkant om de mistral buiten de deur te houden. Ze zijn klein, maar groot genoeg om het licht binnen te laten.*

De mistral is zo krachtig dat de *mas* vaak met de voorkant naar het zuidoosten werd gebouwd. De daken hield men laag bij de grond, ze bedekten de woonvertrekken en de bijgebouwen. Doordat het dak niet sterk helt, worden de pannen er niet snel afgeblazen.

De muren werkte men af met pleisterkalk.

Stenen ijshuisjes *werden bij de mas gebouwd en in de winter gebruikt als voorraadkast. Men zette blokken ijs in de huisjes.*

SMEEDIJZEREN KLOKKENTORENS

Deze zijn sinds de 16de eeuw een specialiteit van de Provence. Hun lichte, open structuur maakt dat de wind er doorheen blaast en het geluid van de klokken ver te horen is. Het ontwerp was afhankelijk van het formaat en de functie van het gebouw. Deze voorbeelden laten de vakkundigheid van de ambachtslieden zien.

Versierde klokkentoren in Aix

St-Jérôme in Digne

Hôtel de Ville in Orange

Notre-Dame in Sisteron

Bouwstijlen in de Provence

De Provence biedt een breed scala aan bouwstijlen, van de keizerlijke grootsheid van Romeinse bouwwerken tot de moderne ontwerpen van Le Corbusier. In de middeleeuwen bouwde men abdijen en kerken in romaanse stijl en in de 16de en 17de eeuw verrezen chateaus en herenhuizen in de steden. De 19de eeuw reageerde met de bouw van woonblokken en openbare gebouwen op de gestage bevolkingsgroei. Tegenwoordig zijn de meeste gebouwen gerestaureerd, maar vaak wat slordig. Het toerisme eist zijn tol, met name aan de kust, waar lelijke hotels als paddenstoelen uit de grond schieten.

Een 18de-eeuwse fontein in Pernes-les-Fontaines

ROMEINSE ARCHITECTUUR (20 v.C.–400 n.C.)

De kwaliteit van de Romeinse architectuur blijkt uit de vele, van plaatselijk kalksteen gebouwde amfitheaters, triomfbogen en thermen die in de streek bewaard zijn gebleven.

Reliëf-ornament

De triomfboog van Glanum *(blz. 140–141) was de toegangspoort tot de oudste Romeinse stad in de Provence. Caesars overwinning op de Galliërs en Grieken is erop afgebeeld.*

Dorische zuilen op de tweede verdieping

Beide verdiepingen tellen 60 bogen

Les Arènes in Nîmes uit de 1ste eeuw *(blz. 132)*

Het Maison Carrée in Nîmes *(blz. 132)*

ROMAANSE ARCHITECTUUR (11DE–12DE EEUW)

De Provençaalse architectuur was in de 11de en 12de eeuw op haar hoogtepunt. Het was een combinatie van klassieke orde en perfectie, beïnvloed door Romeinse ontwerpen en nieuwe stijlen uit Noord- en Zuid-Europa. In religieuze gebouwen komt de stijl vooral tot uiting in symmetrie en eenvoud.

Meervoudige bogen

Houtsnij-werk met religieuze motieven

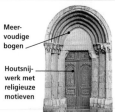

Dit kerkportaal in Seyne *(blz. 178) is een voorbeeld van 13de-eeuwse architectuur. De meervoudige bogen lopen iets puntig toe, een afwijking van de romaanse zuiverheid.*

Bundelpijler

Met bladwerk versierd kapiteel

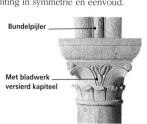

Kapiteel uit de Abbaye du Thoronet (blz. 108)

De Abbaye de Sénanque, gesticht in 1148 *(blz. 164–165)*

LATE MIDDELEEUWEN (13DE–16DE EEUW)

De vele oorlogen dreven de mensen naar de bescherming van de steden, met zijn versterkte muren en poorten. Huizen stonden vaak door ondergrondse gangen met elkaar in verbinding. De straten waren grof geplaveid en in het midden liep een goot.

Tour de la Campana in het Palais des Papes *(blz. 44–45)*

Straat in St-Martin-Vésuble *(blz. 95)*, met goot

Kantelen of tinnen

Een valhek werd ter verdediging gebruikt.

Aigues-Mortes *(blz. 134–135) werd in de 13de eeuw door Lodewijk IX gebouwd in een schaakbordpatroon. Dit strategisch gelegen fort kijkt uit over zee en land.*

CLASSICISME (17DE–18DE EEUW)

De strenge orde van de classicistische stijl werd onderbroken door beeldhouwwerk boven deuren en ramen. De tuinen werden formeler en symmetrisch.

Het 17de-eeuwse Château Barbentane met formele tuin *(blz. 130)*

Paneel met gezagssymbool

Bewerkte Régencedeur

Verfijnde steensoort

Neoclassicistische zuil

Het Musée des Tapisseries *in Aix* (blz. 148) *heeft prachtig bewerkte houten deuren.*

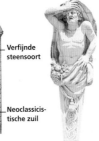

Detail van het Pavillon de Vendôme, Aix-en-Provence (blz. 149)

MODERNE ARCHITECTUUR (1890–NU)

De schitterende hotels en villa's uit de belle époque hebben plaatsgemaakt voor meer praktische gebouwen. De vele moderne kunstgaleries zijn staaltjes van 20ste-eeuwse architectuur van hoge kwaliteit.

Le Corbusiers Cité Radieuse *(blz. 152)*

Het **Musée d'Art Contemporain in Nice** (blz. 85) *uit 1990 bestaat uit vierkante torens, verbonden door glazen gangen.*

Rond paviljoen

Koepel boven een ronde hoektoren

Het Hotel Négresco in Nice *(blz. 84)*

Kunstenaars van de Provence

De Provence heeft veel 19de- en 20ste-eeuwse schilders geïnspireerd. Ze kwamen af op het bijzondere Provençaalse licht en de daaruit voortvloeiende helderheid van de kleuren. Cézanne werd hier geboren en Van Gogh kwam hierheen. Beiden hielden van de felle tinten van het landschap. De impressionisten Monet en Renoir kwamen al vroeg, gevolgd door Bonnard, Signac en Dufy. De twee meesters van de 20ste-eeuwse schilderkunst, Matisse en Picasso, vestigden zich ook in de Provence. In de vele galeries en musea kan men nog steeds van kunst genieten.

Jean Cocteau *(1889–1963) richtte zijn museum in Menton op* (blz. 99). *Noce imaginaire (1957) is een muurschildering in de Salle des Mariages.*

Victor Vasarély *(1908–1997) restaureerde het kasteel in Gordes. Zijn kinetische kunst en opart zijn in Aix-en-Provence te zien* (blz. 149).

Han van Meegeren *(1889–1947), de Nederlandse meestervervalser van Vermeer, woonde in Roquebrune* (blz. 98).

Vincent van Gogh *(1853–1890) schilderde* Van Goghs stoel *(1888) in Arles* (blz. 144–146). *Hier en in St-Rémy* (blz. 140–141) *werkte hij het meest.*

STREKEN VAN DE PROVENCE

Gordes

Roquebrune

Menton

Arles

Aix-en-Provence

Martiques

St-Tropez

Vallauris

Paul Cézanne *(1839–1906) schilderde zijn geboorteplaats Aix* (blz. 148–149) *regelmatig.*

Paul Signac *(1863–1935) kwam in 1892 naar St-Tropez en schilderde de plaats in een palet van kleurige stippen* (blz. 118–122).

Félix Ziem *(1821–1911) was afkomstig uit de Bourgogne, maar reisde veel. Hij hield van Venetië en vond dezelfde inspiratie in de kanalen van Martigues* (blz. 147), *waar hij* Camargue, Côté Soleil *schilderde.*

Pablo Picasso *(1881–1973) maakte zijn kan Cabri (1947) in Vallauris, waar hij leerde pottenbakken. De kan staat nu in het Musée Picasso in Antibes* (blz. 73).

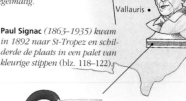

0 kilometer   3

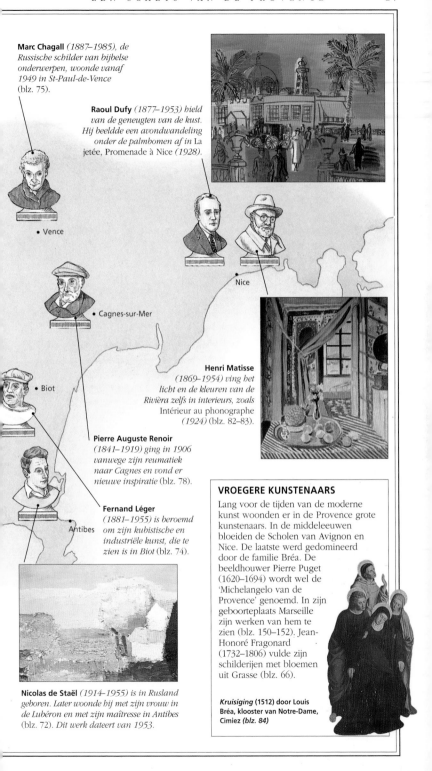

Marc Chagall *(1887–1985), de Russische schilder van bijbelse onderwerpen, woonde vanaf 1949 in St-Paul-de-Vence* (blz. 75).

Raoul Dufy *(1877–1953) hield van de geneugten van de kust. Hij beeldde een avondwandeling onder de palmbomen af in La jetée, Promenade à Nice (1928).*

• Vence

• Cagnes-sur-Mer

• Nice

• Biot

Henri Matisse *(1869–1954) ving het licht en de kleuren van de Rivièra zelfs in interieurs, zoals* Intérieur au phonographe *(1924)* (blz. 82–83).

Pierre Auguste Renoir *(1841–1919) ging in 1906 vanwege zijn reumatiek naar Cagnes en vond er nieuwe inspiratie* (blz. 78).

Fernand Léger *(1881–1955) is beroemd om zijn kubistische en industriële kunst, die te zien is in Biot* (blz. 74).

Antibes

VROEGERE KUNSTENAARS

Lang voor de tijden van de moderne kunst woonden er in de Provence grote kunstenaars. In de middeleeuwen bloeiden de Scholen van Avignon en Nice. De laatste werd gedomineerd door de familie Bréa. De beeldhouwer Pierre Puget (1620–1694) wordt wel de 'Michelangelo van de Provence' genoemd. In zijn geboorteplaats Marseille zijn werken van hem te zien (blz. 150–152). Jean-Honoré Fragonard (1732–1806) vulde zijn schilderijen met bloemen uit Grasse (blz. 66).

Kruisiging (1512) door Louis Bréa, klooster van Notre-Dame, Cimiez *(blz. 84)*

Nicolas de Staël *(1914–1955) is in Rusland geboren. Later woonde hij met zijn vrouw in de Lubéron en met zijn maîtresse in Antibes* (blz. 72). *Dit werk dateert van 1953.*

Schrijvers in de Provence

De Nobelprijswinnaar Frédéric Mistral (1830–1914) was voorvechter van de Provençaalse taal. De plaatselijke schrijvers die het karakter van de streek vastlegden, zijn bekender: Alphonse Daudet, Jean Giono, Emile Zola en Marcel Pagnol.

Victor Hugo Schrijvers als Dumas en Hugo gebruikten Provençaalse achtergronden en ook schrijvers uit andere landen lieten zich door de streek inspireren.

1920 De Nieuw-Zeelandse schrijfster Katherine Mansfield kuurt in Menton *(blz. 99)* tegen tuberculose en schrijft er o.a. *Miss Bull* en *Passion*.

1895 Jean Giono geboren in Manosque *(blz. 182)*. Werken als *Regain* roepen de sfeer van de Provence op.

1892 Nietzsches *Also sprach Zarathustra* gepubliceerd. Hij schreef het na een wandeling over een pad in Eze *(blz. 88)*. Het pad werd later naar hem genoemd.

Alphonse Daudet

1904 Frédéric Mistral wint de Nobelprijs met zijn gedicht *Mirèio*.

Een vroege uitgave van De graaf van Monte-Cristo

1869 Alphonse Daudet publiceert *Lettres de mon moulin*, dat hij geschreven zou hebben in een molen in Fontvieille *(blz. 143)*.

1844 Alexander Dumas publiceert *De graaf van Monte-Cristo*, gesitueerd in Château d'If, Marseille *(blz. 152)*.

1870 Prosper Merimée, schrijver van het libretto van *Carmen*, sterft in Cannes.

Frédéric Mistral

1840	1855	1870	1885	1900	1915
1840	1855	1870	1885	1900	1915

1862 *Les Misérables* van Victor Hugo verschijnt. Een deel speelt in Digne-les-Bains *(blz. 180)*.

1868 Edmond Rostand, schrijver van *Cyrano de Bergerac* (1897), geboren in Marseille *(blz. 150-151)*.

1887 De journalist Stéphen Liégeard bedenkt de term *Côte d'Azur*.

1907 De dichter René Char geboren op L'Isle-sur-la-Sorgue.

VROEGERE SCHRIJVERS

Wereldse en religieuze gedichten vormden de kern van de literatuur van de Provence tot in 1854 een aantal dichters de Félibrige oprichtte om de Provençaalse cultuur levend te houden.

1327 Petrarca *(blz. 45)* vat in Avignon liefde op voor Laura de Noves en schrijft zijn *Canzonières*.

1555 Nostradamus uit St-Rémy publiceert zijn door het Vaticaan verboden profetieën.

1764 Tobias Smollett 'ontdekt' Nice. Zijn boek, *Travels through France and Italy*, verschijnt in 1766.

1791 Markies de Sade publiceert *Justine*, geschreven tijdens zijn gevangenschap in de Bastille.

Laura de Noves van Petrarca

1915 Edith Wharton, Amerikaanse schrijfster van *The age of innocence*, bezoekt Hyères *(blz. 115)* met André Gide.

Edith Wharton

Somerset Maugham

1926 De Amerikaanse schrijver Ernest Hemingway situeert *The garden of Eden* in La Napoule. W. Somerset Maugham koopt een villa in Cap Ferrat en schrijft *Cakes and ale* (1930).

1885 Emile Zola publiceert *Germinal*, deel van zijn 20-delige cyclus *Les Rougon-Macquart* (1871–1893), dat zich voor een deel rond Aix afspeelt.

Emile Zola

1932 Aldous Huxley schrijft *Brave New World* in Sanary-sur-Mer *(blz. 112)*, waar ook *Eyeless in Gaza* (1936) speelt.

1933 Thomas Mann, schrijver van *Tod in Venedig* (1913) en zijn broer Heinrich vluchten uit Duitsland naar Sanary *(blz. 112)*.

De indrukwekkende fabel van De St-Exupéry

1944 Antoine de St-Exupéry, vlieger en schrijver van *Vol de nuit* (1931) en *Le petit prince* (1943) vermist. Zijn laatste vlucht ging over het huis van zijn zuster in Agay.

Marcel Pagnol

1974 Dood van filmregisseur en schrijver Marcel Pagnol, wiens *Marseille-trilogie* over zijn jeugd in de Provence gaat.

1981 De Britse acteur Dirk Bogarde verhuist naar de Provence en schrijft een boek, *A gentle occupation*.

Lawrence Durrell

1985 Het laatste deel van *Avignon Quintet* van Lawrence Durrell verschijnt.

1989 Peter Mayles boek *A year in Provence* wekt belangstelling voor de Lubéron.

	1945	1960	1975	1990	2005
	1945	1960	1975	1990	2005

1954 De 18-jarige Françoise Sagan schrijft *Bonjour tristesse* over de Esterelkust.

1978 Van Sebastien Japrisot (geboren in Marseille) verschijnt het prijswinnende *L'Eté Meurtrier*, dat in een Provençaals dorp speelt

1985 Publicatie van *Het Parfum* van Patrick Süskind, dat voor een deel speelt in Grasse.

Le Clézio

1994 Jean-Marie Gustave Le Clézio (Nice 1940) wint de prijs voor de beste levende Franse schrijver.

Albert Camus

1957 Albert Camus koopt een huis in Lourmarin *(blz. 171)*, waar hij zijn in 1994 gepubliceerde autobiografie schrijft.

1993 Anthony Burgess, schrijver van *A clockwork orange* (1962), schrijft zijn laatste boek, *Dead man in Deptford*, in Monaco.

Graham Greene

1982 Graham Greene schrijft *J'Accuse – the dark side of Nice.*

De Fitzgeralds

1934 Het in het zuiden van Frankrijk spelende *Tender is the night* van Scott Fitzgerald verschijnt. In 1926 wonen Fitzgerald en zijn vrouw Zelda in Juan-les-Pins.

De stranden van de Provence

De kustlijn van de Provence is zeer gevarieerd, van de woeste uitlopers van de Rhônedelta via de kliffen en grotten van de Var tot de nachtclubs van de Rivièra. De stranden rond Menton, Nice en Monte Carlo zijn in het hoogseizoen druk en lawaaierig. Er moet vaak entreegeld voor worden betaald, maar ze zijn schoon en goed onderhouden. Er zijn echter ook genoeg rustige plekjes te vinden, als u weet waar u moet zoeken.

De Côte d'Azur *belooft het hele jaar door warmte en zon, zoals blijkt uit deze affiche van Roger Broders uit de jaren dertig.*

De stranden in de Cam argue (blz. 136–138) *aan de monding van de Rhônedelta, zijn vaak verlaten. Het is een ideaal gebied om paard te rijden.*

De Côte Bleue *is vol vissershavens en elegante badplaatsen. Langs het strand staan pijnbomen.*

Stes-Maries-de-la-Mer ①

Plage de Piémanson

Carry-le-Rouet

CÔTE BLEUE

Marseille

C A M A R G U E

②

CALANQUES

Bandol

Sanary ③

S

Les Calanques (blz. 153) *zijn indrukwekkende inhammen ten oosten van Marseille. De bijna witte kliffen (soms 400 m hoog) rijzen loodrecht uit het blauwe water omhoog.*

Cap Sicié *is een klein schiereiland aan het vasteland van de Var. Het staat bekend om zijn stormachtige weer en hoge golven, ideaal voor ervaren surfers.*

DE TIEN BESTE STRANDEN VAN DE PROVENCE

Beste zandstrand ①
Plage de Piémanson, ten oosten van de Camargue, is zo rustig dat u er naakt kunt zonnen.

Beste plaats voor diepzeeduiken ②
De diepe wateren van de Calanques lenen zich uitstekend voor expedities.

Beste plaats voor zeevissen ③
Bandol en Sanary zijn leuke plaatsen. Er wordt dagelijks op tonijn gevist.

Beste kleine badplaats ④
Le Lavandou biedt alle voorzieningen in een notendop.

Beste modieuze strand ⑤
Tahiti-Plage in St-Tropez is dé plaats voor plezier, zon, mode en glamour.

Beste gezinsstrand ⑥
Fréjus-Plage en het strand van St-Raphaël zijn schoon, veilig en goed geoutilleerd.

Beste sterrenstrand ⑦
Cannes trekt met zijn fraaie ligging, mooie haven en

stranden beroemdheden aan.

Beste jongerenstrand ⑧
De bars, cafés en nachtclubs in Juan-les-Pins zijn de hele nacht open.

Beste sportstrand ⑨
Watersportfans komen op het Ruhl-Plage in Nice jetskiën en parasailen.

Beste winterstrand ⑩
Menton is de warmste badplaats aan de Rivièra. De zon schijnt er het hele jaar, ook in de winter.

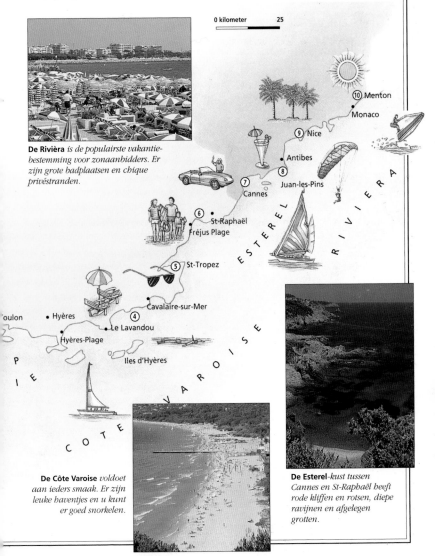

De Rivièra *is de populairste vakantiebestemming voor zonaanbidders. Er zijn grote badplaatsen en chique privéstranden.*

De Côte Varoise *voldoet aan ieders smaak. Er zijn leuke haventjes en u kunt er goed snorkelen.*

De Esterel-*kust tussen Cannes en St-Raphaël heeft rode kliffen en rotsen, diepe ravijnen en afgelegen grotten.*

AGENDA VAN DE PROVENCE

De Provence is op zijn mooist in de lente, als de bloemen hun heerlijke geuren verspreiden. Het kan echter nogal koud zijn, want de *mistral* waait dan het hardst. In de zomer is er volop fruit en groente verkrijgbaar in de plaatselijke marktkramen. Het vuurwerk van St-Jean doet de zomerhitte sterker voelen en de vlakten van de Valensole zien blauw van de lavendel. Juli en

Middeleeuwse druivenoogst of vendange

augustus zijn de maanden van de muziekfestivals. In de herfst hullen de wijngaarden zich in een gouden kleur en worden de druiven geoogst. Vanaf december ligt er een deken van sneeuw over de bergen en zijn de hellingen het domein van skiërs. Het hele jaar door vieren de steden en dorpen hun *fêtes*. Ga naar het plaatselijke toeristenbureau en vraag om informatie *(blz. 237)*.

De eerste aardbeien

VOORJAAR

Begin maart zijn de citroenen al geoogst en verbleekt de amandelbloesem. Het landschap kleurt met peren-, pruimen- en abrikozenbloesem en de eerste lentegroenten worden geoogst en naar de markt gebracht: bonen, asperges en groene artisjokken *(mourre de gats)*. In mei komen de eerste rijpe kersen en aardbeien op de markt.

Op de door de zon verwarmde zuidelijke berghellingen bloeien alpenbloemen, maar de noordelijke hellingen blijven winters. Op de heuvels bloeit gele brem en de bijen maken honing van zoet geurende rozemarijn. Kudden schapen trekken de bergen in naar de zomerweiden en op de uitgestrekte vlakten ontkiemen maïs, tarwe en koolzaad in de ontdooiende aarde.

MAART

Exposition International de la Fleur *(eind maart–april)*, Cagnes-sur-Mer *(blz. 78)*. Bloemenfestival van de lente.
Festin des Courgourdons *(laatste zondag)*, Nice *(blz. 84–85)*. *Fête* met fraai uitgesneden pompoenen.

APRIL

Procession aux Limaces *(Goede Vrijdag)*, Roquebrune-Cap-Martin *(blz. 98)*. In de verlichte straten wordt de begrafenis van Christus door verklede mensen nagespeeld.
Fête des Gardians *(laatste zo in april)*, Arles (blz. 144–146). De stad wemelt van de *gardians*, de veehoeders van de Camargue.
Fête de la St-Marc *(eind april)*, Châteauneuf-du-Pape. Wijnwedstrijd *(blz. 164)*. (Zegening van de wijnoogst in de eerste week van augustus.)
Féria Pascale *(Pasen)*, Arles *(blz. 144–146)*. *Féria* in tradi-

tionele kostuums, waar de *farandole* wordt gedanst op de muziek van de *tambourin* en de *galoubet*. Begin van het seizoen van de stierengevechten.

MEI

Pèlerinage des Gitans avec Procession à la Mer de Sainte Sarah *(24–25 mei)*, Stes-Maries-de-la-Mer *(blz. 34–35)*.
Festival International du Film *(twee weken in mei)*, Cannes *(blz. 68–69)*. Het meest prestigieuze festival.
La Bravade *(16–18 mei)*, St-Tropez *(blz. 228)*.
Fête de la Transhumance *(half-eind mei)*, St-Rémy *(blz. 140)*. Ter ere van de gewoonte om schapen 's zomers naar hoger gelegen weiden te brengen.
Grand Prix Automobile de Formula I *(weekeinde na Hemelvaartsdag)*, Monaco *(blz. 94)*. Een Grand Prix op de openbare weg.
Féria *(Pinksteren)*, Nîmes *(blz. 132–133)*. Het eerste stierengevecht.

Ruiterspelen op het Fête des Gardians in Arles

GEMIDDELD AANTAL UREN ZON PER DAG

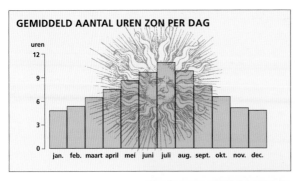

uren
12
9
6
3
0

jan. feb. maart april mei juni juli aug. sept. okt. nov. dec.

Zon
De zomermaanden zijn zeker warm, met juli als hoogtepunt. Zelfs in de winter kan aan de kust de zon tot 150 uur per maand schijnen. Pas echter op voor de koude mistral die in de lente waait.

ZOMER

De Côte d'Azur is in de zomer één grote speeltuin, zeker in augustus als de Fransen vakantie vieren. Op de rivieren wordt met vlotten gevaren en duikers onderzoeken het leven onder water. In het hele gebied vinden muziekfestivals plaats. Er zijn drie belangrijke nationale feesten: de lucht wordt met vuurwerk en vreugdevuren verlicht op het **Fête de St-Jean** (24 juni), op 14 juli herdenkt men de bestorming van de Bastille en **Maria-Hemelvaart** (15 augustus) wordt groots gevierd.

Viering van het Fête de St-Jean met vuurwerk in Marseille

JUNI

Fête de la Tarasque *(laatste weekeinde)*, Tarascon *(blz. 140)*. Ooit terroriseerde het Tarasque-monster de streek, tot de Heilige Marta het versloeg. Men draagt een beeld van het monster door de stad.
Festival d'Art Lyrique *(juni-juli)*, Aix-en-Provence *(blz. 148–149)*. Klassieke muziek en opera in het openluchttheater van het bisschoppelijk paleis.

De legendarische Tarasque

JULI

Festival de la Sorgue *(eind juni–eind juli)*, Fontaine-de-Vaucluse en l'Isle-sur-la-Sorgue *(blz. 165)*. Concerten, shows, roeiwedstrijden en drijvende markten op de rivier de Sorgue. **Festival d'Avignon** *(laatste drie weken)*, Avignon *(blz. 229)*.

Chorégies d'Orange *(hele maand)*, Orange. Gerenommeerde operacyclus in een akoestisch perfect Romeins theater *(blz. 162–163)*.
Jazz à Juan *(laatste twee weken)*, Juan-les-Pins *(blz. 72)*. Eersteklas jazzfestival.
Festival du Jazz *(half juli)*, Toulon *(blz. 112–113)*. Een week lang gratis concerten op verschillende pleinen.
Rencontres Internationales de la Photographie *(eerste twee weken)*, Arles *(blz. 144–146)*. De stad staat elk jaar een week lang in het teken van de fotografie.

AUGUSTUS

Corso de la Lavende *(eerste weekeinde)*, Digne-les-Bains *(blz. 229)*.
Les Journées Médiévales *(eens in de twee jaar in het weekeinde voor Maria-Hemelvaart)*, Entrevaux *(blz. 187)*. Een 16de- en 17de-eeuws muziek-*fête*.
Fête du Jasmin *(eerste weekeinde)*, Grasse *(blz. 66–67)*. Praalwagens, muziek en dans.
Procession de la Passion *(5 aug.)*, Roquebrune-Cap-Martin *(blz. 98)*. Het Lijden van Christus wordt door meer dan 500 inwoners van dit plaatsje opgevoerd sinds 1467, toen Maria de stad van de pest redde.
Le Festival de Musique *(hele maand)*, Menton, *(blz. 98–99)*. Kamermuziek op het plein.

De volle stranden van de Côte d'Azur

GEMIDDELDE NEERSLAG PER MAAND

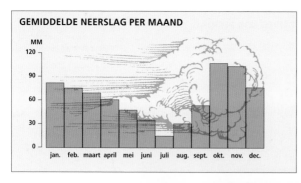

Regen
De lente en de herfst zijn de natste perioden. De hoeveelheid regen neemt toe naarmate u verder van de kust bent. Novemberregens zijn het hevigst en gaan gepaard met storm en overstromingen.

HERFST

Na de zomer is het tijd voor de *vendange*, de druivenoogst. In de Camargue is de rijst klaar om te worden binnengehaald. Men plukt walnoten en, in de Maures, tamme kastanjes. In de bossen zoekt men paddenstoelen en in Vaucluse en de Var worden truffels in eikenbossen verzameld en op de markt verkocht. De indrukwekkendste is de markt van Richerenches.

In november begint het jachtseizoen. Lijsters en eenden komen op tafel terecht en er wordt op zwijnen gejaagd. De schapen dalen af naar hun winterweiden.

Een druivenplukster tijdens de oogst in de herfst

Op zoek naar truffels in de bossen van de Haute Provence

SEPTEMBER

Fête des Prémices du Riz *(begin sept.)*, Arles *(blz. 144–146)*. Dit rijstoogstfeest valt samen met de laatste stierengevechten.

Féria des Vendanges *(tweede week)*, Nîmes *(blz. 132–133)*. Wijn, dans en stierengevechten.

Festival de la Navigation de Plaisance *(half sept.)*, Cannes *(blz. 68–69)*. Jachten uit de hele wereld meren aan.

Fête du Vent *(half sept.)*, Marseille *(blz. 150–152)*. Kleurige vliegers uit de hele wereld sieren twee dagen lang de *Plages du Prado*.

OKTOBER

Fête de Sainte Marie Salomé *(zondag het dichtst bij 22 okt.)*, Stes-Maries-de-la-Mer. Dit feest lijkt wel wat op de zigeunerpelgrimage in mei *(blz. 228–229)*. Een processie naar het strand en zegening van de zee.

Foire Internationale de Marseille *(eind sept.–begin okt.)*, Marseille *(blz. 150–152)*. De jaarmarkt trekt duizenden bezoekers. Er wordt van alles georganiseerd, waaronder ambachten, muziek en folklore uit meer dan 40 verschillende landen.

NOVEMBER

Fête du Prince *(19 nov.)*, Monaco *(blz. 90–94)*. De op één na kleinste staat in Europa viert zijn nationale feestdag met vuurwerk boven de haven.

Festival International de la Danse *(een keer in de twee jaar: eind nov. of begin dec.)*, Cannes *(blz. 68–69)*. Festival van moderne dans en ballet met een indrukwekkend internationaal programma.

Dansers op het Festival International de la Danse in Cannes

GEMIDDELDE TEMPERATUUR PER MAAND

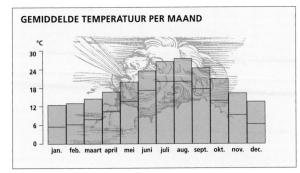

jan. feb. maart april mei juni juli aug. sept. okt. nov. dec.

Temperatuur
De mistral heeft veel invloed op de temperatuur. In de winter kan hij de temperatuur binnen een paar uur 10 °C laten dalen. 's Zomers is het soms heet, maar 's avonds is het heerlijk koel.

WINTER

Een oud Provençaals gezegde luidt: *'l'hiver a ges d'ouro'*, 'de winter kent geen uren'. Nu wordt geopend wat 's zomers is ingemaakt, nu maakt men ganzen- en eenden-*confits* en olijfolie.

De sneeuw snijdt bergpassen af en in de weekeinden trekken autochtonen en toeristen naar de skioorden.

In de tijd voor Kerstmis zijn de *santons* te koop, figuurtjes waarmee de schitterende kerststallen worden versierd. Ook Driekoningen is een belangrijk feest, dat wordt gevierd met het eten van kroonvormig gebak.

DECEMBER

Foire aux Santons *(de hele maand)*, Marseille *(blz. 150–152)*. Grote markt met kleifiguren die bij Kerstmis horen.
Fête du Vin *(begin dec.)*, Bandol *(blz. 112)*. Elke wijnboer in de stad heeft zijn eigen kraam en u kunt gratis proeven. Elk jaar wordt een nieuw thema gekozen.
Kerstmis en nachtmis *(24 dec.)*, Les-Baux-de-Provence *(blz. 142–143)*. Traditioneel feest van herders voor de nachtmis.

JANUARI

Rallye de Monte Carlo *(eind jan., blz. 92–93)*. Hoogtepunt op het gebied van de autosport.
Festival du Cirque *(eind jan.)*, Monaco *(blz. 94)*. Circusnummers uit de hele wereld.

Luieren in de winterzon in de Alpes-de-Haute-Provence

FEBRUARI

Fête du Citron *(eind feb.–begin maart)*, Menton *(blz. 98–99)*. Praalwagens en muziek ter ere van de citroen.
Fête du Mimosa *(derde zo)*, Bormes-les-Mimosas

(blz.116–117). Feest om de favoriete bloem van dit hooggelegen dorp te eren.
Carnaval de Nice *(de hele maand)*, Nice *(blz. 228)*.

OFFICIËLE FEESTDAGEN

Nieuwjaar (1 jan.)
Pasen
Hemelvaartsdag
Tweede Pinksterdag
Dag van de Arbeid (1 mei)
Bevrijdingsdag (8 mei)
Bestorming van de Bastille (14 juli)
Maria-Hemelvaart (15 aug.)
Allerheiligen (1 nov.)
Wapenstilstand 1918 (11 nov.)
Kerstmis (25–26 dec.)

De Taj Mahal op het Fête du Citron in Menton

GESCHIEDENIS VAN DE PROVENCE

Weinig gebieden in Frankrijk kennen zo'n woelige geschiedenis als de Provence. Er zijn aanwijzingen dat er al sinds 300.000 v.C. nomadenstammen woonden. Wijnstokken zijn ingevoerd door de Feniciërs en de Grieken, die langs de kust handel dreven. Belangrijker is dat de Provence een Romeinse 'Provincie' was en dat er veel indrukwekkende Romeinse gebouwen zijn blijven staan; het theater in Orange, de arena's van Arles en Nîmes, de Pont du Gard en het imponerende zegeteken in La Turbie zijn allemaal getuigenissen van de vroegere Romeinse macht. De middeleeuwen waren een stormachtige periode vol oorlogen en invasies. De goed versterkte hooggelegen dorpen die zo tekenend zijn voor het gebied waren een wanhopige poging tot verdediging. Het pausdom drukte in de 14de eeuw zijn stempel op het gebied. Het paleis dat de pausen in Avignon bouwden, getuigt daar nog van. Onder René le Bon bloeiden in de elegante hoofdstad Aix de kunsten.

Na zijn dood in 1480 raakte de Provence zijn onafhankelijkheid kwijt en werd het gebied deel van Frankrijk. De godsdienstoorlogen en de pest in 1720 eisten hun tol.

Het klimaat en het verbeterde vervoer trokken in de 19de eeuw artiesten en buitenlandse adel aan. Kleine vissersplaatsjes ontwikkelden zich tot chique badplaatsen. Nog steeds heeft dit een grote aantrekkingskracht op toeristen, terwijl in het gebied ook veel technologisch hoogwaardige industrie is gevestigd.

Maagd met Kind, Aix-en-Provence

MARSILLE.

Een 16de-eeuwse kaart van Marseille en zijn haven

◁ Dit 13de-eeuwse geïllustreerde manuscript toont een troubadour spelend voor een koninklijk gehoor.

De oudheid

Rotstekeningen, fragmenten van schilderingen en restanten van nederzettingen geven aan dat de Provence een miljoen jaar geleden al bewoond was. Tekeningen in de Grotte de l'Observatoire in Monaco en de Grotte Cosquer bij Marseille behoren tot de oudste ter wereld. Eeuwenlang trokken nomadische stammen door dit gebied, met name de Kelten uit het noorden en de Liguriërs uit het oosten. Pas met de komst van de Feniciërs en de Grieken bloeide de handel op en werd de samenleving in de Provence stabieler.

Vruchtbaar-heidssymbool (1.000.000 v.C.)

'Dubbel Hoofd'
Deze stenen figuur (3de eeuw v.C.) sierde een Keltisch heiligdom.

De bories in Gordes uit 3500 v.C.

Keltische deur
(3de eeuw v.C.) De nissen bevatten de gebalsemde hoof-den van Keltische helden.

In **De Grotte de Fées** in Mont de Cordes ziet u prehis-torische reliëfs, geassocieerd met astrologische symbolen.

DE STICHTING VAN MARSEILLE

Toen in 600 v.C. Griekse kooplieden aan land kwamen, bezocht Protis, hun aanvoerder, een feest ter ere van Gyptis, de dochter van de plaatse-lijke hoofdman. Zij koos hem tot man. Haar vader schonk hen het land waarop Marseille ontstond.

Van **St-Blaise**, een versterkte Griekse handels-plaats, is weinig over.

De Grotte Cosquer, met schilderingen uit 30.000 v.C., is alleen vanuit zee toegankelijk.

Wijnkruiken, bestemd voor Griekenland uit 1000 v.C. werden in Les Calanques bij Marseille gevonden.

TIJDBALK

1.000.000 v.C. Eerste mensen in de Provence in de Grotte de l'Observatoire in Monaco

400.000 v.C. Vuur gebruikt in Nice

60.000 v.C. Neanderthalers aan de Rivièra

1.000.000 v.C		5.000		4.000	3.500

30.000 v.C. *Homo sapiens;* rotstekeningen in Grotte Cosquer

Rotstekening in Grotte Cosquer

3500 v.C. Eerste *borie*-dorpen

Valleé des Merveilles
De ongeveer 36.000 tekeningen dateren uit 2000 v.C. Er zitten heksachtige figuren bij, bekend als orants.

De Vallée des Merveilles suggereert dat bij Mont Bégo een heiligdom was.

In de Grotte de l'Observatoire in Monaco werden graven uit de prehistorie gevonden.

De 'Toversteen', *Peïro de la fado* in het Provençaals, is de enige echte dolmen in de Provence.

OPGRAVINGEN IN DE PROVENCE
De meeste vindplaatsen liggen langs de kust, maar er zijn landinwaarts enkele clusters van nederzettingen bij Tende, in de Lubéron, en in de ontoegankelijke Vallée des Merveilles, op een hoogte van zo'n 2500 m.

Staande steen
Prehistorische stelae, zoals deze uit de Lubéron, komen in de hele Provence voor.

WAAR VINDT U DE PREHISTORISCHE PROVENCE?
Veel musea, zoals het Musée Archéologique in Nîmes *(blz. 132)* exposeren prehistorische voorwerpen, de *bories* in de Lubéron *(blz. 169)* laten het eerste dorpsleven zien en de Grotte de l'Observatoire in Monaco *(blz. 94)* toont een nog primitiever nederzetting.

Borie-dorp in Gordes
Stenen hutten (blz. 169), eeuwenlang bewoond door nomadische herders.

Grotte de l'Observatoire
De skeletten hier vertonen overeenkomsten met die van Noord-Afrikaanse stammen.

2500–2000 v.C.
Tekeningen in Vallée des Merveilles

Hannibal steekt de Alpen over

218 v.C. Hannibal trekt door de streek op weg naar Italië

3.000	2.500	2.000	1.500	1.000	500 v.C

2000 v.C. Bewerkte grafstenen in Cordes

600 v.C. Griekse kooplieden in St-Blaise. Stichting van Marseille

380 v.C. Kelten trekken de Provence binnen

Gallo-Roman Provence

Mozaïek in Vaison-la-Romaine (40 v.C.)

Aan het eind van de 2de eeuw v.C. lijfden de Romeinen de Provence in bij hun rijk. Ze onderhielden goede relaties met de plaatselijke bevolking en vormden binnen 100 jaar een rijke provincie. Nîmes en Arles werden de belangrijkste Romeinse steden buiten Italië; de kolonies in Glanum en Vaison-la-Romaine bloeiden. Veel mooie monumenten zijn behouden en musea, bijvoorbeeld in Vaison-la-Romaine, laten kleinere Romeinse voorwerpen zien. Het christendom kwam met de komst van christenen in Stes-Maries-de-la-Mer in 40 n.C.

Pont Julien *(3 v.C.)*
Deze prachtig bewaarde brug met drie bogen ligt 8 km ten westen van Apt.

Dubbele tempel, gewijd aan de twee geadopteerde zonen van keizer Augustus, Caius en Lucius, uit 30 v.C.

Marmeren sarcofaag *(4de eeuw)*
Op Les Alyscamps in Arles staan vele bewerkte natuurstenen doodskisten.

Triomfboog in Orange
Dit is een van de best bewaarde Romeinse triomfbogen.
Hij werd in 20 v.C. gebouwd.
De verovering van Gallië staat erop afgebeeld.

De poort werd gebouwd door de Grieken die Glanum vanaf de 4de eeuw v.C. bewoonden.

ROMEINS GLANUM
De opgraving van Glanum onthult dat hier een Griekse en een Romeinse nederzetting hebben bestaan. Deze reconstructie toont de plaats nadat deze in 49 v.C. was herbouwd.

TIJDLIJN

Consul Marius

Venus d'Arles uit de 2de eeuw v.C.

118 v.C. Provincia Gallo-Romeinse provincie

125 v.C. Romeinen strijden met Kelten en Liguriërs om Marseille

49 v.C. Julius Caesar belegert Marseille omdat de stad zijn rivaal Pompeius steunde. Glanum herbouwd

40 v.C. Vaison-la-Romaine een van de rijkste Romeinse steden in Gallië

100 BC	AD 1	100

123 v.C. Entremont eerste Romeinse nederzetting in de Provence

121 v.C. Stichting van Aquae Sextiae, later Aix-en-Provence

102 v.C. Consul Marius verslaat binnentrekkende Germaanse stammen

14 v.C. Augustus verslaat de Liguriërs in de Alpes Maritimes. Zegeteken in La Turbie *(blz. 89)*

40 'Boot van Bethanië' landt in Les-Stes-Maries-de-la-Mer

3 v.C. Bouw Pont Julien

Les-Stes-Maries-de-la-Mer
Maria Magdalena, Maria Salomé en Maria Klopas zouden in 40 n.C. naar de Provence zijn gevaren. De plaats waar ze aan land gingen, trekt nog steeds pelgrims (blz. 138).

WAAR VINDT U DE GALLO-ROMEINSE PROVENCE?

Arles *(blz. 144–146)* en Nîmes *(blz. 132–133)* met hun amfitheaters en andere bouwwerken geven het beste beeld van de Romeinse beschaving. Bezoek ook Orange *(blz. 161)*, Vaison-la-Romaine *(blz. 158)*, de Pont du Gard *(blz. 131)* en Le Trophée des Alpes *(blz. 89)*.

Théâtre Antique d'Orange
Dit theater bood plaats aan maar liefst 7000 mensen (blz. 162–163).

Cryptoporticus
Deze hoefijzervormige galerijen onder het forum in Arles dienden waarschijnlijk als graanopslag (blz. 146).

De thermen hadden vier ruimten, elk met baden met een verschillende temperatuur.

Het forum, het commerciële hart van de Romeinse stad, was omringd door een overdekte galerij.

Sieraden uit Vaison-La-Romaine
(1ste eeuw n.C.) Deze werden gevonden bij de opgraving van de Romeinse necropolis.

Romeinse fles
Goed bewaard Romeins glaswerk en gebruiksvoorwerpen vond men overal in de Provence.

413 Visigoten veroveren Languedoc

476 Instorting West-Romeinse Rijk

200	300	400	500

300 Arles op hoogtepunt als Romeinse stad

Abbaye St-Victor in Marseille, gesticht in 416

De middeleeuwse Provence

13de-eeuwse manuscript-illustratie

Met de val van het Romeinse rijk verdween de stabiliteit en de welvaart. De Provence werd een deel van het Heilige Roomse Rijk, maar de plaatselijke graven behielden grote autonomie en de steden werden onafhankelijk. De mensen trokken zich terug op heuveltoppen om zich te beschermen en de *villages perchés (blz. 20–21)* ontstonden. De Provence werd een belangrijke basis van de kruisridders die in Afrika en Azië land op de moslims wilden veroveren.

De ommuring, voltooid in 1300, 30 jaar na de dood van Lodewijk IX, was 1,6 km lang en vormde een bijna perfecte rechthoek.

Reliëf van de St-Trophime
Het monumentale 12de-eeuwse portaal van de St-Trophime in Arles (blz. 144) is versierd met heiligenbeelden en scènes van het Laatste Oordeel.

Het leger van Lodewijk IX bestond uit 35.000 man, met paarden en uitrusting.

Lodewijk IX

St-Martha en de Tarasque
Deze 9de-eeuwse legende moest de kracht van het christendom bewijzen. De woeste draak vluchtte toen hij de crucifix van Martha zag (blz. 140).

DE ZEVENDE KRUISTOCHT
In de hoop de moslims uit het Heilige Land te verdrijven vertrok Lodewijk IX (de Heilige) van Frankrijk in 1248 uit zijn nieuwe haven Aigues-Mortes (blz. 134–135). Deze gebeurtenis baarde veel opzien.

TIJDBALK

536 De Provence afgestaan aan de Franken

737–739 Opstand tegen de Franken in Avignon, Marseille en Arles onderdrukt door Karel Martel

855 Koninkrijk Provence van Karel de Kale, kleinzoon van Karel de Grote

949 De Provence in vier graafschappen verdeeld

| 600 | 700 | 800 | 900 |

Saraceense krijger en Provençaals meisje

800 Eerste golf Saraceense invasies

Karel de Kale

924 Hongaren plunderen Nîmes

Troubadour-ivoor
(circa 1300)
De liedjes van Provençaalse troubadours vertellen hoe ridders deugdzame vrouwen het hof maken.

Notre-Dame-de-Beauvoirkapel
De kapel, aan het eind van een pad uit Moustiers (blz. 186) heeft een romaans portaal en schip.

1500 schepen vertrokken op 28 augustus 1248 naar het Heilige Land.

Fresco van de heilige Christoffel
Fresco's uit 1285 sieren de Tour Ferrande in Pernes-les-Fontaines (blz. 164). Ze horen tot de oudste in Frankrijk.

WAAR VINDT U DE MIDDELEEUWSE PROVENCE?

De hoogtepunten zijn zeker de romaanse abdijen en kerken, met name de 'drie gezusters' Silvacane *(blz. 147)*, Le Thoronet *(blz. 108)* en Sénanque *(blz. 164)*. Versterkte *villages perchés*, zoals Gordes *(blz. 169)* en de 11de-eeuwse citadel in Les-Baux-de-Provence *(blz. 142)* getuigen van de onrust en het geweld in deze periode.

Les Pénitents des Mées
Deze 6de-eeuwse monniken zijn versteend omdat ze naar Saraceense vrouwen keken (blz. 181).

Silvacane-abdij *(1175–1230)*
Deze strenge cisterciënzerabdij was de laatste romaanse abdij van de Provence.

974 Saracenen verslagen bij La Garde-Freinet

Zegel van Simon de Montfort

1213 Slag bij Buret: de graaf van Toulouse en de koning van Frankrijk verslagen

1209 Franse legeraanvoerder Simon de Montfort trekt de Provence binnen

1246 Karel van Anjou trouwt Béatrice, erfgename van de Provence en wordt graaf van de Provence

1248 Zevende Kruistocht vertrekt uit Aigues-Mortes

1000	**1100**	**1200**	**1300**

1032 De Provence wordt deel van Heilige Roomse Rijk

1069–1099 Eerste Kruistocht

1112 Raymond-Bérenger III, graaf van Barcelona, trouwt de hertogin van de Provence

1186 Aix tot hoofdstad van de Provence gekozen

1125 De Provence verdeeld tussen Barcelona en Toulouse

1187 Resten van St-Martha ontdekt in Tarascon

1274 Pausdom koopt Comtat Venaissin

1295 Guiraut Riquier, de 'laatste troubadour', sterft

1280 Relieken van Maria Magdalena gevonden in St-Maximin-la-Ste-Baume

Pauselijk Avignon

14de-eeuws beeld, Palais des Papes

Toen het pausdom het door oorlogen verscheurde Italië tijdelijk verliet, werd Avignon het centrum van de rooms-katholieke wereld. Van 1309 tot 1377 heersten zeven Franse pausen. Toen een nieuwe Italiaanse paus, Urbanus VI, werd gekozen, kwamen de Franse kardinalen in opstand. In 1378 kozen zij een tegenpaus, Clemens VII, en veroorzaakten zo een schisma dat tot 1403 zou duren. Het pauselijke hof in Avignon was een centrum van kunsten en wetenschappen.

Het Palais Vieux (1334–1342), door Benedictus XII gebouwd in cisterciënzer stijl, is meer een fort dan een kerk.

Kruisgang van Benedictus XII

Grand Tinel

Consistorie-hal

Bargème, Noord-Var
Door onrust in de Provence gingen dorpen als Bargème zich versterken.

Pauselijke troon
In het pauselijke vertrek in het Palais des Papes staan kopieën van de originele 14de-eeuwse meubels.

Grote binnenplaats

Profetenfresco *(1344–1345)*
Matteo Giovanetti uit Viterbo maakte de fresco's voor Clemens VI. Hij werkte in realistische stijl.

TIJDBALK

Munt van paus Innocentius VI

1316–1364 Johannes XXII

1327 Petrarca ziet zijn muze Laura de Noves voor het eerst

1342–1352 Clemens VI

1352–1362 Innocentius VI

| 1310 | 1320 | 1330 | 1340 | 1350 |

1309 Pausdom naar Avignon

1334–1342 Benedictus XII

1348 Clemens VI koopt Avignon

1349 Joden vluchten naar het Comtat Venaissin, deel van de pauselijke staat

Paus Johannes XXII

Dood van Clemens VI

Clemens VI kwam naar Avignon en 'vergat dat hij paus was'. In 1348 kocht hij de stad voor 80.000 florijnen en bouwde er het Palais Neuf.

Kamer van de paus

Jachtfresco's

Op de jacht-taferelen zien we dat het klooster-leven niet alleen bidden en studeren was.

Jacht-kamer

In de grote kapel, 780 m² groot, staat het gerestaureerde pauselijke altaar.

Het Palais Neuf werd in 1342–1352 voor Clemens VI gebouwd.

Grote audiëntiehal

PALAIS DES PAPES

Het netwerk van gangen en kamers in het Palais des Papes (1334–1352) *(blz. 168)* is prachtig versierd door kunstenaars en ambachtslieden uit Italië. Het is een immens gebouw.

WAAR VINDT U DE PAUSELIJKE PROVENCE?

Rond Avignon is veel religi-euze en aristocratische pracht te zien. De aanwezig-heid van het schatrijke paus-dom – een soort miniatuur Vaticaan – straalde af op abdijen, kerken en kapellen. Het Musée du Petit Palais *(blz. 168)* in Avignon bevat werk van kunstenaars die in opdracht van het pauselijk hof werkten.

Kartuizerklooster Villeneuve
Innocentius VI stichtte dit oudste kartuizerklooster in Frankrijk rond 1350 (blz. 130).

Châteauneuf-du-Pape
Het 14de-eeuwse kasteel van Johannes XXII werd het tweede verblijf van de pausen. Donjon en muren staan er nog (blz. 164).

Petrarca

*(1304–1374)
De grote renaissance-dichter Petrarca vond pauselijk Avignon een corrupte plaats.*

1362–1370 Urbanus V

1370–1378 Gregorius XI

1378–1394 Tegenpaus Clemens VII

1403 Benedictus XIII ontvlucht Avignon

| 1360 | 1370 | 1380 | 1390 | 1400 |

1363 De Grimaldi's heroveren Monaco

1377 Pausdom keert terug naar Rome

1394–1409 Tegenpaus Benedictus XIII

Tegenpaus Benedictus XIII

Beeld van Urbanus V

René en de godsdienstoorlogen

De gouden eeuw van Aix *(blz. 148–149)*, toen de hoofdstad van de Provence, viel aan het eind van de 15de eeuw. Graaf René le Bon stimuleerde kunst en cultuur en zo ontstond de School van Avignon. Na de dood van René werd de Provence door de Franse koning Lodewijk XI bij Frankrijk ingelijfd. De daaruit volgende betrokkenheid bij de Franse politiek leid-de tot bloedige invasies door Karel V. De 16de-eeuwse godsdienstoorlogen tussen protestanten en katholieken hadden een slachting tot gevolg, waar-bij ook hele kerken verloren gingen.

Pietà, Notre-Dame-de-l'Assumption

Detail triptiek
René's geliefde Château Tarascon (blz. 140) aan de Rhône is goed herkenbaar.

René, zelf dichter, schilder en musicus, had grote invloed op de Provençaalse cultuur.

Nostradamus
De in St-Rémy (blz. 140–141) geboren arts en astroloog is het bekendst om zijn voorspellingen, Les Centuries *(1555).*

Moord op protestanten en katholieken
De godsdienstoorlogen waren bloedig. In 1545 sneuvelden duizenden protestanten en in 1567 in Nîmes 200 katholieken.

TRIPTIEK BRANDEND BRAAMBOS
Graaf René bestelde het schilderij bij Nicolas Froment (1476). Dit hoogtepunt van de Cathédrale de St-Sauveur in Aix verbeeldt een visioen van Maria met Kind, omringd door het eeuwig brandend braambos van Mozes.

TIJDBALK

1434–1480 Regering van René le Bon

Retabel uit Avignon

1486 De Provence wordt bij Frankrijk ingelijfd

1501 De Provence krijgt een parlement

1425	1450	1475	150▪

Graaf René

1481 Karel van Maine, graaf van de Provence en neef van koning René, schenkt de Provence aan Frankrijk

1496 Militaire haven in Toulon

De boodschap
De Meester van Aix schilderde deze annunciatie. Duister symbolisme, waaronder de uilenvleugels van de engel Gabriël, overheerst dit doorgaans vreugdevolle onderwerp.

Het braambos, dat brandde maar niet verteerde, was een heidens en een christelijk symbool van het eeuwige leven.

Heilige roomse keizer Karel V, door Titiaan
Tussen 1524 en 1536 viel Karel V (Karel I van Spanje) de Provence aan als onderdeel van zijn oorlog tegen Frankrijk.

De heiligen
Johannes de Evangelist, Catharina van Alexandrië en Nicolaas van Myra staan achter gravin Johanna.

Mozes ontvangt Gods woord van een engel.

Johanna van Laval, de tweede vrouw van René, knielt in aanbidding.

WAAR VINDT U DE 15DE- EN 16DE-EEUWSE PROVENCE?
De fraaie huizen in de straten van Aix *(blz. 148–149)* en Avignon *(blz. 166–168)* tonen u de architectuur uit deze periode. Het Musée Granet in Aix bezit mooie voorbeelden van religieuze schilderkunst. Een verzameling meubels uit deze tijd is te zien in het Musée Grobet-Labadié in Marseille *(blz. 151).*

Château de Tarascon
Dit 13de-eeuwse château (blz. 140) *is gedeeltelijk herbouwd door Lodewijk II en voltooid door zijn zoon René.*

Neushoorn van Albrecht Dürer
In 1516 verbleef de eerste neushoorn in Europa korte tijd op het Château d'If in Marseille (blz. 152). Hij was op doorreis naar de paus, maar stierf onderweg.

1524 Invasie van Karel V		**1598** Edict van Nantes: einde van de godsdienstoorlogen	
1545 Slachting van protestanten in de Lubéron	**1577** Eerste zeepfabriek in Marseille		
1525	**1550**	**1575**	**1600**
1525 Joden in Comtat Venaissin moeten gele hoeden dragen		**1562** Godsdienstoorlogen beginnen	

Protestants martelaarschap

De classicistische Provence

In de 17de en 18de eeuw groeide in de Provence het nationale bewustzijn. De steden ontwikkelden zich en overal bouwde men monumenten, herenhuizen (*hôtels*) en chateaus. Ondanks de economische ontwikkeling in de textielindustrie en de groei van de havens van Toulon en Marseille was het voor velen een armzalige tijd, met als dieptepunt de pest in 1720. In 1789 was de bestorming van de Bastille het sein voor volksop- standen.

Pavillon de Vendôme
Jean-Claude Rambot maakte de atlanten voor dit gebouw (1667) in Aix (blz. 148–149).

Deze laatste pest- epidemie in Europa eiste meer dan 100.000 levens.

Scheepswerf in Toulon
Toulon was befaamd om zijn scheepswerven. Aan hun riemen geketende galeislaven waren in de 17de eeuw een toeristische attractie.

Santonstal
De stallen met santons (Provençaals voor 'sintjes') maakte men voor het eerst na de Revolutie, toen de kerken gesloten waren.

Lijken werden naar massa- graven gebracht.

DE PESTEPIDEMIE
Vue du cours pendant la peste door Michel Serre toont de pestepidemie van 1720 in Marseille, overgebracht door een vrachtboot uit Syrië. De helft van de bevolking van Marseille stierf. Alle contacten met de buitenwereld waren verboden, maar de ziekte verspreidde zich toch naar Aix, Arles en Toulon.

TIJDBALK

1660 Lodewijk XIV, de Zonne- koning, trekt Marseille binnen

1622 Lodewijk XIII bezoekt Arles, Aix en Marseille

Embleem van de Zonne- koning

1707 Het Engelse beleg van Toulon mislukt

1696 Nice terug- gegeven aan Savoie

1625	1650	1675	1700

1646 Joden in getto's opgesloten, met name in Carpentras

1666 Start aanleg Canal du Midi

1679 Vauban begint werk aan de haven van Toulon

1707 Eugène van Savoie trekt de Provence binnen

1691 Nice bezet door de Fransen

Lodewijk XIII

Napoleon bezet Toulon

Napoleon Bonaparte vestigde zijn naam voor het eerst toen hij in 1793 Toulon op de Engelse bezetters veroverde.

Aan de Cours Belsunce, in 1670 in Italiaanse stijl gebouwd, stonden bomen en barokke paleizen.

Monniken, geleid door Jean Belsunce, bisschop van Marseille, stonden de stervenden bij.

Sébastien Vauban

De militaire architect van Lodewijk XIV versterkte steden en havens, waaronder Toulon en Antibes.

Moustiersfaience

Faience kwam in de 17de eeuw uit Italië naar Frankrijk. Er staan pastorale taferelen op afgebeeld in zachte kleuren.

WAAR VINDT U DE CLASSICISTISCHE PROVENCE?

In Avignon *(blz. 166–168)* en Aix *(blz. 148–149)* staan veel herenhuizen uit deze periode, in Cavaillon *(blz. 170)*, Forcalquier *(blz. 182)* en Carpentras *(blz. 164)* vindt u Joodse synagogen en resten van Joodse enclaven. In Nîmes *(blz. 132–133)* ligt de 18de-eeuwse Jardin de la Fontaine.

Apotheek in Carpentras

In het 18de-eeuwse Hôtel-Dieu (gasthuis) zijn een kapel en een apotheek met faience-potten te zien.

Fontaine du Cormoran

De bekendste van de 36 fonteinen in Pernes-les-Fontaines (blz. 164) is de 18de-eeuwse Cormoranfontein.

1713 Vrede van Utrecht: Orange komt bij Frankrijk

1718 Nice wordt deel van het nieuwe koninkrijk Sardinië

1791 Avignon en Comtat Venaissin bij Frankrijk

1779 Romeins mausoleum in Aix verwoest

1793 Het doorbreken van het beleg van Toulon maakt Napoleon Bonaparte beroemd

1725	1750	1775	1800

1720 Pestepidemie treft Marseille en verspreidt zich over de Provence

Pestepidemie, Marseille

1771 Parlement in Aix onderdrukt

1787 Provençaalse zijdeoogst mislukt

1789 Bestorming van de Bastille, Provençaalse boeren plunderen châteaus en kloosters

1792 De republikeinen adopteren de mars van Rouget de Lisle: *La Marseillaise*

De belle époque

Reclame voor Marseille-zeep, 1880

Vanaf het begin van de 19de eeuw trok het verleidelijke klimaat aan de kust van de Provence buitenlandse gasten, van kunstenaars tot koningen. Om in hun behoeften te voorzien werden spoorwegen, de Promenade des Anglais in Nice en exotische tuinen aangelegd en verrezen deftige hotels. Iedereen was er, koningin Victoria, de Aga Khan, koning Leopold van België en keizerin Eugénie, de vrouw van Napoleon III, die de Rivièra had ontdekt. Kunstenaars en schrijvers kwamen er voor het licht en de vrijheid.

Hommage aan Mistral
Frédéric Mistral vormde in 1854 de Félibrige-groep om de Provençaalse cultuur te behouden.

Drukken in Marseille
Goedkope arbeid, voldoende papier en goede communicatie deden in Marseille drukkerijen ontstaan.

Casinotafels werden soms met een zwart rouwkleed behangen als een gokker erin was geslaagd de bank te laten springen.

Parfum uit Grasse
Modernere kweek- en distilleer-methoden speelden een grote rol in de groei van de 19de-eeuwse parfum-industrie.

INTERIEUR CASINO MONTE CARLO
In 1850 was Monaco de armste staat in Europa, maar in 1856 werd het eerste casino in Monte Carlo geopend, zoals te zien is op het schilderij van Christian Bokelman. Hier werden fortuinen gemaakt en weer verloren (blz. 92–94).

TIJDBALK

1814 Napoleon landt op Golfe-Juan

1830 Begin van het toerisme rond Nice

1861 Monaco verkoopt Roquebrune en Menton aan Frankrijk

1860 Nice stemt voor inlijving bij Frankrijk

1820		1840		1860

Paul Cézanne

1839 Begin werk aan spoorlijn tussen Marseille en Sète. Cézanne geboren

1854 Oprichting van Félibrige, de Provençaalse culturele school

1859 Mistral publiceert zijn epische gedicht *Mirèio*

Wijngaardziekte
De wijnstokken in de Provence werden na verwoesting door de druifluis vervangen door Amerikaanse stokken.

Toerisme
Eind 19de eeuw beschouwde men zon en zeelucht als gezond.

Belle-époque-inrichting met barokke kroon-luchters en verguld en gekleurd marmer.

De elite bestond uit beroemde courtisanes en hun rijke, koninklijke minnaars.

De Provence van Van Gogh
In de Clinique St-Paul in St-Rémy (blz. 140–141) maakte Van Gogh woeste schilderijen.

WAAR VINDT U DE BELLE ÉPOQUE IN DE PROVENCE?

Veel is verloren gegaan, maar er staan nog steeds villa's en hotels in belle-époquestijl aan de Côte d'Azur. Het Négresco in Nice *(blz. 84–85)* is een mooi voorbeeld, maar ook de Cathédrale Orthodoxe Russe in Nice en het Musée Ephrussi de Rothschild op Cap Ferrat *(blz. 86–87)*. In Beaulieu zijn de Villa Kerylos, de rotonde en de weelderige tuinen exemplarisch voor de periode *(blz. 88)*.

Hôtel Carlton, Cannes
Dit in 1911 gebouwde kunstwerk is nog steeds een exclusief hotel aan het strand (blz. 68–69).

Monte Carlo Opéra
Charles Garnier ontwierp dit operagebouw (blz. 92–93) *en ook het casino* (blz. 94).

1879 Opening van de opera in Monte Carlo

Casino in Monte Carlo

1909 Aardbeving rond Rognes in de Bouches-du-Rhône veroorzaakt veel schade

1880	1900	1920

1869 De opening van het Suezkanaal brengt handel naar Marseille; spoorlijn uitgebreid tot Nice

1888–1890 Van Gogh werkt in de Provence

1904 Mistral wint de Nobelprijs voor literatuur met *Mirèio*

De Provence in oorlogstijd

Na de economische achteruitgang die was veroorzaakt door de Eerste Wereldoorlog nam de welvaart weer toe door het succes van de toeristenindustrie. Het binnenland bleef afgelegen en boers, maar aan de kust trokken sinds de jaren twintig plaatsen als Cannes en Nice horden toeristen, onder wie beroemdheden als Noel Coward en Wallis Simpson. De Duitse bezetting in 1942–1944 maakte een einde aan dit betoverende leven. Steden als St-Tropez en Marseille werden zwaar beschadigd door aanvallen van de Duitsers en geallieerden.

Toerisme
Het werd mode om in zee te zwemmen en te zonnebaden en de badplaatsen langs de Rivièra maakten een bloeitijd door. In de jaren dertig kwam er een nudistenkolonie op het Île du Levant.

Grand Prix van Monaco
Deze race door de straten van het vorstendom was het initiatief van prins Louis II in 1929. Deze race is een van de gevaarlijkste in het Formule I-circuit.

Kostbare munitie en wapens werden door geallieerde vliegtuigen gedropt of op de Duitsers buitgemaakt.

Antoine de Saint-Exupéry
De legendarische schrijver-piloot verdween op 31 juli 1944 toen hij een verkenningsvlucht maakte (blz. 29).

LA RÉSISTANCE
Na 1942 was de *Résistance* of *maquis* actief in de Provence. De leden hadden succes in Marseille en bereidden in 1944 de kustgebieden voor op de geallieerde invasie.

TIJDBALK

1930 Schrijver D.H. Lawrence sterft in Vence

Coco Chanel

1925 Coco Chanel trekt naar de Rivièra

1920	1925	1930

1924 Scott en Zelda Fitzgerald wonen aan de Rivièra

1928 Nationaal Park de Camargue opgericht

1930 Pagnol start in Marseille met de verfilming van de trilogie *Marius, Fanny* en *César*

F. Scott Fitzgerald

Vele leden van de *Résistance* waren nog zeer jong. De training bestond vaak alleen uit ervaring.

Marcel Pagnol (1905–1974)
Pagnol maakte de Provence onsterfelijk in zijn toneelstukken, romans en films (blz. 29).

WAAR VINDT U DE JAREN TWINTIG EN VEERTIG IN DE PROVENCE?

In de voorsteden van Hyères *(blz. 115)* vindt u nog resten van het chique leven van na de Eerste Wereldoorlog. De oorlogsschepen in de haven van Toulon *(blz. 112–113)* herinneren aan de macht van de Franse marine. Bezoek ook het Musée d'Histoire 1939–1945 in Fontaine-de-Vaucluse *(blz. 165)*.

Geallieerde landingen
Op 14 augustus 1944 bombardeerden geallieerde troepen de kust tussen Toulon en Marseille en wonnen al snel terrein.

Les Deux Garçons, Aix
Dit nog altijd deftige café werd ooit bezocht door Churchill en Cocteau (blz. 148–149).

Citadelle, Sisteron
De na 1944 herbouwde citadel toont zijn geschiedenis (blz. 178).

Wereldstad Marseille
De tentoonstelling van 1922 was een uitnodiging om kosmopolitisch Marseille te bezoeken.

1942 Nazi's trekken Zuid-Frankrijk binnen. Franse vloot tot zinken gebracht in Toulon

1943 *Maquis*-verzet gevormd

1940 Italianen bezetten Menton

1935	1940	1945

1939 Initiatief voor filmfestival in Cannes, vertraging door de oorlog

Bevrijding van Marseille

1944 Amerikaanse en Franse troepen landen bij St-Tropez; Marseille bevrijd

De naoorlogse Provence

Doorbetaalde vakanties, naoorlogs optimisme en de zonaanbidding in St-Tropez maakten de Rivièra blijvend aantrekkelijk voor vakantiegangers. De streek levert nog altijd veel natuurlijke producten – olijfolie, wijn, fruit, bloemen en parfum – al houdt de industrie, vooral de hightechsector, gelijke tred. Het milieu lijdt onder de intensieve ontwikkeling, vervuiling en bosbranden. Na 1962 vestigden zich hier veel Noord-Afrikanen en nu zorgt werkloosheid voor spanningen.

Scooterrijdster in St-Tropez

Port-Grimaud
Het succesvolle 'Venetië van de Provençe', een autovrije jachthaven, is in 1966 aangelegd door François Spoerry (blz. 123).

l'Abribus, Philippe Starck
De moderne architectuur van Nîmes is kenmerkend voor vele gedurfde projecten.

Branden
De bosbranden die de streek teisteren worden bestreden met vliegtuigen die water uit zee scheppen.

Strand in Nice
De kiezelstranden van de Rivièra trekken nog altijd verstokte zonaanbidders.

TIJDBALK

1946 Picasso schildert voor het eerst in het Grimaldi-kasteel, Antibes

1952 Le Corbusier bouwt Cité Radieuse

Grace Kelly

1954 Matisse sterft

1956 Roger Vadim filmt *Et Dieu créa la femme*, met Brigitte Bardot, in St-Tropez

1956 Grace Kelly trouwt Rainier III van Monaco

1959 Overstromingen in Fréjus

1950

1961 Festival van nieuwe École de Nice

1962 Beneden-Durance gekanaliseerd voor waterkracht

1962 Algerije onafhankelijk – Franse Noord-Afrikanen *(pieds-noirs)* in de Provence

1970 Sophia-Antipolis technologiepark geopend bij Antibes

1960

Picasso

1970 Autoroute du Soleil voltooid

1970

1971 De 'French Connection' drugsroute ontmaskerd

1973 Picasso sterft in Mougins

Wintersport
Skiën is steeds populairder geworden (blz. 96). Isola 2000, bij Nice, een gespecialiseerd, futuristisch skioord, verrees in 1972.

Colombe d'Or, St-Paul
Vroeger een kunstenaarscafé, maar nu een chic etablissement (blz. 75).

FILMFESTIVAL VAN CANNES
Het festival *(blz. 68)* werd voor het eerst gehouden in 1946 en is nu een evenement van wereldklasse waar regisseurs, sterren en sterretjes op af komen. *Et Dieu créa la femme,* met Brigitte Bardot, was in 1956 een *succès de scandale.*

Brigitte Bardot   **Kim Novak**

WAAR VINDT U DE MODERNE PROVENCE?
Tot de opvallendste moderne architectuur behoren de Cité Radieuse van Le Corbusier in Marseille *(blz. 152)*, het Musée d'Art Contemporain in Nice *(blz. 85)* en het door Norman Foster ontworpen Carré d'Art in Nîmes *(blz. 132)*. Grootschalige renovatie in steden als St-Tropez *(blz. 118–122)* en Ste-Maxime *(blz. 123)* combineerde nieuwbouw met bestaande bebouwing.

St-Tropez
Succesvolle naoorlogse renovatie waardoor nieuw nauwelijks van oud te onderscheiden is.

Fondation Maeght
Nieuwbouw in traditionele Provençaalse stijl met traditionele materialen (blz. 76–77).

1977 Eerste traject ondergrondse in Marseille

1981 TGV-aansluiting op Parijs

1992 Overstromingen in Vaison-la-Romaine

1998 Jacques Médecin sterft in Uruguay

Jacques Médecin

2005 Prins Rainier III sterft en wordt opgevolgd door zijn enige zoon, prins Albert II

1980	1990	2000	2010

1982 Prinses Gracia komt om bij auto-ongeluk

TGV trein

1990 Jacques Médecin, burgemeester van Nice, vlucht naar Uruguay, beschuldigd van corruptie en belastingontduiking

2002 Euro vervangt franc als wettig betaalmiddel

DE PROVENCE VAN STREEK TOT STREEK

De Provence in het kort

De Provence heeft voor elk wat wils, van natuur-
gebieden en historische architectuur tot moderne
kunst. Zelfs de meest verstokte zonaanbidder zal
de koelte van de musea en kerken moeilijk kunnen
weerstaan. Bezoekers die voor de kunst komen,
zullen ook worden bekoord door de schoonheid
van de Gorges du Verdon en de Camargue. Hier
volgen de bezienswaardigste attracties.

De middeleeuwse architectuur van
pauselijk Avignon *(blz. 166–167)*

• Avignon

VAUCLUSE

Het Romeinse theater in Orange
(blz. 162–163)

BOUCHES-DU-RHÔNE
EN NÎMES

• La Camargue

Marseille •

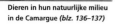

Dieren in hun natuurlijke milieu
in de Camargue *(blz. 136–137)*

De imposante basiliek van St-Maximin-la-Ste-Baume
met relieken van Maria Magdalena *(blz. 110–111)*

0 kilometer   20

De onbedorven en stille
Îles d'Hyères *(blz. 114–115)*

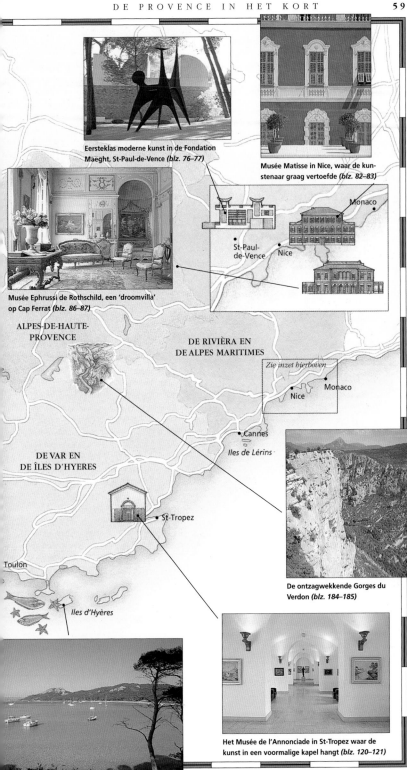

Eersteklas moderne kunst in de Fondation Maeght, St-Paul-de-Vence *(blz. 76–77)*

Musée Matisse in Nice, waar de kunstenaar graag vertoefde *(blz. 82–83)*

Monaco

St-Paul-de-Vence

Nice

Musée Ephrussi de Rothschild, een 'droomvilla' op Cap Ferrat *(blz. 86–87)*

ALPES-DE-HAUTE-PROVENCE

DE RIVIÈRA EN DE ALPES MARITIMES

Zie inzet hierboven

Nice

Monaco

Cannes

Iles de Lérins

DE VAR EN DE ÎLES D'HYERES

St-Tropez

Toulon

Iles d'Hyères

De ontzagwekkende Gorges du Verdon *(blz. 184–185)*

Het Musée de l'Annonciade in St-Tropez waar de kunst in een voormalige kapel hangt *(blz. 120–121)*

DE RIVIÈRA EN
DE ALPES MARITIMES

*D*e Franse Rivièra is ongetwijfeld de befaamdste kust van Europa. Vrijwel iedereen die in de afgelopen 100 jaar iets heeft betekend is door de knieën gegaan voor zijn allure. Hier vierden koningen en courtisanes, filmsterren en miljonairs vakantie en rijkdom is er de norm.

Men klaagt altijd dat de Rivièra niet meer is wat zij geweest is, dat het filmfestival in Cannes niets meer voorstelt, dat Monte Carlo smakeloos is geworden en dat Nice het zoeken van een parkeerplaats niet meer waard is. Kijk echter eens naar de boten in de haven van Antibes, naar een paar villa's op Cap Martin, naar de snuisterijen van de gasten in het Hôtel de Paris in Monte Carlo. Hier heersen nog steeds geld en klasse.

De Rivièra is er echter niet alleen voor de rijken. Een veelvoud aan talenten heeft er geldschieters gezocht en gevonden en werd er geïnspireerd door het mediterrane licht. De kust is onlosmakelijk verbonden met leven en werk van Matisse, Picasso, Chagall, Cocteau en Renoir. Ze schilderden er de fraaie kust en hooggelegen dorpjes als St-Paul-de-Vence. St-Paul speelde een rol in de levens van Bonnard en Modigliani, F. Scott Fitzgerald en Greta Garbo.

De Alpes Maritimes, met het vorstendom Monaco, staat bekend om zijn zachte winters. De overvloed aan bloemen deed de parfumindustrie ontstaan en trok de Engelsen aan – die er schitterende tuinen aanlegden. In het binnenland bieden de berggebieden mogelijkheden om te skiën in een prachtige omgeving. U kunt er ook kennismaken met de traditionele alpiene keuken.

Luieren op de Promenade des Anglais, Nice

◁ **Gezicht op Roquebrune vanuit het kasteel**

De Rivièra en de Alpes Maritimes verkennen

De rotsige uitlopers van de Alpen strekken zich uit van oost naar west tot de kust van de Rivièra, waar de *corniches* (kustwegen) lopen. Op toppen en kammen houden stadjes en dorpjes de blauwe zee in de verte in de gaten. Bij de grens met Italië lopen de bergen van noord naar zuid, doorsneden door kloven en ravijnen, die in de winter pistes voor skiërs vormen. In het hogergelegen gebied bevindt zich het Parc National du Mercantour *(blz. 97)*. Hoogtepunt is de prehistorische Vallée des Merveilles, op minder dan twee uur afstand van de drukte van de Rivièra.

BEREIKBAARHEID

De A8 uit Italië loopt parallel aan de kust. Tussen deze autoweg en de zee lopen tussen Nice en Menton drie hoge wegen. De *Grande Corniche* volgt de Romeinse weg, Julia Augusta, langs La Turbie. De *Moyenne Corniche* gaat door Eze en de *Corniche Inférieure* doet alle kustplaatsen aan. De wegen in het binnenland zijn smal en bochtig, neem er de tijd voor. Er is een regelmatige busverbinding tussen Grasse en Cannes en op sommige stations zijn fietsen te huur. Ook andere busverbindingen zijn goed. Het grootste vliegveld is dat ten westen van Nice.

Dure jachten in de haven van Antibes

BEZIENSWAARDIGHEDEN IN HET KORT

Saint-Étienne-de-Tinée
Auron
Entraunes
LE PAR
Valberg
Beui
Guillaumes
GORGES DU CIANS
PUGET-THÉNIERS ②
Digne-les-Bains
Toué sur-V
ALPES
Mont Cheiron 1777 m
Sisteron
Le Logis-du-Pin
GOURDON ④
St-Vallier-de-Thiey
GRASSE ⑤
Grottes de St-Cézaire
③ ST-CÉZAIRE-SUR-SIAGNE
MOUGINS
CANNES
Draguignan
La Napou

0 kilometer   10

Uitzicht op Nice vanuit Roquebrune

Isola

Isola 2000

D2205

29

TIONAL DU MERCANTOUR

Saint-Sauveur-
sur-Tinée

Saint-Martin-
Vésubie

Roquebillière

N204 Réfrei

30 TENDE

St-Dalmas

Vallée des Merveilles

Pointe de
Trois-Communes
2082 m

31 SAORGE

Roya

L'Authion
1889 m

28 FORÊT
DE TURINI

Lantosque

Breil-sur-Roya

D2205

Villars-
sur-Var

St-Jean-
la-Rivière

Peïra-Cava

D2204

N204

Ventimiglia

Tinée

VALLÉE DE LA VÉSUBIE

D2566

27

N202

LUCÉRAM **26**

32 SOSPEL

esteron

Plan-du-Var

D2565

Escarène

San
Remo

17

Esteron

MARITIMES

PEILLE **25**

Ste-
Agnes

A8

GORBIO **33**

PEILLON **24**

35 MENTON

Var

LA TURBIE **22**

34 ROQUEBRUNE-
CAP-MARTIN

14 VENCE

BEAULIEU

N98

23 MONACO

D2

N202

20

21 ÈZE

ST-PAUL-
DE-VENCE **15**

NICE **17**

19 VILLEFRANCHE

A8

CAGNES-
SUR-MER **16**

18 CAP FERRAT

LENEUVE-
LOUBET **13**

Cros-de-Cagnes

SYMBOLEN

BIOT **12**

	Snelweg
	Hoofdweg
	Secundaire weg
	Landweg
	Toeristische route
	Hoofdspoorlijn
	Secundaire spoorlijn
	Landsgrens
	Regiogrens
△	Bergtop

N98

10 ANTIBES

11 VALLAURIS

Golfe-
Juan

9 JUAN-LES-PINS

Cap d'Antibes

8 ILES DE LÉRINS

Luieren in de zon op een terras in
Nice

Uitzicht op de toppen van de Gorges du Cians

Gorges du Cians ❶

🚆 Nice. 🚌 Touët-sur-Var. 🚌 Nice, Touët-sur-Var, Valberg. 🛈 Pl. du Quartier, Valberg (04-93232425).

Deze ravijnen met hun dieprode leisteen en heldergroene begroeiing behoren tot het mooiste wat de natuur hier te bieden heeft. Ze volgen de loop van de Cians die tussen Beuil en Touët-sur-Var binnen 25 km 1600 m daalt. In Touët kunt u door een rooster in de vloer van het schip van de kerk de rivier zien kolken.

Pas bij Pra d'Astier worden de ravijnen steil en smal, op de smalste plaatsen is de lucht zelfs helemaal niet meer te zien. Hogerop kunt u in juni saffraankleurige lelies zien. Op 1430 m hoogte ligt het arendsnest Beuil, dat over de Vallée du Cians uitziet. Het is nu een militair sportcentrum. Het werd versterkt door de graven van Beuil, leden van de aristocratische familie Grimaldi *(blz. 91)*. Ze woonden hier tot 1621, ondanks opstanden van hun ondergeschikten: een graaf werd door zijn barbier de keel doorgesneden en een ander werd door zijn knecht doodgestoken. De laatste graaf, Hannibal Grimaldi, werd op zijn stoel vastgebonden en gewurgd. De renaissancekapel van de karmelieten werd in 1687 met stenen van het chateau in de Église St-Jean-Baptiste gebouwd.

Puget-Théniers ❷

Wegenkaart E3. 🏛 *1700*. 🚉 🚌 🛈 *Route Nationale 202 (04-93050505).*

Dit aardige dorp ligt aan de voet van een rotspiek op de plaats waar de Roudole en de Var samenkomen, onder de ruïne van een chateau dat toebehoorde aan de familie Grimaldi *(blz. 91)*. In het oude stadje staan enkele fraaie herenhuizen, maar het mooist is wel de 13de-eeuwse door de tempeliers gebouwde **Notre-Dame de l'Assomption**. Het schitterende altaarstuk *Notre-Dame du Secours* (1525) is van Antoine Ronzen. In het portaal bevindt zich een altaarscherm van het Lijdensverhaal (1515–1520), gemaakt door Vlaamse ambachtslieden die samenwerkten met de architect en beeldhouwer Matthieu d'Anvers.

Naast de doorgaande weg staat een opvallend beeld van een vrouw met gebonden handen, *L'action enchaînée*, van Aristide Maillol (1861–1944). Het herinnert aan de revolutionair Louis-Auguste Blanqui. Hij werd in

L'Action Enchaînée in Puget-Théniers

1805 in het raadhuis geboren en was in 1871 een van de socialistische helden van de Parijse Commune. Hij zat in totaal 30 jaar gevangen.

St-Cézaire-sur-Siagne ❸

Wegenkaart E3. 🏛 *3200*. 🚌 🛈 *Rue de la République 3 (04-93608430).* 🛒 di en za.

St-Cézaire, dat al sinds de Romeinse tijd bewoond is, ziet uit over het steile Siagnedal. De dorpsmuren en torens herinneren aan het feodale verleden. In het centrum staat de 13de-eeuwse **Chapelle du Cimetière** met een Gallo-Romaanse graftombe die in de buurt is gevonden. Van het middeleeuwse hart loopt een pad naar een uitzichtpunt. Ten noordoosten van het dorp liggen de **Grottes de St-Cézaire-sur-Siagne**, ijzerhoudende grotten vol prachtige kristallen. Aan het plafond en de vloer van de grot hebben zich indrukwekkende stalactieten en stalagmieten gevormd. Als ze worden aangeraakt, maken de stalac-

Antoine Ronzens altaarstuk *Notre-Dame du Secours* **(1525), Puget-Théniers**

Voor hotels en restaurants in deze streek zie blz. 194–197 en blz. 210–213

tieten een wonderlijk geluid. De stalactieten en stalagmieten hebben vormen aangenomen die lijken op bloemen, dieren en paddenstoelen. Rode oxide in het kalksteen geeft een volle kleur aan de rotskamers (Elfenalkoof, Grote Hal, Hal der Draperieën en Orgelkamer), die onderling zijn verbonden door nauwe ondergrondse gangen. Een daarvan eindigt abrupt, 40 m onder de grond, bij een afgrond.

Grottes de St-Cézaire-sur-Siagne
Tel *04-93602235.* *jan.–nov.: ma–za.*
www.lesgrottesdesaintcezaire.com

De merkwaardige Grottes de St-Cézaire-sur-Siagne

Het dorp Gourdon, op de rand van een klip

Gourdon ❹

Wegenkaart E3. *437.*
Pl. Victoria (04-93096825).
www.gourdon-france.com

Eeuwenlang bouwde men dorpen op heuveltoppen en omringde ze met muren. Gourdon is een echt *village perché (blz. 20–21)*, met winkels vol regionale producten, parfum en kunst. Het plein ziet spectaculair uit op het dal van de Loup en de zee met in de verte Antibes en Cap Roux. Fraaie panorama's biedt het terras van het **Château de Gourdon**, dat in de 12de eeuw werd gebouwd door de seigneurs du Bar, heren van Gourdon, op de fundamenten van een Saraceens fort. De gewelven zijn overblijfselen van de Saraceense bezetting. De tuinen zijn in de 17de eeuw aangelegd door André le Nôtre. Het kasteel is nog steeds particulier bezit, maar huisvest twee musea. In het **Musée Historique** zijn een Aubussonwandkleed, een bureau van Marie-Antoinette en een zelfportret van Rembrandt te zien. Ernaast ligt het **Musée d'Arts Décoratifs et de la Modernité** met meubels en lampen uit de jaren dertig van Jacques Le Chevallier en Paul Dupré-Lafon en enkele sculpturen van Salvador Dalí.

Château de Gourdon
Tel *04-93096802.* *juni–sept. dag.; okt.–mei: wo–ma, alleen 's middags.*
www.chateau-gourdon.com

TOCHT DOOR DE GORGES DU LOUP

Het dorp Gourdon ligt aan de rand van de Gorges du Loup, een van de ravijnen die naar de kust lopen. De weg ernaartoe begint bij Pré-du-Loup, ten oosten van Grasse, en loopt naar Gourdon. Vandaar gaat de D3 de bergengte in en biedt fraaie uitzichten tot hij na 6,5 km weer uitkomt op de D6.
Op de linkerrotswand passeert de weg de grote holte Saut du Loup en de Cascades des Demoiselles waar het kalk in het water een vrijwel aaneengesloten begroeiing heeft doen ontstaan. Even verderop ligt de 40 m hoge Cascade de Courmes, waar een glibberige trap onderdoor loopt.
De D2210 loopt via Tourrettes-sur-Loup, een ambachtelijk centrum op een hoog plateau, verder naar Vence. De 15de-eeuwse kerk bezit een triptiek van de Bréaschool en een altaar uit de 1ste eeuw, gewijd aan de Romeinse god Mercurius.

De 40 m hoge Cascade de Courmes

Grasse ❺

Wegenkaart E3. 🏚 45.000. 📧
ℹ️ Cours Honoré Cresp 22
(04-93366666). 📧 di–zo.
www.grasse.fr

Grasse was ooit bekend om zijn leerlooierijen en is sinds de 16de eeuw een parfumcentrum. De looierijen zijn verdwenen, maar er zijn nog drie grote parfumzaken in bedrijf. Hoewel de parfum tegenwoordig van geïmporteerde bloemen wordt gemaakt, viert men hier elk jaar nog het Fête du Jasmin (*blz. 33*). Bezoek vooral het **Musée International de la Parfumerie**. Dit museum toont *bergamotes*, geurige doosjes van papier-maché. In het museum van **Molinard** kunnen bezoekers hun eigen parfum maken.

Na 1807–1808, toen prinses Pauline Bonaparte hier kuurde, kwam Grasse in de mode. Koningin Victoria overwinterde vaak in het Grand Hotel. Hier werd de kunstenaar Jean-Honoré Fragonard (1732–1806) geboren. Het **Villa-Musée Fragonard** toont muurschilderingen van zijn zoon. Zijn enige religieuze werk, *Voetwassing*, hangt in de 12de-eeuwse **Ancienne Cathédrale Notre-Dame-du-Puy** in de oude stad, waar ook drie werken van Rubens te zien zijn. Het 18de-eeuwse **Musée d'Art et d'Histoire de Provence** toont voorwerpen uit Moustiers. Provençaalse kleding en juwelen uit de 18de en 19de eeuw zijn te zien in het **Musée Provençal du Costume et du Bijou**.

🏛 **Musée International de la Parfumerie**
Pl. du Cours 8, Honoré Cresp.
Tel. 04-93368020 📧 tot en met 2008. 🈸 ♿ 🅿 www.museede grasse.com

🏛 **Molinard**
Bld. Victor Hugo 60.
Tel. 04-97055800. ⬜ ma–za.
📧 feestdagen. 🈸

🏛 **Villa-Musée Fragonard**
Bld. Fragonard 23. **Tel.** 04-93360161.
⬜ dag. 📧 feestdagen. 🈸 🅿

🏛 **Musée d'Art et d'Histoire de Provence**
Rue Mirabeau 2. **Tel.** 04-93360161
⬜ dag. 📧 feestdagen. 🈸
www.museedegrasse.com

Gevel van het Musée International de la Parfumerie in Grasse

Mougins ❻

Wegenkaart E3. 🏚 19.000. 📧 ℹ️
Ave. Charles Mallet 15 (04-93758767).
www.mougins-cotedazur.org

Deze oude, op een heuvel gelegen stad (*blz. 20–21*) binnen de resten van 15de-eeuwse muren en een versterkte Saraceense poort is een van de mooiste uit de streek. Mougins is geliefd bij koningen en filmsterren. Yves St-Laurent woonde er en Picasso bracht zijn laatste jaren door in een huis tegenover de Chapelle de Notre-Dame-de-Vie.

In Mougins kunt u ook heel goed eten. Het beste restaurant is Roger Vergés **Moulin de Mougins** (*blz. 210–211*), in een oude molen net buiten het dorp. Gasten kunnen zijn winkel met keukengerei bezoeken die tot middernacht is geopend.

Het **Musée de la Photographie** toont een permanente collectie met foto's uit het bezit van Picasso. Het **Musée de l'Automobiliste**, 5 km ten zuiden van Mougins, heeft een verzameling oldtimers, met name Bugatti's.

🏛 **Musée de la Photographie**
Chemin Fonde du Curraust 742.
Tel. 04-93758567. ⬜ wo–zo, juli–sept. dag. 📧 1 mei, nov. 🈸

🏛 **Musée de l'Automobiliste**
Aire des Breguières, autoroute A8.
Tel. 04-93692780. ⬜ dag.
📧 half nov.–half dec. 🈸 ♿ 🅿
www.musauto.fr.st

Jacques-Henri en Florette Lartigue, Musée de la Photographie, Mougins

Voor hotels en restaurants in deze streek zie blz. 194–197 en blz. 210–213

De parfums van de Provence

Grasse is de afgelopen 400 jaar het centrum van de parfumindustrie geweest. Daarvoor was het een stad van leerlooiers. In de 16de eeuw begonnen uit Italië afkomstige handschoenenmakers de geuren van plaatselijke bloemen te gebruiken om zachte leren handschoenen te parfumeren. Koningin Catherine de'Medici verbreidde deze mode. Men kweekte

Catherine de'Medici, 1581

uitgestrekte velden lavendel, rozen, narcissen, jasmijn en geurende kruiden. Tegenwoordig, nu het goedkoper is bloemen te importeren, concentreert Grasse zich op het scheppen van geur. Patrick Süskinds roman *Het parfum* speelt voor een deel in Grasse, waar een parfummaker zijn kennis van geuren aanwendt voor gruwelijke praktijken.

Jasmijn plukken

Jasmijn wacht op verwerking

EEN PARFUM ONTWERPEN

Extracten worden op verschillende manieren verkregen, waaronder distillatie door stoom of vluchtige oplossingen. *Enfleurage* is een kostbare methode voor tere bloemen als jasmijn en viooltjes. De bloemen worden tussen reuzel gelegd dat doortrokken raakt van hun geuren.

Distillatie door stoom *is een van de oudste extractiemethoden en werd oorspronkelijk door de Arabieren ontwikkeld. Hij wordt nu vooral toegepast op bloemen als oranjebloesem. Men kookt bloemen en water en de oliën worden opgevangen in een essencier of oliekan.*

Enorme hoeveelheden *bloemen zijn nodig om het extract of 'absolut' parfumconcentraat te maken. Met ongeveer een ton jasmijnbloesems maakt men bijvoorbeeld net één liter jasmijnextract.*

De beste parfums *maakt de parfummaker die 'neus' wordt genoemd en een uitzonderlijk reukvermogen bezit. Hij combineert geuren als een musicus noten en mengt soms wel 300 geuren voor een parfum. Nu kunnen geuren worden samengesteld door de componenten van de lucht boven de bloem te analyseren.*

Cannes ❼

De voorzitter van het Britse Hogerhuis, lord Brougham, ontdekte Cannes in 1834 toen hij op weg was naar Nice. Hij was zo verrukt van het klimaat van wat toen nog een vissersdorpje was dat hij er een villa bouwde en de toon zette voor de Engelse aristocratie. Tegenwoordig is Cannes een stad van festivals en trekt het rijke, beroemde bezoekers. Het hele jaar door bruist het er van de activiteiten en de roem wordt vergroot door het Filmfestival (blz. 32). Casino's, kermissen, strand, jachten en terrassen maken dat er altijd veel te doen is, al zijn er geen grote musea of monumenten.

Strand in Cannes en Hôtel Carlton

Cannes verkennen

Het centrum van de stad ligt rond de Baai van Cannes en de Boulevard de la Croisette die langs de zee loopt. Hier zijn de luxe winkels en hotels en hebt u mooi zicht op de La Napoulebaai en de Esterelhoogvlakten. Het oostelijke deel van de baai loopt uit op de Pointe de la Croisette en het 's zomers geopende Palm Beach Casino, dat is gebouwd op de ruïnes van het middeleeuwse Fort de la Croix. Er zijn een nachtclub, een restaurant en een zwembad. Het **Casino Croisette** is het hele jaar open. Brougham overreedde koning Louis-Philippe Cannes twee miljoen franc te schenken voor de bouw van een kademuur. Tussen La Pantiero en Rue Félix Faure lopen de Allées de la Liberté. Deze door platanen beschaduwde en door een standbeeld van lord Brougham bewaakte open vlakte is ideaal voor *jeu de boules* en de kleurrijke bloemenmarkt. U hebt er een mooi uitzicht op de haven die vol ligt met plezier- en vissersboten. Achter de Allées loopt de Rue Meynadier, waar heerlijke pasta, brood en kaas te koop zijn. Deze straat brengt u naar de overdadige **Marché Forville**. Hier zijn elke dag verse regionale producten te koop. De smalle straatjes kronkelen omhoog van de *marché* naar de oude Romeinse stad Canoïs Castrum. Het gebied is genoemd naar het riet dat langs de kust groeide en heet nu Le Suquet. De kerk in het centrum van de oude stad, **Notre-Dame de l'Espérance**, werd in 1648 voltooid.

Het Filmfestival van Cannes wordt sinds 1946 elk jaar in mei gehouden, voornamelijk in het **Palais des Festivals**, maar ook in bioscopen door de hele stad. Sommige zijn voor publiek geopend en voorstellingen beginnen al om 8.30 uur. De boulevardpers concentreert zich sinds 1953 op het strand,

Handafdruk

toen de prullip van Brigitte Bardot wereldwijd de krantenvoorpagina's haalde.

De grote hotels in Cannes hebben eigen stranden met bars en restaurants, waar de prijzen passen bij de status. Beroemdheden treft u het meest in het Carlton, het Majestic en het Martinez. Voor de meeste stranden in Cannes wordt toegangsgeld gevraagd. De kiezels zijn bedekt met zand. Vlak naast het festivalgebouw is het strand gratis.

🎦 Palais des Festivals et des Congrès

Bld. de la Croisette 1. **Tel.** 04-93390101. 🔒 04-92998422. **www.**palaisdesfestivals.com.
Deze in 1982 gebouwde moderne torenflat, die De Bunker wordt genoemd, staat naast de Vieux Port aan het westelijke uiteinde van de promenade. Hier worden de *Palmes d'Or* en andere grote internationale filmprijzen uitgereikt. Er worden veel zaken gedaan. Elk jaar worden zo'n 78.000 officiële kaartjes onder vakmensen uit de filmindustrie verdeeld.

Behalve dat het Filmfestival hier plaatsvindt, zijn in het Palais des Festivals ook een casino en een nachtclub gevestigd en wordt het gebouw veel gebruikt als congresgebouw. In de nabijgelegen Allée des Stars staan handafdrukken van beroemdheden als de filmregisseur Roman Polanski in het beton gedrukt.

Modellen Carla Bruni en Karen Mulder op het Filmfestival in Cannes

Voor hotels en restaurants in deze streek zie blz. 194–197 en blz. 210–213

De oude stad van Cannes, Le Suquet, met uitzicht op de haven

TIPS VOOR DE TOERIST

Wegenkaart E4. 69.000. Rue Jean-Jaurès. Pl. de l'Hôtel de Ville. Palais des Festivals (04-92998422). di–zo. Filmfestival: mei **www.cannes.fr**

Hôtel Carlton

Bld. de la Croisette 58. *Tel. 04-93064006. Zie* **Accommodatie** *blz. 196.*

Dit symbool van comfort en deftigheid werd in 1911 ontworpen en gebouwd door de architect Henri Ruhl. De rococo-eetzaal, waar de zuilen een schitterend plafond dragen, is onveranderd. De gevel van het hotel ziet eruit als een bruidstaart en is gedecoreerd met piepkleine balkonnetjes. De raamkozijnen, kroon- en daklijsten zijn met stucwerk versierd. Voor de twee zwarte koepels van het hotel zouden de borsten van de befaamde Belle Otéro, een courtisane die Ruhl in haar ban had, model hebben gestaan. Het Carlton werd zo hoog aangeslagen dat in de Tweede Wereldoorlog een journalist van de *New York Times* de bevelvoerende officier vroeg om te beschermen wat hij beschouwde als het beste hotel ter wereld.

Het toppunt van luxe

Musée de la Castre

Château de la Castre, Le Suquet. **Tel.** 04-93385526. feb.–dec.: di-zo. sommige feestdagen.

Dit museum is gevestigd in het oude kasteel van Cannes, dat in de 11de en 12de eeuw door de monniken van Lérins werd gebouwd. Het museum dateert van 1877 en bezit fraaie archeologische en etnografische verzamelingen uit de hele wereld. In de cisterciënzer St.-Annakapel is ook een imposante collectie muziekinstrumenten te zien.

Het is de moeite waard de **Tour de la Castre** uit de 11de eeuw te beklimmen vanwege het prachtige uitzicht.

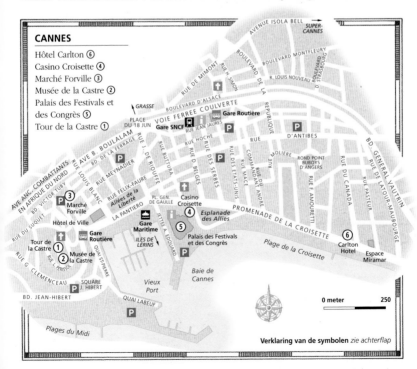

CANNES

Hôtel Carlton ⑥
Casino Croisette ④
Marché Forville ③
Musée de la Castre ②
Palais des Festivals et des Congrès ⑤
Tour de la Castre ①

0 meter 250

Verklaring van de symbolen *zie achterflap*

Îles de Lérins

De Îles de Lérins liggen op een kwartiertje varen van het drukke Cannes, maar op deze eilanden heerst een heel andere levensstijl. De twee eilanden zijn door slechts een smalle zeestraat van elkaar gescheiden en waren ooit de machtigste religieuze centra in het zuiden van Frankrijk.

St-Honorat is genoemd naar de Gallo-Romein Honoratus, die het kleinste eiland aan het

Lerinalikeur eind van de 4de eeuw bezocht en er een klooster stichtte. Ste Marguerite heet naar zijn zuster, die daar een nonnenklooster stichtte. In het fort zat in de 17de eeuw de geheimzinnige Man met het IJzeren Masker elf jaar gevangen.

★ **Fort Ste-Marguerite**
In dit onder Richelieu gebouw-de en door Vauban in 1712 versterkte fort bevindt zich een maritiem museum.

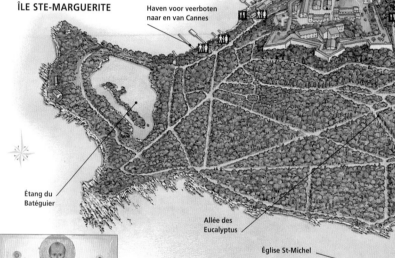

ÎLE STE-MARGUERITE

Haven voor veerboten naar en van Cannes

Étang du Batéguier

Allée des Eucalyptus

Église St-Michel

ÎLE ST-HONORAT

Chapelle St-Sauveur

Chapelle St-Saprais

St-Honorat et les Saints de Lérins
Deze icoon van de heilige Honoratus bevindt zich in de Abbaye de Lérins.

Chapelle St-Caprais
Caprais was discipel van Honoratus toen deze de Provence bezocht.

0 meter   1000

Voor hotels en restaurants in deze streek zie blz. 194–197 en blz. 210–213

De Man met het IJzeren Masker

Deze raadselachtige man zat in Fort Royal gevangen van 1687 tot 1698. Hij stierf in 1703 in de Bastille.

Resten op Ste-Marguerite

Aan de kust bij het fort zijn huizen, mozaïeken, muurschilderingen en keramiek uit de 3de eeuw v.C. gevonden.

Allée du Grand Jardin

Allée de la Convention

Op beide eilanden leiden vele paden door de dichte bossen en langs de kust.

Chapelle St-Cyprien

La Chapelle de la Trinité

Abbaye de Lérins

De oude kerk en monnikenverblijven zijn opgenomen in een 19de-eeuws gebouw.

★ Monastère Fortifié

Vanuit deze in 1073 door abt Aldebert gebouwde donjon kunt u tot Esterel kijken.

TIPS VOOR DE TOERIST

Kaart D5. 🚤 Gare Maritime, Cannes, voor Ste-Margguerite (04-92987136), Soc. Planaria voor St-Honorat (04-92987136). **Fort Ste-Marguerite/Musée de la Mer** *Tel.* 04-93431817. ⬜ di–zo. ⬛ 1 jan., 1 en 11 nov., 25 dec. 🏰 **Monastère Fortifié** *Tel.* 04-92995400. ⬜ dag. 9.30–16.30 uur. **www.**abbayedelerins.com

STERATTRACTIES

★ Fort Ste-Marguerite

★ Monastère Fortifié

Juan-les-Pins ❾

Wegenkaart E3. 🏛 *78.000.*
(gemeente Antibes). 🚌 🚉 🚹
Bld. Guillaumont 57 (04-97231110).
www.antibesjuanlespins.com

Ten oosten van Cannes ligt
het schiereiland Cap
d'Antibes, een voorgebergte
vol pijnbomen en inhammen
waar miljonairs hun landgoe-
deren stichten. Het mooiste
strand ligt aan de westzijde
van de kaap in Golfe-Juan,
waar Napoleon in 1815 uit
Elba aan land kwam. Het is
een vakantieoord dat in de
jaren twintig werd ontdekt
door de Amerikaanse spoor-
wegmagnaat Frank Jay Gould.
Hij lokte er rijken en schrijvers
als F. Scott Fitzgerald en
Ernest Hemingway naar toe.
In het hoogseizoen is de
plaats vol jonge mensen. Aan
Boulevard Baudoin en Boulevard Wilson zijn kleurrijke
bars te vinden. Alles draait
om het in 1988 gebouwde
casino, het Palais des Congrès
en het dennenbos Penedès
dat tot de kust loopt en waar
in juli het wereldjazzfestival
wordt gehouden *(blz. 33).*

Nachtleven in Juan-les-Pins

Antibes ❿

Wegenkaart E3. 🏛 *70.000.* 🚌 🚉
🚢 🚹 *Pl. du Gén. de Gaulle 11
(04-97231111).* 🚉 *di–zo.*
www.antibesjuanlespins.com

Dit was oorspronkelijk de
oude Griekse handelsplaats
Antipolis. Door de eeuwen
heen werd Antibes zwaar versterkt, met name in de 17de
eeuw door Vauban, die de
haven en het Fort Carré, waar
Napoleon tijdelijk gevangen
zat, aanlegde.
De oude stad heeft kleurrijke
lanen en een pittoresk marktplein op de Cours Masséna.

Spectaculaire jachten in de haven van Antibes

Tot de hoogtepunten van de
stad behoren de 12de-eeuwse
torens van de kerk en het
Grimaldikasteel op de plaats
van het oude Antipolis. De
Cathédrale Notre-Dame,
waarin de wachttoren van de
stad als klokkentoren is opgenomen, bezit een houten crucifix uit 1447, een 16de-eeuws
Christusbeeld en een
altaarstuk van Louis
Bréa, dat de Maagd
Maria afbeeldt, uit
dezelfde periode.
In het nabijgelegen
Château Grimaldi
vindt u het **Musée
Picasso** met meer dan
50 tekeningen, pren-
ten en keramiek die de
kunstenaar maakte toen hij
hier in 1946 zijn atelier had.
Ook is er *La vierge de douleur*
(1539) van Antoine Aundi te
zien, met een van de vroegste
gezichten op Antibes.
De moderne collectie bevat
werken van Ernst, Léger, Miró
en Nicolas de Staël.
Meer naar het zuiden ligt
het **Musée d'Histoire en
d'Archéologie** in het Bastion
St-André waar Griekse en
Etruskische vondsten uit het
Middellandse Zeegebied worden tentoongesteld, zoals een
inscriptie uit de 3de eeuw
v.C. over Septentrion, een
jongen die in het theater van
Antipolis danste.

🏛 **Musée Picasso**
Château Grimaldi. **Tel** 04-93340039.
🔵 tot en met 2008. 🈲 🅿 ⛔

🏛 **Musée d'Histoire en
d'Archéologie**
Bastion St-André. **Tel** 04-
93340039. 🔵 di–zo. 🔵 feestdagen. 🈲 🅿 ⛔

**Aardewerk uit
Vallauris**

Vallauris ⓫

Wegenkaart E3. 🏛 *24.000.* 🚉
🚹 *Square 8 mai 1945 (04-93638258).*
🚉 *di–zo.*
www.vallauris-golfe-juan.fr

In de zomer tonen potten-
bakkers hun producten in dit
pottenbakkerscentrum.
Picasso blies deze
industrie nieuw
leven in. **Musée
Magnelli** toont het
recente verleden
en ook pre-colum-
biaanse keramiek.
Op het plein staat
Picasso's *L'Homme
au mouton* (1943)
en op het plafond van
het **Musée National Picasso**
La guerre et la paix (1951).

🏛 **Musée Magnelli**
Pl. de la Libération **Tel** 04-93641605.
🔵 wo–ma. 🔵 1 jan., 25 dec. 🈲

🏛 **Musée National Picasso**
Pl. de la Libération. **Tel** 04-93677103.
🔵 wo–ma. 🔵 1 jan., 1 mei, 1 nov.,
25 dec. 🈲

**Pablo Picasso op 78-jarige leeftijd
met zijn dalmatiër**

Voor hotels and restaurants in deze streek zie blz. 194–197 en blz. 210–213

Pablo Picasso (1881-1973)

Picasso, een van de groten uit de 20ste eeuw, bracht een groot deel van zijn latere leven in de Provence door. Het licht en de kleuren inspireerden hem. Hij kwam in 1920 naar Juan-les-Pins en keerde in 1946 naar Antibes terug met Françoise Gilot. Hij kreeg een atelier in het Grimaldikasteel, waar zijn werk doortrokken raakte van licht en vrolijke beelden. Geen andere kunstenaar gebruikte zo veel technieken. De collectie in Antibes is een voorbeeld van zijn veelzijdigheid. Hij stierf op 92-jarige leeftijd in Mougins.

Viool en bladmuziek *(1912), nu in Parijs, een collage uit de periode toen Picasso met verschillende vormen experimenteerde.*

Les demoiselles d'Avignon *(1907), nu in New York, was het eerste kubistische schilderij. Het schokte de kunstwereld.*

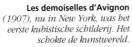

La joie de vivre *(1946), is een van de belangrijkste werken uit de periode in Antibes. Picasso is de gebaarde, fluitspelende kentaur en Françoise Gilot de dansende maenade. Twee faunen springen rond en een sater speelt panfluit.*

De geit *(1946), ook in Antibes, is een van zijn bekendste onderwerpen. In 1950 maakte hij een beeld van een geit met een mand als ribbenkast.*

L'Homme au mouton *(1943) werd in één middag gemaakt. Het staat op het plein van Vallauris, naast* La guerre et la paix *(1951).*

Biot ⓬

Wegenkaart E3. 🏛 *8200.* 🚆 🚌
🛈 *Rue Saint Sébastien 46. (04-93657800).* 🌐 *di en vr.* **www**.biot.fr

Het schilderachtige plaatsje
Biot, met twaalf wandelroutes (toeristenbureau), was
het grootste pottenbakkerscentrum van de streek tot
Pablo Picasso na de Tweede
Wereldoorlog de industrie in
Vallauris deed herleven. Nu
is het met acht glasblazerijen
beroemd om zijn belletjes-
glas. Bezoekers van **La Verrerie de Biot** kunnen de glasblazers aan het werk zien.
Biot was ooit het domein van
de tempeliers *(blz. 123)* en er
zijn nog wat versterkingen, zoals de Porte des Migraniers.
De kerk bezit twee 16de-
eeuwse kunstwerken, *L'ecce
homo*, toegeschreven aan Canavesio, en *La Vierge au rosaire*, toegeschreven aan
aan Louis Bréa.
Het moderne **Musée
National Fernand
Léger** staat op
land dat de kun-
stenaar had ge-
kocht voor zijn
atelier; u kunt hier
zijn werk zien.

🏛 **Musée National
Fernand Léger**
Chemin du Val-de Pome.
Tel. 04-92915030 🔵
wo–ma. 🔵 *1 jan., 1 mei,*
25 dec. 🎫 🦽 🖥 🛍

E La Verrerie de Biot
Ch. des Combes. **Tel.** 04-93650300.
🔵 *dag.* 🔵 *25 dec.* 🦽 🖥

Detail van het mozaïek aan de oostgevel van het Légermuseum in Biot

Villeneuve-Loubet ⓭

Wegenkaart E3. 🏛 *13.000.*
🚆 🛈 *Av. de la mer 16 (04-92026616).* 🌐 *wo en za.*
www.ot-villeneuveloubet.org

In dit oude dorp staat het
gerestaureerde middeleeuwse
kasteel van de familie
Villeneuve centraal.
Hier werd ook
Frankrijks beroemd-
ste kok, Auguste
Escoffier (1846–
1935), geboren.
De uitvinder van
de *bombe Néro* en
de *pêche Melba* was
chef de cuisine in het
Grand Hotel in
Monte Carlo tot
de heer Ritz hem
naar het Savoy in
Londen haalde. Het **Musée de
l'Art Culinaire** in zijn geboortehuis toont allerlei pronkstukken in marsepein en poe-
dersuiker en meer dan 1800

Auguste Escoffier, geboren
in Villeneuve-Loubet

menukaarten, waarvan enkele
uit 1820. In het pretpark **Marineland** vindt u onder meer
een kinderboerderij en een
aquarium met haaien.

🏛 **Musée de l'Art Culinaire**
Rue Escoffier 3. **Tel.** 04-93208051.
🔵 *zo–vr.* 🔵 *nov., feestdagen.* 🎫

🐬 **Marineland**
Ave. Mozart 306. **Tel.** 04-93334949.
🔵 *dag.* 🎫 🦽 🖥 🛍

Vence ⓮

Wegenkaart E3. 🏛 *17.000.*
🚆 🛈 *Pl. du Grand-Jardin
(04-93580638).* 🌐 *di en vr.*
www.ville-vence.fr

De oude kathedraalstad op
een rotsrichel heeft vele kunstenaars aangetrokken. De Engelse schrijver D.H. Lawrence
overleed hier in 1930.
De Porte de Peyra (1441), de
toegang tot de oude stad, ligt
naast de Place du Frêne, die is
genoemd naar de reusachtige
es die werd geplant ter
gelegenheid van het bezoek
van koning Frans I en paus
Paulus III. In het naastgelegen
16de-eeuwse kasteel van de
heren van Villeneuve, landhe-
ren van Vence, is het museum
Fondation Emile Hughes
gevestigd, genoemd naar de
vroegere burgemeester. Er zijn
veel wisselende tentoon-
stellingen te zien.
De kathedraal, een van de
kleinste van Frankrijk, staat op
de plaats van het forum van de
Romeinse stad Vintium. Vence
was van de 4de tot de 19de
eeuw een bisdom. Tot de
grote kerkvorsten behoorden
Saint Véran (gestorven
492 n.C.) en bisschop Godeau

HET MAKEN VAN BIOTGLAS

Biot is de hoofdstad van
de glasblazerijen langs de
kust. De grond in de omgeving levert zand voor het
maken van glas en Biotglas
is stevig, met kleine luchtbelletjes *(verre à bulles).*
De opening van het Léger-
museum leidde tot een
toegenomen belangstelling
voor alle plaatselijke
ambachten en de komst van
de Verrerie de Biot in 1956.
Oude methoden voor het
maken van olielampen,
karaffen en porrons met
nauwe tuiten herleefden.

(1605–1672). In de 51 koorbanken zijn figuren gesneden door Jacques Bellot uit Grasse en Marc Chagall ontwierp het mozaïek *Mozes in het biezen mandje* in de kapel (1979). Henri Matisse *(blz. 82–83)* versierde tussen 1947 en 1951 de **Chapelle du Rosaire** als dank aan de nonnen die hem hadden verpleegd.

🏛 **Fondation Emile Hughes**
Château de Villeneuve.
Tel. *04-93581578.* ◯ *di–zo.*
🌑 *1 jan., 1 mei, 25 dec.* 📷 🔘
www.*museedevence.com*

⛪ **Chapelle du Rosaire**
Ave. Henri Matisse. **Tel.** *04-93580326.* ◯ *di en do-ochtend; ma–do en za -middag.* 🌑 *half nov.–half dec., feestdagen.* 📷

St-Paul-de-Vence ⓯

Wegenkaart E3. 🚉 *2900.* 🚌 *Vence.* 🛈 *Rue Grande 2 (04-93328695).* **www**.*saint-pauldevence.com*

Dit klassieke middeleeuwse *village perché* (blz. 20–21) werd aan de kust gebouwd om aanvallen van de Saracenen tegen te houden. Het werd in 1537, onder Frans I, opnieuw versterkt om Savoie, Oostenrijk en Piemonte te weerstaan. In de jaren twintig werd het 'ontdekt' door Bonnard, Modigliani en andere kunstenaars. Sindsdien is St-Paul een toevluchtsoord voor rijke, beroemde mensen. Het plaatselijke museum toont foto's van bezoekers als Simone de Beauvoir, Jean-Paul Sartre, F. Scott Fitzgerald,

Simone Signoret en Yves Montand in St-Paul-de-Vence

Catherine Deneuve, Sophia Loren en Greta Garbo. Zij sliepen, aten of, zoals Simone Signoret en Yves Montand, gaven hun huwelijksreceptie in de *auberge* **Colombe d'Or** *(blz. 211)*. Hier is nu een van de fraaiste 20ste-eeuwse particuliere kunstverzamelingen te zien, die in de loop der jaren is gevormd doordat de gasten in natura betaalden. In de eetzaal hangen schilderijen van Miró, Picasso en Braque.

In de 12de-eeuwse gotische kerk hangt een schilderij, *Catharina van Alexandrië,* dat wordt toegeschreven aan Tintoretto. Er bevinden zich ook gouden reliekschrijnen en een mooie emaillen Maria. Het **Musée d'Histoire Locale de St-Paul** toont scènes uit het rijke verleden van de stad. De oude donjon daartegenover doet nu dienst als raadhuis.
De hoofdstraat loopt van de 13de-eeuwse Porte Royal langs de Grande Fontaine naar de Porte Sud. Deze komt uit op de begraafplaats waar Chagall, de Maeghts, Escoffier en vele anderen begraven liggen. U hebt er een mooi uitzicht. Even buiten St-Paul, op de heuvel La Gardette, ligt de **Fondation Maeght** *(blz. 76–77),* een van de mooiste musea voor moderne kunst in Europa, in een prachtig, door Josep Lluis ontworpen pand.

🏛 **Musée d'Histoire Locale de St-Paul**
Pl. de la Mairie. **Tel** *04-93324113*
◯ *ma, wo–za.* 🌑 *1 jan., 2 weken in nov., 25 dec.* 📷

De door Henri Matisse beschilderde Chapelle du Rosaire in Vence

Fondation Maeght

Tussen de dennen in de heuvels boven St-Paul-de-Vence ligt dit kleine museum, een van de beste ter wereld op het gebied van moderne kunst. Aimé en Marguerite Maeght waren kunsthandelaars in Cannes die mensen als Chagall, Matisse en Miró tot hun klanten- en vriendenkring rekenden. Hun privécollectie vormde de basis voor het museum, dat in 1964 zijn deuren opende. Het werkt als een magneet op beroemdheden: Duke Ellington, Samuel Beckett, André Malraux, Merce Cunningham en veel andere kunstenaars troffen elkaar bij openingen. Er komen nu meer dan 250.000 bezoekers per jaar.

★ Cour Giacometti
De slanke bronzen beelden van Alberto Giacometti, zoals l'Homme qui marche I (1960), staan op hun eigen binnenplaats of duiken op alsof ze tot leven zijn gekomen.

La vie *(1964)*
Dit schilderij van Marc Chagall is vol menselijkheid: liefde, ouderschap, geloof, natuur, alles komt terug in deze bruisende voorstelling van dansers, muzikanten, acrobaten en clowns.

Les poissons is een mozaïek-zwembad uit 1962 van Georges Braque.

Les renforts *(1965)*
Deze 'stabile' – tegenhanger van zijn bekendere mobiles – van Alexander Calder is een van de vele kunstwerken bij de ingang.

L'été *(1909)*
Pierre Bonnard woonde de laatste 24 jaar van zijn leven in de Provence en raakte bevriend met Aimé Maeght. Matisse noemde Bonnard 'de beste van allemaal'.

Door overkapte daken
stroomt licht de zalen in Het gebouw is ontworpen door de Spanjaard Josep Lluis Sert.

Voor hotels en restaurants in deze streek zie blz. 194–197 en blz. 210–213

La partie de campagne *(1954)*
Fernand Légers visie op de klassieke scène van een uitstapje naar buiten.

TIPS VOOR DE TOERIST

St-Paul-de-Vence. **Tel.** 04-93328163. ◯ *juli–sept. 10.00–19.00, okt.–juni 10.00–12.30, 14.30–18.00 uur.* 🖼 🔄 🛍 🛗 **Bibliotheek.**
www.fondation-maeght.com

★ **Labyrinthe de Miró**
Joan Miró's L'Oiseau lunaire *(1968) is een van de vele beelden in deze doolhof van bomen, water en waterspuwers.*

Oiseau dans le feuillage *(1961)*
Georges Braque's vogel nestelt tussen de struiken van krantenpapier. Braque had veel invloed bij de oprichting van de ondation, maar stierf voordat het museum werd geopend voor het publiek.

MUSEUMWIJZER
De permanente collectie bestaat voornamelijk uit 20ste-eeuwse kunst. Alleen de grote beelden op het terrein zijn permanent te zien. Binnen wordt de collectie bij toerbeurt getoond, maar in de zomer zijn er slechts tijdelijke tentoonstellingen.

Chapelle St-Bernard is gebouwd voor de zoon van de Maeghts, die op 11-jarige leeftijd stierf. Boven het altaarstuk van een 15de-eeuwse Christus is een glas-in-loodraam van Braque.

Hoofdingang en informatiebalie

STERATTRACTIES

★ Cour Giacometti

★ Labyrinthe de Miró

Renoirs atelier in Les Collettes

Cagnes-sur-Mer ⑯

Wegenkaart E3. 🏃 *45.000.* �( ) �|
ℹ️ 6 bd Maréchal Juin (04-
93206164). 🏠 di–zo. 🎵 *country
music (juli); middeleeuws (aug.).*
www.cagnes-tourisme.com

Cagnes-sur-Mer bestaat uit drie
delen: het vissersdorp Cros-de-
Cagnes, het handelscentrum
Cagnes-Ville en de hooggelegen stad Haut-de-Cagnes.
Haut-de-Cagnes is het mooiste. De oude stad op de heuvel is een aaneenschakeling
van straatjes, trappetjes en
overwelfde gangetjes. Het
Château Grimaldi bepaalt de
sfeer, maar er is ook een aan
Petrus gewijde kerk met een
gotisch schip, waarin de
Grimaldi's zijn begraven.
Ten oosten van Cagnes-Ville
ligt Les Collettes, in 1907 door
Pierre-Auguste Renoir (1841–
1919) gebouwd. Hij kwam
hier rond 1890 in de hoop dat
het klimaat zijn reumatiek zou
verlichten. Hij bouwde het
huis in 1907 en woonde er tot
zijn dood. Een foto toont hem
in het laatste jaar van zijn leven, een penseel aan zijn reu-
matische hand gebonden.
Het **Musée Renoir** in Les
Collettes is vrijwel onveranderd sinds de kunstenaar stierf.
Er hangen elf schilderijen van
Renoir, naast werk van Dufy
en Bonnard. In de olijfbossen
staat het bronzen beeld *Venus
Victrix* (1915–1916).

🏛 **Musée Renoir**
19 chemin des Collettes. **Tel.** 04-
93206107. ◯ mei–okt.: wo–ma.
● 1 jan., 1 mei, 2 weken in nov,
25 dec. 🈳 ♿ 📷

Château Grimaldi

In de middeleeuwen zwaaide de familie Grimaldi de
scepter over veel kustplaatsen aan de Middellandse
Zee. Het kasteel boven Haut-de-Cagnes werd in 1309
door Rainier als een versterkte gevangenis gebouwd.
Zijn afstammeling Jean-Henri verbouwde het in 1602
tot een paleis dat schuilgaat achter vestingwerken. Het
chateau doorstond de verwoestingen van de Revolutie
en de bezetting door troepen uit Piemonte in 1815. Nu
huisvest het een aantal musea.

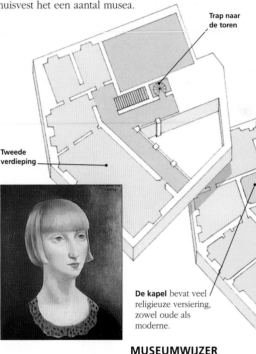

**Trap naar
de toren**

**Tweede
verdieping**

De kapel bevat veel
religieuze versiering,
zowel oude als
moderne.

MUSEUMWIJZER

*Het olijfbomenmuseum is op
de begane grond gevestigd, samen met tentoonstellingen
over het leven in het middeleeuwse kasteel. De Suzy Soli-
dor-verzameling hangt in een
voormalig boudoir op de eerste verdieping. Op de eerste en
tweede verdieping toont men
selecties uit de verzameling
moderne mediterrane kunst.*

SYMBOLEN

☐	Donatie Suzy Solidor
☐	Musée d'Art Modern Méditérranéen
☐	Musée de l'Olivier
☐	Permanente verzameling
☐	Tentoonstellingsruimte
☐	Geen tentoonstellingen

★ **Donatie Suzy Solidor**
*Deze zangeres uit de jaren
dertig werd door 244 schilders geportretteerd. Tot de 40
getoonde portretten behoren
werken van Cocteau (boven)
en Kisling (geheel boven).*

Voor hotels en restaurants in deze streek zie blz. 194–197 en blz. 210–213

Eerste verdieping

Renaissance-binnenplaats
Deze open plaats vol weelderig groen en gefilterd zonlicht wordt omringd door twee lagen galerijen met marmeren zuilen.

Begane grond

★ La chute de Phaëton, toegeschreven aan Carlone
De Piemontese soldaten die het kasteel in de 19de eeuw bezetten, hadden weinig respect voor dit plafond uit 1620 en gebruikten het als schietschijf.

Musée de l'Olivier
Een massief houten oliemolen, grote terracotta vaten en andere zaken illustreren de Provençaalse traditie van de olijfolieproductie.

Naar de Place du Château

Hoofdingang en kaartverkoop

STERATTRACTIES

★ La Chute de Phaëton, toegeschreven aan Carlone

★ Donation Suzy Solidor

Onder de loep: Nice ⑰

De oude stad wordt gevormd door een dicht
netwerk van nauwe straatjes, smalle gebouwen
en pastelkleurige gevels in Italiaanse stijl. Er
staan vele fraaie 17de-eeuwse kerken, waaronder de Église St-François-de-Paule, achter de
Opéra, en de Église du Jésus in de Rue Droite.
Aan de zeekant staat, langs de Quai des États-
Unis, Les Ponchettes, een dubbele rij lage huizen met platte daken, die in de mode waren
vóór de Promenade des Anglais werd aangelegd. Ten oosten hiervan ligt de Colline du
Château, in de 4de eeuw v.C.
door Grieken bewoond.

★ Cathédrale Ste-Réparate
*Deze in 1650 door architect
J.A. Guiberto gebouwde
kathedraal heeft een
koepel met glazen
tegels en een 18de-
eeuwse toren.*

Palais de Justice
*Dit imposante ge-
bouw werd op 17 ok-
tober 1892 ingewijd
en verving het klei-
nere gebouw dat
men gebruikte voor-
dat Nice deel van
Frankrijk werd. Hier
stond vroeger een
13de-eeuws klooster.*

★ Cours Saleya
*Hier is een heerlijke groente-
en bloemenmarkt. Ook
's avonds is er veel te doen.*

Operagebouw
*De ingang van de fraai versierde
Opéra de Nice uit 1855 ligt aan de
Quai des Etats-Unis.*

Chapelle de la Miséricorde

Dit barokke meesterwerk uit 1740 van Guarini Guarinone is in rococostijl ingericht. De altaarstukken zijn van de hand van Louis Bréa en Jean Miralhet.

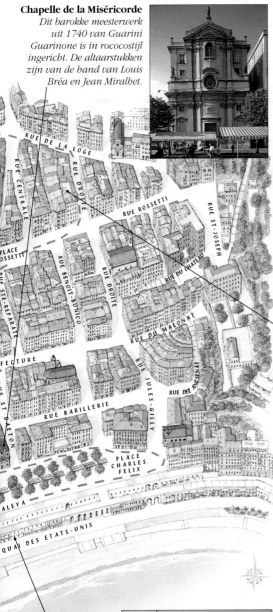

★ Palais Lascaris

18de-eeuwse beelden van Mars en Venus naast de trap. Het trompe l'oeil-plafond is van kunstenaars uit Genua.

Toeristentrein

Rijdt langs de markt, oude stad en kasteeltuin.

SYMBOOL

— — — Aanbevolen route

0 meter   100

Les Ponchettes

Een van de opvallendste bouwwerken van Nice is de rij lage witte gebouwen aan de strandboulevard. Vroeger werden deze gebruikt door vissers, nu vindt u er galeries en restaurants.

STERATTRACTIES

★ Cathédrale Ste-Réparate

★ Palais Lascaris

★ Cours Saleya

Musée Matisse

Henri Matisse (1869–1954) kwam in 1916 voor het eerst naar Nice en woonde er op verschillende adressen voor hij zich permanent in Cimiez vestigde. Zijn liefde voor de stad uitte hij kort voor zijn dood in 1954 met de legatering van schilderijen. Negen jaar later zouden ze de kern vormen van de verzameling van het museum, dat samen met archeologische vondsten was ondergebracht in de Villa des Arènes, naast de begraafplaats van Cimiez. Sinds 1993 is de gehele villa, met een nieuwe uitbouw, gewijd aan leven, werk en invloed van Matisse.

★ Nu bleu IV (1952)
Deze beroemde 'knipsels' maakte Matisse toen hij al bedlegerig was.

Matisse in zijn atelier *(1948)*
De fotocollectie van het museum geeft een uniek beeld van Matisse. Deze foto van Robert Capa toont hem tijdens de beschildering van de Chapelle du Rosaire in Vence (blz. 74–75).

Eerste verdieping

Naar de trap naar de villa

Begane grond

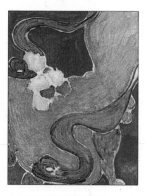

★ Fauteuil Rocaille
Een vergulde rococostoel, in 1946 door Matisse geschilderd, staat ook in het museum.

Hoofdingang

STERATTRACTIES

★ Nature morte aux grenades

★ Fauteuil Rocaille

★ Nu bleu IV

MUSEUMWIJZER
Op de begane grond en eerste verdieping van de villa worden werken uit de steeds groter wordende collectie van het museum getoond. In het nieuwe souterrain vindt u thematische tentoonstellingen, gewijd aan Matisse en tijdgenoten.

SYMBOLEN

☐ Permanente verzameling

☐ Wisselende tentoonstellingen

☐ Geen tentoonstellingen

Voor hotels en restaurants in deze streek zie blz. 194–197 en blz. 210–213

Liseuse à la table jaune *(1944)*
De rust van dit werk is in tegenspraak met het leven van Matisse tijdens de Tweede Wereld-oorlog. Zijn vrouw zat in het verzet en werd gearresteerd.

TIPS VOOR DE TOERIST

Ave. des Arènes de Cimiez 164, Nice. **Tel** 04-93534053. ⬜
*wo–ma 10.00–18.00 uur.
(okt.–maart tot 17.00 uur).* ●
1 jan., 1 mei, 25 dec. 🈲 ♿ 📷
www.musee-matisse-nice.org

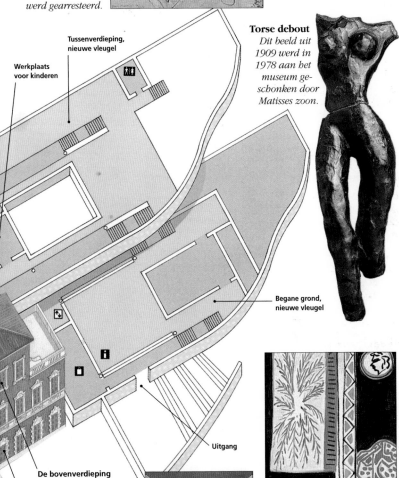

Torse debout
Dit beeld uit 1909 werd in 1978 aan het museum ge-schonken door Matisses zoon.

Tussenverdieping, nieuwe vleugel

Werkplaats voor kinderen

Begane grond, nieuwe vleugel

Uitgang

De bovenverdieping van de villa bevat een bibliotheek en archief.

Trompe-l'oeilfaçade
De gevel van de 17de-eeuwse Villa des Arènes is in feite alleen maar een muur die het gebouw er-achter verbergt.

★ **Nature morte aux grenades** *(1947)*
Rijpe granaatappelen in een interieur met een raam dat uitziet op een 'hemel … die net zo blauw is als Matisses ogen', volgens de dichter Aragon.

Nice verkennen

Nice is Frankrijks grootste vakantieoord en op vier na grootste stad. Het vliegveld is het op een na drukste van Frankrijk en er zijn talloze banken, galeries en musea. Elk jaar wordt in Nice een geweldig carnaval gehouden dat eindigt met vuurwerk en een bloemencorso *(blz. 228)*. De stad heeft zijn eigen dialect en zijn eigen gerecht, *socca*, kekerpannenkoeken, maar overal zijn pizzeria's die de Italiaanse sfeer benadrukken.

Strand en Promenade des Anglais

Een kijkje in de stad

Nice ligt aan de voet van een heuvel, die het Château wordt genoemd naar het kasteel dat er ooit op stond. De dagelijkse bloemen- en groentemarkt op de Cours Saleya is een paradijs voor kooplustigen. De chique buurt is de hooggelegen Cimiezwijk, waar het oude **Notre-Dame-klooster** een bezoek waard is. Naast het **Musée Matisse** *(blz. 82–83)* liggen de restanten van een Romeins amfitheater en baden. In het nabijgelegen archeologisch museum zijn artefacten te zien.

De direct langs de kustlijn lopende Promenade des Anglais werd in 1820 aangelegd en bekostigd door de Engelse kolonie in Nice. Nu is het een 5 km lange achtbaansweg. Tot de Tweede Wereldoorlog was Nice populair bij de aristocratie. Koningin Victoria verbleef er in 1895 en in 1912 bouwde tsaar Nicolaas II de **Cathédrale Orthodoxe Russe** in St-Philippe. De oude stad had ooit een slechte naam. In 1982 nagelde Graham Greene Jacques Médecin, de rechtse burgemeester, aan de schandpaal, waarna deze het land ontvluchtte om een proces wegens corruptie te vermijden en in ballingschap stierf.

🏨 Hotel Négresco

Promenade des Anglais 37. **Tel.** *04-93166400. Zie* **Accommodatie** *blz. 196.*
Dit vorstelijke hotel werd in 1912 gebouwd voor Henri Négresco, ooit een zigeunerviolist, die acht jaar later fail-

Fontein op de Place Masséna

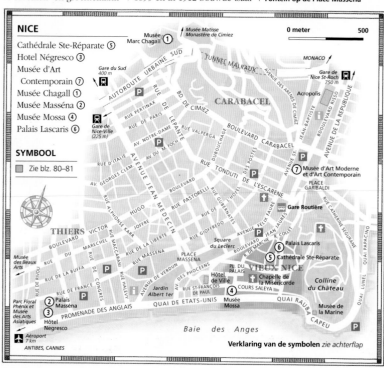

NICE

Cathédrale Ste-Réparate ⑤
Hotel Négresco ③
Musée d'Art Contemporain ⑦
Musée Chagall ①
Musée Masséna ②
Musée Mossa ④
Palais Lascaris ⑥

SYMBOOL

Zie blz. 80–81

liet ging. In de *salon royale* hangt een baccaratkroonluchter met 16.000 stenen, ontworpen voor de tsaar. De Amerikaanse danseres Isadora Duncan bracht hier in 1927 haar laatste maanden door. Ze kwam tragisch om het leven toen haar sjaal in een wiel van haar Bugatti verstrikt raakte en ze haar nek brak.

🎺 Musée Masséna
Rue de France 65. *Tel.* 04-93881134.
⬤ *di–zo.*🖼️
Deze in 2008 gerenoveerde, eind-19de-eeuwse villa in Italiaanse stijl was van de achterkleinzoon van Napoleons maarschalk. In de hal staat diens buste door Canova. Er zijn religieuze werken, schilderijen, witgeglazuurd aardewerk *(blz. 186)* en de gouden mantel van Josephine te zien.

🏛 Musée Chagall
Ave. du Dr Ménard 36.
Tel. 04-93538720
⬤ *wo–ma.* ⬤ *1 jan.,*
1 mei, 25 dec.
🖼️ ♿ 📷
In dit museum uit 1972 bevindt zich de grootste collectie van Chagalls werk.

Russisch-orthodoxe kathedraal

Van de zeventien doeken van zijn Bijbelse Boodschapserie hangen hier *De ark van Noach*, *De schepping* en vijf versies van *Het Hooglied*. Er zijn drie glas-inloodramen van *De schepping van de wereld* en een mozaïek van de profeet Elia te zien.

🔒 Cathédrale Ste-Réparate
Pl. Rossetti. *Tel.* 08-92707407 *voor rondleidingen.* ⬤ *dag.*
Dit 17de-eeuwse barokke gebouw heeft een fraai betegelde koepel. Het interieur is versierd met stucwerk en marmer.

🔒 Palais Lascaris
Rue Droite 15. *Tel.* 04-93627240.
⬤ *wo–ma.* ⬤ *1 jan., Pasen, 1 mei, 25 dec.*
De salon van dit paleis is behangen met Vlaamse wandkleden en het 17de-eeuws trompe-l'oeilplafond wordt toegeschreven aan Carlone.

🏛 Musée des Arts Asiatiques
Prom. des Anglais 405. *Tel.* 04-92293700. ⬤ *wo–ma.* ⬤ *1 jan., 1 mei, 25 dec.*🖼️ ♿ 📷
In dit uit wit marmer en glas opgetrokken museum van Kenzo Tange vindt u zowel oude als 20ste-eeuwse Aziatische kunst.

🏛 Musée des Beaux-Arts
Ave. des Baumettes 33. *Tel.* 04-92152828. ⬤ *di–zo.* ⬤ *1 jan., Pasen, 1 mei, 25 dec.* 🖼️ 📷 ♿
Deze villa is in 1878 gebouwd en er woonde ooit een Oekraïense prinses. De kunstverzameling begon met een schenking van Napoleon III. Er is werk te zien van Jules Chéret (1836–1932), Carle van Loo (1705–1765), Van Dongen en (post)-impressionisten als Bonnard, Dufy en Vuillard.

🏛 Musée d'Art Contemporain
Promenade des Arts. *Tel.* 04-97134201. ⬤ *di–zo.* ⬤ *1 jan., Pasen, 1 mei, 25 dec.*♿ 🖼️ 📷
Dit museum is gevestigd in een opvallend gebouw met marmeren torens en glazen doorgangen. De collectie is een neerslag van de geschiedenis van de avant-garde en bevat werken van Andy Warhol, Roy Lichtenstein en van kunstenaars van de School van Nice, zoals César en Yves Klein.

Gezicht over Cap Ferrat

Cap Ferrat ⑱

Wegenkaart F3.✈️ *Nice.* 🚉 *Beaulieu.* 🚌 *St-Jean-Cap-Ferrat.* ℹ️ *St-Jean-Cap-Ferrat (04-93760890).* **www**.ville-saint-jean-cap-ferrat.fr

Het schiereiland Cap Ferrat is het domein van de rijken, met exclusieve villa's, luxueuze tuinen en schitterende jachten in de jachthaven van St-Jean. Koning Leopold II van België zette de toon in de 19de eeuw toen hij aan de westkant van de kaap Les Cèdres bouwde, met uitzicht over Villefranche. Tegenwoordig staat het 14 ha grote park open voor publiek. Een 3 ha groot meer op het landgoed is in een **Parc Zoologique** veranderd. In 1906 bouwde de koning de Villa Mauresque voor zijn biechtvader. Twintig jaar later kocht Somerset Maugham het huis. In 1938 huurden de hertog en hertogin van Windsor hier een villa, na de oorlog gevolgd door David Niven en Edith Piaf. De exotische villa's zijn niet toegankelijk, maar een van de mooiste, het **Musée Ephrussi de Rothschild** *(blz. 86–87)* is open voor het publiek.
Van het tuintje rond de vuurtoren uit 1837 hebt u een schitterend uitzicht. Een wandeling langs de kust voert u rond de Pointe St-Hospice in **St-Jean-Cap-Ferrat**, een voormalig vissersdorp met oude huizen aan de haven.

🐾 Parc Zoologique
Cap Ferrat. *Tel.* 04-93760498
⬤ *dag.* 🖼️ ♿ 📷 📷

Yves Kleins *Anthropométrie* (1960) in het Musée d'Art Contemporain

Musée Ephrussi de Rothschild

Béatrice Ephrussi de Rothschild (1864–1934) zou een lui luxeleventje hebben kunnen leiden, maar haar passie voor reizen en kunst zorgde er, samen met haar ijzeren wil, voor dat de perfecte 'droomvilla' aan de Rivièra ontstond, Villa Île-de-France. Ondanks dat koning Leopold II van België de bouwgrond wilde hebben, kocht zij het en ze zag toe op de bouw van de villa. In 1912 was de villa af en, al ging ze er nooit permanent wonen, hield ze er tot 1934 tuinfeesten en soirées. De villa blijft een herinnering aan een vrouw met passie en visie.

★ Fragonardzaal
De mooie collectie schetsen van Jean-Honoré Fragonard (1732– 1806) bevat ook deze, genaamd 'Was hij mij maar net zo trouw.'

Béatrice, 19 jaar oud
Ze ziet er deemoedig uit, maar haar wil was zo sterk dat ze 'bloemen kon laten groeien tijdens de mistral'.

De Salon Louis XV biedt uitzicht op een Franse tuin die het genot van de zeewind combineert met het comfort van een deftige omgeving.

Het boudoir van Béatrice
De secretaire van Béatrice is een prachtig meubelstuk uit de 18de eeuw. Hij was ooit van Marie-Antoinette.

STERATTRACTIES

★ Fragonardzaal

★ Salon Louis XV

★ Tuinen

Villa Île-de-France
Béatrice gaf haar villa deze naam, naar aanleiding van een andere villa die ze 'Rose de France' had genoemd. De muren hebben haar favoriete kleur roze.

Voor hotels en restaurants in deze streek zie blz. 194–197 en blz. 210–213

Overdekte patio

Deze ruimte combineert Moorse en Italiaanse stijlen. De marmeren zuilen, mozaïekvloeren en het diffuse licht sluiten goed aan bij de religieuze kunst uit de renaissance en de 15de- en 16de-eeuwse wandkleden.

TIPS VOOR DE TOERIST

Ave. Ephrussi de Rothschild 1, St-Jean-Cap-Ferrat. 04-93013309. dag, 10.00–18.00 uur (nov.–feb. tot 14.00 op werkdagen, juli en aug. tot 19.00). 25 dec. 1ste verd. (verplicht). alleen begane grond. **www**.villa-ephrussi.com

Appartementen op de eerste verdieping

Ingang tot de villa en verzamelpunt voor rondleidingen

Cabinet des Singes

Dit kamertje toont de liefde van Béatrice voor dieren. De houten panelen zijn beschilderd met apen die dansen op de muziek van een 18de-eeuws Meissner-apenorkestje.

Naar de kaartverkoop en de parkeerplaats

★ Tuinen

De hoofdtuin is ingericht als scheepsdek: Béatrice nam extra personeel aan om in zeemanskostuum rond te lopen. Er zijn negen tuinen met een thema, waaronder een Japanse en een Florentijnse tuin.

★ Salon Louis XVI

Ook deze kamer is uitbundig gedecoreerd, met houten ornamenten uit het Crillon in Parijs, Savonneriekleden en 18de-eeuwse, met Aubusson-tapijten beklede stoelen.

Villefranche ⓳

Wegenkaart F3. 🏠 *6650*. 🚉 🚌
🛈 *Jardin François Binon (04-93017368)*. 🗓 *za en zo.*
www.villefranche-sur-mer.com

Dit onbedorven stadje ligt aan een natuurlijke haven en heeft een gezellige kade met cafés. De middeleeuwse **Chapelle St-Pierre** aan de kade, ooit opslag voor visnetten, is in 1957 gerenoveerd. Jean Cocteau maakte er toen prachtige fresco's. De straatjes worden haast tunnels tussen de dicht bij elkaar staande huizen. De overwelfde Rue Obscure bood eeuwenlang bescherming bij bombardementen, zelfs in de Tweede Wereldoorlog. In een smalle straat staat de barokke **Église St-Michel** met een 16de-eeuws reliëf van de heilige Rochus en zijn hond en een orgel uit 1790. Binnen de muren van de 16de-eeuwse Citadelle de St-Elme staan de kapel, een openluchttheater en musea.

Vissen in de natuurlijke haven van Villefranche

🏰 **Chapelle St-Pierre**
Quai Amiral Courbet. **Tel** 04-93769070. ◯ *di–zo.* ⬤ *25 dec.*
🖼 ♿

Beaulieu ⓴

Wegenkaart F3. 🏠 *3700*. 🚉 🚌
🛈 *Pl. Clemenceau (04-93010221)*.
🗓 *ma–za.* **www.**otbeaulieusurmer.fr

Dit is in de winter door zijn beschutte ligging een van de warmste plaatsen aan de Rivièra, met twee stranden, de Baie des Fourmis en bij de haven Petite Afrique. Het casino, de statige tuinen en

de belle-époquerotonde, nu een conferentiecentrum en een museum, dragen bij aan de ouderwetse sfeer. Het grand hotel La Réserve werd opgericht door Gordon Bennett, eigenaar van de *New York Herald*. Hij stuurde in 1871 de journalist H.M. Stanley naar Afrika om de Schotse ontdekkingsreiziger Livingstone te zoeken.
In Beaulieu staat de **Villa Kerylos**. Deze werd tussen 1902 en 1908 gebouwd voor de archeoloog Théodore Reinach en lijkt op een Griekse villa uit de tijd van Pericles. Met authentieke materialen

werden mooie mozaïeken, fresco's en meubels gemaakt. Er zijn vele originele Griekse ornamenten te zien en er is een antieke-beeldengalerie.

🏛 **Villa Kerylos**
Imp. Eiffel. **Tel** 04-93764409.
◯ *dag.* ⬤ *25 dec.* 🖼 🏠
www.villa-kerylos.com

Eze ⓴

Wegenkaart F3. 🏠 *3100*.
🚉 🚌 🛈 *Pl. Général de Gaulle (04-93412600)*.

Eze is een *village perché (blz. 20–21)*, dat 427 m boven de zee hangt. Op het hoogste punt ligt de ruïne van een 14de-eeuws kasteel, waar in de schemering vleermuizen in en uit vliegen. Rond het kasteel ligt de **Jardin Exotique**, vanwaar u tot Corsica kunt kijken. In de 18de-eeuwse kerk staat een buste van Christus van olijfhout die de branden die in 1986 vlakbij woedden, goed heeft doorstaan.

🌿 **Jardin Exotique**
Rue du Château. **Tel** 04-93411030.
◯ *dag.* ⬤ *25 dec.* 🖼

De trap van de belle-époquerotonde in Beaulieu

Voor hotels en restaurants in deze streek zie blz. 194–197 en blz. 210–213

La Turbie

Wegenkaart F3. 🏔 *3200.* 🚌
🛈 *P. de Tras (juni–sept. 04-93412115, okt.–mei 04-93412115).* 🍽 *di.*

Hoog boven Monte Carlo ligt een van de mooiste uitzichtpunten van de Rivièra, bereikbaar over de Grande Corniche, die ravijnen kruist en dwars door bergen gaat. In het aardige oude dorp La Turbie, dat geurt naar jasmijn en bougainvilles, staan twee middeleeuwse poorten. Aan de Romeinse Via Julia ziet u huizen uit de 11de en 13de eeuw.

Gezicht op Le Trophée des Alpes vanuit het dorp La Turbie

🏛 Musée du Trophée des Alpes

Cours Albert 1er. **Tel** *04-93412084.* ◻ *di.–zo.*
◻ *1 jan., 1 mei, 1 en 11 nov., 25 dec.* 🅿 📷

De grootste attractie in La Turbie is de Trophée des Alpes, een enorm Romeins monument, gebouwd van de plaatselijke witte steen. Het gaf de grens aan tussen Italië en Gallië. De Romeinse senaat gaf in 6 v.C. opdracht tot de bouw ter ere van de overwinning

Detail van het monument

van Augustus op de Liguriërs in 13 v.C. Het oorspronkelijke zegeteken was 50 m hoog en had nissen met beelden van de Romeinse overwinnaars. Trappen leidden naar alle onderdelen van het bouwwerk. Na het vertrek van de Romeinen werd het zegeteken stap voor stap ontmanteld. In de 4de eeuw probeerde de heilige Honoratus het te vernietigen omdat het een object van heidense verering zou zijn. Later deed het dienst als fort

en als steengroeve. Lodewijk XIV liet het gedeeltelijk slopen omdat hij vreesde dat het in vijandelijke handen zou vallen tijdens de invasie van de Provence door Savoie in 1707. De restauratie begon in 1905 en werd in 1923 voortgezet door een Amerikaan, Edward Tuck.

Een klein museum is gewijd aan de geschiedenis van het monument en toont fragmenten, beelden, inscripties, en een model op schaal.

Het spectaculaire uitzicht vanaf de terrassen van het zegeteken reikt tot Cap Ferrat en Eze. Monaco, 480 m eronder, lijkt verrassend dichtbij. Ook de dichter Dante (1265–1321) was onder de indruk van La Turbie. Zijn bevindingen zijn te lezen op een plaquette in de Rue Comte-de-Cessole. Van het eind van deze straat hebt u een goed uitzicht op het monument.

🔒 Église St-Michel-Archange

◻ *dag.* ♿

De 18de-eeuwse barokke kerk van Nice is gebouwd van stenen die van het monument zijn geroofd. Binnen staan een altaar van veelkleurig marmer en een 17de-eeuwse tafel van onyx en agaat, die voor de communie werd gebruikt. Er zijn religieuze schilderijen van Jean-Baptiste van Loo, schilder uit Nice, een portret van de apostel Marcus dat wordt toegeschreven aan Veronese en een piëta uit de School van Bréa te zien.

LE TROPHÉE DES ALPES

Het zegeteken had een vierkant podium, een ronde colonnade en een spits met traptreden die werd bekroond door een beeld van Augustus.

6 m hoog beeld van keizer Augustus

De oorspronkelijke colonnade had nissen voor de beelden van de generaals van Augustus.

De inscriptie vermeldt de namen van de 44 door Augustus onderworpen stammen, met een opdracht aan de keizer.

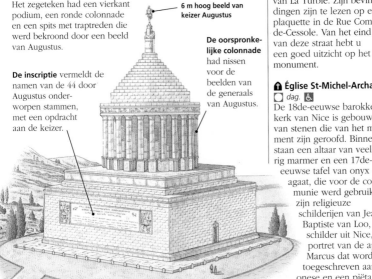

Monaco ㉓

Familiewapen

Als u per auto naar Monaco reist, kunt u het beste over de Moyenne Corniche rijden. De wolkenkrabbers van het moderne Monaco doen de woelige geschiedenis vergeten, waarvan het grootste deel zich in Monaco-Ville afspeelde. Het paleis, de kathedraal en de musea staan allemaal in het oude gedeelte van de stad, op de Rots, die 792 m ver de zee insteekt. Het was eerst een Griekse en later een Romeinse kolonie en werd in 1309 van de Genuezen gekocht door François Grimaldi. De Grimaldi's, die een wapen voeren met twee een zwaard zwaaiende monniken, zijn ondanks veel familievetes het oudste nog regerende vorstenhuis ter wereld.

Modern Monaco
Door ruimtegebrek is men de hoogte in gaan bouwen, wat leidde tot een opvallend silhouet van wolkenkrabbers.

Musée des Souvenirs Napoléoniens

Palais Princier
Het paleis stamt uit de 16de–17de eeuw, maar de torens uit 1215 zijn Genuees. De grondwet schrijft voor dat het gebouw wordt bewaakt door Franse carabiniers. (blz. 94).

Cathédrale
Dit neoromaanse bouwwerk van roomkleurige steen staat op een rots. Tot de schatten behoren twee vroeg-16de-eeuwse koorhekken van Bréa, La Pièta en St-Nicolas (blz. 94).

Musée Océanographique

Dit museum boven de Middellandse Zee bezit een van de beste aquaria van Europa en wordt voor wetenschappelijk onderzoek gebruikt (blz. 94).

TIPS VOOR DE TOERIST

Wegenkaart F3. 🏛 *35.000.*
✈ *15 km ten zw van Nice.* 🚉 *Pl. Ste-Dévote (08-36353535).*
ℹ *Bld. des Moulins 2a (00377-92166116).* 🎭 *dag.* 🎪 *Festival du Cirque (jan.), Grand Prix (mei), Fête Nationale (19 nov.).*
www.visitmonaco.com

Théâtre du Fort Antoine

Dit oude fort is tot een theater verbouwd, waarin 's zomers allerlei producties te zien zijn.

Monte Carlo Story is een geschiedenis aan de hand van film en foto's, opgenomen in verschillende talen.

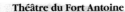

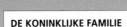

DE KONINKLIJKE FAMILIE

Monaco werd sinds 1949 geregeerd door de zakelijke prins Rainier Louis Henri Maxence Bertrand de Grimaldi. Hij was de 26ste regerende prins en stamde af van de Grimaldi die in 1297, verkleed als monnik, het fort van Monaco binnendrong. Toen strekte het grondgebied zich uit tot Antibes en Menton. De vrouw van prins Rainier, de voormalige filmster Grace Kelly, kwam in 1982 bij een auto-ongeluk om het leven. Hun zoon Albert heeft na Rainiers dood in 2005 zijn vader opgevolgd, maar zijn mooie zusters Stéphanie en Caroline trekken nog altijd de meeste aandacht van de media.

Prins Rainier III en Grace Kelly op hun verlovingsfeest in 1956

Villa in de oude stad
In een doolhof van gangen ziet u fonteinen, pleintjes en elegante gevels.

Monte Carlo

Art-deco-ingang, Le Café de Paris

De imposante pieken van Monte Carlo zijn het bekendste deel van Monaco. De jaarlijkse rally in januari trekt veel bezoekers en de groten van de opera treden hier op in het operaseizoen. Monte Carlo is genoemd naar Karel III die in 1856 het eerste casino opende om zichzelf van een bankroet te redden. Het succes was zo groot dat hij in 1883 de belastingen afschafte. Koningin Victoria vond Monte Carlo een poel van verderf, maar andere aristocraten dachten daar anders over, onder wie Edward VII. Het opvallende casino- en operagebouw werd ontworpen door Charles Garnier, architect van de Opéra in Parijs. Tussen Monaco-Ville en Monte Carlo ligt La Condamine, een centrum vol winkels, met aan de kade luxueuze plezierjachten.

Gezicht op Monte Carlo
Stop bij La Turbie (blz. 89) om van het uitzicht te genieten.

Palais Princier

Jardin Exotique
Nu groeien hier planten uit warme streken; 200.000 jaar geleden leefden er prehistorische dieren en woonden er mensen in grotten (blz. 94).

La Condamine
De kaden werden aangelegd onder Albert I. De huidige prins voegde een watersportcentrum toe en het is ook een populaire plaats voor kermissen.

TIPS VOOR DE TOERIST

Wegenkaart F3. 🚇 *Pl. Ste Dévote.*
🛈 *Bld. des Moulins 2a (00377-92166116).* **Grimaldi Forum**
(cultureel centrum) **Tel.** 00377-99993000. **www**.grimaldi
forum.mc ☐ dag. 🎟 *Rally van
Monte Carlo (jan.), Festival International de Feux d'Artifices (vuurwerk) (juli–aug.).* 🍴 dag.

Le Café de Paris
*Hartenbreker Edward VII
kwam vaak in dit gereno-
veerde art-decocafé. De
crêpe suzette werd naar een
van de eigenaren genoemd.*

La Turbie

Église Ste-Dévote

Hôtel Hermitage

Centre de Congrès

Salle Garnier
*In deze in 1878 door Charles
Garnier ontworpen zaal
dansten balletvernieuwers
als Diaghilev en Nijinski.*

Casino
*In drie dagen gokken
maakte Charles
Deville Wells in 1891
van $400 $40.000.
Het liedje* The man
who broke the bank
at Monte-Carlo *gaat
over hem (blz. 94).*

Monaco verkennen

Op het Vaticaan na is Monaco de kleinste soevereine staat ter wereld. Het grondgebied beslaat slechts 1,95 km², ongeveer de helft van Central Park in New York. De bewoners betalen weinig belasting en hebben het hoogste inkomen per hoofd van de bevolking ter wereld. Monégasque is een dialect van het Provençaals en komt terug in straatnamen als *piaca* voor plein en *carrigiu* voor straat. De voertaal is Frans, er kan ook met euro's worden betaald en de meeste Franse wetten zijn er van toepassing.

Zeeonderzoeker Jacques Cousteau

De Grand Prix van Monaco

♣ Palais Princier
Pl. du Palais. *Tel* 00377-93251831.
◯ april–nov.: dag. 📷
Hier zetelt de regering van Monaco. Het is een fraai kasteel-paleis, beschermd door kanonnen die door Lodewijk XIV zijn geschonken. De wacht wisselt om 11.55 uur. Het paleis is alleen 's zomers geopend. 's Zomers concerten op de Cour d'Honneur.

🏛 Musée des Souvenirs Napoléoniens et Archives Historiques du Palais
Pl. du Palais. *Tel* 00377-93251831.
◯ di–zo. ● 1 jan., 1 mei, Grand Prix, 25 dec. 📷 🎥
Het paleismuseum combineert plaatselijke geschiedenis met Napoleontische memorabilia. Een stamboom toont de familiebanden tussen de Bonapartes en de Grimaldi's; de begane grond is gewijd aan Napoleon.

♠ Casino
Pl. du Casino. *Tel* 00377-92162300.
◯ dag. na 12.00 uur. ♿
www.casino-montecarlo.com
Het in 1878 door Charles Garnier (*blz. 51*) gerenoveerde casino ligt op een terras met een fabuleus uitzicht over

Monaco. Het interieur is uitgevoerd in belle-époquestijl. In de chique Salon Europe speelt men roulette en in de Salons Privés blackjack. Amerikaanse spelletjes speelt men in het Sun Casino.

🏛 Musée National (Poupées et Automates)
Ave. Princesse Grace 17. *Tel* 00377-93309126. ◯ dag. ● 1 jan., Grand Prix, 1 mei, tijdens de Grand Prix, 19 nov, 25 dec. 📷 🎥
Charles Garnier ontwierp deze fraaie villa in een rozentuin vol beelden, waaronder *Jonge faun* van de Carpaux-school. Er zijn poppen uit de 18de en 19de eeuw te zien. De automaten komen elke dag in beweging.

⛪ Cathédrale
Rue Colonel Bellando del Castro 4.
◯ dag. ♿
De 12de-eeuwse St-Nicolaaskerk werd in de 19de eeuw vervangen door dit neoromaanse bouwwerk van La Turbiesteen. Het altaarstuk van Louis Bréa vindt u bij de kloostergang met zijn tomben. Hier ligt prinses Gracia begraven.

🏛 Musée Océanographique
Ave. St-Martin. *Tel* 00377-93153600.
◯ dag. 📷 ♿ 🎥 🎞 *Cinema*
Dit in 1910 door prins Albert I geopende museum bevat een aquarium vol zeldzame zeeplanten en -dieren, een grote verzameling schelpen, koralen, parels en een levensgroot model van een reuzenpijlinktvis. De beroemde zeeonderzoeker Jacques Cousteau was hier 30 jaar lang (tot 1988) museumdirecteur.

🍃 Jardin Exotique
Bld. du Jardin Exotique 62. *Tel* 00377-93152980. ◯ dag. ● feestdagen. 📷 🎥 ♿ (gedeeltelijk).
Dit is een van de mooiste tuinen van Europa. Er is een grote verscheidenheid aan tropische en subtropische planten. In de **Grotte de l'Observatoire** werd 200.000 jaar geleden door mensen op prehistorische dieren gejaagd. Het **Musée d'Anthropologie Préhistorique** toont prehistorische werktuigen, beeldjes en botten.

Roulettetafels in de Salle Europa van het Casino

Voor hotels en restaurants in deze streek zie blz. 194–197 en blz. 210–213

Peillon ㉔

Wegenkaart F3. 👣 *1200.*
ℹ️ *(04-93799104), alleen 's middags.*

Van dit mooie *village perché*
op een hoogte van 373 m
zeggen de bewoners dat het
de grens van de bewoonde
wereld markeert. De straten
zijn nauw en voorzien van
traptreden en de huizen zijn
sinds de middeleeuwen
nauwelijks veranderd. Het
plein is geplaveid met kinderhoofdjes en u hebt er een
mooi uitzicht. De 18de-eeuw-
se parochiekerk beschikt over
een opmerkelijke achthoekige
lantaarn. Het mooist zijn echter de fresco's van Giovanni
Canavesio in de Chapelle des
Pénitents Blancs.

De Gorges de la Vésubie in de Vallée de la Vésubie

Een oude boog in Peillon

Peille ㉕

Wegenkaart F3. 👣 *2000.* 🚌
ℹ️ *La Mairie (04-93917171).*

Peille is een middeleeuws
plaatsje met vanaf het oorlogsmonument uitzicht over
het Paillondal tot de Baie des
Anges. Achter het dorp rijst de
Pic de Baudon (1264 m) op.
De stad is vol straten met
kinderhoofdjes en overdekte
gangen. Aan het eind van
Place A-Laugier rusten, achter
een gotische fontein, twee
bogen onder een huis op een
romaanse zuil.
De graven van de Provence
waren heren van het kasteel.
In de 12de-eeuwse Mariakerk
hangt een schilderij van Peille
in de middeleeuwen naast een
16de-eeuws altaarstuk door

Honoré Bertone. Het Hôtel de
Ville is in de voormalige 18de-
eeuwse Chapelle de St-Sébastien gevestigd en in de Rue de
la Turbie vindt u een museum.

Lucéram ㉖

Wegenkaart F3. 👣 *1000.* 🚌 ℹ️
Place Adrien Barralis (04-93794650).

Midden in dit dorp
in Italiaanse stijl ziet u het
betegelde dak van de 15de-
eeuwse Église Ste-Marguerite,
waar veel kunst van de
primitieve schilders van Nice
hangt. Louis Bréa gebruikte
Lucéram als centrum voor
religieuze kunst, wat
resulteerde in een altaarstuk
van tien panelen. Er is ook
een zilveren beeld van de
Tarasquedraak en Ste-Marguerite *(blz. 140)*. In de kerk
wordt met Kerstmis een
dienst gehouden waarbij
herders lammeren en fruit als
offergaven brengen.

**De huizen in Lucéram zijn in
Italiaanse stijl gebouwd**

Vallée de la
Vésubie ㉗

🚌 *Nice.* 🚌 *St-Martin-Vésubie.*
ℹ️ *St-Martin-Vésubie (04-
93032128).*

In het dal van de Vésubie
kunt u het mooiste landschap
van de streek rond Nice
vinden, met dennenbossen,
alpenweiden, pieken en
watervallen. De rivier
ontspringt hoog in de Alpen
bij de Italiaanse grens en
stroomt langs Roquebillière
naar het westen van het Parc
National du Mercantour
(blz. 97) waar hij de Gorges
de la Vésubie in duikt voordat
hij samenstroomt met de Var,
24 km ten noorden van het
vliegveld van Nice.
De Vésubie wordt gevormd
door de bergstromen de
Madone de Fenestre en de
Boréon, die bij St-Martin-
Vésubie samenvloeien. Dit
bergbeklimmersoord is
omringd door watervallen,
pieken en bergmeren. In de
fraaie 17de-eeuwse kerk staat
een 12de-eeuws beeld van
Notre-Dame-de-Fenestre. Dit
beeld wordt elk jaar naar de
Chapelle de la Madone de
Fenestre gedragen, 12 km
oostwaarts, om daar drie
maanden te blijven.
De Gorges de la Vésubie
beginnen bij St-Jean-la-Rivièra
en vanaf La Madonne d'Utelle
boven het versterkte dorp
Utelle hebt u een schitterend
uitzicht. Op sommige plaatsen
zijn de ravijnen wel 244 m
diep.

Skiën in de Alpes d'Azur

De Provence biedt een grote variatie aan skimogelijkheden in de Alpes d'Azur. Op ongeveer een uur van de kust liggen meer dan 20 skioorden, met meer dan 250 pistes. Tot de après-ski behoren schaatsen, snowmobiel rijden en het proeven van regio-naal voedsel, zoals de heerlijke, met gesmolten kaas bereide raclette. In de zomer kunt u in Auron en Isola 2000, plaatsen in het Parc National de Mercantour, zwemmen, fietsen en paardrijden in een omgeving die totaal verschilt van de Côte d'Azur.

Valberg in de sneeuw, sinds 1953 een wintersportplaats

AURON

HOOGTE 1600–2100 m.
LIGGING 97 km vanuit Nice via RN 202 en D 2205.
SKIPISTES 9 zwart, 15 rood, 16 blauw, 2 groen.
SKILIFTEN 21, waaronder 9 stoeltjesliften en 3 kabelbanen.

ISOLA 2000

HOOGTE 2000 m – 2310 m.
LIGGING 90 km vanuit Nice via RN 202, D 2205 en D 97.
SKIPISTES 4 zwart, 11 rood, 22 blauw, 9 groen.
SKILIFTEN 22, waaronder 2 kabel-banen en 9 stoeltjesliften. Kabel-spoorbaan.

VALBERG

HOOGTE 1430–2100 m.
LIGGING 86 km vanuit Nice via RN 202, CD 28, CD 202 of CD 30.
SKIPISTES 4 zwart, 30 rood, 15 blauw, 9 groen.
SKILIFTEN 26, waaronder 6 stoeltjesliften.

Een bevroren waterval beklim-men in een van de vele winter-sportplaatsen

Voorbereiding op een sneeuwwandeltocht

ALPINE ACTIVITEITEN

Auron	Isola 2000	Valberg	
	•	•	IJsklimmen
		•	IJsspeedway
		•	Karten op ijs
•	•	•	Langlaufen
	•	•	Monoskiën
	•	•	Nachtskiën
•		•	Paardrijden
•	•	•	Schaatsen
•			Skiën voor gehandicapten
•	•	•	Skischool
	•	•	Skispringen
•	•	•	Skitochten
		•	Sneeuwbuggies
		•	Sneeuwscooterbaan
	•		Snelskischool
•	•	•	Snowboarden
	•		Snowboardpark
•			Tochten met paard en wagen
•	•		Watercentrum (17 km) sauna/jacuzzi

Snowboarden in Isola 2000

Voor hotels en restaurants in deze streek zie blz. 194–197 en blz. 210–213

Forêt de Turini ❷❽

L'Escarène, Sospel. Moulinet, Sospel. La Bollène (04-93036054).

Tussen de warme kust en de koude Alpen strekt zich dit vochtige, 3497 km² grote bos uit van de Gorges de la Vésubie tot de Vallée de la Bévéra.
In de noordoosthoek van het bos ligt de 1889 m hoge L'Authion, waar tijdens de terugtocht van de Duitsers in 1945 hevig is gevochten. De gevallenen worden met een oorlogsmonument herdacht. De nabijgelegen 2082 m hoge Pointe des Trois-Communes biedt een adembenemend uitzicht over de Franse Alpen en de toppen van het Parc National du Mercantour.

Le Parc National du Mercantour ❷❾

Wegenkaart E2 & F2. Nice. St.-Etienne de Tinée et Auron. Maison du Parc (04-93024227). **www**.parc-mercantour.fr

Dit schaars bevolkte park, doorsneden door gletsjers en getooid met rotspieken, is 70.000 ha groot. Tot het wild dat er leeft, behoren de gems, de steenbok en de moeflon, een wild schaap dat oorspronkelijk uit Corsica komt. Soms verschijnt 's morgens de marmot, een geliefde prooi van de steenarend, en de exotische lammergier met zijn oranjerode veren en zwarte vleugels. Er zijn ook veel felgekleurde vlinders en alpenbloemen te zien.

Tende ❸❵

Wegenkaart F2. 2200. Ave. du 16 Sep. 1947 (04-93047371). wo. **www**.tendemerveilles.om

Tende bewaakte vroeger de bergpas tussen Piemonte en de Provence. Tegenwoordig zijn de twee streken door een tunnel verbonden. De hoge, groene leistenen huizen met balkons lijken wel op

Straattafereel in de oude grensplaats Tende

elkaar te zijn gestapeld. Van het kasteel van de feodale heren van Lascaris is slechts één muur over. In Tende staat een aantal opmerkelijke torens, waaronder die van de 15de-eeuwse kerk **Notre-Dame-de-l'Assomption**. Leeuwen dragen de pilaren rond het renaissanceportaal. Het spectaculairste deel van het Parc de Mercantour, de **Vallée des Merveilles**, kan alleen met een gids worden bezocht. Informatie kunt u inwinnen bij het toeristenbureau in Tende of St-Dalmas. De meest rechtstreekse weg is vanaf Lac des Mesches. Een twee uur durende wandeling leidt naar Lac Long en Le Refuge des Merveilles. Het gebied rond Mont Bégo bevat 36.000 rotstekeningen van 2000 v.C. Ze tonen een samenleving uit de bronstijd. Bezoek ook het **Musée des Merveilles** in Tende. Ten zuidoosten van Tende zijn in de kerk van La Brigue mooie schilderijen te zien. De 15de-eeuwse fresco's van Jean Canavasio, *La Passion du Christ en Judas pendu*, hangen in de nabijgelegen 13de-eeuwse **Chapelle Notre-Dame-des-Fontaines**.

Toren in Tende

🗿 Musée des Merveilles
Ave. du 16 Sep. 1947. **Tel** 04-93043250.
wo–ma. feestdagen, 2 weken half maart en half nov.

Saorge ❸❶

Wegenkaart F3. 400. La Mairie (04-93045123).

Saorge is het mooiste plekje in het Royadal. Het ligt in een natuurlijk amfitheater hoog boven de rivier. De huizen liggen in rijen boven elkaar tussen nauwe steegjes, in de stijl van een 'gestapeld dorp' of *village empilé*. Traditioneel houtsnijwerk siert de deurstijlen van de huizen uit de 15de eeuw, toen Saorge een bolwerk was. In 1794 werd het door de Fransen onder Masséna ingenomen. De kerken variëren van de vochtige 15de-eeuwse St-Sauveur tot de barokke kerk van het franciscanenklooster en de achthoekige toren en renaissance-fresco's van **La Madone-del-Poggio** (alleen op afspraak).

Gezicht op Saorge van het terras van het franciscanenklooster

Sospel ㉜

Wegenkaart F3. 🏔 *2600*. 🚃 🚌 ℹ️
Le Pont Vieux (04-93041580). 🚢 *do*.

In deze wintersportplaats aan
de rivier de Bévéra staat een
13de-eeuwse tolpost, die na
bombardementen in de Tweede Wereldoorlog is gerenoveerd. Fort St-Roch is in 1932
gebouwd om een mogelijke
aanval uit Italië af te slaan. Er
staat nu een museum over de
Maginotlinie. De voormalige
kathedraal, nu de Église St-
Michel, bevat een van de beste werken van François Bréa
en bezit een fraaie gevel, net
als het romaanse Palais Ricci.
Het interieur van de kapel van
de bedelmonniken is prachtig.

Zonsopgang in Gorbio, omringd door olijfboombossen

🏛 **Musée de la Ligne Magi-
not des Alpes**
Fort St-Roch. **Tel.** *04-93040070*.
⬜ *april–juni, okt. za, zo en feestdagen alleen 's middags, juli –sept.:di-
zo alleen 's middags*. 📷

Trompe-l'oeilhuizen in Sospel

Gorbio ㉝

Wegenkaart F3. 🏔 *1160*.
🚌 ℹ️ *La Mairie, Rue Garibaldi 30
(04-92106650)*.

In het zonnige dal van de
Gorbio groeien meer dan
duizend soorten bloemen. Het
dal brengt ook groenten, fruit,
wijn en olie voort. Tot de vorige eeuw kon het hele gebied leven van de productie
van olijfolie.
Gorbio is als *village perché
(blz. 20–21)* 's morgens vaak
in nevelen gehuld en het ziet
uit op zee. De oude Malaus-
sène-fontein staat bij de ingang tot de nauwe straatjes
met kinderhoofdjes. De iep

op het plein werd in 1713
geplant. De kerk heeft een
kenmerkende kegelvormige
klokkentoren. In juni wordt
een processie gehouden,
waarbij van slakkenhuizen gemaakte olielampjes flakkeren.
Vanuit Gorbio is het een goed
uur lopen naar Ste-Agnès, met
671 m het hoogste *village
perché* aan de kust en veel
toeristischer dan Gorbio.

Roquebrune-Cap-Martin ㉞

Wegenkaart F3. 🏔 *12.400*.
🚃 🚌 ℹ️ *Ave. Aristide Briand 218
(04-93356287)*. 🚢 *wo*.
www.roquebrune-cap-martin.com

Roquebrune zou het oudste
feodale kasteel in Frankrijk
zijn, het enige voorbeeld van
de Karolingische bouwstijl.
Het werd in de 10de eeuw
gebouwd door de graaf van
Ventimiglia, Conrad I, en later
herbouwd door de Grimaldi's
(blz. 91).

**Gezicht op Château de Roquebrune,
dat uitziet over Cap Martin**

De rijke Engelsman sir
William Ingram, een van de
eerste toeristen die zich hier
zouden vestigen, kocht het
chateau in 1911 en bouwde
er een namaakmiddeleeuwse
tour anglaise bij.
Rond 1900 was Cap Martin
het mooiste vakantieoord aan
de Côte d'Azur. Keizerin
Eugénie, de vrouw van Napoleon III, en koningin Victoria
overwinterden hier; ook Winston Churchill, Coco Chanel
en de Ierse dichter W.B. Yeats
kwamen er. Naar de beroemde, in 1965 voor de kust ver-
dronken architect Le Corbusier is een pad genoemd.
Er is een aantal prehistorische
vondsten gedaan in de
omgeving van Roquebrune,
onder meer in de **Grottes du
Vallonet**. Net buiten het dorp
staat de majestueuze *olivier
millénaire*, met 1000 jaar
waarschijnlijk een van de
oudste olijfbomen ter wereld.
Sinds 1467 voeren de
bewoners van Roquebrune in
augustus scènes uit de Passie
op, als dank omdat zij voor
de pestepidemie gespaard
bleven *(blz. 33)*.

⛪ **Château de Roquebrune**
Tel. *04-93350722*. ⬜ *dag*. 📷

Menton ㉟

Wegenkaart F3. 🏔 *30.000*. 🚃 🚌
ℹ️ *Palais de l'Europe, Ave. Boyer 8
(04-92417676)*. 🚢 *dag*.
www.menton.fr

Menton is de meest Italiaanse
van alle Franse vakantieplaat-
sen. Het is een bezadigde
stad met een barok plein in

het centrum van de oude wijk en een promenade die tot Cap Martin loopt.

In Menton ligt een aantal tropische tuinen en het klimaat is mild genoeg voor een citroenfestival in februari *(blz. 35)*. Het **Palais d'Europe** uit de belle époque (1909), ooit een casino en nu een toeristenbureau, staat naast de **Jardin Biovès**. De **Jardin Botanique Exotique** ligt op het terrein van de Villa Val Rahmeh. Boven de stad ligt de **Jardin des Colombières**, ontworpen door kunstenaar en schrijver Ferdinand Bac (1859–1952). In deze privé-tuin staat de oudste johannesbroodboom van Frankrijk. Vanaf de pieren hebt u een prachtig gezicht op de oude stad en traptreden leiden naar Parvis St-Michel, een met het wapen van de Grimaldi's bestraat plein, waar 's zomers concerten worden gegeven. Links staan de twee torens van de barokke **Basilica St-Michel**, met een altaarstuk van Manchello (1565). Achter de nieuwe jachthaven ligt de voorstad Garavan. Hier woonde Katherine Mansfield van 1920 tot 1922 in de Villa Isola Bella.

🏛 Musée des Beaux-Arts

Palais Carnolès, Ave. de la Madone 3. *Tel.* 04-93354971. ◻ *wo–ma.* ● *feestdagen.*
Dit 17de-eeuwse paleis, nu het kunstmuseum van Menton,

JEAN COCTEAU (1889–1963)

Cocteau werd in 1889 in Parijs geboren, maar bracht het grootste deel van zijn leven door aan de Côte d'Azur. Hij bezat een grote intelligentie en veel elan en werd in 1955 lid van de Académie Française. Cocteau was ook toneelschrijver (*La machine infernale*, 1934), schrijver van *Les enfants terribles* (1929) en filmregisseur. *Orphée* (1950) is opgenomen in Les Baux (blz. 142). Zijn museum ging in 1967 open, vier jaar na zijn dood.

Mozaïek bij de ingang van het Musée Jean Cocteau in Menton

---

was ooit de zomerresidentie van de prinsen van Monaco. Er hangen schilderijen van Graham Sutherland (1903–1980), Italiaanse, Franse en Vlaamse kunst uit de 13de–18de eeuw en werken van Utrillo en Dufy.

💒 Salle des Mariages

Rue de la République 17. *Tel.* 04-92105029. ◻ *ma–vr.* ● *feestdagen.* 📷
Jean Cocteau versierde deze zaal in 1957 met schilderingen van een visser en zijn bruid, het verhaal van Orfeus en Euridice met traditionele

🏛 Musée Jean Cocteau

Vieux Port. *Tel.* 04-93577230. ◻ *wo–ma.* ● *feestdagen.* 📷
Cocteau had de leiding van de verbouwing van dit 17de-

---

eeuwse fort tot zijn museum. Hij ontwierp het mozaïek op de begane grond en schonk vele kunstwerken.

🏛 Cimetière du Vieux-Château

Elk terras van dit voormalige kasteel is bestemd voor een bepaald geloof. William Webb Ellis, vermeend uitvinder van rugby, ligt hier begraven, evenals de moordenaar van Raspoetin, prins Joesoepov.

🏛 Musée de Préhistoire Régionale

Rue Loredan Larchey. *Tel.* 04-93358464. ◻ *wo–ma.* ● *feestdagen.*
Tot de uitstekende collectie van dit museum behoort een schedel van een 30.000 jaar oude 'Grimaldimens'.

Gezicht op Menton vanuit Ferdinand Bacs Jardin des Colombières

DE VAR EN
DE ÎLES D'HYÈRES

*D*e Var wordt gekenmerkt door glooiende heuvels, grillige rotspartijen, dichte bossen en strak geordende wijngaarden. Het noorden is dunbevolkt en staat vol Provençaalse dorpen langs woeste beekjes. Enkele heuvelruggen leiden vanhier in zuidelijke richting naar de kust, die hier mooier en afwisselender is dan waar ook in Frankrijk.

De Var wordt in tweeën gedeeld door de A8. Ten zuiden van deze snelweg staat het leven in het teken van de zee. De hoofdstad van de streek, Toulon, ligt aan een ruime natuurlijke haven en is de ligplaats van de Franse Middellandse Zeevloot. Verder vindt u langs de kust de badplaatsen Banyols en Sanary. Meer naar het oosten liggen mooie zandstranden aan de voet van het Massif des Maures. De beroemdste badplaats in de Var is St-Tropez, dat aan de noordkant van een baai omringd wordt door prachtige wijngaarden. Weer verder oostwaarts ligt Fréjus, waar de Romeinen hun eerste nederzetting in Gallië stichtten, en daarna begint de Corniche de l'Esterel, die naar de Rivièra leidt.

Het dunner bevolkte gebied ten noorden van de A8 biedt de mogelijkheid om aan de drukte in het zuiden te ontsnappen. Het strenge cisterciënzerklooster Abbaye du Thoronet is kenmerkend voor dit gebied. Toeristen ontvluchten de drukte rond St-Tropez in de van tufsteen gebouwde dorpjes in de Haut Var.

Culinair onderscheidt de streek zich met de wijnen van de Côtes de Provence en verse tonijn in de restaurants aan de havens. Voor muziekliefhebbers zijn het orgel in St-Maximin-la-Ste-Baume en het festival voor strijkkwartetten in de bergdorpjes rond Fayence de hoogtepunten. De streek biedt verder volop mogelijkheden tot wandelen, zeilen en zonnebaden, en ook de musea en de architectuur zijn het bezichtigen alleszins waard.

De eerste zonnestralen beschijnen de boten in de haven van St-Tropez

◁ **Een traditioneel winkeltje in het centrum van Cotignac in de Haut Var**

De Var en de Îles d'Hyères verkennen

Het *département* Var beslaat ongeveer 6000 km². De prachtige kust wordt gevormd door rode rotspartijen en sierlijke baaien. Net buitengaats liggen de Îles d'Hyères. Landinwaarts beginnen vrijwel onmiddellijk de grillige bergruggen. De laatste jaren zijn de bossen in deze streek door vele branden geteisterd, maar de flora en fauna blijven indrukwekkend, evenals de eindeloze wijngaarden waar de Côtes-de-Provence wordt geproduceerd.

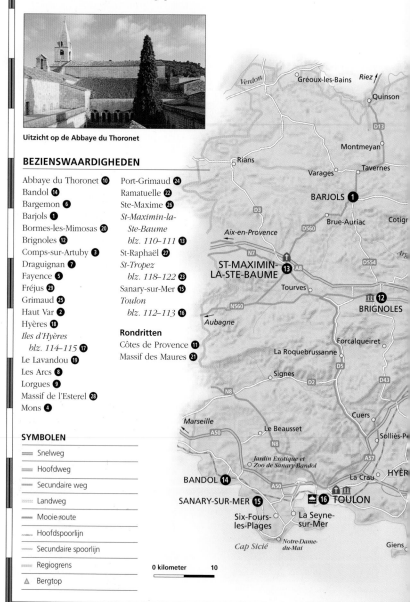

Uitzicht op de Abbaye du Thoronet

BEZIENSWAARDIGHEDEN

Abbaye du Thoronet ⑩
Bandol ⑭
Bargemon ⑥
Barjols ①
Bormes-les-Mimosas ⑳
Brignoles ⑫
Comps-sur-Artuby ③
Draguignan ⑦
Fayence ⑤
Fréjus ㉙
Grimaud ㉕
Haut Var ②
Hyères ⑱
Iles d'Hyères
  blz. 114–115 ⑰
Le Lavandou ⑲
Les Arcs ⑧
Lorgues ⑨
Massif de l'Esterel ㉘
Mons ④

Port-Grimaud ㉔
Ramatuelle ㉒
Ste-Maxime ㉖
St-Maximin-la-
  Ste-Baume
  blz. 110–111 ⑬
St-Raphaël ㉗
St-Tropez
  blz. 118–122 ㉓
Sanary-sur-Mer ⑮
Toulon
  blz. 112–113 ⑯

Rondritten
Côtes de Provence ⑪
Massif des Maures ㉑

SYMBOLEN

═══	Snelweg
═══	Hoofdweg
────	Secundaire weg
┄┄┄	Landweg
────	Mooie route
╍╍╍	Hoofdspoorlijn
────	Secundaire spoorlijn
▬▬▬	Regiogrens
△	Bergtop

Verdon — Gréoux-les-Bains — Riez
Quinson
D13
Montmeyan
Rians — Varages — Tavernes
BARJOLS ①
D3
Brue-Auriac — Cotign
Aix-en-Provence — D560
N7 — D554 — Ar
ST-MAXIMIN-LA-STE-BAUME ⑬ A8
Tourves
BRIGNOLES ⑫
N560
Aubagne
Forcalqueiret
La Roquebrussanne
D5
Signes
N8 — D2 — D43
Marseille
A50 — Le Beausset
Cuers — Solliès-P
N8
A57
Jardin Exotique et Zoo de Sanary-Bandol
La Crau — **HYÈR**
BANDOL ⑭
A50
SANARY-SUR-MER ⑮
⑯ **TOULON**
Six-Fours-les-Plages — La Seyne-sur-Mer
Notre-Dame-du-Mai
Cap Sicié — Giens

0 kilometer 10

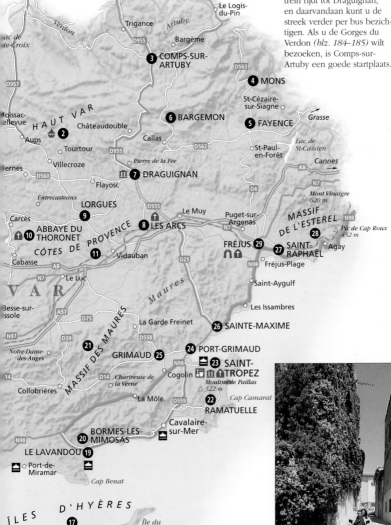

Het strand van Les Issambres, ten noorden van Ste-Maxime

BEREIKBAARHEID

De Massifs des Maures en l'Esterel dwingen de auto-wegen A8 en N7 meer land-inwaarts, waardoor de kust vooral via kleinere wegen bereikbaar is. De Corniche d'Or in het Massif de l'Esterel noemt men de mooiste weg in Frankrijk. Neem de tijd om van de vele uitzichten die de weg biedt te genieten. Haut Var is per auto goed bereikbaar. De trein rijdt tot Draguignan, en daarvandaan kunt u de streek verder per bus bezich-tigen. Als u de Gorges du Verdon (blz. 184–185) wilt bezoeken, is Comps-sur-Artuby een goede startplaats.

Le Logis-du-Pin

Verdon

Trigance

Artuby

Bargème

3 COMPS-SUR-ARTUBY

Lac de te-Croix

D955

D957

D563

4 MONS

St-Cézaire-sur-Siagne

Grasse

HAUT VAR

oissac-ellevue

2 Châteaudouble

Aups

Callas

6 BARGEMON

5 FAYENCE

St-Paul-en-Forêt

Lac de St-Cassien

Tourtour

D955

D562

Villecroze

Pierre de la Fée

Cannes

D560

Flayosc

7 DRAGUIGNAN

D4

Mont Vinaigre 620 m

A8

N7

Entrecasteaux

LORGUES

9

D555

Le Muy

Puget-sur-Argenas

MASSIF DE L'ESTEREL

Pic de Cap Roux 452 m

N98

Carcès

10 ABBAYE DU THORONET

8 LES ARCS

28

CÔTES DE PROVENCE

11

Vidauban

N7

D25

FRÉJUS **29**

27 SAINT-RAPHAËL

Agay

Cabasse

A8

Fréjus-Plage

N98

N7

Le Luc

Saint-Aygulf

V A R

Maures

Les Issambres

Besse-sur-issole

A57

D75

La Garde Freinet

26 SAINTE-MAXIME

N97

D39

Notre-Dame-des-Anges

21

MASSIF DES MAURES

D558

24 PORT-GRIMAUD

14

GRIMAUD **25**

N98

23 SAINT-TROPEZ

Collobrières

D14

Chartreuse de la Verne

Cogolin

Moulins de Paillas △ 322 m

La Môle

D559

22

Cap Camarat

RAMATUELLE

Cavalaire-sur-Mer

BORMES-LES-MIMOSAS

20

LE LAVANDOU **19**

N98

Port-de-Miramar

Cap Benat

ÎLES D'HYÈRES

17

Île du Levant

Porquerolles

Île de Porquerolles

Île de Port Cros

Een smal straatje in het hart van St-Tropez

Een fluitmaker oefent zijn ambacht uit in Barjols

Barjols ❶

Wegenkaart D4. 🏃 *2150* 🚌.
ℹ️ *Bld. Grisolle (04-94772001).*
📧 *za.* www.*ville-barjols.fr*

De industrie in het rustige, door bossen en bergbeekjes omringde Barjols werd jarenlang beheerst door leerlooierijen. In 1983 verdween de leerindustrie en de werkplaatsen werden overgenomen door ambachtslieden. Deze hebben Barjols in hoog tempo een goede naam bezorgd. Twee traditionele Provençaalse instrumenten, de *galoubet* (een fluit met drie gaatjes) en de *tambourins* (een kleine trommel) werden tot voor kort hier gemaakt. Op het jaarlijkse St-Marcelfeest in januari, genoemd naar de beschermheilige van Barjols, zijn deze instrumenten te beluisteren. Eens in de vier jaar wordt tijdens het feest op het dorpsplein een os geslacht en geroosterd. Na deze ceremonie volgt de kleurrijke 'trijpdans' in voor de Notre-Dame-de-l'Assomption, waar relieken van St-Marcel te zien zijn. Deze traditie herdenkt een beleg dat Barjols in 1350 doorstond. Informeer bij het toeristenbureau wanneer zij weer plaatsvindt.
De beroemdste van de stenen fonteinen in het stadje is de met mos begroeide *Champignon* op de Place Capitaine Vincens onder de grootste plataan in Provence. Tussen de kerk en de oude

De *Champignon-fontein* in Barjols

looierijen staan enkele gerestaureerde gebouwen uit het oude Quartier du Réal. Exotische portieken zoals die van het Hôtel de Pontevès geven de verder nogal saaie straatjes nog enige kleur.

Haut Var ❷

🚆 *Toulon-Hyères, Nice.* 🚌 *Les Arcs.* 🚌 *Aups.* ℹ️ *Aups (04-94840069).*

Nergens is de Var ongerepter dan in het gebied tussen Barjols en Comps-sur-Artuby, vlak bij de indrukwekkende Gorges du Verdon (*blz. 184–185*). Grote delen van deze streek dienen als militair terrein. Aups is het centrum van de streek. De plaatselijke honing en truffel zijn hier de smaakmakers. Het plaatsje ligt rond een groot plein. Naast de ruïne van een kasteel zijn het renaissancistische portaal van de 15de-eeuwse Église St-Pancrace en het **Musée Simon Segal**, dat in een voormalig ursulinenklooster is gehuisvest, het bezichtigen waard. In het museum zijn werken van Segal en diverse Parijse landschappen uit de buurt te zien.
Het dorpje Moissac-Bellevue ligt 5 km ten noorden van Aups aan de D9. Veel huizen stammen uit de 16de en 17de eeuw en de plaatselijke kerk werd al in een pauselijke bul

uit 1225 genoemd. Ten zuiden van Aups ligt Villecroze. In de 16de eeuw richtten plaatselijke heersers de grotten rond het huidige plaatsje in als woningen. Deze natuurlijke onderkomens leven voort als de **Grottes Troglodytes**. De overwelfde straatjes en het feodale kasteel geven Villecroze een middeleeuws karakter. In de heuvels boven Villecroze ligt het mooie en drukke Tourtour. Hiervandaan hebt u een goed uitzicht op de Montagne Ste-Victoire, een van de favoriete onderwerpen van Cézanne. Ten westen van Aups, in een

Uitzicht op Château d'Entrecasteaux bij Cotignac, Haut Var

dal aan de D51, ligt Salernes. Uit de schoorstenen van de vijftien aardewerkfabrieken kringelt voortdurend rook. De fabrieken maken vooral tegels, waaronder de achthoekige vloertegels, *tomettes*. Rond Cotignac, ten westen van Salernes, zijn de bergen net als

De Grottes Troglodytes in Villecroze

Voor hotels en restaurants in deze streek zie blz. 197–199 en blz. 213–214

De 110 m lange brug bij Artuby overspant de Gorges du Verdon

bij Villecroze bezaaid met grotten. Achter de *mairie* ontspringt uit een bron in de rotsen een rivier, en daar voorbij staat een openluchttheater.
Entrecasteaux, 15 km ten oosten van Cotignac aan de D50, is het interessantste chateau in de omgeving. In het 17de-eeuwse kasteel is de collectie 17de- en 18de-eeuwse schilderijen, kunstvoorwerpen, wandkleden en meubelen van de huidige eigenaar te zien. De tuin, ontworpen door Le Nôtre, is vrij toegankelijk.

🏛 **Musée Simon Segal**
Rue Albert Premier, Aups. *Tel* 04-94700195. ⬜ half juni–half sept.: dag. 🖼

🦇 **Grottes Troglodytes**
Villecroze. *Tel* 04-94706306.
⬜ voorjaars- en paasvakantie, mei–juni: za en zo; juli–half sept.: dag.; half sept.–half okt.: za- en zo-middag. ⬛ half nov.–Pasen. 🖼

🦇 **Château d'Entrecasteaux**
83570 Entrecasteaux. *Tel* 04-94044395. ⬜ zo-vr. ⬛ za, half nov.–Pasen. 🖼

Comps-sur-Artuby ❸

Wegenkaart D3. 🚹 320. 🚌
ℹ La Mairie (04-94502400).

Via Comps-sur-Artuby bereikt u de oostelijke toegang tot de Gorges du Verdon *(blz. 184–185)*. Het dorpje ligt aan de voet van een rots, op de top waarvan de onlangs gerestaureerde 13de-eeuwse kapel van **St-André** prijkt. Een bezoek aan de kerk levert weids uitzicht over de Gorges Artuby op. Ten oosten van Comps ligt Bargème, een dorpje vol stokrozen en steile straatjes waar welgeteld 86 mensen wonen. Het is het hoogstgelegen dorpje in de Var (1094 m). Auto's zijn er niet toegestaan. Bargème wordt beheerst door een groot, gedeeltelijk vervallen 14de-eeuws kasteel. Ook de romaanse **Église St-Nicolas** is een bezoek waard, vooral vanwege het houtgesneden altaarstuk dat Sint-Sebastiaan uitbeeldt.

Mons ❹

Wegenkaart E3. 🚹 720. 🚌
ℹ Pl. St-Sébastien (04-94763954).

Het op een rotspunt gelegen Mons biedt een betoverende aanblik. Van de Place St-Sébastien overziet u de kust van Toulon tot Italië.
Het Château-Vieux dateert uit de 10de eeuw, maar het dorp werd voornamelijk door de Genuezen gebouwd, die hier gingen wonen nadat een pestepidemie in de 14de eeuw het dorp had doen leeglopen. De eerste bewoners kwamen in 1461 uit Figounia bij Ventimiglia, en naar hen is het plaatselijke dialect, het *figoun,* genoemd. Vanwege de geïsoleerde ligging van het dorp bestaat dit dialect nog steeds. Vlak bij het dorp loopt de *roche taillée,* een uit de rotsen gehouwen Romeins aquaduct. Er liggen veel dolmens (megalitische grafmonumenten) in de omgeving.

Het *roche taillée*-aquaduct is nog aangelegd door de Romeinen

---

TRUFFELS
Deze krachtig smakende, onderaards groeiende paddenstoel wordt al eeuwenlang door speciaal getrainde varkens opgespoord. De truffel, die de afmeting van een golfbal heeft, is 's winters op zijn best en wordt in dat seizoen gezocht rond de wortels van eikenbomen. Op de plaatselijke markten zijn dan volop truffels te koop.

Een varken zoekt truffels

Het middeleeuwse dorpje Bargemon en de beboste heuvels eromheen

Fayence **❺**

Wegenkaart E3. 🏠 *4300.* 🚌
🛈 *Pl. Léon Roux (04-94762008).*
🛍 *di, do en za.*

Fayence is de grootste plaats
tussen Draguignan en Grasse.
Centraal staat de gietijzeren
klokkentoren.De poort in
Saraceense stijl maakt deel uit
van de 14de-eeuwse wallen
om de oude wijk.
De **Église St-Jean-Baptiste**
werd in de 18de eeuw
gebouwd en heeft een barok
marmeren altaar (1757) van
de hand van een plaatselijke
metselaar, Dominique Fossa-
tti. Op het terras om de kerk
hebt u mooi uitzicht over het
vliegveld voor zweefvlieg-
tuigen van Fayence.
Op de heuvel tegenover

Fayence staat in Tourettes een
opvallend chateau. Opdracht-
gever voor de bouw was
generaal Alexandre Fabre, die
ooit in St.-Petersburg voor
tsaar Alexander I werkte. De
bedoeling van Fabre was dat
het gebouw een museum zou
worden, maar het is nooit
voltooid en nu in particuliere
handen.
Rond Fayence liggen vele
mooie dorpjes. Callian en
Montauroux zijn de fraaiste in
oostelijke richting, en 5 km
naar het westen vindt u
Seillans, waar schilder Max
Ernst (1891–1976) de laatste
jaren van zijn leven sleet.
Tijdens het prestigieuze
Musique en Pays de Fayence-
festival in oktober treden
strijkkwartetten op in de
kerkjes in Fayence.

Bargemon **❻**

Wegenkaart E3. 🏠 *1500.*
🚌 *Les Arcs.* 🛈 🛍 *Ave. Pasteur (04-
94478173, in de winter 's morgens).*
🛍 *do.* **www**.ot-bargemon.fr

Dit middeleeuwse dorp,
versterkt in 950, heeft drie
12de-eeuwse poorten en een
toren uit de 16de eeuw. Het
dorp ligt rond enkele pleinen
met fonteinen en platanen.
De engelenbeelden in de 15de-
eeuwse **Église St-Etiènne**, nu
het Musée Honoré Camos,
worden toegeschreven aan de
school van Pierre Puget, net
als de beelden in de **Chapelle
Notre-Dame-de-Montaigu** boven het dorp. In de kapel
staat een Mariabeeld dat in
1635 hier werd gebracht. Hier
is ook het heropende **Fossie-
len- en Mineralenmuseum** in
de Rue François Maurel.

Draguignan **❼**

Wegenkaart D4. 🏠 *35.000.* 🚌
🛈 *Ave. Lazare Carnot 2 (04-98105105).*
🛍 *wo, za.* **www**.dracenie.com

Overdag heerst er in Dra-
guignan, de vroegere hoofdstad van het *département* Var,
de drukte van een kleine
marktplaats, 's avonds treft u
echter hooguit wat jongeren
aan op de Place des Herbes.
De 19de-eeuwse boulevards in
Draguignan werden ontwor-
pen door baron Haussmann,
die ook voor de planologie

TRADITIONELE AMBACHTEN

Fayence, Cotignac, Aups en Salernes staan
centraal in de opleving van de Provençaalse
ambachten zoals weven, pottenbakken
en hout- en steensnijden.
Specialiteit van deze streek is met
de hand ge-maakt aardewerk voor
huishoudelijk gebruik. De hiervoor gebruikte klei en de deco-
raties zorgen voor een vrolijk en
kleurrijk resultaat.
De handgemaakte producten
zijn in kleine winkels en op
(kunst)markten te koop,
maar let wel op de prijzen.

Een pottenbakker aan het werk

Voor hotels en restaurants in deze streek zie blz. 197–199 en blz. 213–214

van Parijs verantwoordelijk was. Aan het einde van de Allée d'Azémar staat een door Rodin gemaakte buste van premier Georges Clemenceau (1841–1929), die Draguignan 25 jaar lang vertegenwoordigde.

De autovrije binnenstad is het mooiste gedeelte van Draguignan. Waar nu de 24 m hoge klokkentoren (zonder klok) uit 1663 staat, bevond zich ooit de donjon. Vanaf de huidige toren hebt u mooi uitzicht. In de **Église St-Michel**, op de Place de la Paroisse, staat een beeld van St-Hermentaire, de eerste bisschop van Antibes. De draak die hij in de 5de eeuw versloeg, gaf Draguignan zijn naam. Draguignan telt twee goede lokale musea. In het **Musée des Tradities Provençales** wordt de sociale en economische geschiedenis van de streek belicht. De gebouwen dateren uit de 17de eeuw. U ziet er nagebouwde keukens en stallen en ook mooie, met de hand beschilderde houten paarden. Het **Musée Municipal** toont plaatselijke en regionale archeologie en schitterend keramiek en meubilair. De aangrenzende bibliotheek bevat een manuscript van de *Roman de la rose* uit de 14de eeuw, dat als het belangrijkste werk uit de hoofse literatuur *(blz. 142)* wordt beschouwd (alleen op afspraak). Ten noordwesten van Draguignan staat langs de D955 de Pierre de la Fée, een reusachtige dolmen *(blz. 39)*.

De Pierre de la Fée, de enorme dolmen buiten Draguignan

St.-Hermentaire verslaat de draak

🏛 Musée des Tradities Provençales
Rue Joseph-Roumanille 15. **Tel** 04-94470572. ◯ di–za, zo-middag. ● 25 dec., 1 mei. 📷 🚻 ♿ alleen begane grond.

🏛 Musée Municipal
Rue de la République 9. **Tel** 04-98102685. ◯ ma–za. ● feestdagen. ♿

Les Arcs ❽

Wegenkaart D4. 🏘 6400. 🚌 🚉 🛈 Pl. du Général de Gaulle (04-94733730). 🛒 do.

Les Arcs, een van de wijncentra voor de productie van Côtes de Provence *(blz. 109)*, is gebouwd rond het 13de-eeuwse Château de Villeneuve. De **Église St-Jean-Baptiste** (1850) in de Rue de la République heeft een koorhek van Louis Bréa uit 1501 en een bewegende kerststal. Ten oosten van Les Arcs staat aan de D91 de 11de-eeuwse Abbaye de Ste-Roseline. Deze is genoemd naar Roseline de Villeneuve, dochter van de hardvochtige Arnaud de Villeneuve, die baron van Les Arcs was. Toen volgens de legende haar vader haar verbood voedsel aan de armen te geven, veranderde haar voorraad in rozen. Ze trad in 1300 tot de abdij toe en werd later moeder-overste. In de gerenoveerde romaanse **Chapelle Ste-Roseline** ligt ze in een glazen schrijn opgebaard. Verder zijn er in de kapel renaissancistische en barokke details en een mozaïek van Chagall *(blz. 27)* te zien.

🔒 Chapelle Ste-Roseline
Route Ste-Roseline, tussen Muy en La Motte. **Tel**. 04-94995030. ◯ di–zo 's middags. ♿

Het mozaïek van Marc Chagall in de Chapelle Ste-Roseline

Lorgues ❾

Wegenkaart D4. 🏛 *10.000.* 🚗
ℹ️ *Pl. Trucy (04-94739237).* 🛒 *di.*

Lorgues ligt aan de voet van een heuvel en is omringd door wijngaarden. De stad werd in de 12de eeuw versterkt en er zijn nog twee stadspoorten en een deel van de wallen uit de 14de eeuw te zien. Op het dorpsplein staat een enorme plataan. In het plaatsje staan vele 18de-eeuwse gebouwen en u kunt er een van de langste door platanen omzoomde lanen in Frankrijk zien.

In het hart van Lorgues staat de in 1788 gewijde **Collégiale St-Martin**. Het orgel uit 1857 is het mooiste stuk uit de werkplaats van Augustin Zeiger in Lyon. Verder ziet u er een marmeren Maria met Kind (1694). Deze is afkomstig uit de Abbaye du Thoronet en wordt toegeschreven aan een leerling van Pierre Puget.

Abbaye du Thoronet ❿

Wegenkaart D4. *83340 Le Thoronet.*
Tel. *04-94604390.* ⭕ *dag.* ⬤ *1 jan.,*
1 mei, 1 en 11 nov., 25 dec. 🚫 🅿️

Toen Le Thoronet in 1146 werd gesticht, was het de eerste cisterciënzerabdij in de Provence. De ligging, ver afgelegen in de bossen, is

De noordelijke kruisgang van de Abbaye du Thoronet

typerend voor gebouwen van deze orde. Samen met de abdijen Sénanque *(blz. 164)* en Silvacane *(blz. 147)* vormt zij de 'drie gezusters', een trio cisterciënzerabdijen in de Provence. De rechtlijnige bouw van kerk, kruisgang, slaapzaal en kapittelzaal weerspiegelt de strenge regels van de orde. Slechts de klokkentoren wijkt af: deze is van natuursteen gebouwd om de harde wind te kunnen weerstaan. De abdij raakte in de 15de eeuw in verval en werd in 1791 verlaten. Net als bij veel andere monumenten in de Provence werd de restauratie geïnstigeerd door Prosper Mérimée. Deze schrijver en *inspecteur-général des monuments historiques* onder Napoleon III bezocht de abdij in 1834. Naast de abdij staat het Monastère de Bethléem, waar twintig nonnen van de strikte observantie hun handwerk in een winkeltje verkopen.

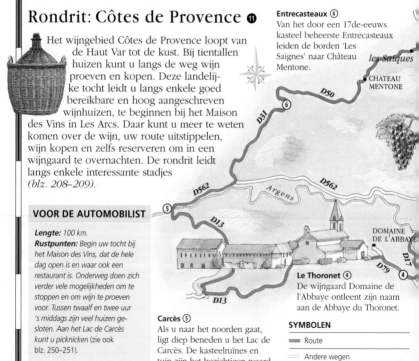

Rondrit: Côtes de Provence ⓫

Het wijngebied Côtes de Provence loopt van de Haut Var tot de kust. Bij tientallen huizen kunt u langs de weg wijn proeven en kopen. Deze landelijke tocht leidt u langs enkele goed bereikbare en hoog aangeschreven wijnhuizen, te beginnen bij het Maison des Vins in Les Arcs. Daar kunt u meer te weten komen over de wijn, uw route uitstippelen, wijn kopen en zelfs reserveren om in een wijngaard te overnachten. De rondrit leidt langs enkele interessante stadjes *(blz. 208–209).*

Entrecasteaux ⑥
Van het door een 17de-eeuws kasteel beheerste Entrecasteaux leiden de borden 'Les Saignes' naar Château Mentone.

les Saignes

CHATEAU MENTONE

D50

D31

D562

Argens

D562

D13

DOMAINE DE L'ABBAYE

D79

D17

VOOR DE AUTOMOBILIST

Lengte: 100 km.
Rustpunten: Begin uw tocht bij het Maison des Vins, dat de hele dag open is en waar ook een restaurant is. Onderweg doen zich verder vele mogelijkheden om te stoppen en om wijn te proeven voor. Tussen twaalf en twee uur 's middags zijn veel huizen gesloten. Aan het Lac de Carcès kunt u picknicken (zie ook blz. 250–251).

D13

Carcès ⑤
Als u naar het noorden gaat, ligt diep beneden u het Lac de Carcès. De kasteelruïnes en tuin zijn het bezichtigen waard.

Le Thoronet ④
De wijngaard Domaine de l'Abbaye ontleent zijn naam aan de Abbaye du Thoronet.

SYMBOLEN

▬▬ Route

═══ Andere wegen

Voor hotels en restaurants in deze streek zie blz. 197–199 en blz. 213-214

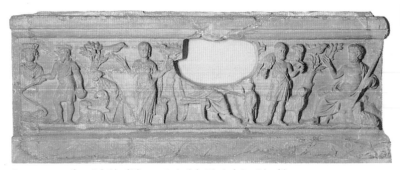

De marmeren sarcofaag uit de 2de of 3de eeuw, te zien in het Musée du Pays Brignolais

Brignoles ⑫

Wegenkaart D4. 🕴 *15.000.* 🚍
ℹ️ *Maison du Tourisme, Carrefour de
l'Europe (04-94692751).* 🚢 *wo, za.*
www.ville-brignoles.fr

Door de vele bauxietmijnen is
het landschap rond Brignoles
helemaal rood gekleurd. Deze
levensader voor de eonomie
van de streek verwerkt jaarlijks meer dan één miljoen
ton van deze delfstof. Het

rustige middeleeuwse stadje
trekt zich van die bedrijvigheid weinig aan. In het 12de-
eeuwse kasteel – het vroegere
zomerverblijf van de graven
van Provence – huist het leuke **Musée du Pays Brignolais**.
De collectie omvat onder
meer een marmeren sarcofaag
die met zowel heidense als
christelijke motieven bewerkt
is, een door Lambot (1814–
1887, ontwikkelaar van gewa-
pend beton) gemaakte boot,

en veel votiefgeschenken. St-
Louis, bisschop van Toulouse
en patroonheilige van
Brignoles, werd in 1274 naast
de Église St-Sauveur geboren.
De kerk heeft een 12de-eeuws
portaal en een zijingang in de
Rue du Grand Escalier.

🏛 **Musée du Pays Brignolais**
Place des Comtes de Provence 2. **Tel.**
04-94694518. ⬜ wo–zo. ⬤ 1 jan.,
Pasen, 1 mei, 1 nov., 25 dec. 🈲

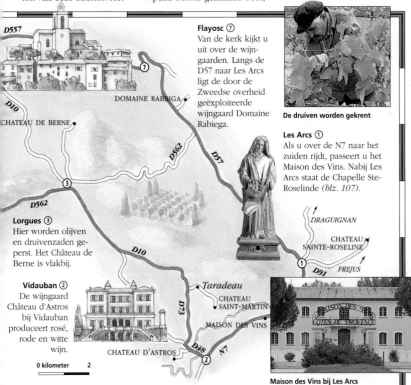

Flayosc ⑦
Van de kerk kijkt u
uit over de wijn-
gaarden. Langs de
D57 naar Les Arcs
ligt de door de
Zweedse overheid
geëxploiteerde
wijngaard Domaine
Rabiega.

De druiven worden gekrent

Les Arcs ①
Als u over de N7 naar het
zuiden rijdt, passeert u het
Maison des Vins. Nabij Les
Arcs staat de Chapelle Ste-
Roselinde *(blz. 107).*

Lorgues ③
Hier worden olijven
en druivenzaden ge-
perst. Het Château de
Berne is vlakbij.

Vidauban ②
De wijngaard
Château d'Astros
bij Vidauban
produceert rosé,
rode en witte
wijn.

0 kilometer   2

Maison des Vins bij Les Arcs

St-Maximin-la-Ste-Baume ⓭

De basiliek Ste-Madeleine en het klooster domineren het door heuvels en wijngaarden omgeven
St-Maximin-la-Ste-Baume. De basiliek is, zo wil de
legende, gebouwd op de tomben van Maria
Magdalena en Maximinus, martelaar en eerste bisschop van Aix *(blz. 148–149)*. De relieken werden
verstopt voor de Saracenen en pas in 1279 ontdekt.
Met de bouw van het complex, het mooiste gotische bouwwerk in de streek, werd zestien jaar later
begonnen onder Karel II, graaf van de Provence.

Sarcofaag van St-Cedonius
*Dit is een van de vier sarco-
fagen van heiligen in de crypte.
Voorheen was het een graf bij
een Romeinse villa.*

★ **Relikwieën van
Maria Magdalena**
*Deze bronzen vergulde
schrijn (1860) bevat de
schedel van Maria
Magdalena. Pausen en
vorsten namen andere
lichaamsdelen mee.*

**Trappen naar
de crypte**

De apsis
werd in de
14de eeuw
afgebouwd.
Het trappen-
huis is nu
klokkentoren.

★ **Retabel van Ronzen** *(1520)*
*Op de retabel en de omringen-
de panelen staat de eerste
afbeelding van het Palais des
Papes in Avignon (blz. 44–45).*

★ **Orgel**
*Jean-Esprit Isnard bouwde
dit uit 3000 pijpen be-
staande orgel in 1773.
Lucien, een broer van
Napoleon, redde het orgel
tijdens de Revolutie door er
steeds de Marseillaise op te
spelen als er een boogge-
plaatste functionaris op
bezoek kwam.*

Voor hotels en restaurants in deze streek zie blz. 197–199 en blz. 213–214

Ingang basiliek
In de westgevel van de basiliek vindt u twee identieke deuren. Het fijne houtsnijwerk staat in fel contrast met de grof uitgehouwen façade eromheen. Toen men de bouw in 1532 staakte, was dit deel van het complex nog niet gereed.

TIPS VOOR DE TOERIST

Wegenkaart D4.
🛈 Place de l'Hotel de Ville.
Tel. 04-94598459.
Basiliek ⬭ ma–za 7.30–11.30 en 15.00–17.30 uur. ✝ zo 10.30, wo 9.00, do 18.00 uur.
Mis: ma–za 9.00, zo 8.00 en 11.00 uur. ♿ **Klooster:** ⬭ dag. 9.00–18.00 uur.
www.st.maximin.com

Hôtel de Ville
Het stadhuis zetelt in het verblijf van de pelgrims naast de eetzaal en de kapel van het koninklijke klooster.

Mijlsteen
Deze mijlsteen stond in de 1ste eeuw langs de Via Aurelia en is nu te zien bij de ingang van de kruisgang.

Vroegere eetzaal

STERATTRACTIES

★ Relikwieën van Maria Magdalena

★ Orgel

★ Retabel van Ronzen

Kruisgang
De kruisgang ligt in het koninklijke klooster (de Franse koning was daar vroeger prior). De monniken vertrokken in 1957 en nu is het een hotel-restaurant.

De palmbomen op de kade en de bootjes in de haven van Sanary-sur-Mer

Bandol ⑭

Wegenkaart C4. 🏠 *8000.* 🚊 🚌
ℹ️ *Service du Tourisme, Allée Vivien
(04-94294135).* 🗓️ *dag.*
www.bandol.fr

In dit vrolijke badplaatsje ziet u een door bomen geflankeerde boulevard, een casino en jachthaven en u kunt er op tonijn gaan vissen. Het omliggende gebied is door de beschutte ligging zeer geschikt voor de druiventeelt, en er wordt al sinds 600 v.C. wijn gemaakt. In de **Jardin Exotique et Zoo de Sanary-Bandol** zijn dieren en kassen met tropische planten te zien.

Etiket Bandolwijn

🌿 **Jardin Exotique et Zoo de Sanary-Bandol**
Quartier Pont-d'Aran. *Tel. 04-94294038.*
⭕ *ma–za, zo-middag.* 📷 ♿ 🚻

Sanary-sur-Mer ⑮

Wegenkaart C4. 🏠 *18.000.* 🚊
Ollioules-Sanary. 🚌 ℹ️ *Maison du Tourisme, Jardins-de-la-Ville (04-94740104).* 🗓️ *wo.*
www.sanarysurmer.com

Jacques Cousteau deed in het heldere water voor de kust van Sanary-sur-Mer de proeven die uiteindelijk tot de ontwikkeling van de aqualong leidden. De baai van deze heerlijke badplaats, waar duiken en vissen (op tonijn en zwaardvis) de favoriete bezigheden zijn, wordt omzoomd door rijen witte en roze huisjes. De naam van het plaatsje is een verbastering van St-Nazaire, de 19de-eeuwse kerk heet letterlijk zo. In de toren uit 1300 staat het kanon waarmee in 1707 een Anglo-Sardijnse vloot werd verjaagd. Sanary-sur-Mer heeft altijd veel bezoekers getrokken. De Engelse schrijver Aldous Huxley (1894–1963) woonde er, en tussen de beide wereldoorlogen troffen talloze andere schrijvers elkaar hier. Zowel Bertold Brecht (1898–1956) als Thomas Mann (1875–1955) vestigden zich hier toen ze nazi-Duitsland ontvluchtten. Ten oosten van Sanary wordt de kust grilliger. Op het uiteinde van het schiereiland, bij Cap Sicié, staat de 17de-eeuwse kapel **Notre-Dame-du-Mai**. Dit door talloze pelgrims bezochte oord bereikt u via een steil pad, waarvan het uitzicht over de heuvels en de baai adembenemend is.

Toulon ⑯

Wegenkaart D4. 🏠 *172.000.* ✈️ 🚊
🚌 ⛴️ ℹ️ *Rue de la République 334
(04-94185300).* 🗓️ *di–zo.*
www.toulontourisme.com

Toulon ligt rond een natuurlijke haven en is de thuishaven van de Franse Middellandse Zeevloot. In de oude stad en langs de kaden in Darse Vieille herinnert alles aan het maritieme karakter van de stad. In de Romeinse tijd genoot Toulon faam vanwege de zeeslakken *(murex)*, die als ze werden gekookt een prachtige paarse kleurstof afgaven. Onder Lodewijk XIV nam Pierre Puget (1620–1694) de verfraaiing van de haven op zich. Twee van zijn mooiste

De rijkversierde barokke entree van het Musée de la Marine

Voor hotels en restaurants in deze streek zie blz. 197–199 en blz. 213–214

werken, *Kracht* en *Vermoeid-
heid*, twee atlanten uit 1657,
dragen het balkon van het
stadhuis. De haven heeft
zware schade geleden in de
Tweede Wereldoorlog. Nu
wordt en groot deel van de
stad gerestaureerd. Toulon
bezit een operagebouw en
enkele aantrekkelijke musea.
Eén daarvan is het **Musée
des Arts Asiatiques** dat nu
gevestigd is in de volledig
verbouwde Villa Jules Verne.

🏛 Musée de la Marine

Pl. Monsenergue. **Tel.** 04-94020201.
⬜ april–sept. dag.; okt.–maart wo–
ma. ● 15 dec.–jan. 🈺 🈯 bep. 🗝
Naast de hoofdingang van het
museum staan enorme beel-
den van Mars en Bellona. In
het museum staan modellen
van de galjoenen *La Sultane*
(1765) en *Duquesne* (1790),
die als oefenschepen werden
gebruikt. Er is ook een model
van de galei van Barbarossa,
die de Provence in 1543 plun-
derde. Verder ziet u hier
boegbeelden, voorstevens,
diverse 18de-eeuwse marine-
instrumenten, schilderijen en
twee door Pierre Puget uit
hout gesneden beelden.

🏛 Musée d'Art de Toulon

Bld. du Maréchal Leclerc 113.
Tel. 04-94368101. ⬜ di–zo.
alleen 's middags. ● feestdagen.
🈷 beperkt.
De kern van de collectie bestaat
uit een permanent tentoonge-
stelde verzameling schilderijen
van Provençalen. Regelmatig
hangt hier ook werk van diverse buitenlandse kunstenaars.

🏛 Musée du Vieux Toulon

Cours Lafayette 69.
Tel. 04-94621107. ⬜ di–za
's middags. ● zo, feestdagen.
In dit curieuze museum is van
alles over de jonge Napoleon

en zijn pogingen om Toulon te
verdedigen te zien. Verder zijn
er oude wapens en diverse
historische schetsen van Puget
tentoongesteld.

🔒 Cathédrale Ste-Marie-de-la-Sedo

Pl. de la Cathédrale. ⬜ dag.
Iets landinwaarts, pal achter het
stadhuis in Darse Vieille, staat
de 11de-eeuwse kathedraal van
Toulon. In de 17de eeuw werd
het gebouw vergroot en onder-
ging het een classicistische
verbouwing. Binnen is werk
van Puget en Jean Baptiste van
Loo (1684–1745) te zien.

De Place Victor Hugo en het operagebouw in Toulon

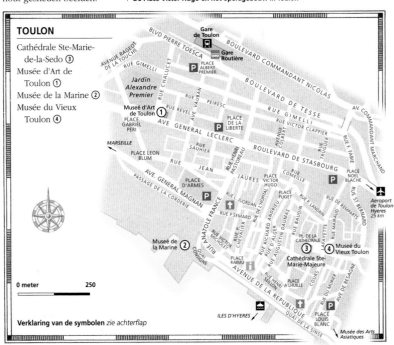

TOULON

Gare
de Toulon
BLVD PIERRE TOESCA
Gare
Routière
BOULEVARD COMMANDANT NICOLAS
AVENUE RAGEOT
DE LA TOUCHE
RUE CHALUCET
RUE GIMELLI
PLACE
ALBERT
PREMIER
BOULEVARD DE TESSE
Jardin
Alexandre
Premier
RUE VAUBAN
PEIRESC
RUE GIMELLI
AV. COMMANDANT MARCHAND
Musée d'Art
de Toulon ①
RUE REVEL
AVE
PLACE
DE LA
LIBERTE
RUE VICTOR CLAPPIER
PLACE
GABRIEL
PERI
AVE GENERAL LECLERC
AVENUE
COLBERT
RUE
THUGER
RUE FABIE
MARSEILLE
PLACE LEON
BLUM
RUE
SAUHIER
RUE HENRI
PASTOREAU
BOULEVARD DE STASBOURG
RUE
COMEILLE
PLACE
NOEL
BLACHE
RUE JEAN
JAURES
PLACE
VICTOR
HUGO
AVE GENERAL MAGNAN
PLACE
D'ARMES
PLACE
PUGET
RUE P. LANDRIN
RUE DE REMPARTS
RUE ST BERNARD
Aeroport
de Toulon-
Hyeres
25 km
PASSAGE DE LA CORDERIE
RUE L. JUORDAN
RUE DE L'HOPITAL
RUE P SEMARD
RUE DE ALGER
RUE BAUDIN
RUE VICTOR
MICHELET
RUE RICHARD ANDRIEU
RUE AUGUSTIN DAUMAS
PL. DE LA
CATHÉDRALE
RUE LAFAYETTE
RUE MAIRAUD
RUE
CHEVALIER
QUAI
CONGNIE
Musée de
la Marine ②
③
④ Musée du
Vieux Toulon
PLACE
RAIMU
Cathédrale Ste-
Marie-Majeure
RUE HENRI
SEILLON
RUE BARON
A L'HUILLE
LOURS
RUE DU MURIER
AVE DE BESAGNE
AVENUE DE LA REPUBLIQUE
QUAI DE LA SINSE
PLACE
LOUIS
BLANC
ILES D'HYÈRES
Musée des Arts
Asiatiques

0 meter   250

Verklaring van de symbolen *zie achterflap*

Îles d'Hyères ⓱

Op 10 km ten zuiden van de kust van de Var liggen de drie Îles d'Hyères: Porquerolles, Le Levant en Port-Cros. Ze kennen een kleurrijk verleden; naast bezettingen door Grieken, Romeinen en Saracenen gebruikten ook piraten de eilanden als uitvalsbasis. Le Levant wordt tegenwoordig vooral door de Franse marine gebruikt. Op Porquerolles worden druiven geteeld, staan veel pijnbomen en groeit de *maquis* weelderig. Port-Cros is sinds 1963 een nationaal park ter bescherming van de bossen, de zeldzame vogels en het leven in de zee.

Côte des Îles, een zeldzame wijn

ORIËNTATIEKAART

DE ZEE ROND PORT-CROS

De beboste hellingen van het eiland lopen steil af in de heldere zee, waar kleurrijke vissen tussen het zeewier rondzwemmen. Voor snorkelaars is een route uitgestippeld.

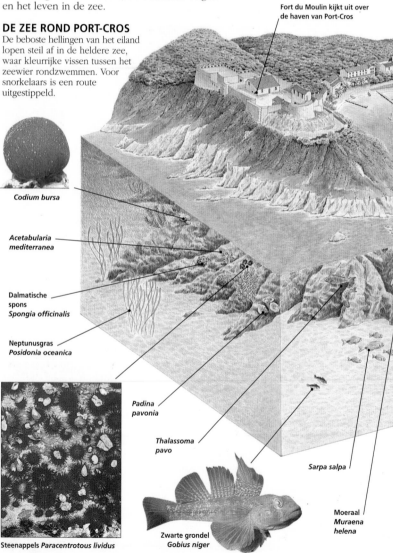

Fort du Moulin kijkt uit over de haven van Port-Cros

Codium bursa

Acetabularia mediterranea

Dalmatische spons *Spongia officinalis*

Neptunusgras *Posidonia oceanica*

Padina pavonia

Thalassoma pavo

Sarpa salpa

Moeraal *Muraena helena*

Zwarte grondel *Gobius niger*

Steenappels *Paracentrotus lividus*

Voor hotels en restaurants in deze streek zie blz. 197–199 en blz. 213–214

Haven van Port-Cros
Rond een kleine beschutte baai aan de noordwestzijde van het eiland liggen de haven en het dorpje Port-Cros.

TIPS VOOR DE TOERIST

Wegenkaart D5. 🚉 Toulon–Hyères. 🚌 🚆 Hyères. 🚢 dag. van Hyères (Tour Fondu) naar Porquerolles ('s zomers elk half uur); dag. van Hyères en Le Lavandou naar Port-Cros en Le Levant (nov.–maart 3–4 keer per week). ℹ Porquerolles (04-94583376).

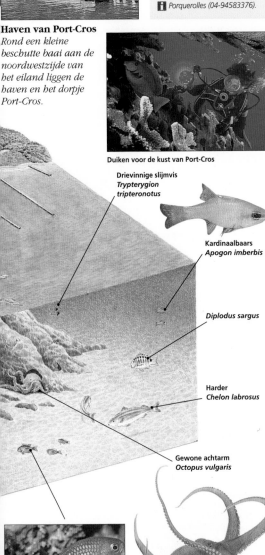

Duiken voor de kust van Port-Cros

Drievinnige slijmvis
Trypterygion tripteronotus

Kardinaalbaars
Apogon imberbis

Diplodus sargus

Harder
Chelon labrosus

Gewone achtarm
Octopus vulgaris

Monniksvis Chromis chromis

Hyères ⑱

Wegenkaart D4. 👥 54.000. 🚉 Toulon–Hyères. 🚌 🚆 🚢 ℹ Ave. Ambroise Thomas (04-94018450). 🕒 di, za en 3de do van de maand.
www.hyeres-tourisme.com

Hyères is het oudste wintervakantieoord in Frankrijk. De stad ligt in een vruchtbare streek. Rond Hyères liggen drie jachthavens, 35 km zandstrand en een schiereiland dat uitkijkt op de Îles d'Hyères.

Het nieuwste deel, Hyères-les-Palmiers, dateert van de 19de eeuw. Sinds 1867 bestaat hier de grootste palmboomindustrie in Europa. Langs de boulevards staan vele palmbomen.

De belangrijkste kerk is **St-Louis** aan de Place de la République, net buiten de oude stad. De romaanse en Provençaals-gotische kerk dateert van 1248. Van de Place Massillon leidt de Rue St-Paul naar de 11de-eeuwse **Église St-Paul** en naar de ruïnes van het 12de-eeuwse Château St-Bernard, waar het uitzicht mooi is. In de tuin staat de op het kubisme geïnspireerde **Villa de Noailles** (1924), door Robert Mallet-Stevens ontworpen voor Vicomte de Noailles (rondleiding tijdens tentoonstellingen). In de **Jardins Olbius Riquier** ziet u allerlei dieren en exotische planten.

❧ Jardins Olbius Riquier
Ave. Ambroise Thomas. ⭕ dag. ♿

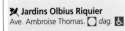
Moorse architectuur, geïnspireerd door de palmen in Hyères

De hotels en villa's staan in Le Lavandou vlak bij het strand

Le Lavandou ⑲

Wegenkaart D4. 🏠 5500. 🚇 🚉
🛈 *Quai Gabriel Péri (04-94004050).*
🗓 do. **www**.lelavandou.com

Uit dit vrijwel helemaal door toerisme beheerste vissersplaatsje vertrekken de boten naar de Îles d'Hyères. Le Lavandou heeft twaalf zandstranden die elk een andere kleur zand hebben. Er wordt veel aan watersport gedaan en in de haven liggen talloze luxeueze jachten. Het plaatsje is vooral in trek bij jonge, niet buitengewoon bemiddelde toeristen en staat dan ook vol met cafés, restaurants en nachtclubs.

De naam Le Lavandou is niet aan de lavendel ontleend, maar verwijst naar de *lavoir* (wasplaats), die op een schilderij dat Charles Ginoux in 1736 maakte, staat afgebeeld. In de 19de eeuw was het toen nog heel kleine Le Lavandou erg in trek bij kunstenaars. Naar de bekendste van hen, de vooral in Frankrijk beroemde componist en criticus Ernest Reyer (1823–1899), is het dorpsplein genoemd. Van dit plein hebt u uitzicht op de Îles du Levant en Port-Cros. Het nabijgelegen Brégançon is grotendeels militair terrein, maar ook de Franse president heeft een huis op deze landtong.

Bormes-les-Mimosas ⑳

Wegenkaart D4. 🏠 7000. 🚇
🛈 *Pl. Gambetta 1 (04-94013838).*
🗓 di en.wo.
www.bormeslesmimosas.com

Dit middeleeuwse dorpje aan de rand van een groot bos hult zich in de oleander- en eucalyptusgeur. 'Les Mimosas'

Rue Rompi-Cuou, een van de steile straatjes in Bormes-les-Mimosas

Rondrit: het Massif des Maures ㉑

Het oude Mauresgebergte ontleent zijn naam aan het Provençaalse woord *maouro*, dat donker of somber betekent. De keten is dan ook bedekt met een deken van kastanjes, kurkeiken, eiken en dennen met een ondergroei van mirre en doornstruiken. Het de laatste jaren ernstig door bosbranden aangetaste Massif is bijna 60 km lang en 30 km breed. De rondrit leidt u door het ongerepte en verlaten hart van het Massif, waar de kurkeiken rijkelijk groeien. U komt door een adembenemend landschap dat wisselt van lage vlakten tot hoge pieken met diepe dalen. De weg is op enkele plaatsen erg steil en slingert angstaanjagend.

VOOR DE AUTOMOBILIST

Lengte: 75 km. **Rustpunten:** *Collobrières is een mooie halte voor de lunch. Neem daarna de tijd om Chartreuse de la Verne te bezichtigen (bel voor openingstijden: 04-94480800); de weg erheen is smal en steil (zie ook blz. 250–251).*

Boeren in Collobrières

Village des Tortues ③
Links van de D75 ligt het 'Schildpaddendorp', waar de enige in het wild voorkomende schildpadden in Frankrijk leven.

Gonfaron

Notre-Dame-des-Anges ④
Naast deze priorij en de bijbehorende kapel ligt op 780 m het hoogste punt van het Massif des Maures.

← TOULON

Collobrières ⑤
In dit dorpje aan een rivier kunt u heerlijke *marrons glacés* (geglaceerde kastanjes) kopen. Verder worden er veel kurken gemaakt.

werd pas in 1968, een eeuw nadat deze bloem uit Mexico in Zuid-Frankrijk was geïntroduceerd, aan de naam toegevoegd. Aan de kust bij het mooie dorp ligt een jachthaven die aan 800 schepen plaats biedt. Steile straatjes zoals de Rue Rompi-Cuou leiden van het hoger gelegen deel van het plaatsje naar het centrum vol cafés. Voor de fraaie 16de-eeuwse **Chapelle St-François** staat een beeld van St.-Franciscus di Paola. Het herinnert aan de komst van de heilige toen er in 1481 een pestepidemie heerste. In de 18de-eeuwse **Église St-Trophyme** vindt u gerestaureerde fresco's. Het **Musée Arts et Histoire** toont werk van de plaatselijke schilder Jean-Charles Cazin (1841–1901).

🏛 **Musée d'Arts et Histoire**
Rue Carnot 103. **Tel** 04-94715660.
◯ di–zo (feestdagen en zo alleen 's ochtends).

Ramatuelle is helemaal omringd door wijngaarden

Ramatuelle ㉒

Wegenkaart E4. 🏠 2000. 🚌
ℹ Pl. de l'Ormeau (04-98126400).
🛒 do en zo.
www.ramatuelle-tourisme.com

De Saracenen noemden dit dorp *Rahmatu 'llah'* (godsgeschenk). Zij lieten een – nu gerestaureerde – poort in de versterkingen en de voorliefde voor vijgen na. Ramatuelle is even schilderachtig als La Grimaud en Gassin die ook op het schiereiland bij St-Tropez liggen. Gérard Philipe (1922–1959), een bekende acteur uit de jaren vijftig, ligt hier begraven. Er zijn elk jaar jazz- en theaterfestivals. Op Les Moulins de Paillas (322 m), vlakbij, hebt u een mooi uitzicht. Net als bij het 5 km ten oosten van Ramatuelle gelegen Cap Camarat.

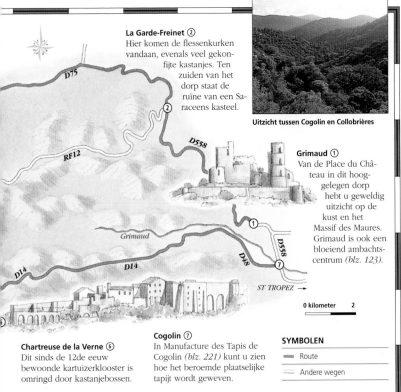

La Garde-Freinet ②
Hier komen de flessenkurken vandaan, evenals veel gekonfijte kastanjes. Ten zuiden van het dorp staat de ruïne van een Saraceens kasteel.

Uitzicht tussen Cogolin en Collobrières

Grimaud ①
Van de Place du Château in dit hooggelegen dorp hebt u geweldig uitzicht op de kust en het Massif des Maures. Grimaud is ook een bloeiend ambachtscentrum *(blz. 123)*.

ST TROPEZ →

0 kilometer 2

Chartreuse de la Verne ⑥
Dit sinds de 12de eeuw bewoonde kartuizerklooster is omringd door kastanjebossen.

Cogolin ⑦
In Manufacture des Tapis de Cogolin *(blz. 221)* kunt u zien hoe het beroemde plaatselijke tapijt wordt geweven.

SYMBOLEN

▬▬ Route

══ Andere wegen

Voor hotels en restaurants in deze streek zie blz. 197–199 en blz. 213–214

Onder de loep: St-Tropez ㉓

St-Torpès in zijn boot

Het centrum van St-Tropez, dat rond de oude haven en de omringende stranden ligt, is na de Tweede Wereldoorlog (blz. 52) grotendeels in oude stijl herbouwd. Voor de oude huisjes aan de haven liggen de vissersboten, omringd door talloze luxueuze jachten. Achter de vele cafés aan de Quai Jean-Jaurès bevinden zich in de nauwe straatjes allerlei winkeltjes en restaurants. In het centrum waakt de gietijzeren klokkentoren van de kerk over St-Tropez, de citadel staat net buiten de oude stad.

La Fontanette, het strand, leidt naar het kustpad en ziet uit op Ste-Maxime.

Quartier Ponche is een verhoudingsgewijs onbedorven deel van St-Tropez.

Tour Vieille

Place de la Ponche

De Port de Pêche
De Tour Vieille scheidt deze vissershaven van het naastgelegen La Glaye.

Tour du Portalet

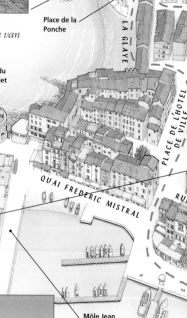

QUAI FREDERIC MISTRAL

LA GLAYE

RUE DE LA PONCHE

PLACE DE L'HÔTEL DE VILLE

RUE SIB

RUE DU CEPO

QUAI JE

De oude stad
Glimmende motoren en hun berijders pronken in de smalle straatjes van St-Tropez.

Môle Jean Réveille

★ Quai Jean-Jaurès
De fraai beschilderde huizen en drukke cafés zijn al meer dan een eeuw een bron van inspiratie voor zowel kunstenaars als toeristen.

Voor hotels en restaurants in deze streek zie blz. 197–199 en blz. 213–214

Uitzicht vanaf de borstwering van de citadel
De citadel ten oosten van St-Tropez biedt fraai uitzicht over het stadje.

RUE FONTANETTE

RUE DES PECHEURS

REMPARTS

Naar the citadel

RUE D'ANNALE

RUE DE LA CITADELLE

RUE DU CLOCHER

NMARTIN

RUE VICTOR LAUGIER

Naar place des Lices

QUAI SUFFREN

URES

Beeld van Pierre André de Suffren

Naar Musée de l'Annonciade (blz. 120–121)

TIPS VOOR DE TOERIST

Wegenkaart E4. 🚗 *5750*
🚌 *Gare Routière (08-92684828).*
ℹ️ *Quai Jean-Jaurès (04-94974521).* 🛒 *di en za.*
🎉 *Bravades: 16–18 mei, 15 juni*
www.ot-saint-tropez.com

★ **Église Notre-Dame-de-l'Assomption**
De buste van St-Torpès is te zien in de bravade *(blz. 228).*

Uitzicht op de haven van St-Tropez *(1925–1926)*
Dit schilderij van Camoin hangt in l'Annonciade.

SYMBOOL

– – –   Aanbevolen route

0 meter   50

STERATTRACTIES

★ Quai Jean-Jaurès

★ Église Notre-Dame

Musée de l'Annonciade

Dit vernieuwende museum opende zijn deuren in 1955 in de voormalige Chapelle de l'Annonciade aan de oude haven van St-Tropez. Het gebouw uit 1568 werd door Louis Süe (1875–1968) in een museum veranderd. Kunstverzamelaar Georges Grammont financierde het. Bestond de collectie aanvankelijk uit werk van Paul Signac en schilders die hem naar St-Tropez volgden, tegenwoordig is er in het museum ook een verzameling 19de- en 20ste-eeuws postimpressionistisch werk te zien. De 65 kunststukken die in 1961 uit het museum werden gestolen, vond men een jaar later terug.

Le rameur *(1914)*
Roger de la Fresnaye schilderde dit kubistische werk.

★ St-Tropez, la Place des Lices et le Café des Arts
Dit schilderij (1925) is een van de vele die Charles Camoin van het beroemde plein maakte nadat hij Signac naar St-Tropez was gevolgd.

Ruimte voor wisselende tentoonstellingen

★ L'orage *(1895)*
Dit sfeervolle werk van Paul Signac beeldt mooi de stilte voor de storm in de haven van St-Tropez uit.

MUSEUMWIJZER

De tentoonstellingsruimte is te beperkt om alles tegelijk te kunnen exposeren. In de ruimte voor wisselende tentoonstellingen wordt aan de permanente collectie gelieerd werk getoond.

SYMBOLEN

- ☐ Begane grond
- ☐ Tussenverdieping
- ☐ Eerste verdieping
- ☐ Geen tentoonstellingen

★ Nu devant la cheminée *(1919)*
Pierre Bonnard gebruikt op dit warme, intieme en voor hem karakteristieke doek marginale kleurverschillen en bereikt daarmee een mooie balans tussen licht en schaduw.

Voor hotels en restaurants in deze streek zie blz. 197–199 en blz. 213–214

Le temps d'harmonie
In deze studie (1893–1895) verlaat Signac het pointillisme en gebruikt hij eenvoudige, vloeiende lijnen.

Balkon

18de-eeuwse hoofdingang

La nymphe *(1930)*
Dit op klassieke leest geschoeide bronzen beeld, een van de diverse mooie werken van Aristide Maillol in l'Annonciade, beeldt de ideale schoonheid uit.

Deauville, Le champ de courses
Deze in 1928 geschilderde renbaan weerspiegelt Raoul Dufy's voorliefde voor glamour.

STERATTRACTIES

★ St-Tropez, la Place des Lices et le Café des Arts van Charles Camoin

★ L'orage van Paul Signac

★ Nu devant la cheminée van Pierre Bonnard

St-Tropez verkennen

St-Tropez is het slachtoffer van zijn eigen succes: in augustus wordt het plaatsje door 80.000 toeristen bevolkt. Als deze piek verwerkt is, keert de vredige sfeer echter snel terug. De omliggende wijngaarden en het rustige water in de Golfe St-Tropez waken, samen met de indrukwekkende citadel, over het behoud van het oorspronkelijke karakter van St-Tropez. Slechts de *mistral* veroorzaakt hier buiten de zomermaanden opschudding en zorgt ervoor dat bezoekers zich slechts in het warmste jaargetijde massaal melden.

Schilderijen te koop aan de Quai Jean-Jaurès

Een kijkje in de stad

De drukte concentreert zich ten noorden van het Musée de l'Annonciade, rond het haventje. Plaatselijke kunstenaars bieden hier hun handel aan, anderen drinken wat in Café de Paris, Le Gorille of Senequier (*blz. 219*). De pastelkleurige huisjes aan de Quai Jean-Jaurès ziet u het best van de pier, de Môle Jean Réveille. Deze huisjes inspireerden Paul Signac (1863–1935) tot het schilderen van vele dorpsgezichten. De schilders die hem volgden, zijn vertegenwoordigd in l'Annonciade (*blz. 120–121*).

Het herkenningspunt van de oude stad is de toren van de Notre-Dame-de-l'Assomption. Ten noorden hiervan staan het Hôtel de Ville en de Tour Suffren, waar de vroegere heersers woonden. Admiraal Pierre André de Suffren (1726–1788), de 'schrik der Engelsen', wordt aan de kade herdacht met een standbeeld. Achter de Quai Suffren ligt de grote Place des Lices. Verder naar het oosten, voorbij het Quartier Ponche en de oude vissershaven, staat de 16de-eeuwse, achthoekige citadel. Behalve van het uitzicht kunt u er van het Musée de la Citadelle genieten. Nog verder oostwaarts ligt La Madrague, waar Brigitte Bardot vroeger woonde. Sinds zij de hoofdrol speelde in *Et Dieu créa la femme* (1959) staat het stadje in het centrum van de toeristische belangstelling.

🏛 **Musée de l'Annonciade**
Zie blz. 120–121.

Église Notre-Dame-de-l'Assomption

🔒 **Église Notre-Dame-de-l'Assomption**
Rue de l'Eglise. ◯ *di–zo.*
In deze 19de-eeuwse kerk staat de buste van de heilige Torpès, naar wie St-Tropez is genoemd. Hij werd door de Romeinen onthoofd en samen met een hond en een haan in een bootje gezet. Ze spoelden in het jaar 68 hier aan. Tijdens de jaarlijkse *bravade* op 16 mei wordt zijn buste door St-Tropez gedragen.

De citadel ten oosten van St-Tropez

🏛 **Musée de la Citadelle**
Forteresse. *Tel. 04-94975943.*
◉ *wegens renovatie tot en met 2009.* 📷
Dit museum dat ten oosten van de stad in de kerker van de citadel ligt, biedt ruimte aan tijdelijke tentoonstellingen over de geschiedenis van St-Tropez en de marine.

🏛 **Maison des Papillons**
Rue Etienne Berny 9 *Tel. 04-94971496.* ◯ *ma–za.* ◉ *feestdagen, jan.–april en nov.* 📷
Verscholen in een middeleeuws steegje huist de omvangrijke collectie Franse vlinders en zeldzame soorten uit het Amazonegebied.

Vissersboten en luxejachten in de haven aan de Quai Jean-Jaurès

Voor hotels en restaurants in deze streek zie blz. 197–199 en blz. 213–214

Port-Grimaud ㉔

Wegenkaart E4. 150.
Chemin communal ('s zomers: 04-94560201) of Boulevard des Ali-ziers 1, 83310 Grimaud (04-94554383). do en zo.
www.grimaud-provence.com

Deze pas ontwikkelde jachthaven is een creatie van de Elzassische architect François Spoerry (1912–1998). In 1962 kocht hij de delta van de rivier de Giscle, een moeraslandschap ten westen van de Golfe St-Tropez. Vier jaar later startte hij de bouw van een dorp met 2500 huizen met elk een eigen ligplaats. Het dorp bestaat nu uit drie 'zones', een haven en een strand. In de kerk, de **St-François-d'Assise** aan de Place d'Église, is gebrandschilderd glas van de hand van Victor Vasarély te zien. Boven op de toren hebt u prachtig uitzicht. Het hele plaatsje is autovrij en de *coche d'eau* functioneert als watertaxi. Port-Grimaud is een belangrijke toeristische attractie en trekt jaarlijks een miljoen bezoekers.

Het uitzicht over Port-Grimaud vanaf de Église de St-Francis-d'Assise

Grimaud ㉕

Wegenkaart E4. 3300. Bld. des Aliziers 1 (04-94554383). do.
www.grimaud-provence.com

Dit oude *village perché* (blz. 20–21) behoort tot de erfenis van de alomtegenwoordige familie Grimaldi (blz. 91). Gibelin de Grimaldi, een Genuese ridder, kreeg hier een stuk grond nadat hij de toenmalige heersers in de Provence had geholpen de Saracenen na een bezetting van 83 jaar te verdrijven. Het kasteel dateert uit de 11de eeuw. Het is een ruïne sinds kardinaal Richelieu het vanwege protestantse sympathieën van de bevolking liet verwoesten.
De ligging van het kasteel, op een heuvel met uitzicht op zee, maakte de locatie tot een ideale plaats om de omgeving in de gaten te houden. In 1119 namen de tempeliers deze taak op zich. Deze militair-religieuze orde werd opgericht ter bescherming van de christenen tijdens de eerste kruistocht.
De Rue des Tempeliers, vroeger Rue Droite geheten, is een van de oudste straten in het plaatsje. De arcades in deze straat konden, als er een aanval dreigde, worden afgesloten. Volgens de legende verbleven de tempeliers in Grimaud, maar dit is nooit bewezen. In dezelfde straat staat de zuiver romaanse 12de-eeuwse Église St-Michel.

Ste-Maxime ㉖

Wegenkaart E4. 12.000. St-Raphaël, St-Tropez. Promenade Simon-Lorière (04-94557555). vr.

Het strand in Ste-Maxime

Tegenover St-Tropez ligt Ste-Maxime. 's Zomers is het plaatsje vol toeristen, maar ook in andere jaargetijden wordt het druk bezocht. De trekpleisters zijn de haven, de promenade, de stranden, een casino en nachtclubs.
Vroeger genoot Ste-Maxime bescherming van de monniken van Lérins, die de haven de naam van hun patroonheilige gaven. Ze bouwden ook de Tour Carrée des Dames, waar nu het **Musée de Traditions Locales** is gehuisvest. In de kerk ertegenover staat een uit de 17de eeuw daterend groen, marmeren altaar. Het is afkomstig uit het kartuizerklooster in La Verne in het Massif des Maures.

🏛 **Musée des Traditions Locales**
Place des Aliziers. **Tel.** 04-94967030. wo-ma. 1 jan., 1 mei, 25 dec., één maand in de winter.

Grimaud, met de ruïnes van het kasteel

St-Raphaël ⓐ

Wegenkaart E4. 🏔 40.000. 🚉
🚌 ℹ Quai Albert Premier (04-94195252). 🚢 dag.
www.saint-raphael.com

Deze bezadigde familiebadplaats was al in de Romeinse tijd een nederzetting. Napoleon maakte de plaats beroemd door er in 1799 aan land te gaan toen hij uit Egypte terugkwam en later door er voor zijn verbanning naar Elba vandaan te vertrekken.
St-Raphaël verwierf naam dankzij de boeken van de satiricus Jean-Baptiste Karr (1808–1890). In de oude stad staan de 12de-eeuwse kerk en het **Musée Archéologique**, met Griekse amfora's en vondsten uit zee.

🏛 **Musée Archéologique**
Place de la Vieille Eglise. **Tel.** 04-94192575. ◯ di–za.
⬤ feestdagen. 📷

19de-eeuwse affiche met reclame voor St-Raphaël

Massif de l'Esterel ⓑ

Wegenkaart E4. 🚶 Nice. 🚉 🚌
Agay, St-Raphaël. ℹ Quai Albert Premier, St-Raphaël (04-94195252).

Dit vulkanische berglandschap is een woestijn in vergelijking met de kuststreek. Hoewel het hoogste punt slecht 620 m bereikt en talloze bosbranden de bossen ernstig hebben aangetast, is het ruige landschap en de indrukwekkende kleurschakering van het porfieren gesteente bewaard gebleven.

Château de la Napoule, nu een kunstcentrum

Tot halverwege de vorige eeuw was het Massif een schuilplaats voor struikrovers en ontvluchte gevangenen uit Toulon. Nadat Napoleon als held in St-Raphaël was verwelkomd, werd hij hier, onderweg naar Parijs, van al zijn bezittingen beroofd.
Langs de noordzijde van het Massif loopt de N7 door de Esterelkloof. Vroeger liep hier ook de Via Aurelia van Cannes naar Fréjus. Bij het kruispunt Testannier, 11 km van Fréjus, leidt een weg naar Mont Vinaigre (het laatste stuk moet u lopen). Dit is het hoogste punt, vanwaar u kunt kijken van het Massif des Maures tot de Alpen.
Aan de zuidkant van het Massif slingert de N98 van St-Raphaël over de rode rotsen naar Agay, de beste ankerplaats voor de kust. Uit het beroemde rood porfieren gesteente dat hier gevonden wordt, maakten de Romeinen zuilen voor hun monumenten in de Provence.
Aan de andere kant van de baai ligt Pointe de Baumette, waar een gedenksteen de Franse schrijver en vliegenier uit de Tweede Wereldoorlog Antoine de St-Exupéry (blz. 29) eert. De weg gaat verder naar Anthéor en Pointe de l'Observatoire. Vlak voordat u dat bereikt, leidt een afslag naar links naar een weg over Cap Roux en Pic de l'Ours. Langs de kust gaat de weg naar La Napoule, waar de Rivièra begint. In La Napoule heeft de Amerikaanse beeldhouwer Henry Clews (1876–1937) een 14de-eeuws kasteel gerestaureerd. Hij liet

veel beelden achter. Het kasteel is nu een kunstcentrum, de **Fondation Henry Clews**. Landinwaarts leidt de weg naar de Col Belle-Barbe. Rechts ziet u de 452 m hoge Pic du Cap Roux. De wandeling naar de top duurt ongeveer een uur.
Van de parkeerplaats bij Col Belle-Barbe leidt een pad naar Mal Infernet, een indrukwekkend ravijn dat u via een wandeling langs het Lac de l'Ecureuil bereikt. Voorbij de Col Belle-Barbe gaat de weg over de Col du Mistral naar de Col des Trois Termes, en daalt dan in zuidelijke richting af naar Col Notre-Dame. Hiervandaan loopt u in drie kwartier naar de 496 m hoge Pic de l'Ours. Ook vanaf de Pic d'Aurelle hebt u mooi uitzicht.

🏛 **Fondation Henry Clews**
Ave. Henry Clews 1, Napoule.
Tel. 04-93499505. ◯ dag. 📷 📹

Grote delen van het Massif de l'Esterel zijn kaalgebrand

Voor hotels en restaurants in deze streek zie blz. 197–199 en blz. 213–214

Fréjus 29

Wegenkaart E4. 53.000.
Rue Jean-Jaurès 325 (04-94518383). di, wo, vr, za en zo.
www.frejus.fr

Fréjus is een van de mooiste badplaatsen langs de kust. Julius Caesar stichtte de plaats in 49 v.C., en Augustus breidde hem verder uit. De stad lag aan de Via Aurelia, de weg die Augustus aanlegde om Rome met Arles te verbinden. In de Romeinse tijd woonden er al zo'n 35.000 mensen en was hij na Marseille de tweede havenstad in de streek.
De Saracenen brachten grote schade toe aan de Romeinse overblijfselen. Tot de behouden bouwwerken behoren delen van de wallen, een toren en de Porte des Gaules in het westen. Bij de oostelijke ingang, de Porte de Rome, eindigde een 40 km lang aquaduct, waarvan de ruïnes langs de N7 tussen Fréjus en de Siagnole bij Mons te zien zijn. Net ten noorden van de Porte

Mozaïek in het Musée Archéologique in Fréjus

de Rome liggen de restanten van het halfronde théâtre uit de 1ste eeuw. Het wordt nog altijd voor voorstellingen gebruikt. Het praetorium of Plateforme – het militaire hoofdkwartier – ligt meer naar het zuiden. In de **Arènes**, ten noorden van de Porte des Gaules, langs de weg naar Brignoles, konden vroeger 6000 toeschouwers plaatsnemen en worden tegenwoordig stierengevechten en concerten gehouden.
In de **Cathédrale St-Léonce et Cloître** is het Musée Archéologique ondergebracht, waar archeologische vondsten uit de streek worden getoond. Ten zuiden van de stad staat de Butte St-Antoine-citadel, die vroeger over de baai waakte. Het kanaal dat de haven met de zee verbond, is dichtgeslibd, waardoor Fréjus-Plage ontstond. Deze badplaats, op iets meer dan 2 km van het centrum van Fréjus, is via een strand verbonden met St-Raphaël. De Chapelle Notre-

De bron bij de kruisgang van de kathedraal van Fréjus

Dame, beschilderd door Cocteau, en het Musée d'Histoire Locale zijn een bezoek zeker waard. Ten noorden van de Arènes staat verder de verrassende boeddhistische pagode, die de Vietnamezen eert die onder Franse vlag stierven.

🏛 **Arènes de Fréjus**
Rue Vadon. **Tel.** 04-94513431.
di-zo. 1 jan., 1 mei, 25 dec.

🔒 **Cathédrale St-Léonce**
Place Formigé. **Tel.** 04-94512630.
juni-nov.: dag.; dec.-mei: di-zo.
feestdagen. kruisgang.

CATHÉDRALE ST-LÉONCE ET CLOÎTRE

De versterkte kathedraal en de kruisgang met marmeren zuilen dateren uit de 12de eeuw; de 5de-eeuwse doopkapel is een van de oudste van Frankrijk.

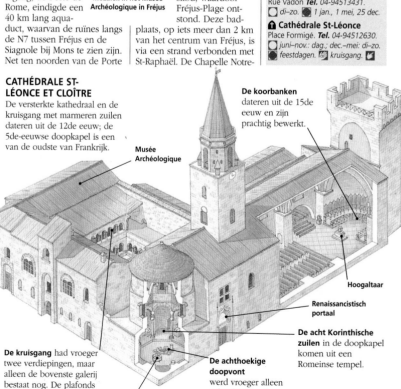

Musée Archéologique

De koorbanken dateren uit de 15de eeuw en zijn prachtig bewerkt.

Hoogaltaar

Renaissancistisch portaal

De acht Korinthische zuilen in de doopkapel komen uit een Romeinse tempel.

De achthoekige doopvont werd vroeger alleen gebruikt om volwassenen te dopen.

De kruisgang had vroeger twee verdiepingen, maar alleen de bovenste galerij bestaat nog. De plafonds zijn beschilderd.

Aardewerken bassin

BOUCHES-DU-RHÔNE
EN NÎMES

I n deze hoek, de meest zuidwestelijke van de regio, heerst een unieke sfeer. Het is het land van Van Gogh, bontgekleurd en met stranden van drijfzand. Het ruigste deel is de Camargue, bij de monding van de Rhône, licht en kleurig en eeuwenlang bewoond door zigeuners en cowboys die de wilde paarden en stieren hoedden.

Veel plaatsen in het binnenland weerspiegelen het Griekse en Romeinse verleden van de streek. De Grieken vestigden zich hier rond 600 v.C. en stichtten Marseille. Na hen kwamen de Romeinen, die het theater in Arles en het amfitheater in Nîmes bouwden en de ruïnes van klassieke huizen in Glanum nalieten. Een Romeins aquaduct verbond een bron bij Uzès met een watertoren in Nîmes. Dit bouwwerk is bij Pont du Gard het mooist te bezichtigen.

De Provençaalse schrijver Frédéric Mistral *(blz. 28)* noemde de heren van Baux een 'adelaarsras'. Deze bloeddorstige vechtersbazen heersten in de middeleeuwen vanuit het hooggelegen Les Baux-de-Provence over de streek. Paradoxaal genoeg stond dit voormalige leengoed in de 13de eeuw bekend als het Hof der Liefde *(blz. 142)*. Lodewijk IX (de Heilige) bouwde Aigues-Mortes voor de kruisvaarders. René le Bon *(blz. 46–47)* vestigde zijn hof in de 15de eeuw in het kasteel van Tarascon. Tegenwoordig vormt de in 1409 door de vader van René in Aix-en-Provence gestichte universiteit nog altijd het hart van deze studentenstad.

De Provence is een ideaal wandelgebied en het landschap is vooral in Les Alpilles en rond Marseille magnifiek. De films en boeken van Marcel Pagnol *(blz. 153)* en de verhalen van Daudet *(blz. 143)* spelen zich in de streek af. De natuur in de Camargue is uniek en biedt, naast prachtige plaatjes, volop gelegenheid tot paardrijden en vogelobservatie.

Op de kleurrijke markt in Aix-en-Provence wordt de opbrengst van het land verkocht

◁ Beeld van koning Saul, in 1792 gemaakt door Joseph Sec ter ere van de Franse Revolutie

Bouches-du-Rhône en Nîmes verkennen

De delta van de Rhône wordt gevormd door de Camargue, een vlak natuurgebied van moerassen en duinen. Landinwaarts vindt u historisch zeer interessante steden als Aix-en-Provence, Arles en Nîmes. Ten noordoosten van Arles loopt het land via de met kruiden begroeide Alpilles op naar Les Baux. In de bergen kunt u prachtig wandelen. St-Rémy-de-Provence is een goede uitvalsbasis om de omgeving te verkennen. Langs de kust zijn Marseille en het pittoreske Cassis heel geliefd. Tussen die twee plaatsen in liggen Les Calanques, waar smalle slenken tot diep tussen de pijnbomen landinwaarts reiken.

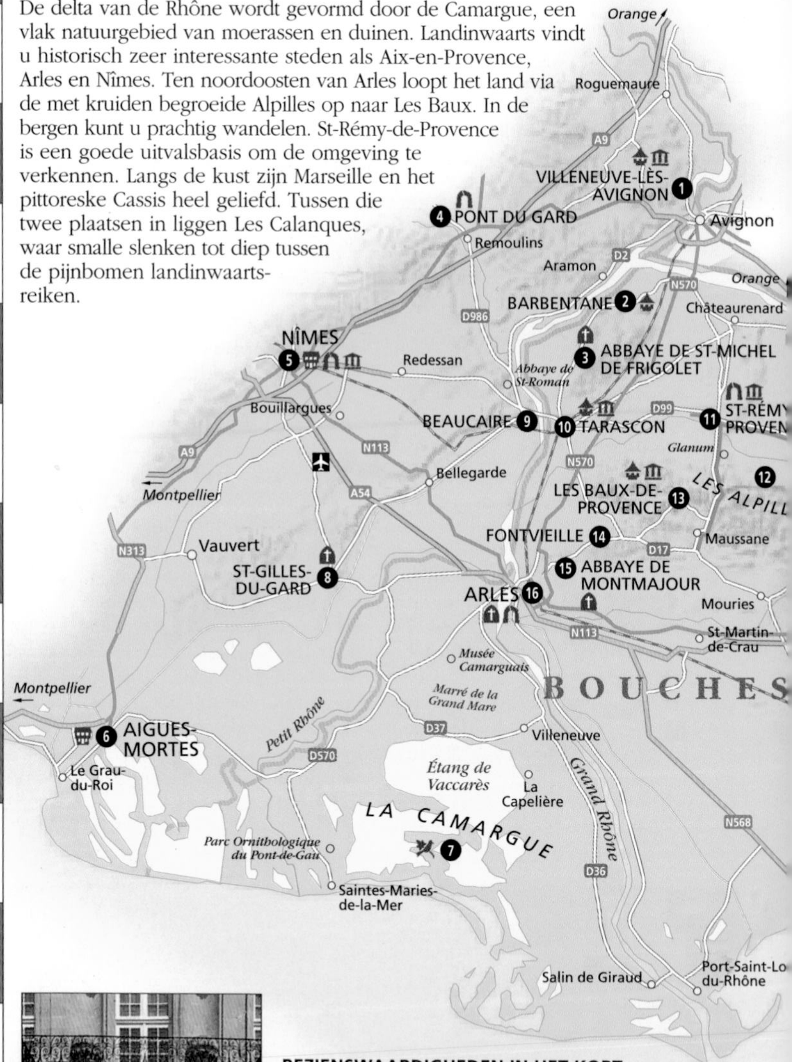

Orange
Roquemaure
A9
VILLENEUVE-LÈS-AVIGNON 1
4 PONT DU GARD
Avignon
Remoulins
Aramon
D2
Orange
N570
BARBENTANE 2
Châteaurenard
D986
NÎMES 5
Redessan
3 ABBAYE DE ST-MICHEL DE FRIGOLET
Abbaye de St-Roman
Bouillargues
BEAUCAIRE 9
10 TARASCON
D99
11 ST-RÉMY PROVEN
A9
N113
Glanum
N570
12
LES ALPILL
Montpellier
Bellegarde
A54
LES BAUX-DE-PROVENCE 13
FONTVIEILLE 14
Maussane
N313
Vauvert
D17
ST-GILLES-DU-GARD 8
15 ABBAYE DE MONTMAJOUR
ARLES 16
Mouries
N113
St-Martin-de-Crau
Musée Camarguais
Montpellier
BOUCHES
Marré de la Grand Mare
Petit Rhône
D37
Villeneuve
6 AIGUES-MORTES
D570
Le Grau-du-Roi
Étang de Vaccarès
La Capelière
Grand Rhône
LA CAMARGUE
N568
Parc Ornithologique du Pont-de-Gau
7
D36
Saintes-Maries-de-la-Mer
Salin de Giraud
Port-Saint-Lo du-Rhône

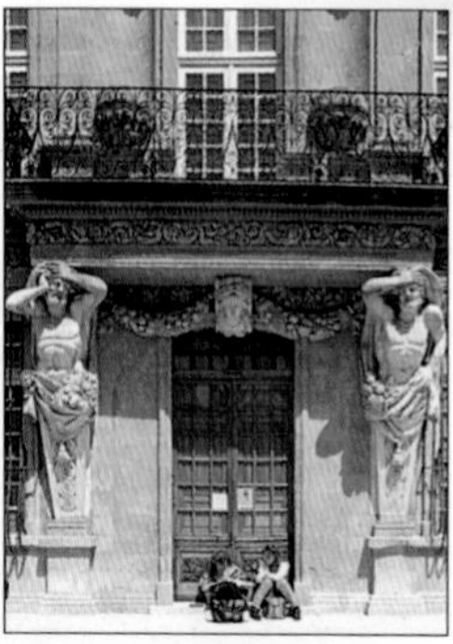

Atlanten flankeren de ingang van het Pavillon de Vendôme in Aix

BEZIENSWAARDIGHEDEN IN HET KORT

Abbaye de Montmajour 15
Abbaye de St-Michel-de-Frigolet 3
Abbaye de Silvacane 19
Aigues-Mortes blz. 134–135 6
Aix-en-Provence blz. 148–149 20
Arles blz. 144–146 16
Aubagne 22
Barbentane 2
Beaucaire 9
Cassis 24
Fontvieille 14
La Camargue blz. 136–139 7
Les Alpilles 12
Les Baux-de-Provence 13
Les Calanques 23
Marseille blz. 150–153 21
Martigues 17
Nîmes blz. 132–133 5
Pont du Gard blz. 131 4
St-Gilles-du-Gard 8
St-Rémy-de-Provence 11
Salon-de-Provence 18
Tarascon 10
Villeneuve-lès-Avignon 1

Verklaring van de symbolen *zie achterflap*

Uitzicht over de Fort St-Jean-haven in Marseille

BEREIKBAARHEID

Als u per auto reist, zijn de snelwegen het handigst. De A8 loopt langs de Rivièra en komt 17 km ten westen van Aix samen met de A7 – de Autoroute du Soleil – die Marseille met Parijs verbindt. De A9, de Languedocienne, leidt via Nîmes naar Spanje. Tussen de grotere plaatsen rijden treinen en in de steden bussen, maar de interlokale verbindingen per bus zijn beperkt. Arles en Aix-en-Provence zijn de centrale plaatsen in de streek. Vanuit Arles en Stes-Maries-de-la-Mer kunt u boottochtjes maken, maar de Camargue kunt u het best bezichtigen vanaf de rug van een paard uit de streek.

Cavaillon
-Andiol
Orgon
ygalières
A7
Senas
D569 N538 N7
Castel de
Roquemartine
iières
7
N113 A54
18 SALON-DE-PROVENCE
Miramas
Saint-Chamas
N113
Istres
Berre-l'Etang
Étang de Berre
17 MARTIGUES
ort-de-
ou
A55
arro
l'Estaque
Carry-le-Rouet

La Roque-d'Anthéron
19 ABBAYE DE SILVACANE
D543
Durance
Lambesc
D561
Pertuis
Meyrargues
Peyrolles-en-Provence
St-Cannat
Digne
A51

D U - R H O N E

Eguilles N7
A51
Velaux
A8
20 AIX-EN-PROVENCE
Montagne Ste-Victoire
D543
Nice
A8
N96
D6
Trets
Gardanne
A51
D6
A52
Marignane
N68
St-Antoine
N560
Roquevaire
Aullach
A55
A7
21 MARSEILLE
22 AUBAGNE
D2
Gémenos
N8
Château d'If
St-Marcel
A50
Cap Croisette
D559
CASSIS **24**
Toulon
A50
23
LES CALANQUES
Cap Canaille
La Ciotat

SYMBOLEN

- Snelweg
- Hoofdweg
- Secundaire weg
- Landweg
- Toeristische route
- Hoofdspoorlijn
- Secundaire spoorlijn
- Regiogrens

0 kilometer   10

Deel van de Chartreuse du Val-de-Bénédiction, Villeneuve

Villeneuve-lès-Avignon ❶

Wegenkaart B3. 🏘 *12.500.* 🚉
Avignon. 🚌 ❶ *Pl. Charles David 1
(04-90256133).* 🛒 *do en za.*
www.villeneuvelesavignon.fr

Dit stadje aan de Rhône,
met Avignon (*blz. 166–167*)
verbonden via de Pont St-
Bénézet, werd bewaakt door
de **Tour de Philippe le Bel** uit
1307. Vanaf deze toren hebt
u een fraai uitzicht over
Avignon. Nog mooier is het
panorama vanaf de twee
enorme torens bij de ingang
van het 14de-eeuwse **Fort
St-André**. In dit fort lag vroeger een stadje, compleet met
klooster en kerk.
Tussen deze twee bouwwer-
ken staat de 14de-eeuwse
Église Collégiale Notre-Dame.
In het **Musée Pierre de
Luxembourg** hangt *De kro-
ning van Maria* (1453) van
Enguerrand Quarton, het
beste werk uit de School

van Avignon. Het schilderij
werd gemaakt voor de abt
van het in 1356 door Innocentius VI gestichte **Chartreuse du Val-de-Bénédiction**. Drie
kruisgangen en een kapel zijn
gewijd aan Johannes de
Doper. Giovanetti da Viterbo
schilderde de fresco's. Het
gebouw is nu een cultureel
centrum voor de streek.

♣ **Fort St-André**
***Tel.** 04-90254535.* 🕐 *dag.* ⬤ *1 jan.,
1 mei, 1–11 nov., 25 dec.* 📷

🏛 **Musée Municipal Pierre de
Luxembourg**
Rue de la République. ***Tel.** 04-
90274966.* 🕐 *half juni–half sept. dag.;
half sept.–half juni di–zo.* ⬤ *feb.,
1 jan., 1 en 11 nov., 25 dec.* 📷 ♿

🏯 **Chartreuse du Val-de-
Bénédiction**
Rue de la République. ***Tel.** 04-
90152424.* 🕐 *dag.* ⬤ *1 jan., 1 mei,
1 en 11 nov., 25 dec.* 📷
www.chartreuse.org

Barbentane ❷

Wegenkaart B3. 🏘 *3600.*
🚉 *Avignon, Tarascon.* 🚌
❶ *Le Cours (04-90908586).*

Veel leden van het pauselijke
hof in Avignon hadden een
buitenhuis in Barbentane, dat
10 km ten zuiden van de stad
aan de Rhône ligt. Een daarvan is het Maison des Che-
valiers. Dit renaissancistische
huis met zijn overdekte
zuilengang staat tegenover
Notre-Dame-de-Grace (13de–
15de eeuw). Van het 14de-
eeuwse kasteel rest slechts de
40 m hoge Tour Anglica.
Buiten de middeleeuwse wijk
staat het **Château de Barben-**

tane, een in Italiaanse stijl bewerkt herenhuis. Het werd in
1674 gebouwd voor de aristocratie in Barbentane. In het
dorp staat de 12de- tot 13de-
eeuwse **Moulin de Mogador**,
een olie- en graanmolen.

♣ **Château de Barbentane**
Barbentane. ***Tel.** 04-90955107.*
🕐 *Pasen–juni, okt. do–di, juli–sept.
dag., nov. en maart zo.* ⬤ *dec.–feb.* 📷

**Een pop en poppenrijtuig in het
Château de Barbentane**

Abbaye de St-Michel de Frigolet ❸

Wegenkaart B3. ***Tel.** 04-90957007.*
🕐 *dag. vanaf 16.30 uur voor groepen, reserveer telefonisch.* 📷

De abdij staat in het
ongerepte landschap van La
Montagnette, ten zuiden van
St-Michel de Frigolet. Een
kruisgang en een kerkje
dateren uit de 12de eeuw,
maar in 1858 werd een pre-
monstratenzerklooster ge-
sticht en een van de rijkst
bewerkte kerken uit die tijd
gebouwd. Het hele interieur
is beschilderd met sterren en
heiligen op de zuilen en het
plafond. De monniken weken
aan het begin van deze eeuw
enkele jaren als ballingen uit
naar België, maar nu wonen
er weer vijftien in Frigolet. Er
is een restaurant, 40 kamers
worden verhuurd en de
monniken verkopen hun li-
keur, gemaakt van plaatselijke
kruiden. *Frigolet* is Provençaals voor tijm.

Het plafond van de abdijkerk in St-Michel de Frigolet

Voor hotels en restaurants in deze streek zie blz. 199–202 en blz. 214–216

Pont du Gard ❹

Wegenkaart A3. 🚇 *Nîmes.*
🏠 *Route du Pont du Gard, 30210
Vers (04-66375099).*
www.pontdugard.fr

Deze brug dateert uit ca.
19 v.C. en is onderdeel van
een aquaduct dat water van
een bron bij Uzès naar het
Romeinse Nîmes *(blz. 132–
133)* leidde. Voor het 50 km
lange watertransport, waarbij
dagelijks 20 miljoen liter werd
verplaatst, werden een ondergronds kanaal, bruggen en
tunnels gebouwd. De uit drie
lagen bestaande Pont du Gard
loopt over het dal van de
Gard en was het grootste

De Pont du Gard, met 48 m de hoogste van de Romeinse aquaducten

**Een 18de-eeuwse metselaar heeft
zijn naam in het steen gekerfd**

aquaduct van het Romeinse
Rijk. De reusachtige blokken
kalksteen, sommige van wel 6
ton, zijn zonder specie op elkaar gezet. Het kanaal liep
over de bovenste laag. Vak-
kundig ontworpen brekers
zorgden ervoor dat de brug
heftige overstromingen heeft
weerstaan. Het is niet zeker
hoe lang het aquaduct in gebruik is gebleven, maar mogelijk heeft het tot in de 9de
eeuw n.C. gefunctioneerd. De
verkeersbrug ernaast is 18de-
eeuws. De **Site du Pont du
Gard** kent een museum (dagelijks geopend) over de geschiedenis van het aquaduct.

**De uitstekende stenen steunden de
steigers tijdens de bouw**

DE RESTANTEN VAN HET AQUADUCT

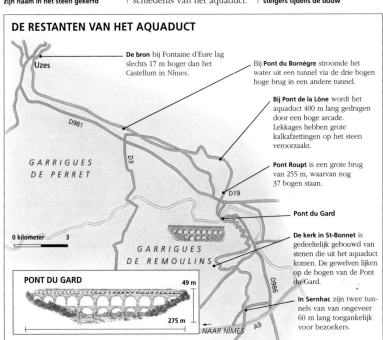

De bron bij Fontaine d'Eure lag
slechts 17 m hoger dan het
Castellum in Nîmes.

Bij **Pont du Bornègre** stroomde het
water uit een tunnel via de drie bogen
hoge brug in een andere tunnel.

Bij Pont de la Lône wordt het
aquaduct 400 m lang gedragen
door een hoge arcade.
Lekkages hebben grote
kalkafzettingen op het steen
veroorzaakt.

Pont Roupt is een grote brug
van 255 m, waarvan nog
37 bogen staan.

Pont du Gard

De kerk in St-Bonnet is
gedeeltelijk gebouwd van
stenen die uit het aquaduct
komen. De gewelven lijken
op de bogen van de Pont
du Gard.

In Sernhac zijn twee tunnels van ongeveer
60 m lang toegankelijk
voor bezoekers.

Uzes

GARRIGUES
DE PERRET

GARRIGUES
DE REMOULINS

PONT DU GARD   49 m

275 m

NAAR NÎMES

Nîmes ⑤

Aankondiging van een *féria* in Nîmes

De liefde van Nîmes voor het stierengevecht blijkt uit het enorme beeld van een zwarte stier aan het einde van de Avenue Jean-Jaurès. Tijdens drie jaarlijkse *férias (blz. 32–33)* loopt Les Arènes, het Romeinse amfitheater, vol voor de strijd. De Romeinse bouwwerken trekken veel bezoekers. De textielindustrie leeft voort in het woord denim *(de Nîmes)*, een stof die werd ontwikkeld voor de kleding van cowboys in de Camargue. De meeste winkels verkopen Provençaalse stoffen *(blz. 221)*.

Nîmes verkennen

Romeinse oorlogsveteranen die in 31 v.C. onder keizer Augustus tegen de Egyptenaren hadden gevochten, ontwikkelden het wapen van de stad, een aan een palmboom vastgebonden krokodil. De brede boulevards geven Nîmes een weids aanzien en de nieuwbouw en moderne kunst zorgen voor het eigentijdse gezicht van de stad. Nieuwe monumenten zoals de Fontaine du Crocodile op de Place du Marché zijn al even karakteristiek geworden als het voornaamste herkenningspunt van de stad, het Castellum.

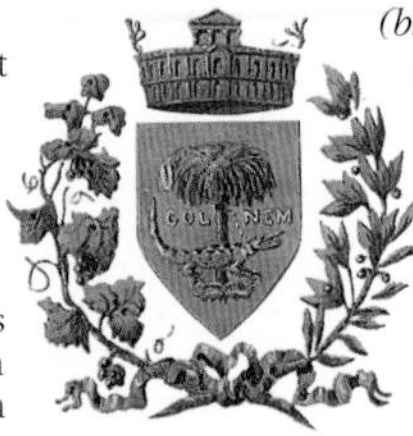

Het wapen van Nîmes: een krokodil en een palmboom

� Les Arènes

Bld. des Arènes. *Tel* 04-66218256. ☐ dag. ☀ *1 jan., 1 mei, 25 dec. en tijdens uitvoeringen.* beperkt. De indrukwekkendste Romeinse erfenis in Nîmes is het amfitheater uit de 1ste eeuw. Het biedt plaats aan 22.000 toeschouwers, meet 130 x 100 m en is nauwelijks kleiner dan het amfitheater in Arles *(blz. 146)*. Het werd gebouwd om gevechten van gladiatoren en u kunt hier demonstraties bijwonen van hun vechttechnieken. Na de val van Rome in 476 werd het een fort. Tot de restauratie in de 19de eeuw woonden de armsten van de stad er.

♥ Porte d'Auguste

Bld. Amiral Courbet. Deze poort, met een middelste boog van 6 m hoog en 4 m breed, was de toegang voor reizigers die via de Weg van Hercules reisden die Rome met Spanje verbond en dwars door Nîmes liep. Een inscriptie in het bouwwerk geeft aan dat de stadswallen uit 15 v.C. dateren en destijds bijna 6 km lang waren.

Het Romeinse amfitheater, waar nu stierengevechten worden gehouden

Voor hotels en restaurants in deze streek zie blz. 199–202 en blz. 214–216

🏛 Musée du Vieux Nîmes

Pl. aux Herbes. *Tel* 04-66767370. ☐ di–zo. ☀ *1 jan., 1 mei, 1 nov., 25 dec.* Dit museum is gehuisvest in het 17de-eeuwse bisschoppelijk paleis, ten oosten van de kathedraal. Het ouderwetse interieur is mooi opgeknapt: vanuit de zomerkamer hebt u fraai uitzicht over de oude stad.

🏛 Carré d'Art

Pl. de la Maison Carrée. *Tel* 04-66763580. ☐ di–zo. Tegenover het Maison Carrée, en ook in schril contrast daarmee, staat het Carré d'Art. Dit in 1993 geopende, in licht badende centrum voor moderne kunst is ontworpen door Norman Foster.

Carré d'Art van Norman Foster

🏟 Maison Carrée

Pl. de la Maison Carrée. *Tel* 04-66218256. ☐ dag. ☀ *1 jan., 1 mei, 25 dec.* Het Maison Carrée is het best bewaarde Romeinse monument. Het werd gebouwd voor Marcus Agrippa, schoonzoon van keizer Augustus. De bouw is op de Griekse stijl geënt. Colbert, minister van Lodewijk XIV, wilde het naar Versailles overbrengen. Een 3D-film toont het interieur van de tempel en brengt de geschiedenis van Nîmes tot leven.

🏛 Musée Archéologique et Musée d'Histoire Naturelle

Bld. Amiral Courbet 13 bis. *Tel* 04-66767454. ☐ di–zo. ☀ *1 jan., 1 mei, 1 en 11 nov., 25 dec.* Op de begane grond zijn beelden te zien uit de pre-Romeinse tijd. Er staat ook contemporaine kunst. Boven bieden Gallo-Romeinse ge-

reedschappen en huishoudelijke voorwerpen inzicht in het
leven van vroeger. Voorts is er
glas- en bronswerk te zien.
Het aardewerk omvat on-
der andere de Krijger van
Grézan uit de pre-Ro-
meinse tijd. In de kapel
van dit voormalige
jezuïetencollege wor-
den tijdelijke exposities
gehouden.

🏛 Musée des Beaux-Arts

Rue Cité Foulc. *Tel* 04-
66673821. ○ di–zo.
◑ 1 jan., 1 mei, 1 en 11
nov., 25 dec. 🎫 ♿
De gevarieerde
museumcollectie
omvat werken van
Boucher, Rubens en Watteau.
Het grote Romeinse mozaïek,
Het huwelijk van Admetus, is
gevonden op de voormalige
overdekte markt van Nîmes.

♰ Cathédrale Notre-Dame et St-Castor

Pl. aux Herbes. *Tel* 04-66672772.
○ dag. tijdens missen.
De kathedraal van Nîmes,
gebouwd in de 11de en
gerestaureerd in de 19de
eeuw, staat in het hart van de
oude stad. Op de westgevel is
een fries te zien waarop taferelen uit het Oude Testament
staan afgebeeld.

⛲ Castellum

Rue de la Lampèze.
Het Castellum staat bin-
nen de Romeinse wal-
len tussen de Porte
d'Auguste en de Tour
Magne. In dit
waterkasteel werd het
water gedistribueerd
dat via de Pont du
Gard *(blz. 131)* van
Uzès naar Nîmes werd
gebracht. In de stad
werd het water via
leidingen verder
verspreid.

**Beeld in het Musée
Archéologique**

🌿 Jardin de la Fontaine

Quai de la Fontaine.
Tel 04-66676556.
Aan het einde van de Avenue
Jean-Jaurès ligt het belangrijkste park van de stad. De
tempel van Diana uit de 2de
eeuw maakte deel uit van een
badencomplex. Het is nu een
ruïne. In de middeleeuwen
woonden er benedictijner
nonnen, die van het gebouw
een kerk maakten. Tijdens de
godsdiensttoorlogen *(blz. 46–
47)* werd de kerk geplunderd.

TIPS VOOR DE TOERIST

Wegenkaart A3. 🗺 130.000.
✈ Nîmes-Arles-Camargue.
🚉 Bld. Talabot. 🚌 Rue Ste-Féli-
cité. ℹ Rue Auguste 6 (04-
66583800). 🎪 (dag). 🎭 Féria
d'Hiver (feb.), Féria de Pentecôte
(mei/juni), Féria des Vendanges
(sept.). **www**.nimes.fr

Op de 114 m hoge Mont
Cavalier staat de achthoekige,
34 m hoge Tour Magne. Hij
dateert van 15 v.C. en is het
oudste nog intacte Romeinse
bouwwerk in Frankrijk.

L'Obéissance récompensée van
Boucher, Musée des Beaux-Arts

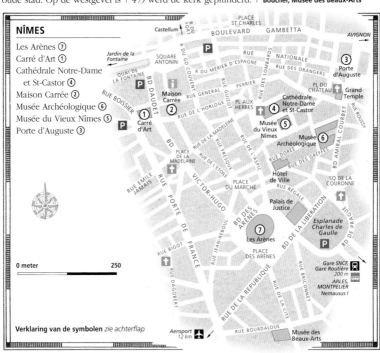

NÎMES

0 meter   250

Verklaring van de symbolen zie achterflap

Aigues-Mortes ❻

Aigues-Mortes ('dode wateren' in het Provençaals), midden in de zoutmoerassen in de Camargue, is sinds de aanleg rond 1300 nauwelijks veranderd. Destijds was de stad echter nog niet omsloten door het slib dat de Rhône er sindsdien heeft aangespoeld. De enorme stenen waarmee de stadswallen zijn gebouwd, komen uit de steenhouwerijen in Beaucaire. Lodewijk IX vertrok in 1248 van de Tour de Constance voor zijn kruistocht *(blz. 42–43)*. Tijdens de Honderdjarige Oorlog liepen de wallen schade op; nu staan de poorten wijd open om de toeristen te verwelkomen.

In de **Tour de la Poudrière** lagen de wapens en het buskruit opgeslagen.

Porte de l'Arsenal

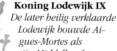

Koning Lodewijk IX
De later heilig verklaarde Lodewijk bouwde Aigues-Mortes als zijn Middellandse Zeehaven. Hij moest mensen door omkoping naar deze uithoek lokken.

De **Porte de la Reine** is naar Anna van Oostenrijk genoemd, die de stad in 1622 bezocht.

Op de **Tour de la Mèche** brandde altijd vuur om de kanonnen te ontsteken.

Chapelle des Pénitents Blancs

Tour des Sels

★ De stadswallen
In de 1634 m lange wallen zitten tien poorten, zes torens, kantelen en overhangende latrines.

STERATTRACTIES

★ Tour de Constance

★ De stadswallen

Chapelle des Pénitents Gris
Deze kapel wordt nog altijd gebruikt door een in 1400 gestichte orde. Met hun grijze monnikskappen wandelen ze zij aan zij met hun vroegere rivalen (met witte kappen) in de processie op palmzondag.

Voor hotels en restaurants in deze streek zie blz. 199–202 en blz. 214–216

Porte de la Marine
*Dit was de hoofd-
poort aan de haven-
kant. Schepen maak-
te men bij de* Porte
des Galions *vast aan
een metalen ring,
een* organeau.

TIPS VOOR DE TOERIST

Wegenkaart A4. 🏛 6150.
🚉 *Ave. de la Liberté.* 🚌 *Route
de Nîmes.* ℹ️ *Place St-Louis
(04-66537300).* 🛒 *wo en zo.*
🎵 *Nuits d'Encens (mediterrane
muziek), juni; Festival St-Louis, aug.*
www.ot-aiguesmortes.fr

Place St-Louis
*Dit lommerrijke plein is het hart
van de stad. Op een sokkel van
gebeeldhouwde voorstevens van
de schepen die tijdens de kruistochten uitvoeren, staat een
beeld van Saint Louis.*

**Porte des
Galions**

**Porte de
l'Organeau**

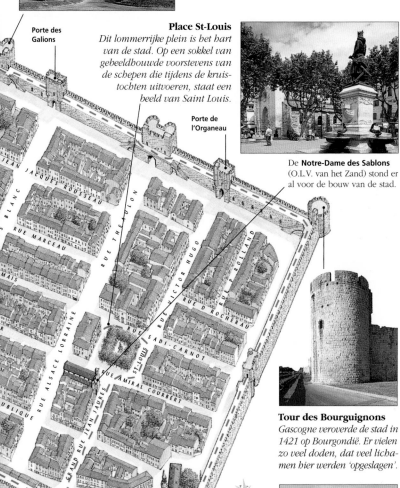

De **Notre-Dame des Sablons**
(O.L.V. van het Zand) stond er
al voor de bouw van de stad.

Tour des Bourguignons
*Gascogne veroverde de stad in
1421 op Bourgondië. Er vielen
zo veel doden, dat veel licha-
men hier werden 'opgeslagen'.*

**Porte de
la Gardette**

SYMBOOL

– – – Aanbevolen route

0 meter   100

★ Tour de
Constance
*Hier sloot men gelovigen
op: katholieken, calvi-
nisten en hugenoten als
Marie Durand, die 38 jaar
opgesloten zat en in
1768 vrijkwam.*

De Camargue ❼

Dit vlakke, dunbevolkte gebied is een van de belangrijkste wetlands in Europa. De 140.000 ha zout-moeras, meren, weiland en duinen vormen een betoverend leefmilieu voor plant en dier. De *gardians (blz. 22)*, cowboys die de zwarte stieren in de streek hoeden, rijden op dezelfde soort paarden die ook in het wild in het gebied leven. Onder de talloze vogels die hier broeden, zijn de flamingo's wellicht de opvallendste. Ten noorden van het natuurgebied wordt rijst verbouwd. Veel bezoekers van de Camargue beperken hun tocht tot de weg tussen Arles en Saintes-Maries-de-la-Mer en lopen daardoor het mooiste dat de natuur te bieden heeft mis.

De gardian zorgt voor paard en stier

De stieren
De gardians drijven de stieren bijeen om ze aan stierengevechten te laten deelnemen. De grootste dieren gaan naar Spanje.

De paarden
Deze stoere dieren stam-men rechtstreeks af van prehistorische paar-den. Ze worden tussen hun vier-de en zevende jaar wit.

De meeste vogels leven in het vogelreservaat **Parc Ornithologique du Pont-de-Gau** *(blz. 138)*. Nog eens 350 soorten rusten hier tijdens de trek naar het noorden of zuiden.

Le Petit Rhône

Méjanes

PLAINE DE LA CAMARGUE

PETITE CAMARGUE

Centre de Gines

Stes-Maries-de-la-Mer

N572

D570

D570

VOGELS

Vooral in het voorjaar, als veel vogels noordwaarts trekken, is de Camargue een paradijs voor vogelkijkers. Vaste bewoners van het gebied zijn de kleine zilverreiger en de bruine kiekendief. De dunbekmeeuw broedt nergens anders in Frankrijk en ook de zeldzame krooneend broedt hier.

Kleine zilverreiger
(Egretta garzetta)

Dunbekmeeuw
(Larus genei)

Bruine kiekendief
(Circus aeruginosus)

Vorkstaartplevier
(Glareola pratincola)

Steltkluut
(Himantopus)

Krooneend
(Netta rufina)

Voor hotels en restaurants in deze streek zie blz. 199–202 en blz. 214–216

De Rhônebever

In Europa waren bevers aan het begin van de 20ste eeuw als gevolg van de jacht op hun pels bijna uitgestorven. Sinds 1905 zijn deze nachtdieren beschermd en de laatste twintig jaar stichten ze hier weer kolonies.

Flamingo's

In de Camargue broeden ongeveer 10.000 paren van deze exotische roze vogel. Ze foerageren rond het Étang de Vaccarès, maar broeden het liefst rond de zoutere meren dichter bij de kust.

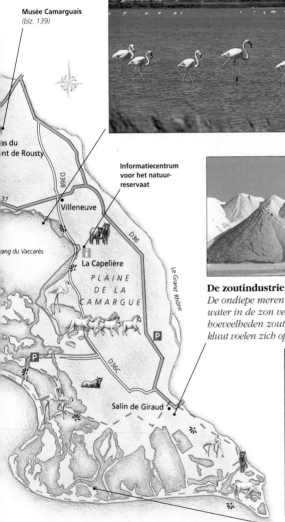

Musée Camarguais
(blz. 139)

as du
nt de Rousty

D36B

37

Villeneuve

ang du Vaccarès

Informatiecentrum voor het natuurreservaat

D36

La Capelière

P L A I N E
D E L A
C A M A R G U E

Le Grand Rhône

P

P

D36C

Salin de Giraud

De zoutindustrie

De ondiepe meren bevatten zeewater. Als het water in de zon verdampt, blijven er grote hoeveelheden zout achter. Waadvogels als de kluut voelen zich op deze vlakten zeer goed thuis.

De duinen

De duinen vormen een strook land tussen de meren en zoutmoerassen en de zee. Zeekamille is een van de vele planten die hier goed gedijen.

SYMBOLEN

— Grens natuurreservaat

-- Wandelpaden

-- Wandel- en fietspaden

0 kilometer   5

De Camargue verkennen

Ingang van de arena in Méjanes

Het unieke karakter van de Camargue heeft een aantal curieuze traditities voortgebracht. De paarden en zwarte stieren worden gehouden door *manadiers* en gehoed, gebrandmerkt en verzorgd door de cowboys, de *gardians*, van wie de kleine, lage witte huizen overal verspreid door het landschap staan. In Saintes-Maries-de-la-Mer, de voornaamste toeristenplaats in het gebied, waar veel zigeuners wonen, worden op affiches de stierengevechten in de streek aangekondigd. Er is volop strandvertier en gelegenheid tot watersporten en het maken van boottochtjes. In het gebied zijn vele informatiebureaus die alles van de wandelmogelijkheden weten. Van Saintes-Marie-de-la-Mer is het 7 km lange wandel- en fietspad over de Digues-de-la-Mer de mooiste tocht. Voor paardrijvakanties kunt u bij veel boerderijen terecht.

Bij dit stierengevecht in Méjanes mag geen bloed vloeien

oude stadhuis gewijd aan zoölogie en antropologie. Aan de oever van het Étang de Ginès, op 4,5 km van het centrum van Saintes-Maries, ligt het **Parc Ornithologique du Pont-de-Gau**, waar aandacht aan de vogelpopulatie van de Camargue *(blz. 136)* wordt besteed.

🏛 Musée Baroncelli

Ancien Hôtel de Ville, Rue Victor Hugo. *Tel.* 04-90978760. ⬭ april–11 nov.: wo.–ma. 📷
De collectie documenten en snuisterijen over het stierenfokken en het leven in de Camargue werd bijeengebracht door markies Folco de Baroncelli-Javon (1869–1943), een *manadier* die de tradities wilde beschermen.

🏛 Informatiecentrum Gilles

Pont-de-Gau. *Tel.* 04-90978632. ⬭ dag. ⬤ 1 jan., 1 mei, 25 dec. www.parc-camargue.fr
Vanuit dit informatiecentrum hebt u prachtig uitzicht op de vlakke lagune. De geschiedenis van de Camargue en zijn unieke natuur wordt aan de hand van foto's en documenten geschetst.

🦅 Parc Ornithologique du Pont-de-Gau

Pont-de-Gau. *Tel.* 04-90978262. ⬭ dag. ⬤ 25 dec. 📷 ♿ www.parcornithologique.com
De meeste vogels uit de streek zijn hier te zien. In grote volières leven vogels die u anders nauwelijks tegenkomt. Volg de aangegeven wandelroutes om het vogelleven in het gebied niet te verstoren *(blz. 136)*.

Een bedevaartsoord

Saintes-Marie-de-la-Mer is genoemd naar drie Maria's: Maria Magdalena, Maria van Klopas (de zuster van de H. Maagd) en Maria Salomé, de moeder van de apostelen Jakobus en Johannes. Na de kruisiging voeren zij met onder anderen Sara, de heilige Martha en haar broer Lazarus in een bootje hierheen. Ze bouwden er een schrijn voor de H. Maagd en toen de anderen zich verspreidden om het evangelie te verkondigen, bleven de drie Maria's hier achter.
's Winters is het stadje een pretentieloos provincieplaatsje. Tijdens feesten in mei en oktober stromen van heinde en verre bezoekers toe om de beelden van Maria van Klopas en Maria Salomé ter zegening

naar de zee te dragen. Het grootste van de twee festivals is in mei. Zigeuners uit de hele wereld komen dan bijeen om hun patroonheilige Sara in de figuur van een zwart madonnabeeld in de 9de-eeuwse Église de-Notre-Dame-de-la-Mer te eren. Een ander beeld wordt door de straten naar de zee gedragen. Later zijn er stierengevechten, paardenrennen en flamenco-feesten *(blz. 228–229)*.
Het centrum van het stadje staat vol restaurants, en overal zijn kleding in plaatselijke stijl, talismannen en zigeuner-souvenirs te koop. De grote kerk is ook een bezoek waard, vooral vanwege het uitzicht vanaf het dak. Op 40 m afstand van de kerk is het **Musée Baroncelli** in het

Volière voor wespendieven in het reservaat in Pont-de-Gau

🏛 **Musée Camarguais**

Parc Naturel Régional de Camargue,
Mas du Pont de Rousty (aan de D570,
10 km ten zuidwesten van Arles).
Tel. *04-90971082.* ☐ *april–sept. dag.*
okt.–maart wo–ma. ● *1 jan., 1 mei,*
25 dec. 🎥 ♿ 🅿

Deze Provençaalse *mas*
(blz. 22–23) was tot voor kort
onderdeel van een boerderij
waar runderen en schapen
werden gehouden. Nu is het
gebouw getransformeerd tot
een boeiend museum over de
Camargue. Het hoofdgebouw
is ondergebracht in de
enorme voormalige schaaps-
kooi, die in 1812 werd gebouwd en onlangs op kundi-
ge wijze is gerestaureerd. Er
is onder andere een video- en
diapresentatie te zien met een
uitstekende inleiding op het
traditionele leven in de
Camargue en de unieke flora
en fauna in de Camargue-

De Église de Notre-Dame-de-la-Mer
in Saintes-Maries-de-la-Mer

delta. Enkele van de vele onderwerpen die hier aan bod
komen, zijn de cowboys van
de Camargue, de *grand* en de
petit Rhône (die vroeger langs
Nîmes stroomden). Er is veel
te zien over het leven in de
tijd van de dichter Frédéric
Mistral die een groot voor-
stander was van het gebruik
van de Provençaalse taal
(blz. 28). Hij woonde hier in
de buurt en won in 1904 de
Nobelprijs voor literatuur.
Een 3,5 km lang wandelpad
slingert van het museum door
het landschap naar het Marré
de la Grand Mare. Langs het
pad verwijzen borden naar de
traditionele boerenbedrijven
in de omgeving. Aan het eind
van de route staat een uitkijk-
toren.

De romaanse gevel van de abdijkerk in St-Gilles-du-Gard

St-Gilles-du-Gard ❽

Wegenkaart A3. 🏘 *12.200.* 🚍
ℹ *Pl. F. Mistral 1 (04-66873375).*
📅 *do en zo.* www.ville-saint-gilles.fr

St-Gilles, dat ook wel 'De
poort naar de Camargue'
wordt genoemd, is vooral
bekend vanwege de **Abbaye
de St-Gilles**. In de middeleeuwen was dit een enorme
abdij. In 1562, tijdens de godsdienstoorlogen, werd het gebouw ernstig beschadigd. De
gevel is de mooiste in de hele
Provence. Het bevat het eerste
gebeeldhouwde lijdensverhaal
van het christendom, uit de
12de eeuw.

De abdijkerk werd gesticht
door Raimond VI van Toulouse. Het was de eerste johan-
nieterpriorij in Europa. Bede-
vaartsgangers onderweg naar
Santiago de Compostela
deden de abdij aan en uit de
haven vertrokken schepen
naar de kruistochten
(blz. 42–43). In de crypte ligt
St-Gilles, een kluizenaar die
per vlot uit Griekenland was
gevaren, begraven.
De spiraalvormige trap in de
klokkentoren, *La Vis*, is een
bijzonder beeldhouwwerk.

Beaucaire ❾

Wegenkaart B3. 🏘 *14.000.*
🚉 *Tarascon* ℹ *Cours Gambetta
24 (04-66592657).* 📅 *do en zo.*
www.ot-beaucaire.fr

In de arena in Beaucaire
wordt jaarlijks een van de
grootste markten in Europa
gehouden. Al zeven eeuwen

komen er elk jaar in juli
duizenden mensen op af.
Raimond VI van Toulouse
stelde de markt in 1217 in
toen het **Château de
Beaucaire** werd uitgebreid.
Dit kasteel werd later door
Franse koningen gebruikt om
hun Provençaalse buren in de
gaten te houden. Kardinaal
Richelieu liet het kasteel slopen, maar van de driehoekige
donjon en de muren staat nog
genoeg overeind om te zien
hoe indrukwekkend het ooit
was. Binnen de muren be-
vindt zich een romaanse kapel; er worden middeleeuwse
voorstellingen gegeven, waaronder valkenierdemonstraties.
De **Abbaye de St-Roman** staat
5 km ten noordwesten van
Beaucaire. Deze dateert uit de
5de eeuw en is het enige uit
een rots gehouwen klooster
in Europa.

♣ **Château de Beaucaire**
Place Raymond VII. ***Tel.*** *04-*
66594761. ☐ *wo–ma.* 🎥

De Abbaye de Saint-Roman bij
Beaucaire is uit een rots gehouwen

De roemruchte Tarasque, de schrik van Tarascon

Tarascon ⑩

Wegenkaart B3. 🏛 *13.000.* 🚉 🚌
ℹ *Bd Itam 16 (04-90910352).* 🛒 *di*
en vr. **www**.tarascon.org

Het witte **Château de Tarascon**
is een van de herkenningspunten langs de Rhône. Van
het schitterende hof van René
le Bon *(blz. 46–47)* is weinig
meer over. Na de dood van
René in 1480 werd de
Provence Frans en het kasteel
– tot 1926 – een gevangenis.
Een ophaalbrug leidt naar de
barakken en dierenverblijven.
Ernaast staat het kasteel zelf
rond een binnenplaats,
waarvandaan twee ronde
trappen naar de koninklijke
vertrekken en andere kamers
in de torens leiden. Er zijn
nog wat door gevangenen
gekerfde teksten en een paar
plafondschilderingen te zien,
maar verder hangen er slechts
enkele geleende 17de-eeuwse
tapijten waarop de daden van
de Romeinse generaal Scipio
(237–183 v.C.) zijn afgebeeld.
In de crypte van de **Collégiale
Ste-Marthe** bevindt zich het
graf van de heilige die de
draak versloeg. De legende
wil dat St-Martha *(blz. 42)* de
bewoners redde van de
Tarasque, een mensetend
monster – half leeuw, half
gordeldier – waar de stad naar
is genoemd. Elk jaar in juni
wordt dit herdacht tijdens het
Fête de la Tarasque *(blz. 33)*.
In het 16de-eeuwse Cloître
des Cordeliers in de oude stad
worden tentoonstellingen georganiseerd. Het 17de-eeuwse
stadhuis staat in de Rue des
Halles. Het leven van vroeger
en de handbeschilderde stof-

fen worden nader toegelicht
in het **Musée Souleïado**.
Onder de naam *Souleïado*,
Provençaals voor 'de zon die
door de wolken schijnt', werd
de oude textielindustrie in
1938 nieuw leven ingeblazen.
In het museum bevinden zich
40.000 houten blokken uit de
18de eeuw, waarvan diverse
nog steeds worden gebruikt
om stof te bedrukken.
Het **Maison de Tartarin** is
gewijd aan een sterke verhalen vertellende hoofdpersoon
in drie boeken van de 19de-
eeuwse schrijver Alphonse
Daudet *(blz. 28)*.

⛪ **Château de Tarascon**
Bld. du Roi René. **Tel.** 04-90910193.
⏰ *dag.* ☐ *1 jan. 1 mei, 1 en
11 nov, 25 dec.* ☐

Musée Souleïado
Rue Proudhon 39. **Tel.** 04-90910880.
⏰ *di-za.* ● *1 jan., 1 en 11 nov, 25
dec.* 🌐 www.museesouleiado.com

Maison de Tartarin
Bld. Itam 55 bis. **Tel.** 04-90910508.
⏰ *april–nov.: do–di.* ● *1 mei, 1 en
11 nov.* 🎫

Het sprookjesachtige Château de
Tarascon van René le Bon

St-Rémy-de-Provence ⑪

Wegenkaart B3. 🏛 *10.000.*
🚉 *Avignon.* ℹ *Pl. Jean-Jaurès
(04-90920522).* 🛒 *wo en za.*
www.st-remy-de-provence.com

Dit rustige stadje is ideaal om
Les Alpilles te verkennen,
waar de kruiden groeien die
in de *herboristeries* (kruiden-
winkels) worden verkocht. In
het **Musée des Arômes** zijn
gereedschappen en voorbeelden van de lokale flora te
zien. In de **Église St-Martin**
staat een mooi orgel, waarop
gespeeld wordt tijdens het
zomerfestival 'Organa'. Een
van de mooiste huizen uit de
15de-16de eeuw huisvest een
museum. Het **Musée des
Alpilles** beschikt over een
etnografische collectie. De beroemde 16de-eeuwse fysiscus
en astroloog Nostradamus
werd in een huis aan de Ave-

Op de markt van St-Rémy worden
volop verse kruiden verkocht

nue Hoche in een oude wijk
van St-Rémy geboren.
**Le Centre d'Art Présence Van
Gogh** in het 18de-eeuwse
Hôtel Estrine houdt de band
tussen het stadje en de
beroemde schilder in ere. Van
Gogh werd in mei 1889, nadat hij zijn oor had afgesne-
den, in de **Clinique St-Paul**
opgenomen. Deze staat tussen St-Rémy en de Romeinse
ruïnes van Glanum. Toeristen
kunnen het terrein en het
12de-eeuwse klooster van de
kliniek bezoeken, en bij het
toeristenbureau is een kaart
verkrijgbaar waarop staat
waar Van Gogh schilderde
tijdens zijn verblijf. Achter de
kliniek staat Le Mas de la
Pyramide, een boerderij die al
eeuwen in bezit van dezelfde
familie is. In de Romeinse tijd
was het een steenhouwerij.
In **Glanum** *(blz. 40)* staan de

Van St-Rémy is het een kwartiertje lopen naar de triomfboog in Glanum

restanten van de eerste Griekse huizen in de Provence, uit de 4de eeuw v.C. Deze Grieks-Romeinse stad aan de ingang van een dal in Les Alpilles, gelegen in een mooie omgeving, werd later een Romeins kuuroord. Aan de weg tegenover Glanum staan monumenten die Les Antiques genoemd worden en die zeker een bezoek waard zijn: een triomfboog ter ere van Caesars overwinning op de Grieken en Galliërs uit 10 v.C. en een mausoleum uit ongeveer 30 v.C.

🏛 Musée des Arômes
Bld. Mirabeau 34. **Tel.** 04-90924870. ☐ Pasen–half sept. dag.; half sept.– Pasen ma–za. ● feestdagen. ☐ 🛗

🏛 Musée des Alpilles
Place Favier. **Tel.** 04-90926824. ☐ di–za. ● 1 mei, 25 dec. ☐

🏛 Le Centre d'Art Présence Van Gogh
Rue Estrine 8. **Tel.** 04-90923472. ☐ di–zo. ● jan. feb. ☐ 🛗 beperkt.

🏛 Clinique St-Paul
Ave. Vincent Van Gogh, St-Paul de Mausole. **Tel.** 04-90927700. ☐ dag. 🛗

⛪ Glanum
Rte des Baux. **Tel.** 04-90922379. ☐ april–sept.: dag.; okt.–maart: di–zo. ● 1 jan, 1 mei, 1 en 11 nov., 25 dec. ☐ 🛗 📷
www.monuments-nationaux.fr

Les Alpilles ⑫

Wegenkaart B3. 🚉 *Arles, Tarascon, Salon-de-Provence.* 🚌 *Les Baux-de-Provence, St-Rémy-de-Provence, Eyguières, Eygalières.* 🛈 *St-Rémy-de Provence (04-90920522).*

St-Rémy-de-Provence ligt ten westen van het kalksteengebergte Les Alpilles, een 24 km lange keten tussen de Rhône en de Durance. **La Caume**, net voorbij Glanum vanuit St-Rémy is 387 m hoog. Ten oosten van St-Rémy loopt de weg naar Cavaillon ten noorden van de bergen. Een afslag naar rechts leidt naar Eygalières. Hier woonde de schilder Mario Prassinos (1916–1985), wiens werk te zien is in de Notre-Dame-de-Pitié in St-Rémy. Net voorbij het dorp staat de 12de-eeuwse Chapelle St-Sixte. De weg leidt verder naar Orgon, vanwaar u uitzicht hebt over de Lubéron en het dal van de Durance. Orgon ligt aan de oostkant van de bergen. Een afslag naar rechts leidt hier naar de ruïne van Castelas de Roquemartine en Eyguières. De wandeling naar Les Opiés, een 493 m hoge berg met op de top een toren, duurt twee uur. Het pad is onderdeel van de GR6, die over Les Alpilles naar Les Baux voert. Van Castelas de Roquemartine leidt de weg in westelijke richting terug naar Les Baux.

Les Alpilles (De Alpjes) in het hart van de Provence

Dit 18de-eeuwse fresco toont de heren van Baux in hun strijd tegen de Saracenen in 1266

Les Baux-de-Provence ⓭

Wegenkaart B3. 🏛 460. 🔲 🛈
La Maison du Roy (04-90543439).
www.lesbauxdeprovence.com

Les Baux ligt op een uitloper van Les Alpilles (*bau* is Provençaals voor helling) en biedt uitzicht over de Camargue (*blz. 136–139*). Het is het indrukwekkendste fort in de Provence met jaarlijks twee miljoen bezoekers. Naast de Porte Mage ligt een parkeerplaats, verder is het plaatsje alleen toegankelijk voor voetgangers.
Toen de heren van Baux hier in de 10de eeuw hun citadel bouwden, beweerden ze nazaten van koning Balthasar te zijn en kozen de ster van Bethlehem als embleem. Hoezeer ze ook van oorlog hielden, ze stonden ook aan de wieg van een literair genre waarin troubadours jonkvrouwen in dichtvorm en met gezang het hof maakten: de hoofse literatuur. De ruïnes van de citadel staan op het hoogste punt. Via de 14de-eeuwse Tour-du-Brau, waar het **Musée d'Histoire des Baux-de-Provence** is gehuisvest, komt u binnen. Op de uiterste rotspunt staat het monument voor de Provençaalse dichter Charloun Rieu (1846–1924). Twee andere musea, in het dorp zelf, zijn de **Fondation Louis Jou** en het **Musée des Santons**. De Chapelle des Pénitents

Gedenksteen voor dichter Charloun Rieu

Blancs, naast de 12de-eeuwse Église St-Vincent, is in 1974 beschilderd door de plaatselijke kunstenaar Yves Brayer. Ten noorden van Les Baux staat de **Cathédrale d'Images**.

🏛 Musée d'Histoire des Baux-de-Provence
Hôtel de la Tour-du-Brau, Rue du Trenca. **Tel.** *04-90545556.*
⭕ *dag.* 📷 ♿ *beperkt.*
In dit kleine archeologische museum worden in en om Les Baux opgegraven voorwerpen getoond.

🏛 Fondation Louis Jou
Hôtel Brion, Grande Rue. **Tel.** *04-90543417.*
⭕ *do–zo.* 📷
Dit museum toont zorgvuldig bewaarde middeleeuwse boeken en prenten en tekeningen van Dürer, Goya en de plaatselijke graveur Jou, naar wie het museum is genoemd.

🏛 Musée des Santons
Pl. Louis Jou. **Tel.** *04-90543439.*
⭕ *dag.*
In het 16de-eeuwse voormalige stadhuis wordt de geboorte van Christus verbeeld met van klei gemaakte *santons* (*blz. 48*), beeldjes van heiligen in Provençaalse kleding.

Cathédrale d'Images
Route de Maillane. **Tel.** *04-90543865.*
⭕ *maart–dec.: dag.* 📷 ♿
www.cathedrale-images.com
De Val d'Enfer (Vallei van de Hel) ligt aan de D27 ten noorden van Les Baux, op loopafstand van de parkeerplaats bij het plaatsje. Deze ruige kloof, waarvan men zegt dat er heksen en geesten wonen, zou een inspiratiebron voor Dantes verzen zijn geweest. In 1822 ontdekte mineraloog Berthier hier een delfstof die hij – naar het plaatsje – bauxiet noemde. In de groeve werd de Cathédrale d'Images (Plaatjespaleis) ingericht. Doordat de dia's niet alleen

Gezicht op de citadel en de huizen in Les Baux

op de witte kalkstenen muren, maar ook op de vloer en het plafond van dit natuurlijke theater worden geprojecteerd, krijgen de bezoekers de indruk dat ze midden in de afbeelding zijn beland. De voorstelling duurt 30 minuten, wordt elk jaar vernieuwd en is dankzij de meeslepende muziek een unieke audiovisuele belevenis.

Chapelle des Pénitents, naast de Église St-Vincent in Les Baux

Fontvieille ⓮

Wegenkaart B3. 🏚 3500. 🚗 🚉
ℹ️ Rue Marcel Honorat 5.(04-90546749). 🍽 ma en vr.
www.fontvieille-provence.com

Fontvieille is een aangenaam provincieplaatsje in het voor groente- en fruitteelt gebruikte landschap van het Bauxdal. Het plaatsje ligt halverwege Arles en Les Alpilles. Tot de Franse Revolutie in 1789 vormde het plaatsje een geheel met de Abbaye de Montmajour. De vier oratoria aan de rand van Fontvieille werden in 1721 gesticht ter viering van het einde van de pestepidemie *(blz. 48–49)*. Ten zuiden van het plaatsje, langs de D33, staat de Moulin de Daudet. Even verder, in Barbegal, ziet u de overblijfselen van een Romeins aquaduct.

Abbaye de Montmajour ⓯

Wegenkaart B3. Route de Fontvieille. **Tel.** 04-90546417. ◯ april–sept.: dag.; okt.–maart: di–zo. ● 1 jan., 1 mei, 1 en 11 nov., 25 dec. 🎟 ♿

Deze benedictijnenabdij, die 5 km ten noordoosten van Arles als de Ark van Noach op de Ararat staat, dateert uit de 10de eeuw. Destijds was deze plek een soort eiland in de moerassen. De monniken gebruikten al hun vrije tijd voor het wegpompen van het water uit de moerassen tussen Les Alpilles en de Rhône. Hoewel een brand in 1726 alle barokke gebouwen van de abdij verwoestte, is het complex nog altijd een indrukwekkend geheel. Volgens de overlevering stichtte St-Trophime de oorspronkelijke kerk als toevluchtsoord voor hen die op de vlucht waren voor de Romeinen. In de middeleeuwen was de abdij een belangrijke bedevaartplaats.

De kruisgang en donjon van Abbaye de Montmajour

Na 1791 werd de abdij in twee delen gesplitst en door de staat verkocht. In de 19de eeuw volgden belangrijke restauraties. De **Église Notre-Dame** is een van de grootste romaanse gebouwen in de Provence. De crypte dateert uit de 12de eeuw. In de kruisgang staat een dubbele rij zuilen, versierd met afbeeldingen van dieren. De kruisgang staat in de schaduw van de 26 m hoge toren uit 1360. Hier hebt u een mooi uitzicht over de zee. De **Chapelle de St-Pierre** is weggewerkt in de bergwand. De kapel is even oud als de abdij zelf. Op het terrein van de abdij bevindt zich een aantal graftomben, maar de belangrijkste begraafplaats ligt bij de 12de-eeuwse **Chapelle Ste-Croix**. Deze ligt ten oosten van de abdij en heeft de vorm van een Grieks kruis.

DE MOLEN VAN DAUDET

De Moulin de Daudet is een van de beroemdste literaire herkenningspunten in Frankrijk. Alphonse Daudet werd in 1840 in Nîmes geboren. In 1860 verscheen *Brieven uit mijn molen*, verhalen over het leven in de Provence waarmee Daudet veel lof oogstte. Met gevoel voor ironie en pathos beschreef hij de plaatselijke bevolking. Zelf heeft Daudet nooit in een molen gewoond, maar de verhalen die de molenaars hem vertelden, verwerkte hij op originele wijze in zijn boek. Tijdens zijn verblijf in Fontvieille logeerde hij in het 19de-eeuwse Château de Montauban. Hij ging later terug naar Parijs om zijn verhalen op te schrijven. In de gerestaureerde molen is een klein museum ingericht ter nagedachtenis van Daudet.

Onder de loep: Arles ⑯

Veel attracties in Arles verraden het Romeinse verleden van de stad. Vanaf de Place de la République zijn deze bezienswaardigheden allemaal te voet bereikbaar. Aan de noordkant van het plein staat het Hôtel de Ville en daarachter ligt de Place du Forum, het hart van het moderne Arles. Ook van de terrassen aan de Boulevard des Lices kunt u het dagelijkse leven in Arles gadeslaan. In deze straat is twee keer per week markt. In de winkels verkoopt men Provençaalse stoffen. Museumliefhebbers kunnen een passe-partout voor alle musea in de stad kopen, behalve het Espace Van Gogh.

Les Thermes de Constantin zijn de enige restanten van het paleis dat in de 4de eeuw voor Constantijn de Grote werd gebouwd.

Musée Réattu
De collectie van dit museum bestaat uit kunst uit de laatste drie eeuwen, waaronder Le griffu (1952) van Germaine Richier.

Hôtel de Ville

Museon Arlaten
Het Hôtel de Laval-Castellane met zijn Provençaals-folkloristische verzameling toont de plaatselijke geschiedenis.

L'Espace Van Gogh, een cultureel centrum

★ **Église St-Trophime**
In het portaal van deze romaanse kerk is een weergave van Het laatste oordeel, *inclusief heiligen en apostelen, te zien.*

STERATTRACTIES
★ Les Arènes
★ Théâtre Antique
★ Église St-Trophime

Obelisk
Op de Place de la République staat een obelisk uit de oudheid. Hij is afkomstig van de Romeinse renbaan die aan de overkant van de Rhône stond.

Voor hotels en restaurants in deze streek zie blz. 199–202 en blz. 214–216

★ Les Arènes

Dit is een van de grootste en best bewaard gebleven Romeinse bouwwerken in de Provence. Vanaf de bovenste ring hebt u mooi uitzicht op Arles.

TIPS VOOR DE TOERIST

Wegenkaart B3. 🏛 *53.000.* ✈ *Nîmes-Garons.* 🚌 🚍 *Ave. Paulin Talabot.* 🛈 *Esp C. de Gaulle (04-90184120)* 🛒 *wo en za.* 🎭 *Féria Pascale (Pasen); Fête des Gardians (1 mei); Fêtes d'Arles (juli); Féria des Prémices du Riz (begin sept.).* **www**.arlestourisme.com

★ Théâtre Antique

Van de stenen uit de muren van dit vroegere fort zijn later huizen gebouwd. Deze twee resterende zuilen heten de 'twee weduwen'.

De **Notre-Dame-de-la-Major** is gewijd aan St.-Joris, patroonheilige van de *gardians* in de Camargue.

Kruisgang van de St-Trophime

Dit kapiteel is een mooi voorbeeld van de schoonheid van de romaanse kruisgang.

SYMBOOL

– – – Aanbevolen route

0 meter   100

VAN GOGH IN ARLES

In de vijftien maanden die hij in Arles doorbracht, schilderde Van Gogh meer dan 300 doeken, maar in de stad is geen werk van hem te zien. Wel is het Hôtel-Dieu getransformeerd tot L'Espace Van Gogh. U vindt er een bibliotheek en een tentoonstellingsruimte. Van Gogh leeft ook voort in het Café Van Gogh aan de Place du Forum, dat is ingericht als zijn *Café du Soir.*

L'Arlésienne **van Van Gogh (1888)**

Arles verkennen

Het door de Grieken gestichte Arles werd door de
Romeinen uitgebouwd tot een 'klein Rome'. Bij deze zui-
delijkste oversteekplaats van de Rhône bouwden zij
scheepswerven, baden, een renbaan en een arena. Arles
was hoofdstad van het gebied dat nu Spanje, Frankrijk
en Groot-Brittannië zou omvatten, en uit die tijd resteren
nog tal van bezienswaardigheden. Auto's moeten buiten
het centrum van de stad worden geparkeerd.

Sarcofagen in Les Alyscamps

Europa en de stier, Romeins mozaïek in Musée de l'Arles Antique

♉ Les Arènes
Rond-point des Arènes.
Tel. 04-90493686. ⬡ dag. ⬤
1 jan., 1 mei, 1 nov., 25 dec. en
tijdens stierengevechten. 📷
Dit indrukwekkendste van de
overgebleven Romeinse
bouwwerken staat aan de
oostkant van de oude stad.
Het was het grootste Romeinse gebouw in Gallië. Het ova-
le theater meet 136 x 107 m
en bood plaats aan 20.000
toeschouwers. De vloeren van
sommige kamers in de catacomben zijn ingelegd met
mozaïek. In de arena worden
regelmatig zowel Spaanse als
Provençaalse stierengevechten gehouden. Ten zuidwesten ervan staat het Romeinse
Théâtre Antique, waar in een
halve cirkel 2000 mensen
overdekt kunnen zitten.

🏛 Musée de l'Arles Antique
Presqu'île du Cirque Romain. **Tel.**
04-90188888. ⬡ dag. ⬤ 1 jan.,
1 mei, 1 nov., 25 dec. 📷 ♿ 🚻
www.arles-antiques.cg13.fr
Dit museum is in 1995 ge-
opend en toont christelijke en
heidense kunst. Na de beke-
ring van Constantijn de Grote
in 312 werd Arles christelijk
en er zijn mooie Romeins-
christelijke beelden te zien,
bijvoorbeeld een replica van
de Venus van Arles en
Romeinse mozaïeken.

♉ Cryptoporticus
Rue Balze. ⬤ tot nader bericht.
Deze door schachten en frisse lucht voorziene onderaardse ruimten (blz. 41) maakten
deel uit van de structuur van
het forum.

♉ Les Alyscamps
Ave. des Alyscamps. ⬡ dag 📷 ♿
Les Alyscamps was van de
Romeinse tijd tot de late middeleeuwen een van de be-
roemdste dodensteden in het
Westen. De Romeinen meden
de plaats en de christenen
ontmoetten elkaar hier onder
leiding van St-Trophime. Christenen werden begraven bij de
tombe van Genesius, een
Romeinse slaaf en onthoofde
christelijke martelaar.

🔔 Église St-Trophime
Pl. de la République. **Tel.** 04-
90493353. ⬡ dag. ♿
Dit is een van de mooiste romaanse kerken in de Provence. In het portaal en de kruisgangen ziet u bijbelse taferelen. St-Trophime, vermoede-
lijk de eerste bisschop van
Arles (3de eeuw), staat met
Petrus en Johannes afgebeeld
op de noordoostelijke zuil.

🏛 Museon Arlaten
Hôtel Laval-Castellane, Rue de la
République 29. **Tel.** 04-90935811.
⬡ juli–sept. dag., okt.–juni di–zo.
⬤ 1 jan., 1 mei, 1 nov., 25 dec. 📷
Dit folkloristisch museum vol
kostuums, schilderijen en
snuisterijen beslaat twee
ruime etages en biedt een
schat aan informatie over de
kleding, tradities en bijgelo-
ven in de streek. Het werd in
1896 gesticht door de dichter
Mistral (blz. 28). Deze knapte
het 16de-eeuwse Hôtel Laval-
Castellane op met het geld
van zijn Nobelprijs.

🏛 Musée Réattu
Rue du Grand-Prieuré 10. **Tel.** 04-
90493758. ⬡ dag. ⬤ 1 jan., 1 mei,
1 en 11 nov., 25 dec. 📷
De collectie bevat veel werk
van de plaatselijke kunstenaar
Jacques Réattu (1760–1833)
en zijn tijdgenoten. Een
schenking van Picasso en een
fotocollectie maken deel uit
van de 20ste-eeuwse collectie.

Uitzicht op Arles vanaf de overkant van de Rhône

Voor hotels en restaurants in deze streek zie blz. 199–202 en blz. 214–216

Martigues

Wegenkaart B4. 🏘 *45.000*.
🚉 🚍 ℹ️ *Rond-Point de l'Hôtel de Ville (04-42423110).* 🎫 *do en zo.*
www.martigues-tourisme.com

Bij het Étang de Berre, tussen Marseille en de Camargue, is de grootste aardolieraffinaderij in Frankrijk gevestigd. Landinwaarts, aan het Canal de Caronte, ligt echter de vroegere vissershaven en kunstenaarskolonie Martigues, waar nog altijd veel vakantiegangers komen. Martigues ligt aan weerszijden van het kanaal en op het eiland Brescon. Op de Pont San Sébastien zetten schilders graag hun ezel op. De grootste bewonderaar van dit 'klein Venetië' *(blz. 26)* was Félix Ziem (1821–1911). Zijn schilderijen en werken van hedendaagse kunstenaars zijn te bezichtigen in **Musée Ziem**.

De 12de-eeuwse Abbaye de Silvacane

🏛 **Musée Ziem**
Bld. du 14 Juillet.
Tel. 04-42413960.
⭕ *juli–aug.: wo–ma; sept.–juni: wo; do–zo: alleen 's middags.*

Het schilderachtige Canal San Sébastien in Martigues

Salon-de-Provence

Wegenkaart B3. 🏘 *40.000*. 🚉 🚍
ℹ️ *Cours Gimon 56 (04-90562760).*
🎫 *wo en zo.*

Salon-de-Provence is bekend om zijn zeep en zijn olijven. De plaats wordt gedomineerd door het **Château de l'Empéri**. Vroeger woonden de aartsbisschoppen van Arles in dit kasteel, tegenwoordig is het

Musée de l'Empéri, dat aan militaire zaken uit de periode van Lodewijk XIV tot de Eerste Wereldoorlog is gewijd, er gevestigd.
De militaire traditie van de plaats wordt hooggehouden door de aanwezigheid van La Patrouille Aérienne de France, de officiersopleiding van de Franse luchtmacht.
In de buurt van het kasteel staat de 13de-eeuwse **Église de St-Michel**, en ten noorden van de oude stad staat de gotische **Église St-Laurent**. Bij deze laatste kerk ligt de Franse arts/astroloog Nostradamus begraven. In Salon schreef hij *Les centuries*, een boek vol voorspellingen dat in 1555 verscheen. De paus verbood het boek, waarin onder andere een teruglopende invloed van de kerk werd voorspeld. Nostradamus, in zijn tijd een beroemd man, werd in 1560 de hofarts van Karel IX. In juli is er in Salon een vier dagen durend gospelfestival.

Nostradamus, astroloog en inwoner van Salon

♣ **Château de l'Empéri**
Montée du Puech. **Tel.** 04-90562236.
⭕ *wo–ma.* ● *1 jan., 1 mei, 1 nov., 24–25 dec., 31 dec.* 📷

Abbaye de Silvacane

Wegenkaart C3. **Tel.** 04-42504169.
⭕ *april–sept. dag., okt.–maart wo–ma* ● *1 jan., 1 mei, 25 dec.* 📷 🚻
www.monum.fr

Dit cisterciënzerklooster dateert uit de 12de eeuw. Het harmonieuze gebouw ligt goed verstopt in het glooiende landschap. Van Aix-en-Provence kunt u eenvoudig de bus nemen naar Roque-d'Anthéron, het dorp dat het dichtst bij het klooster ligt. De abdij werd gesticht in een open ruimte in een 'woud van riet' *(silva canorum)* op het terrein van een benedictijnenklooster. De kerk, met een schip, twee zijbeuken en een hoog overwelfd transept, is stevig, kaal en hol. De kruisgangen dateren uit de 13de en de refter uit de 14de eeuw. Kort hierna verlieten de monniken het klooster en werd het gebouw parochiekerk.
Na de Revolutie werd de kerk een boerderij en pas in de 20ste eeuw kreeg hij zijn eigenlijke functie terug.

Aix-en-Provence ⑳

De vroegere hoofdstad van de Provence is een studentenstad en heeft een van de mondainste straten van de streek binnen zijn grenzen: de door restaurants en cafés omzoomde Rue de la Verrerie. Lodewijk II van Anjou stichtte in 1409 de universiteit die onder zijn zoon, René le Bon *(blz. 46–47)* tot grote bloei kwam.

In de 17de eeuw ontwikkelde de stad zich verder toen de door de Romeinen rond Aquae Sextiae gebouwde stadswallen werden gesloopt en de Cours Mirabeau, een straat vol dure herenhuizen, werd aangelegd.

De Cours Mirabeau, de mooiste straat in Aix

Aix verkennen

De oude wijk van Aix ligt ten noorden van de Cours Mirabeau tussen de Cathédrale St-Sauveur en de Place d'Albertas. In het voormalige bisschoppelijk paleis is het Musée des Tapisseries gehuisvest, en aan het plein waar nu een bloemenmarkt is, bouwde Pierre Pavillon tussen 1655 en 1670 het prachtige Hôtel de Ville. Vlak bij dit gebouw staat de 16de-eeuwse klokkentoren. Net buiten de oude wijk liggen de ruïnes van de Romeinse baden, de Thermes Sextius, en daar weer vlakbij vindt u het 18de-eeuwse kuuroord. De Cours Mirabeau is vernoemd naar redenaar en revolutionair Comte de Mirabeau. Aan het westeinde van de straat staat de Fontaine de la Rotonde, een gietijzeren fontein uit 1860. Langs de noordzijde vindt u winkels en cafés, bijvoorbeeld het beroemde 18de-eeuwse Les Deux Garçons *(blz. 219)*.
Langs de zuidzijde staan veel mooie herenhuizen: Hôtel de Villars (1710) op nr. 4, Hôtel d'Isoard de Vauvenargues (1710) op nr. 10, waar de markies van Entrecasteaux woonde en zijn vrouw vermoordde, Hôtel d'Arbaud Jouques (1730) op nr. 19, Hôtel de Forbin (1658) op nr. 20 en Hôtel d'Espagnet op nr. 38. Ten zuiden van de Cours Mirabeau werd onder aartsbisschop Mazarin het Quartier Mazarin gebouwd. In de gotische kerk aldaar, de St-Jean-de-Malte, is het Musée Granet gehuisvest.

Detail Pavillon de Vendôme

⛪ Cathédrale St-Sauveur

Pl. des Martyrs-de-la-Résistance 34. **Tel** 04-42234565. ◯ dag. 🚫 alleen kloostergangen.
Deze kathedraal is een al historie. De deuren van de hoofdingang zijn in 1504 bewerkt door Jean Guiramand van Toulon. Rechts hiervan staat, onder een door Korinthische zuilen ondersteunde renaissancistische koepel, een doopvont uit de 4de–5de eeuw. De zuilen (2de eeuw) zijn afkomstig uit de basiliek die naast het Romeinse forum stond. Het pronkstuk van de kerk is de triptiek *Het brandende braambos* (1476, *blz. 46–47*) van Nicolas Froment (wordt tot 2006 gerestaureerd). Ten zuiden van de kathedraal ziet u de betegelde romaanse kruisgang.

🏛 Musée des Tapisseries

Pl. des Martyrs-de-la-Résistance 28. **Tel** 04-42230991. ◯ wo–ma. ⬤ 1 jan., 1 mei, 24, 25 en 31 dec. 🖼
Behalve prachtige Beauvais-tapisserieën uit de 17de en 18de eeuw kunt u hier opera-kostuums en -decors zien die sinds 1948 zijn gebruikt in het jaarlijkse Festival International d'Aix (*blz. 33*).

🏛 Musée du Vieil Aix

Rue Gaston-de-Saporta 17. **Tel** 04-42214355. ◯ di–zo. ⬤ feestdagen. 🖼
Deze collectie omvat meubilair, marionetten, een 19de-eeuwse *crèche parlante* en poppen uit de Sacraments-dagparade.

Het 17de-eeuwse Hôtel de Ville met de bloemenmarkt

🏛 Muséum d'Histoire Naturelle

Rue Espariat 6. **Tel** 04-42279127. ◯ wo–ma. ⬤ 1 jan., 1 mei, 24, 25 en 31 dec. 🖼 📷
Het museum is gehuisvest in het door Pierre Puget ontworpen en in 1675 gebouwde Hôtel Boyer d'Eguilles. De mineralogische en paleontologische collectie bevat ook in de omgeving gevonden dinosauruseieren.

Voor hotels en restaurants in deze streek zie blz. 199–202 en blz. 214–216

Het atelier van Cézanne

⎕ Musée Granet

Rue Cardinale 13. **Tel** 04-42528832.
◯ di–za alleen 's middags. 🖾
Het belangrijkste museum in
Aix werd gerenoveerd in 2006
en is te vinden in een uit de
17de eeuw daterende priorij
van de johannieters. François
Granet (1775–1849), een
plaatselijk schilder, liet zijn
collectie Franse, Italiaanse en
Vlaamse meesters aan Aix na.
Deze verzameling omvat *Portret van Granet* en *Jupiter en
Thetis* van Ingres, werk van
Granet zelf en andere Provençaalse schilders, onder wie

Cézanne. Voorts ziet u er restanten uit het Romeinse Aix.

⎕ Fondation de Vasarely

Ave. Marcel Pagnol 1. **Tel** 04-42200109. ◯ di–za. ● 1 mei,
25 dec.–1 jan. 🖾 ♿ alleen begane
grond. 🗋 🎧
Dit is een van de opvallendste
gebouwen van Aix. Het werd
rond 1975 ontworpen door de
koning van de opart, Victor
Vasarely, en bestaat uit
zeshoeken van wit en zwart
metaal. Hier wordt werk van
zowel Franse als buitenlandse
kunstenaars tentoongesteld.

TIPS VOOR DE TOERIST

Wegenkaart C4. 🗺 140.000.
🚌 Ave. Víctor Hugo. 🚍 Ave. de
l'Europe. 🛈 Pl. du Général de
Gaulle 2 (04-42161161). 📅 dag.
🎭 Fest. d'Art Lyrique (juni–juli).
www.aixenprovencetourism.com

🏛 Atelier Paul Cézanne

Ave. Paul Cézanne 9. **Tel** 04-42210653. ◯ dag. ● 1 jan., 1 mei,
25 dec. 🖾 **www**.atelier-cezanne.com
Het bescheiden huis waar Paul
Cézanne *(blz. 26)* woonde,
staat ten noorden van de oude
stad, tien minuten lopen van
de kathedraal. Het door
Cézanne ontworpen atelier is
sinds zijn dood in 1906 weinig
veranderd. Hier schilderde hij
zijn *Les grandes baigneuses*.

⎕ Pavillon de Vendôme

Rue de la Molle 13. **Tel** 04-42210578. ◯ wo–ma. ● 31 dec.
en 1 jan., 1 mei, 24 en 25 dec. 🖾
Het Pavillon de Vendôme, een
van de statigste huizen in Aix,
werd in 1667 gebouwd voor
Cardinal de Vendôme en later
vergroot. Het hoofdportaal
wordt gedragen door atlanten
(blz. 48); in de kamers staat
Provençaals meubilair.

AIX-EN-PROVENCE

Cathédrale St-Sauveur ③
Fontaine de
   la Rotonde ⑧
Hôtel de Ville ⑥
Musée Granet ⑨
Musée d'Histoire
   Naturelle ⑦
Musée des Tapisseries ④
Musée du Vieil Aix ⑤
Pavillon de Vendôme ①
Thermes Sextius ②

0 meter   500

Verklaring van de symbolen *zie achterflap*

Marseille ㉑

Marseille is de belangrijkste haven en oudste grote stad in Frankrijk. Ten noorden van de Vieux Port, waar vissersboten tussen de wachttorens St-Jean en St-Nicolas in- en uitvaren, liggen de scheepswerven en de na de Tweede Wereldoorlog herbouwde oude stad. Marseille is 26 eeuwen oud en de mengeling van culturen is zo ver doorgevoerd dat Alexandre Dumas de stad 'de ontmoetingsplaats van de hele wereld' noemde.

De Vieux Port met op de achtergrond de Notre-Dame-de-la-Garde

Marseille verkennen

Van het einde van de haven leidt La Canebière (het cannabispad) landinwaarts. Deze drukke straat verbindt de haven met de velden waar vroeger hennep werd verbouwd om touw voor de schepen van te maken.
Op het hoogste punt van La Canebière staat de neogotische Église des Réformés. Sla hier eerst links- en dan rechtsaf naar de Boulevard Longchamp die naar het Palais Longchamp leidt. Longchamp is een curieus bouwwerk met twee halfronde zuilenrijen rond een fontein. In de vleugels is een museum voor schone kunsten en natuurlijke historie gehuisvest. Achter het Palais Longchamp ligt de dierentuin. Voorbij de winkels ten zuiden hiervan staat in een hoger gelegen deel in de basiliek Notre-Dame-de-la-Garde, vanwaar u ongeëvenaard uitzicht over de stad

hebt. Op de vismarkt, 's ochtends op de Quai des Belges, kunt u in een van de omliggende visrestaurants kennismaken met de beroemde bouillabaisse *(blz. 207)*.
Vlak achter St-Ferréol aan de Quai des Belges ligt de Jardin des Vestiges, waar onlangs restanten van een Griekse nederzetting uit de 4de eeuw v.C. zijn ontdekt.

🏛 Vieille Charité

Rue de la Vieille Charité 2.
Tel. *04-91145880.* ⭘ *di–zo.*
🕑 *feestdagen* 📷 🚻 🖥 ♿.
Het mooiste gebouw in de oude stad is het Vieille Charité. Dit gasthuis werd ontworpen door Pierre Puget (1620–1694), architect van Lodewijk XIV. In 1671 werd met de bouw begonnen. Het hospitaal staat rond een mooie overkoepelde kapel, die nu als expositieruimte dienstdoet. In het Musée d'Archéologie Méditerranéenne is op de eerste verdieping een collectie voorwerpen uit de Egyptische oudheid te zien en op de tweede verdieping Afrikaanse en Oceanische kunst.

⛪ Cathédrale de la Major

Pl. de la Major. ***Tel.*** *04-91905357.*
⭘ *dag.*
Naar het westen toe loopt de stad af naar de Cathédrale de la Major. Deze neobyzantijnse kolos is alleen groot. In de crypte vindt u de tomben van de bisschoppen van Marseille. De Ancienne Cathédrale de la Major staat er sinds de 11de eeuw naast. De reliekenschrijn dateert van 1073, het altaar van de 15de eeuw. Een deel van deze kerk werd gesloopt voor de bouw van de kathedraal.

🏛 Musée des Docks Romains

Pl. Vivaux 28. ***Tel.*** *04-91912462.*
⭘ *di–zo.* 🕑 *feestdagen* 📷.
Tijdens de wederopbouw van de stad na de Tweede Wereldoorlog ontdekte men restanten van Romeinse scheepswerven. In het museum is voornamelijk aardewerk te zien. Waar de scheepswerven lagen, staan nu flatgebouwen.

De vleugels van het Palais Longchamps staan om een fontein heen

Voor hotels en restaurants in deze streek zie blz. 199–202 en blz. 214–216

Visstalletje op de markt aan de Quai des Belges in de oude haven

🏛 Musée du Vieux Marseille
Maison Diamantée, Rue de la Prison 2.
Tel. 04-91552868. 🕐 di–zo 📷.
De Quai de Port leidt langs
het Hôtel de Ville uit de 17de
eeuw. Hierachter staat het
interessantste museum over
de geschiedenis van Marseille,
het onlangs gerenoveerde
Musée du Vieux Marseille,
gevestigd in het 16de-eeuwse
Maison Diamantée en genoemd
naar de diamantkoppen in de
gevel. Er zijn in dit museum
Provençaals meubilair,
voorwerpen uit de streek en
santons te zien.

🏛 Musée d'Histoire de Marseille
Centre Bourse, Square Belsunce.
Tel. 04-91904222. 🕐 ma–za.
🌑 feestdagen 📷 ♿.
Dit museum is gehuisvest in
het winkelcentrum Centre
Bourse. Er zijn maquettes
van Marseille in de Griekse
tijd te zien. In de bijbehorende Jardin des Vestiges zijn
nog Griekse vestingwerken
en scheepsdokken uit de 1ste
eeuw bewaard.

🏛 Musée Cantini
Rue Grignan 19. **Tel.** 04-91547775.
🕐 di–zo. 🌑 feestdagen 📷.
Musée Cantini is gehuisvest in
het 17de-eeuwse Hôtel de
Montgrand. De collectie
20ste-eeuwse kunst, die in
zijn geheel werd geschonken
door Jules Cantini, bestaat uit
fauvistische, kubistische en
surrealistische schilderijen.

🏛 Musée de la Faïence
Ave. de Montredon 157. **Tel.** 04-
91724347. 🕐 di–zo. 🌑 feestdagen
📷 ♿ 🏳.

Een nieuw keramiekmuseum
in Marseille, gevestigd in het
19de-eeuwse Château Pastré.
De collectie omvat kerami-
sche kunst van het neolithi-
cum tot heden.

De versterkte muren van de Abbaye de St-Victor

🔒 Abbaye de St-Victor
Pl. St-Victor. **Tel.** 04-96112260.
🕐 dag. 📷 voor de crypte.
Tussen de haven en de Notre-
Dame staat het mooiste religieuze bouwwerk in Marseille,
de Basilique St-Victor, ooit eigendom van een van de machtigste abdijen in de Provence.
De later heilig verklaarde
monnik Cassianus stichtte de
kerk in de 5de eeuw ter ere
van St.-Victor, patroonheilige
van zeelui en molenaars.
Tussen de 11de en 14de eeuw
werd de kerk vergroot.
In de crypten zijn catacomben,
sarcofagen en de resten van
de 5de-eeuwse abdij te zien.
Ter herdenking van de komst
van de drie Maria's *(blz. 41)*
naar de Provence worden er
op 2 februari bootvormige
taartjes verkocht.

🔒 Basilique de Notre-Dame-de-la-Garde
Rue Fort du Sanctuaire.
Tel. 04-91134080. 🕐 dag. 📷
Dit gebouw, dat het zuidelijke
deel van de stad domineert, is
een 155 m hoog, neobyzan-
tijns, 19de-eeuws curiosum.
Op een 46 m hoge klokken-
toren waakt een gouden madonnabeeld over het gebouw.
Van binnen is de kerk grotendeels door leden van de
Düsseldorfer Schule bewerkt.
Veel bezoekers komen vooral
naar de basiliek voor het
mooie uitzicht over de stad.

🏛 Musée Grobet-Labadié
Bld. Longchamp 140. **Tel.** 04-
91622182. 🕐 di–zo. 🌑
feestdagen. 📷
Aan het noordeinde van Boulevard Longchamp staat het
mooiste huis van Marseille.
Het werd in 1873 gebouwd
voor de plaatselijke koopman
Alexandre Labadié. In 1919
schonk zijn dochter gebouw
en collectie aan de stad.
Het museum beschikt over
een mooie collectie meubilair,
tapisserieën, schilderijen uit
de 17de tot 19de eeuw en
talloze curieuze voorwerpen,
waaronder muziekinstrumenten zoals van zijde en ivoor
gemaakte doedelzakken.

De geseling van Christus in het Musée Grobet-Labadié (detail)

🏛 Palais Longchamps

Bd Longchamp 42. **Musée des Beaux-Arts** 🌑 *tot 2012.* **Musée d'Histoire Naturelle** *Tel. 04-91145990.* ◯ *di–zo.* 🌑 *feestdagen.*

Dit 19de-eeuwse paleis huisvest zowel het Musée des Beaux-Arts als het Musée d'Histoire Naturelle, met zijn opgezette dieren. Het Musée des Beaux-Arts heeft belangrijke werken van de plaatselijke kunstenaar Pierre Puget (1620–1694) en Daumier (1808–1879), evenals schilderijen van Franse, Italiaanse en Vlaamse oude meesters.

Château d'If in de baai van Marseille

Le sacrifice de Noë van Puget in het Musée des Beaux Arts

⚓ Château d'If

Tel. 04-91590230. ◯ *mei–aug. dag., sept.–april di–zo.* 🦽 🍽 *feb.– nov.*

Tijdens een bezoek van Frans I aan Marseille in 1516 besloot de koning tot de bouw van een fort. Het werd in 1529 gebouwd en van 1540 tot de Eerste Wereldoorlog gebruikt als gevangenis. Tot de beroemdste gedetineerden horen de door Alexandre Dumas gecreëerde graaf van Monte Cristo, de legendarische Man met het IJzeren Masker *(blz. 71)* en de wél echte Comte de Mirabeau. In 1516 werd hier een neushoorn aan wal gezet, de eerste in Europa. Albrecht Dürer tekende hem *(blz. 47).*

🏢 Cité Radieuse

Bld. Michelet 280. *Tel. 04-91167800 (voor informatie over rondleidingen).* De Cité Radieuse ('stralende stad') werd in 1952 geopend. Het verticale betonnen complex werd ontworpen door Le Corbusier en huisvest winkels, clubs, scholen en crèches *(blz. 25).*

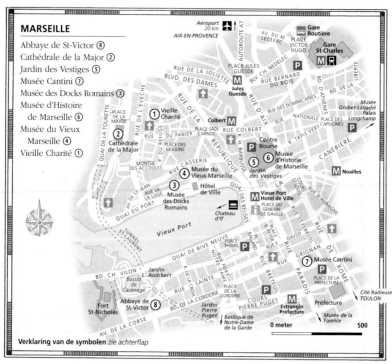

MARSEILLE

Verklaring van de symbolen *zie achterflap*

Aubagne

Wegenkaart C4. 45.000.
Ave. Antide Boyer (04-42034998). di, do, za en zo.
www.agglo-paysdaubagne.com

De grootste charme van dit weinig aantrekkelijke marktplaatsje is het werk van Marcel Pagnol. Tegenover het Office de Tourisme is de tentoonstelling Petit Monde de Marcel Pagnol te zien. Verder worden er keramiek en *santons (blz. 48)* gemaakt. Net buiten het stadje is het hoofdkwartier van het Franse Vreemdelingenlegioen gevestigd, dat hier in 1962 uit Algerije naartoe verhuisde. Het **Musée de la Légion Etrangère** toont aandenkens aan het leger in andere werelddelen, van Mexico tot Indochina.

Musée de la Légion Etrangère
Chemin de la Thuilière. **Tel.** 04-42181241. juni–sept.: di, wo, vr–zo; okt.–mei: wo, za en zo. beperkt.

Les Calanques

Wegenkaart C4. Marseille.
Marseille, Cassis. Cassis. Cassis, Marseille. Cassis (04-42017117).

De kust tussen Marseille en Cassis wordt gekenmerkt door *calanques*, bekoorlijke, door witte rotsen omgeven fjordachtige inhammen. Ze zijn heel diep en vormen zo mooie natuurlijke havens. Op

MARCEL PAGNOL

Een plaquette markeert op Cours Barthélemy 16 in Aubagne het geboortehuis van de Provençaalse schrijver en cineast Marcel Pagnol. De in 1895 geboren Pagnol bracht zijn vakanties door in La Treille. Hij beschreef het Provençaalse leven in verhalen als *Jean de Florette* en *Manon des Sources*. Het Office de Tourisme heeft een tocht uitgestippeld die langs La Treille en andere inspiratiebronnen van Pagnol leidt.

Affiche voor Pagnols film *Angèle*

de rotsen hebt u een prachtig uitzicht *(zie ook blz. 30–31)*. De rotswanden worden intensief gebruikt als klimmuur. Sommige *calanques* zijn uitsluitend per boot bereikbaar, maar uit Cassis kunt u de dichtstbijzijnde, de Port-Miou, per auto bereiken. Daarachter ligt Port-Pin, waar pijnbomen en rotsen voor veel schaduw op het strand zorgen, maar de mooiste is En-Vau. Op het strand ziet u smalle, puntige rotsen uit zee steken. Aan de westzijde zijn Sormiou en Morgiou per auto bereikbaar. In 1991 werd bij Sormiou een grot ontdekt, waarvan de ingang 100 m onder de zeespiegel ligt, met tekeningen van prehistorische dieren die grote overeenkomst vertonen met die in Lascaux in de Dordogne.
Als u *Les Calanques* per auto bezoekt, moet u goed op uw bezittingen letten.

Cassis

Wegenkaart C4. 8000.
Le Port (08-92259892).
wo en vr. **www**.ot-cassis.fr

Cassis is een lieflijk, door kalksteenheuvels omringd havenplaatsje waar kunstenaars als Matisse, Derain en Dufy de zomer vaak doorbrachten. Het is al sinds de Romeinse tijd een badplaats. Cassis was in de 19de eeuw een bloeiende vissershaven en ook nu kunt u er heerlijk vis eten. De specialiteit is verse zee-egel, natuurlijk met plaatselijke witte wijn. Het **Musée Municipal Méditerranéen** heeft een collectie met stukken uit de Griekse tijd; sommige zijn op de zeebodem gevonden. Andere attributen tonen aan dat Cassis tot de Tweede Wereldoorlog, toen de Duitsers in de haven liggende schepen tot zinken brachten, een belangrijke handelsplaats was. Ook toont het museum werk van Félix Ziem *(blz. 26)* en andere 20steeeuwse kunstenaars, zoals Winston Churchill, die hier leerde schilderen.
Naast die in Les Calanques zijn er rond Cassis nog drie stranden. Het beste is het Plage de la Grande Mer. Tussen Cassis en La Ciotat ligt de rode rotskust van Cap Canaille, waar u kunt wandelen over de Route des Crêtes.

Musée Municipal Méditerranéen
Rue X-d'Authier. **Tel.** 04-42018866. wo–za. feestdagen. beperkt.

En-Vau, de mooiste *calanque*, nabij Cassis

Voor hotels en restaurants in deze streek zie blz. 199–202 en blz. 214–216

VAUCLUSE

*V*aucluse is het land van wijn en lavendel, van truffels en meloenen, het land dat bekendheid verwierf door de boeken van
Peter Mayle die over het dorpsleven in de Lubéron schreef, het
land ook waar Picasso zijn laatste jaren doorbracht. De Amerikaanse
socioloog Laurence Wylie schreef een boek over Roussillon nadat hij
had kennisgemaakt met het leven in het op rode aarde gebouwde dorp.

De parel in de kroon van Vaucluse is Avignon, waar tussen 1309 en 1377 de Heilige Stoel was gevestigd. De stad organiseert nu elk jaar een van de grootste theater- en muziekfestivals in Europa. Het pauselijk paleis in Châteauneuf-du-Pape is vervallen, maar in de plaats wordt nog steeds bijzonder lekkere wijn geproduceerd. De terecht beroemde wijngaarden van het Rhône-dal strekken zich naar het noorden uit tot het dak van de Provence, de Mont Ventoux.

In Vaucluse is de Romeinse erfenis nog alomtegenwoordig. In Orange verwijzen het grote theater en de triomfboog naar dit verleden, en de Romeinse ruïnes in Vaison-la-Romaine zijn bewaard gebleven. Carpentras was ooit ook een Romeinse stad, maar geniet vooral faam als de stad waar de oudste synagoge van Frankrijk staat. Het verhaal van de joden, die pauselijke bescherming in de streek genoten, is een van de vele religieuze geschiedenissen waarmee Vaucluse is verbonden. In Lacoste, vlak bij Oppède, leidt een wandelpad naar het kasteel van de beruchte markies De Sade. Een heel ander soort schrijver was Petrarca, die een deel van zijn leven in Fontaine-de-Vaucluse woonde. Bij diezelfde plaats bevindt zich de onderaardse bron van de Sorgue.

Voorkant van een met druiventakken begroeide woning in Le Bastidon, vlak bij de Lubéron

◁ De fontein op het dorpsplein van Châteauneuf-du-Pape

Vaucluse verkennen

Vaucluse ontleent zijn naam aan het Latijnse *vallis clausa* (besloten vallei) en beslaat 3540 km². Het gebied wordt omsloten door de Rhône in het westen, de Durance in het zuiden en de uitlopers van de Alpen in het oosten. Van de bergketens in Vaucluse is de Mont Ventoux *(blz. 160)* de markantste. In het westen liggen de spitse Dentelles en in het zuiden vindt u het Plateau de Vaucluse, waar de loop van de Sorgue rond Vaison-la-Romaine het hoogtepunt is.

BEZIENSWAARDIGHEDEN

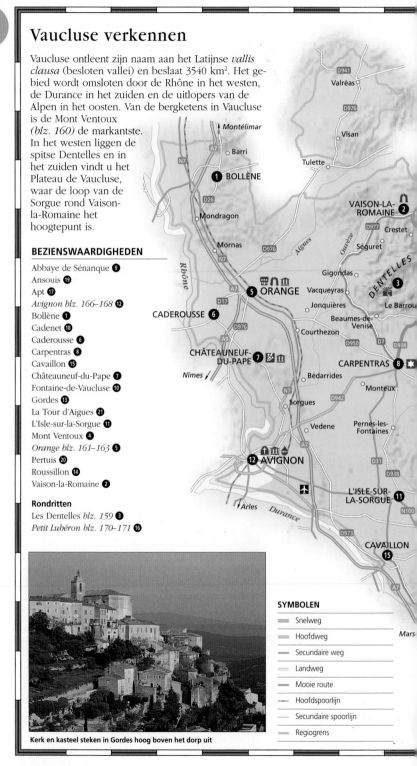

Kerk en kasteel steken in Gordes hoog boven het dorp uit

SYMBOLEN

▬▬	Snelweg
▬▬	Hoofdweg
▬▬	Secundaire weg
░░░	Landweg
▬▬	Mooie route
▬▬	Hoofdspoorlijn
▬▬	Secundaire spoorlijn
▬▬	Regiogrens

Verklaring van de symbolen *zie achterflap*

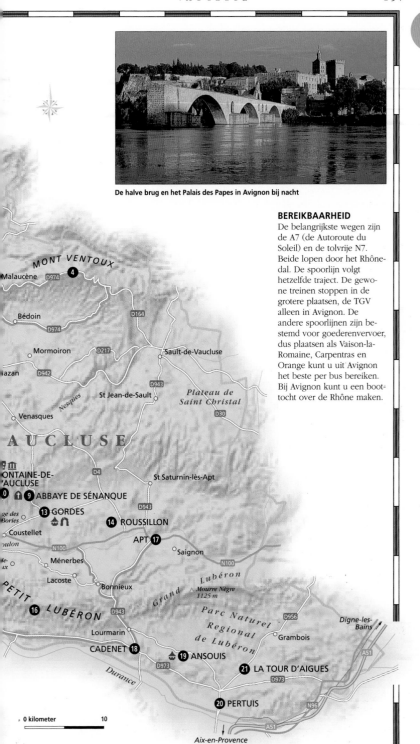

De halve brug en het Palais des Papes in Avignon bij nacht

BEREIKBAARHEID

De belangrijkste wegen zijn de A7 (de Autoroute du Soleil) en de tolvrije N7. Beide lopen door het Rhône-dal. De spoorlijn volgt hetzelfde traject. De gewone treinen stoppen in de grotere plaatsen, de TGV alleen in Avignon. De andere spoorlijnen zijn bestemd voor goederenvervoer, dus plaatsen als Vaison-la-Romaine, Carpentras en Orange kunt u uit Avignon het beste per bus bereiken. Bij Avignon kunt u een boottocht over de Rhône maken.

Het park Belvédère Pasteur in Bollène

Bollène ❶

Wegenkaart B2. 🏛 *14.500.* 🚌
🏛 🛈 *Pl. Reynaud de la Gardette
(04-90405144).* 🛍 *ma.*

Hoewel Bollène pal aan de A7
ligt, is het aangenaam met
weidse boulevards en mooie
wandelpaden langs de Lez. De
straatjes in de oude wijk leiden
naar de 11de-eeuwse
Collégiale St-Martin met zijn
zadeldak en het renaissancistische portaal. In 1882 ontwikkelde Louis Pasteur hier een
vaccin tegen de varkenskoorts.
Het park **Belvédère Pasteur**
biedt uitzicht over het Rhône-
dal naar de Cevennen, de
waterkrachtcentrale en de
kerncentrale bij Tricastin. In de
tweede helft van juli vindt hier
een jaarlijks wereldmuziekfesti-
val plaats. Ten noorden van
Bollène ligt het spookstadje
Barri, dat een vesting van de
Albigenzen was. De grotwo-
ningen, waarvan sommige nog
tot het eind van de 19de eeuw
werden bewoond, dienden als
schuilkelder in de Tweede
Wereldoorlog.

Vaison-la-Romaine ❷

Wegenkaart B2. 🏛 *6100.* 🚌 🛈 *Pl.
du Chanoine Sautel (04-90360211).*
🛍 *di.* **www**.vaison-la-romaine.com

De terrassen in dit stadje aan
de Ouvèze behoren tot de
chicste in de Provence. Aan de
ene kant van de rivier staan de
moderne gebouwen naast de
Romeinse ruïnes, op de andere
oever ligt, op een heuvel,

Haute-Ville. Parijzenaars kopen
graag een tweede huis in
Vaison, dat te oordelen naar de
overvloedige restanten uit de
Romeinse tijd vroeger ook al
erg in trek was. Inclusief de
inheemse Kelten telde
Vaison in de Romeinse
tijd 10.000 inwo-
ners. De twee
archeologische
vindplaatsen wor-
den gescheiden
door de Avenue
Général-de-Gaulle.
In de hoger gelegen
opgraving – Puymin
– wordt het Romeinse
theater tegenwoordig
gebruikt voor het zo-
merfestival in juli,
waar vooral dans te zien is.
Het podium is uit steen gehouwen en het theater biedt plaats
aan 6000 toeschouwers. Veel
vondsten zijn afkomstig uit het
huis van een rijke familie, de
Messii, en uit Pompeji's Zuilen-

**Mozaïek in het
museum in
Vaison-la-Romaine**

gang, een openbaar gebouw.
De ruïnes worden gesierd door
replica's van hier gevonden
beelden. De originelen worden
bewaard in het **Musée Théo
Desplans**. Naast een standbeeld van Hadrianus en keizerin Sabina is hier ook een zilveren buste uit de 3de eeuw te
zien. Deze sierde ooit de hal
van een koopmanshuis in La
Villasse, de wijk aan de andere
kant van de Avenue Charles-
de-Gaulle. De meeste beelden
zijn echter uit wit marmer
gehouwen. De beelden wer-
den vaak zo gemaakt dat het
hoofd kon worden vervangen
als er een wisseling van de
macht had plaatsgevonden. U
bereikt Haute-Ville, waar veel
kunstenaars en ambachtslieden
wonen, via de Romeinse brug.
Deze 17 m lange brug werd tijdens overstromingen beschadigd, maar is momenteel
hersteld. U bereikt de
brug via een
14de-eeuwse ver-
sterkte poort. In
de als **kathedraal**
gebouwde ro-
maanse kerk zijn
in de apsis 7de-
eeuwse zuilen te
zien. Na een wandeling
naar het hoogste punt
ziet u de ruïne van het
kasteel dat de graven
van Toulouse hier in
1160 bouwden.

🏛 **Romeinse stad**
Fouilles de Puymin en Musée Théo
Desplans, Pl. du Chanoine Sautel.
Tel 04-90365048. 🕐 *dag.*
⬛ *1 jan., 25 dec.* 🈲 🅿 🈺 📷

Romeins huis met zilveren buste uit de 3de eeuw, Vaison-la-Romaine

Voor hotels en restaurants in deze streek zie blz. 202–203 en blz. 216–217

Rondrit: Les Dentelles ❸

Dentelle betekent 'kant' en Les Dentelles de
Montmirail is een 15 km lange bergketen vol
spitse toppen die er, van een afstand, uitzien
als een kantwerkje. Ze lijken van verre hoger
dan ze in werkelijkheid zijn en door de bergen lopen enkele van de mooiste wandelpaden in de Provence. Kleurige brem omzoomt
de paden en op de bergen groeien pijn-,
eiken- en amandelbomen. Als u genoeg van
het landschap hebt, kunt u, onder het genot
van plaatselijke Côtes-du-Rhône en verse geitenkaas, uitrusten in een van de dorpjes die
tussen de bergen verborgen liggen.

Muskaatdruiven rond Beaumes-de-Venise

Vaison-la-Romaine ①
Dit plaatsje, populair bij
rijke Parijzenaars, was
ook al in trek bij de
Romeinen. Tot de beziens-
waardigheden behoren
een sarcofaag uit de 6de
eeuw van genezer
St-Quenin en een
romaanse kapel.

Wijngaard bij Gigondas

Gigondas ⑥
De gewaardeerde
rode wijn wordt on-
der andere gemaakt
door de beroemde
broers Roux. De gra-
ven van Orange
bouwden het
14de-eeuwse
chateau.

Malaucène ②
De klokkentoren in deze vroegere hugenotenvesting diende
tijdens de godsdienstoorlogen
(*blz. 46–47*) als uitkijkpost.

Le Barroux ③
Dit dorpje, omringd
door olijf- en
abrikozenbomen,
wordt beheerst
door een 12de-
eeuws kasteel, dat
als fort voor de heren
van Baux diende.

Vacqueyras ⑤
De tijdens een kruistocht
omgekomen bard Raimbaud
werd hier geboren. De
doopvont in de kerk
dateert uit de 6de eeuw.

Beaumes-de-Venise ④
In dit stadje vindt u veel
restaurants. De trots van
het plaatsje is de Muscat,
een zoete dessertwijn die
geschikt is voor zowel
lunch als avondeten.

SYMBOLEN

▬▬ Route

⚊ Andere wegen

0 kilometer 2

VOOR DE AUTOMOBILIST

Lengte: 50 km. Rustpunten:
het hooggelegen Crestet; Lafare,
een gehucht dat naar de 627 m
hoge Rocher du Turc leidt;
Montmirail, een 19de-eeuws
kuuroord waar Mistral vaak
kwam (zie ook blz. 250–251).

Mont Ventoux ❹

✈ Avignon. 🏔 2600. 🚌 Orange, Bedoin. 🛈 Avenue de la Promenade, Sault-en-Provence (04-90640121).
www.ventoux-en-provence.com

Deze 1912 m hoge kalkstenen 'reus van de Provence' is de opvallendste berg ten westen van de Alpen. Als in april de sneeuw is gesmolten, kunt u de parkeerplaats op het hoogste punt eenvoudig met de auto bereiken. De sneeuwgrens ligt op 1300 m, maar het bovenste gedeelte ligt vol met kalksteengruis, waardoor de top van de berg er altijd wit uitziet.

Tot 1973 werd er jaarlijks een wedstrijd voor motoren naar de top gehouden, waarbij snelheden tot 145 km p/u werden gehaald. Nu wordt er in Bedoin in juni een autorally georganiseerd. Het wegdek is de laatste jaren verbeterd, maar voor deelnemers aan de Tour de France is de Ventoux vaak nog een nachtmerrie. De wielrenner Tommy Simpson stierf in 1967 tijdens de beklimming van de berg. Een wandeling naar de top duurt ongeveer vijf uur. Petrarca *(blz. 45)* schreef als eerste over een voettocht naar de top. Hij startte op een ochtend in mei 1336 in Malaucène en omdat er toen nog geen wegen waren, deed hij

De onherbergzame top van de Mont Ventoux in het mistralseizoen

Gravure van een auto die de Mont Ventoux bestijgt (1904)

er veel langer dan vijf uur over.

Op de berg waait het vaak hard en de naam is dan ook afkomstig van het Franse woord voor wind, *vent*. De wind zorgt voor een altijd heldere hemel, en het uitzicht van de berg is dan ook bijna altijd zeer goed.

Een wandeling naar de top kunt u op drie plaatsen beginnen: in Malaucène in het noorden, Bedoin in het zuiden of Sault in het oosten. Geoefende wandelaars kunnen ook nog het pad door het Toulerenc-dal aan de noordoostzijde nemen. In de twee eerstgenoemde plaatsen orga

Monument voor wielrenner Tommy Simpson

niseren de toeristenbureaus wandelingen die het mogelijk maken de zonsopgang op de top mee te maken.

De 21 km lange wandeling uit Malaucène leidt langs de 12de-eeuwse Chapelle Notre-Dame-du-Groseau en de Source Vauclusienne, een bergmeer dat vroeger een Romeins aquaduct van water voorzag. Op 5 km van de top treft u het skioord Mt. Serein. Van het uitzichtpunt op de top ziet u de Cevennen, de Lubéron en de Ste-Victoire liggen. Als u via Bedoin afdaalt, komt u langs de om zijn stormen beruchte Col des Tempêtes.

PROVENÇAALSE FLORA

Omdat het temperatuurverschil tussen de voet en de top van de Mont Ventoux 11 °C is, varieert de begroeiing van de berg enorm: van lavendel en pruimenbomen beneden via eiken- en beukenbos op de hellingen naar arctische bloemen rond de top. In juni bloeit de vegetatie het weelderigst.

Mannetjesorchis
Orchis mascula

Rhaetische papaver
Papaver rhaeticum

Gentiaan
Gentiána clusii

Voor hotels en restaurants in deze streek zie blz. 202–203 en blz. 216–217

Orange ❺

Wegenkaart 2B. 🏛 30.000.
🚌 🚮 🈺 Cours Aristide Briand 5
(04-90347088). 🏠 do.
www.otorange.com

In deze historische stad staan
twee van de mooiste Romeinse monumenten in Europa:
het Théâtre Antique d'Orange
(blz. 162–163), waar ook nu
nog spraakmakende concer-
ten worden gehouden, en de
Arc de Triomphe, gebouwd
ter ere van Julius Caesars
zege op de Galliërs en de
Griekse vloot. Orange ligt
midden tussen de wijngaarden van de Côtes-du-Rhône
en het land brengt verder honing, truffels en olijven voort.
De buurt rond het Hôtel de
Ville is het aangenaamst.

Altaar in de Ancienne Cathédrale
Notre-Dame, Orange

Romeins Orange

Bij hun eerste poging Gallië
te veroveren, werden de
Romeinen in 105 v.C. bij
Orange verslagen. Drie jaar
later keerden de veroveraars
zegevierend terug en een van
de eerste monumenten die zij
bouwden, was de 22 m hoge
Arc de Triomphe.

De oude stad

De kern van de stad vormen
het uit de 17de eeuw daterende stadhuis en de **Ancienne
Cathédrale Notre-Dame**.
Het afbrokkelende romaanse
portaal van de kerk werd
tijdens de godsdienstoorlogen
(blz. 46–47) beschadigd.
De enorme muur van het
theater domineert de Place
des Frères-Mounet. Lodewijk
XIV noemde hem ooit 'de
machtigste muur in mijn

koninkrijk'. **Colline St-Eutrope**
is het laatste dat resteert van
een kasteel waar de graven
van Orange vroeger woon-
den. Het Nederlandse koninklijk huis kwam door huwelijk
in het bezit van de naam
Oranje en via hen verspreidde de naam zich ook naar
elders in de wereld.

🏛 Arc de Triomphe

Ave. de l'Arc de Triomphe.
De afbeeldingen op deze
triomfboog verwijzen naar
zeevaart en oorlog. Vooral de
bewerkingen boven de zij-
poorten wekken een moder-
ne indruk. Aan de oostgevel
vertellen geketende Gallische
gevangenen wie er de nieuwe
heerser is. Ankers en touwen
beelden de superioriteit van
de Romeinen op zee uit.
Toen Maurits van Nassau de
stad met het steen van de
Romeinse bouwwerken ver-
stevigde, ontsnapte de boog
aan de sloop doordat hij deel
van de stadswallen werd.

🏛 Musée d'Orange

Rue Madeleine Roch. **Tel** 04-
90511760. ⏰ dag. 🎫
De collectie in de tuin en op
de eerste verdieping weerspiegelt de geschiedenis van
Orange. Er zijn 400 marmeren
scherven te zien, die deel
uitmaakten van een kaart van
de omgeving. De kaart, uit
het jaar 77, beslaat het gebied
van Bollène naar Auzon.

Een in steen gebeitelde centaur,
Musée d'Orange

Verder ziet u portretten van
leden van het Huis van Oranje en werk van de Engelse
schilder sir Frank Brangwyn
(1867–1956). In een aparte
kamer is te zien hoe in de
18de eeuw in Orange stoffen
werden bedrukt.

🏛 Maison J.-H. Fabre

Harmas de J.-H. Fabre. **Tel** 04-
90305762. ⏰ half mei–eind sept.:
wo–ma. 🎫
In Sérignan-du-Comtat, 8 km
ten noordoosten van Orange,
staat L'Harmas, het landgoed
van de entomoloog en dichter
Jean-Henri Fabre (1823–1915).
Hij werkte hier 35 jaar lang.
Zijn prachtige verzameling
insecten en schimmels en de
wonderbaarlijke botanische
tuin rond het huis (die tot
natuurreservaat is benoemd)
trekken veel bezoekers.

De Arc de Triomphe in Orange

Théâtre Antique d'Orange

Het Romeinse theater in Orange hoort tot de best bewaarde bouwwerken uit de oudheid in Europa. Het werd aan het begin van het christendom gebouwd tegen de Colline-St-Eutrope. De deuren naar het podium waren hol, wat de stem van de acteurs versterkte. Andere akoestische snufjes maken het theater ook nu nog ideaal voor concerten. De *cavea,* de halfronde tribune, bood plaats aan 7000 toeschouwers die naar sociale status werden ingedeeld. Van de 16de tot de 19de eeuw stond het theater vol armoedige huisjes. Boven het podium is een nieuw dak gemaakt, dat door een balk van 60 m in de hoogte wordt gehouden.

Steunen voor overkapping
Aan de draagstenen aan de buitenmuren werd de overkapping opgehangen.

ROMEINS THEATER

Deze tekening laat zien hoe het er in de Romeinse tijd uitzag. Het heeft zijn huidige reputatie te danken aan de uitzonderlijke staat van de podiummuur, de enige in zijn soort die nog intact is.

Hoofdingang

Een overkapping van canvas – *velum* – beschermde bezoekers tegen regen en zon.

Het doek – *aulaeum* – liet men, met behulp van een onder het podium verstopt mechanisme, naar beneden zakken.

Nachtconcerten
Al sinds 1869 wordt het theater gebruikt voor festivals als het Chorégies d'Orange, *een opera-, drama- en balletfestijn waar Sarah Bernhardt nog heeft opgetreden (blz. 33).*

De Grote Muur
Deze enorme kalstenen constructie is 103 m lang, 36 m hoog en bijna 2 m dik.

Voor hotels en restaurants in deze streek zie blz. 202–203 en blz. 216–217

Keizer Augustus

Het derde niveau boven het podium wordt beheerst door een 3,5 m hoog beeld van Augustus. De knielende figuur voor hem is wellicht een krijgsgevangene. Deze kopie van het verwoeste origineel werd in 1951 geïnstalleerd.

TIPS VOOR DE TOERIST

Pl des Frères-Mounet **Tel.** 04-90511760. ☐ dag. 9.00–19.00 (april–sept.), 18.00 (maart en okt.), 16.30 uur (jan.–feb. en nov.–dec.). ◼ 1 jan., 25 dec. ▨ ook geldig voor het Musée d'Orange (blz. 161).

📷 ♿ ✍ 🏛 🛒 🎵 🚌

www.theatre-antique.com

In de **zijkamers** – *parascaenia* – konden spelers uitrusten en rekwisieten worden opgeslagen.

Podiummuur

Aan de binnenzijde van de podiummuur – frons scaenae – *zijn nog steeds restanten van marmeren friezen en mozaïeken te zien.*

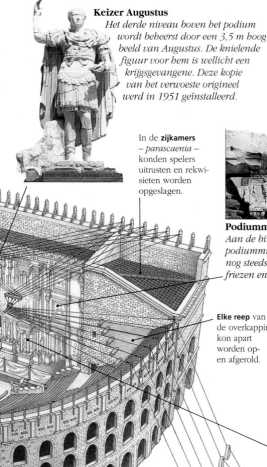

Elke reep van de overkapping kon apart worden op- en afgerold.

Lieren hielden de touwen waaraan het *velum* was opgehangen, gespannen.

Marmeren zuilen

De podiummuur had drie niveaus. Op de twee bovenste zijn nog twee van de ooit 76 marmeren zuilen over. De gefragmenteerde vlakverdeling van de muur voorkwam dat de acteurs last van hun eigen echo kregen.

De grote Romeinse tempel

Tussen 1925 en 1937 werden er ten westen van het theater opgravingen gedaan. Men ontdekte een enorme halve cirkel en de resten van een tempel. Samen met het theater moet dit een Augusteum zijn geweest, een bouwkundig geheel dat was gewijd aan de Romeinse keizers.

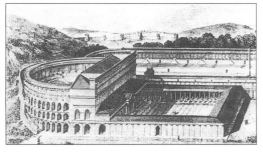

De romaanse kerk in Caderousse

Caderousse ❻

Wegenkaart B2. 🚶 *2500.* 🛈 *La Mairie (04-90519069).* 🚌 *di.*

Op de plaats waar nu Caderousse ligt, zou Hannibal in 218 v.C. met zijn olifanten de Rhône zijn overgestoken tijdens zijn veldtocht naar Rome. Eeuwenlang ondergingen de bewoners van het plaatsje gelaten de overstromingen van de Rhône, en plaquettes herinneren aan de waterhoogten die de rivier vroeger bereikte. In 1856 legde men een dijk aan die tegenwoordig nog uitstekend voldoet.
De romaanse kerk **St-Martin** in Caderousse werd in de 16de eeuw verrijkt met een flamboyant-gotische kapel, St-Claude.

Châteauneuf-du-Pape ❼

Wegenkaart B3. 🚶 *2100.* 🚗 🚆 *Sorgues, daarna een taxi.* 🛈 *Pl. du Portail (04-90837108).* 🚌 *vr.*

De bekendste wijn uit de Côtes-du-Rhône ontleent zijn naam aan een klein dorpje op een heuvel. In het **Musée du Vin** wordt de geschiedenis en de huidige stand van zaken in de wijnbouw belicht.
In het hoger gelegen deel van het dorp liggen de ruïnes van het **Château des Papes**, dat tijdens de godsdienstoorlogen in de 16de eeuw door brand werd verwoest. Van de muren hebt u uitzicht op Avignon en de wijngaarden waar de druiven worden geteeld. Het chateau werd in 1317 gebouwd onder Johannes XXII, een van de pausen die in Avignon woonden. Deze paus was ook de eerste die in het gebied druiven ging ver-

bouwen, maar pas 400 jaar later ontwikkelde de huidige reputatie van de wijn zich. Rond het dorp liggen nu 350 *domaines.* Tot de 40 fonteinen in het nabijgelegen Pernes-les-Fontaines behoort ook de beroemde 18de-eeuwse Fontaine du Cormoran. Tot 1914 had elke fontein zijn eigen beheerder.

🏛 **Musée du Vin**
Route d' Avignon, Châteauneuf-du-Pape. *Tel 04-90837007.*
🕐 *dag.* ⬤ *1 jan., 1 mei, 25 dec.* 🚻 *beperkt.* 📷

Carpentras ❽

Wegenkaart B3. 🚶 *29.000.* 🚌 🛈 *Hôtel-Dieu, Pl. Aristide Briand (04-90630078).* 🛒 *vr.*

Deze hoofdstad van het Comtat Venaissin is het hart van het wijngebied Côtes-du-Ventoux.
De Porte d'Orange, een kleine kopie van de Arc de Triomphe in Orange, is het enige restant van de stadswallen, verder wordt de oude stad omringd door brede wegen. Van de omvangrijke joodse kolonie die hier in de middeleeuwen was gevestigd, is de 14de-eeuwse synagoge, de oudste in Frankrijk, een overblijfsel. De joden werden tijdens het verblijf van de pausen in Avignon weliswaar niet openlijk vervolgd, maar velen veranderden toch van geloof en bezochten de **Cathédrale-St-Siffrein** via het 15de-eeuwse zuidportaal, de *Porte Juive.* In de kathe-

draal is werk van de plaatselijke beeldhouwer Jacques Bernus (1650–1728) te zien. In het *Hôtel-Dieu* vindt u een 18de-eeuwse apotheek en in het **Musée Comtadin-Duplessis** oude kostuums.

✡ **Synagoge**
Pl. Maurice Charretier. *Tel 04-90633997.* 🕐 *ma–vr.* ⬤ *joodse feestdagen.*

⛪ **Cathédrale St-Siffrein**
Pl. de Gaulle. ⬤ *ma, zo-middag.* 🚻

🏛 **Musée Comtadin-Duplessis**
Bld. Albin-Durand 234.
Tel 04-90630492. 🕐 *wo–ma.* ⬤ *feestdagen.* 📷

De apotheek in het Hôtel-Dieu in Carpentras

Abbaye de Sénanque ❾

Wegenkaart C3. *Tel 04-90720572.* 🕐 *feb.–half nov. ma–za en zo-middag, half nov.–jan. alleen 's middags; uitsluitend rondleidingen.* 📷 📷 *www.senanque.fr*

De mooiste weg naar de door lavendelvelden omringde Abbaye de Sénanque gaat via Gordes *(blz. 169).* U ziet hier monniken in bruine en blauwe pijen wandelen en op het land werken.
Net als de andere van de 'drie gezusters' *(blz. 43)* is het

Wijngaarden rond Châteauneuf-du-Pape

complex sober en harmonieus van uiterlijk. De abdij werd in 1148 gesticht en met de bouw van de kerk werd twaalf jaar later begonnen.

Enkele van de daken van de abdij zijn nog bedekt met kalkstenen tegels, zogenaamde *lauzes*. Deze werden ook gebruikt bij de bouw van de traditionele stenen huisjes, de *bories*.

Sénanque kwam in de 13de eeuw, toen de abdij diverse boerderijen in de omgeving in bezit had, tot zijn grootste bloei. Deze rijkdom had echter corruptie tot gevolg en in de 17de eeuw woonden er nog slechts twee monniken. In 1854 namen cisterciënzermonniken het gezag over en woonden sommigen er van 1926 tot 1969. In 1969 stichtte een rijke industrieel de *Association des Amis de Sénanque* om de abdij in zijn oude luister te herstellen. Sinds 1988 wonen er weer monniken, die hun eigen producten te koop aanbieden.

Bij Fontaine-de-Vaucluse ligt de onderaardse bron van de Sorgue

Sénanque, tussen de lavendel

Fontaine-de-Vaucluse ⑩

Wegenkaart B3. 🏠 *580.* 🚌 *Avignon.* 🛈 *Chemin de la Fontaine (04-90380478).*

De bron van de Sorgue is een van de wonderen der natuur in de omgeving in Provence. De rivier ontspringt ondergronds in het Plateau de Vaucluse, een stroomgebied van 2000 km². De bron ligt in een onpeilbare diepte die slechts via een nauwe kloof bereikbaar is. Langs de rivier staat de

Moulin à Papier Vallis Clausa, waar papier wordt gemaakt volgens dezelfde methode als in de 15de eeuw.

In het ondergrondse **Eco-Musée du Gouffre** zijn de vondsten van een speleoloog te zien. Hij deed 30 jaar lang onderzoek naar de mysterieuze dammen, grotten en watervallen van de Sorgue. Het **Musée d'Histoire 1939–1945** behandelt de geschiedenis van het verzet en het dagelijkse leven tijdens de bezetting. Het **Musée Pétrarque** is het huis waar Petrarca zestien jaar lang woonde en zijn onbeantwoorde liefde voor Laura van Avignon beschreef.

🏭 **Moulin à Papier Vallis Clausa**
Ch. du Gouffre. **Tel** 04-90203414. ☐ *dag.* ● *1 jan., 25 dec.* ♿

🏛 **Eco-Musée du Gouffre (Musée de Spéléologie)**
Ch. du Gouffre. **Tel** 04-90203413. ☐ *feb.–15 nov. dag.* 📷 ♿
🔲 📷

🏛 **Musée d'Histoire 1939–1945**
Chemin du Gouffre. **Tel** 04-90202400. ☐ *april–okt. wo–ma, nov.–dec. en maart za–zo.* ● *jan., feb., 1 mei, 25 dec.* 📷 ♿

🏛 **Musée Pétrarque**
Rive gauche de la Sorgue. **Tel** 04-90203720. ☐ *april–okt. wo–ma.* 📷

L'Isle-sur-la-Sorgue ⑪

Wegenkaart B3. 🏠 *20.000.* 🚌 🚌 🛈 *Pl. de la Liberté (04-90380478).* 🛒 *do en zo (antiek- en vlooienmarkt).*

Dit mooie stadje ligt aan de Sorgue, die hier ooit 70 watermolens aandreef. De negen nog bestaande molens doen geen dienst meer. De 17de-eeuwse **Notre-Dame-des-Anges** is van binnen fraai bewerkt. Het toeristenbureau is gehuisvest in een 18de-eeuwse graanschuur, en in de apotheek van het eveneens 18de-eeuwse Hôpital is een collectie aardewerk uit Moustiers te zien.

Een watermolen bij Place Gambetta, L'Isle-sur-la-Sorgue

Onder de loep: Avignon ⑫

St-Jerome,
Petit Palais

Het ten noorden en westen door de Rhône begrensde Avignon is de belangrijkste stad in Vaucluse en de poort naar de Provence. De stadswallen zijn 4,5 km lang en omvatten 39 torens en zeven poorten. Binnen die muren ligt een stad met een eigen operagebouw, een universiteit, scholen die in diverse talen onderwijzen en vele theatergezelschappen. In de straten en op de pleinen treden veel straatmuzikanten op en het jaarlijkse festival in juli is een internationaal hoogtepunt op het gebied van theater, mime en cabaret.

Chapelle St-Nicolas, vernoemd naar de beschermheilige van de schippers, is een 16de-eeuws gebouw op een 13de-eeuwse fundering.

Porte du Rhône

★ Pont St-Bénézet
De herdersjongen Bénézet startte de bouw van de brug die beroemd is uit het liedje Sur le pont d'Avignon.

Conservatoire de Musique
De gevel van deze voormalige munt uit 1619 wordt gesierd door de wapens van kardinaal Borghese.

RUE FERR

RUE DE LIMAS

RUE GRANDE FUSTERIE

RUE DES GROTTES

RUE DE LA BALANCE

RUE ST-ETIENNE

RUE PETITE FUSTERIE

RUE RACINE

PLACE DE L'HORLOGE

Place de l'Horloge
Het belangrijkste plein in Avignon dateert uit de 15de eeuw en is vernoemd naar de gotische klokkentoren boven het stadhuis.

SYMBOOL

– – – Aanbevolen route

0 meter ⸻⸻⸻ 100

Voor hotels en restaurants in deze streek zie blz. 202–203 en blz. 216–217

Musée du Petit Palais
In de vroegere bisschoppelijke vertrekken is nu een museum ingericht waar werken van leden van de School van Avignon te zien zijn. Deze Vierge de Pitié *dateert van 1457.*

TIPS VOOR DE TOERIST

Wegenkaart B3. 🕌 *88.300.*
✈ *8 km Avignon-Caumont.*
🚌 🚉 *Bld. St-Roch.* ℹ *Cours Jean-Jaurès 41 (04-32743274).*
🎭 *di–zo.* 🎪 *Le Festival d'Avignon (blz. 31).*
www.ot-avignon.fr

Rocher des Doms
Achter de Notre-Dame-des-Doms werden de eerste sporen van bewoning gevonden.

★ **Palais des Papes**
Pausen uit de 14de eeuw lieten dit paleis (blz.44–45) bouwen. De tegels in de Chambre du Pape zijn schitterend.

Église St-Pierre
Deze kerk dateert uit de 14de tot 16de eeuw. Antoine Valard ontwierp de deuren in de westgevel in 1551. Binnen ziet u een mooie 15de-eeuwse preekstoel.

STERATTRACTIES

★ Palais des Papes

★ Pont St-Bénézet

Avignon verkennen

Reusachtige stadswallen omsluiten een van de boeiendste steden in Zuid-Frankrijk. Hier ziet u trompel'oeilvensters en huizen als dat van René le Bon in de Rue du Roi-René. Deze straat leidt naar de Rue des Teinturiers, vernoemd naar de ververs en textielmakers in de stad. Een voetgangersbrug over de Sorgue voert hier naar de 16de-eeuwse Chapelle des Pénitents Gris.

Het Palais des Papes, gezien van de overkant van de Rhône

♣ Palais des Papes

Pl. du Palais. **Tel** 04-90275000. ☐ dag. *(wisselende tijden).* 🖼 🏠 🖥 🎧
www.palais-des-papes.com

Deze gebouwen *(blz. 44–45)* weerspiegelen het rijke leven dat uit Rome gevluchte pausen hier tussen 1309 en 1377 leidden. Ze hadden hun eigen munt en maakten de stad tot vesting. U komt het paleis binnen via de Porte des Champeaux, waar u onder twee spitse torentjes van het Palais Neuf (1342–1352) doorloopt. Deze uitbouw van het door Benedictus XII gebouwde Palais Vieux (1334–1342) kwam tot stand onder Clemens VI. De binnenplaats van het Palais Neuf, de Cour d'Honneur, is het centrale theater tijdens het Festival d'Avignon *(blz. 229)*. In de Chambre du Pape in de Tour des Anges is prachtig tegelwerk te zien, en de 14de-eeuwse jachttaferelen die Matteo Giovanetti en anderen in de Chambre du Cerf schilderden, zijn eveneens fraai. Van het Palais Vieux vallen vooral de twee vierkante verdedigingstorens op. Tot

Een tegel in de Chambre du Pape

de grotere zalen in het paleis behoren de 45 m lange eetzaal, Le Grand Tirel, en La Salle du Consistoire. De fresco's in de belendende kapel zijn van 1346 tot 1348 geschilderd door Giovanetti.

🔒 Cathédrale Notre-Dame-des-Doms

Pl. du Palais. **Tel** 04-90868101. ☐ april–nov. dag.

De oudste delen van dit naast het Palais des Papes gelegen gebouw dateren uit de 12de eeuw. Het vergulde Madonnabeeld op de toren werd pas in de 19de eeuw aangebracht. Het oorspronkelijke altaar uit de 6de eeuw staat nu in de Chapelle St-Roche, evenals de tomben van twee pausen.

🏛 Musée du Petit Palais

Pl. du Palais. **Tel** 04-90864458. ☐ wo–ma. ● 1 jan., 1 mei, 14 juli, 1 nov, 25 dec. 🖼 🏠

Het 'kleine' paleis dateert van 1318, maar werd in 1474 verbouwd om kardinaal Rovere, de mecenas van Michelangelo en de latere paus Julius II, te behagen. Sinds 1958 zijn deze voormalige bisschoppelijke

vertrekken een museum. Tot de middeleeuwse collectie die hier te zien is, behoren werken van Simone Martini (1280–1344) en Botticelli. Verder zijn er fresco's en beelden van leden van de School van Avignon te zien en diverse Franse en Italiaanse religieuze schilderijen.

🏛 Musée Lapidaire

Rue de la République 27. **Tel** 04-90863384. ☐ wo–ma. ● 1 jan., 1 mei, 25 dec. 🖼

Dit 17de-eeuwse gebouw huisvestte een jezuïetencollege. Het museum toont Kelto-Ligurische, Egyptische, Gallische en Romeinse voorwerpen, waaronder een Tarasque *(blz. 140)* uit de 2de eeuw.

🏛 Musée Calvet

Rue Joseph Vernet 65. **Tel** 04-90863384. ☐ wo–ma. ● 1 jan., 1 mei, 25 dec. 🖼 🚻 beperkt.

De Franse schrijver Stendhal bezocht dit mooie museum ooit en liet er een opdracht achter. Het museum wordt uitgebreid om de vele schatten die nu in kluizen bewaard worden, permanent tentoon te stellen. Het hoogtepunt vormt zonder meer de collectie 19de- en 20ste-eeuwse kunst, waaronder werk van Soutine, Manet, Dufy, Gleizes en Marie Laurencin.

🏛 Fondation Angladon-Dubrujeaud

Rue Laboureur 5. **Tel** 04-90822903. ☐ wo–zo, alleen 's middags. 🖼 🚻

In dit museum kunt u een prachtige kunstcollectie bekijken met werken uit de 18de tot de 20ste eeuw. Het museum is huiselijk, maar tegelijkertijd modern.

🏛 Collection Lambert

Musée d'Art Contemporain, Rue Violette 5. **Tel** 04-90165620. ☐ di–zo. ● 1 mei. 🖼 🚻 🏠 🍴 🚻

Het nieuwste museum van Avignon is gehuisvest in een 18de-eeuws herenhuis, naast de nieuwe kunstacademie. Het museum heeft een collectie moderne kunst (van de jaren zestig tot nu) voor twintig jaar in bruikleen van galeriehouder Yvon Lambert. In het grondig gerenoveerde museum komen de kunstwerken goed tot hun recht.

Voor hotels en restaurants in deze streek zie blz. 202–203 en blz. 216–217

Gordes ⑬

Wegenkaart C3. 🏠 *2000.* 🛈 *Pl. de Château (04-90720275).* 🚌 *di.* **www**.gordes-village.com

Dure hotels en restaurants verraden de populariteit van dit dorp. Het ligt aan de voet van het op een heuveltop gebouwde renaissancistische kasteel en de Église St-Firmin. Naast de fraaie ligging trekken ook de smalle middeleeuwse steegjes veel bezoekers. Sinds de kubistische schilder André Lhote het dorp in 1938 bezocht, is het onder kunstenaars erg in trek.
Het **Château de Gordes** dateert uit de 16de eeuw en is gebouwd op de funderingen van een fort uit de 12de eeuw. In de grote zaal op de eerste verdieping mag u de rijkversierde 16de-eeuwse open haard beslist niet missen. Het renaissancistische portaal bij de ingang is ook bijzonder.
De in 1908 in Hongarije geboren opartkunstenaar Victor Vasarély restaureerde het kasteel en stelde er zijn abstracte kunst tentoon.

BORIES

De oeroude dorpjes in de Provence bestonden uit *bories*, gebouwd in platte kalkstenen stapelstenen *(lauzes)*, met ronde daken en 1,5 m dikke muren. Ze dateren van 2000 v.C., maar zijn sindsdien vaak herbouwd. Pas in de 19de eeuw werden ze verlaten. Er staan nog zo'n 3000 *bories*, waarvan vele als schuil- of opslagplaats werden gebruikt. In het Village des Bories, bij Gordes, zijn er twintig gerestaureerd.

In de 17de-eeuwse Caves du Palais St-Fermin kunt u ook een fraaie oude olijfpers zien. Net buiten Gordes ligt het **Village des Bories**, een dorp van hutjes waar een plattelandsmuseum is ingericht.

⚓ Château de Gordes
Tel 04-90720275. ☐ *dag.*
⬤ *1 jan., 25 dec.*
🏠 Village des Bories
Route de Cavaillon. *Tel* 04-90720348.
☐ *dag.* ⬤ *1 jan., 25 dec.* 🎫 ♿
www.gordes-village-des-bories.com

Roussillon ⑭

Wegenkaart C3. 🏠 *1200.* 🛈 *Pl. de la Poste (04-90056025).* 🚌 *do.*

De aantrekkingskracht van Roussillon schuilt in de dieprode aarde, waarop het dorp is gebouwd. Geen ander dorp in de omgeving ziet er zo warm en rijk, zo harmonieus en uitnodigend uit. De kleur van de aarde komt voort uit de zeventien soorten oker die in en om het dorp zijn ontdekt, met name in de vroegere steengroeven langs de Sentier des Ochres. Te voet is het 45 minuten naar de steengroeven, die ten oosten van het dorp liggen. Bijzonder aantrekkelijk is het Conservatoire des Ochres et Pigment Appliqués in de oude fabriek (*'s zomers dag. open*) met een enorme collectie natuurlijke pigmenten. Er worden ook cursussen over dit onderwerp gegeven. Van het Castrum, het uitzichtpunt naast de kerk boven het hoofdplein, kunt u genieten van een prachtig panorama in noordelijke richting. Roussillon was tot voor kort een rustig dorpje. In de jaren vijftig woonde de Amerikaanse socioloog Laurence Wylie er een jaar. In het boek dat hij over deze periode schreef, *Un village du Vaucluse,* omschreef hij de bewoners als leden van een 'hardwerkende, productieve samenleving'. Toneelschrijver Samuel Beckett, die hier in de Tweede Wereldoorlog woonde, dacht aanzienlijk minder vriendelijk over de bewoners.

Gordes is om het 16de-eeuwse chateau heen gebouwd

De triomfboog bij Cavaillon

Cavaillon ⓯

Wegenkaart B3. 🏘 *25.000.*
🚌 🚕 ℹ️ *Pl. François Tourel*
(04-90713201). 🛍 *ma.*
www.cavaillon-luberon.com

De beste plaats om u op de omgeving te oriënteren, is de uitzichttafel voor de **Chapelle St-Jacques** op het hoogste punt van het dorp. U ziet de Lubéron afgetekend tegen de Mont Ventoux en de bergketen Les Alpilles. Cavaillon wordt omgeven door groente- en fruitkwekerijen en wedijvert met Apt als het gaat om wie de belangrijkste markt van Vaucluse binnen zijn grenzen heeft. De omgeving brengt vooral veel meloenen voort.

Op de Colline St-Jacques bestond al voor de Romeinse tijd een nederzetting. Op de Place Duclos staat nog een Romeinse triomfboog uit de 1ste eeuw. Het **Musée Archéologique**, waar vondsten uit de Romeinse tijd te zien zijn, staat aan de Grand Rue, die noordwaarts loopt vanaf de kerk, een voormalige kathedraal die aan de 6de-eeuwse bisschop St-Véran is gewijd. De synagoge in de Rue Hébraïque dateert van 1772, maar er staat hier al sinds de 14de eeuw een joods godshuis. De geschiedenis daarvan wordt levend gehouden in het **Musée Juif Comtadin**.

🏛 **Musée Archéologique**
Hôtel Dieu, Porte d'Avignon. **Tel** 04-90760034. 🕐 juni–okt. wo–ma. 🈂

🏛 **Musée Juif Comtadin**
Rue Hébraïque. **Tel** 04-90760034.
🕐 okt.–maart. ma, wo–vr, april– sept. wo–ma. 🌑 1 jan., 1 mei, 25 dec. 🈂

Rondrit: Petit Lubéron ⓰

Dit 1200 km² grote Parc Naturel Régional bestaat uit een kalksteengebergte dat van Cavaillon oostwaarts loopt naar Manosque in de Alpes-de-Haute-Provence. In de geschiedenis van het gebied spelen beruchte lieden als de baron van Oppède en de markies de Sade een grote rol. Het ongerepte gebied is bij uitstek geschikt om in te wandelen. De twee grootste plaatsen zijn Apt en Lourmarin. De D943 door de Combe de Lourmarin scheidt het park in twee delen: de Grand Lubéron *(blz. 172)* aan de oostzijde en de Petit Lubéron, een keten vol verborgen kloven, kalkstenen spitsen en cederbossen, in het westen.

Oppède-le-Vieux ①
Het nu vervallen kasteel was eigendom van Jean Maynier, baron van Oppède, die in 1545 bij de veldtocht tegen de ketters uit Vaud elf dorpen verwoestte.

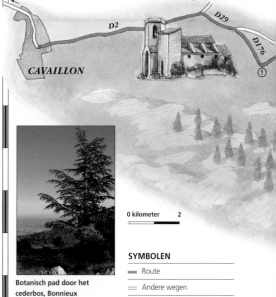

AVIGNON

CAVAILLON

0 kilometer 2

SYMBOLEN

━━ Route

═══ Andere wegen

Botanisch pad door het cederbos, Bonnieux

NATUUR IN DE LUBÉRON

Het Parc Naturel Régional bezit een rijke flora en fauna. De noordzijde van de bergketen is woest en open, de zuidkant meer gecultiveerd en beschut. In het landschap van kalksteen- en okerkliffen, cederbossen, heide en door rivieren ingeslepen kloven vindt u talloze habitats. In La Maison du Parc in Apt *(blz. 172)* kunt u inlichtingen over wandelroutes krijgen.

De **aapjesorchis** *(Orcis simia) vindt u op zonnige, kalkrijke weiden.*

Voor hotels en restaurants in deze streek zie blz. 202–203 en blz. 216–217

De onherbergzame pieken van de Petit Lubéron

Ménerbes ②
Aan de voet van dit 16de-eeuwse calvinistische bolwerk ligt het Musée du Tire-Bouchon, waar onder andere 17de-eeuwse kurkentrekkers te zien zijn.

Lacoste ③
Van het kasteel van Marquis de Sade is weinig over. Na zijn arrestatie vanwege corruptie schreef hij in de gevangenis zijn ervaringen op.

VOOR DE AUTOMOBILIST

*Lengte: 40 km. **Rustpunten:** In Ménerbes zijn diverse cafés, in Bonnieux kunt u lunchen en in het cederbos zijn picknickplaatsen. Vanuit Lourmarin, waar Albert Camus woonde en werd begraven, zijn zowel de Petit als de Grand Lubéron bereikbaar. De dorpjes zijn klein, er is vaak weinig parkeergelegenheid en u zult te voet verder moeten gaan om een kasteel te bekijken.* **www**.parcduluberon.com

Bonnieux ④
Het Musée de la Boulangerie is aan brood gewijd. De twee uur durende wandeling over het botanische pad door het cederbos begint hier.

D188
② D109
Abbaye St-Hilaire
③
④
D3
D36
D943

MONTAGNE DU LUBERON

Lourmarin ⑤
De gravin van Agoult, wier familie het plaatselijke kasteel bezat, schonk de componist Franz Liszt drie kinderen. Een van hen trouwde met Richard Wagner.

⑤

AIX-EN-PROVENCE ↓

*Het **everzwijn** (Sus scrofa, in het Frans sanglier) is de favoriet van zowel jager als kok.*

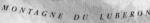

*De **oehoe** (Bubo bubo, in het Provençaals dugas) is Europa's grootste uil.*

*De **bever** (Castor fiber, in het Frans castor) leeft in de Calavon en de Durance.*

GRAND LUBÉRON

Deze spectaculaire bergketen ten oosten van de Combe de Lourmarin bereikt bij Mourre Nègre op 1125 m zijn hoogste punt. U kunt de top alleen te voet bereiken via een klim van enkele uren vanaf de parkeerplaats in Auribeau. Het landschap is prachtig en ideaal om de drukte te ontvluchten. Van de top hebt u uitzicht op Digne, de Mont Lure en het dal van de Durance, het stuwmeer bij Apt, l'Étang de Berre en de Mont Ventoux.

Apt ⓱

Wegenkaart C3. 🚗 *11.500.* 🚉 *Avignon.* ℹ️ *Ave. Philippe de Girard 20 (04-90740318).* 🚉 *di en za.*

Bij Apt vindt u de noordelijke ingang van het Parc Naturel Régional du Lubéron *(blz. 170–171).* In het Maison du Parc, een 17de-eeuws buiten, kunt u informatie krijgen over wandelingen, *gîtes d'étapes* en flora en fauna. Apt heeft een centraal plein, waar de bewoners naast de fontein en onder de platanen *boules* spelen. Vanwege de vele kersenboomgaarden rond de stad wordt Apt wel de wereldhoofdstad van de gekonfijte vruchten genoemd. In het **Musée de l'Aventure Industrielle** wordt uitgelegd hoe de productie van gekonfijte vruchten en aardewerk, gecombineerd met het delven van oker, Apt in de 18de en 19de eeuw voorspoed bracht. De stad is ook beroemd om zijn truffels en lavendelessence. De zaterdagse markt biedt naast Provençaalse waar allerlei vermaak, van jazzbandjes en draaiorgels tot geïmproviseerd cabaret. U kunt een excursie maken naar *Colorado de Rustrel,* een okergroeve aan de Dôa. Daar ziet u onder andere enkele aarden zuilen, de Cheminées de Fées.

In het hart van Apt staat de **Cathédrale Ste-Anne**. Volgens de legende bracht Auspicius, waarschijnlijk de eerste bisschop van Apt, de sluier van St.-Anna (de moeder van Maria) van Palestina naar de kathedraal in Apt. In juli wordt een festival aan haar gewijd, met een processie van de kathedraal door de stad. De Koninklijke Kapel herdenkt Anna van Oostenrijk. Zij bezocht Apt om voor vruchtbaarheid te bidden en betaalde mee aan de kapel, die rond 1670 gereedkwam. Pronkstukken van een 11de-eeuwse Arabische standaard uit de eerste kruistocht (1096–1099). In de apsis beeldt het 15de–16de-eeuwse glas-in-loodraam de Boom van Jesse uit. Het 17de-eeuwse Hôtel d'Albertas staat vlakbij. In het **Musée Archéologique** vindt u prehistorische vuurstenen, stenen werktuigen, Gallo-Romeins snijwerk, en juwelen en mozaïek uit die tijd, bel van tevoren. Op de tweede verdieping toont men plaatselijk aardewerk. Enige kilometers buiten Apt ligt **L'Observatoire Sirene** op een idyllische plaats met de laatste technologie die ideaal is voor sterrenkijken.

14de-eeuws borduurwerk

🏛 **Cathédrale St-Anne**
Rue St-Anne. **Tel** *04-90743660.* ◯ *dag.*

🏛 **Musée de l'Aventure Industrielle**
Pl. du Pastal. **Tel** *04-90749530.* ◯ *okt.–april: wo–za; mei–sept.: wo–zo.* ● *feestdagen.* 🗓 ♿

🏛 **Musée Archéologique**
Rue de l'Amphithéâtre 27. **Tel.** *04-90749530.* ◯ *alleen voor groepen, op afspraak.* 🗓

🏛 **L'Observatoire Sirene**
D34 Lagarde d'Apt. **Tel.** *04-90750417.* ◯ *ma–za.* ● *feestdagen.* 🗓

Etiket van een jampotje uit Apt

Voor hotels en restaurants in deze streek zie blz. 202–203 en blz. 216–217

Cadenet ⓲

Wegenkaart C3. 🏠 *4000*.
🚌 *Avignon*. 🛈 *Pl. du Tambour d'Arcole 11 (04-90683821)*. 🛒 *ma en za (mei–okt. boerenmarkt)*.

Cadenet ligt in het dal van de Durance. Het plaatsje is gebouwd rond ruïnes van een kasteel uit de 11de eeuw en een 14de-eeuwse kerk. De doopvont is van een Romeinse sarcofaag gemaakt. Op het plein, waar 's zomers een boerenmarkt wordt gehouden, staat het beeld van André Estienne. Deze jongen sloeg tijdens de slag om de Pont d'Arcole zo hard op zijn trommel dat de vijand dacht geweerschoten te horen en vluchtte.

André Estienne, de held van Cadenet

Ansouis ⓳

Wegenkaart C3. 🏠 *3000*. 🛈 *Pl. du Château (04-90098698)*. 🛒 *do en zo*. **www**.ansouis.fr.

Wellicht het opvallendste aan het **Château d'Ansouis** is het feit dat het al sinds 1160 in handen van de familie Sabran is. Dat de familie bijzonder is, blijkt uit wat de vier dochters van Gersende de Sabran en Raymond Bérenger IV bereikten: Eleonora, Margaretha, Sancy en Beatrice werden koningin van respectievelijk Frankrijk, Engeland, Roemenië en Napels. In 1298 zou Elzéar de Sabran met Delphine de Puy, een rijke afstammeling

van de burggraaf van Marseille, trouwen. Ze had echter al besloten non te worden en stemde weliswaar toe in het huwelijk, maar niet in de consummatie ervan. Beiden werden in 1369 heilig verklaard. De oorspronkelijke donjon en twee van de vier torens van het kasteel staan er nog. Op het voormalige kerkhof rond het kasteel is een mooie renaissancistische Hof van Eden aangelegd.

In Ansouis is ook het **Musée Extraordinaire de Georges Mazoyer**, waar naast werk van Mazoyer Provençaals meubilair en in de kelder een gedetailleerd nagebouwde onderwatergrot te zien zijn.

⚓ **Château d'Ansouis**
Tel *04-90098270*. ⭕ *rondleidingen: Pasen–okt. dag. 's middags, nov.–Pasen do–ma-middag*. ⬤ *nov.–maart*.
🖼️

🏛️ **Musée Extraordinaire de Georges Mazoyer**
Rue du Vieux Moulin. **Tel** *04-90098264*.
⭕ *dag. 's middags*. 🖼️ 🛈

Pertuis ⓴

Wegenkaart C3. 🏠 *18.000*. 🚌 🚆
🛈 *Le Donjon, Pl. Mirabeau (04-90791556)*. 🛒 *wo, za (boerenmarkt), vr*.

Vroeger was Pertuis de hoofdstad van Pays d'Aigues, maar in de loop der eeuwen werd de stad overvleugeld door Aix-

en-Provence. De vader van de politicus en rokkenjager Comte de Mirabeau werd in Pertuis geboren en de 13de-eeuwse klokkentoren staat aan het naar hem vernoemde plein. De in de 16de eeuw in gotische stijl herbouwde **Église St-Nicolas** bevat een 16de-eeuwse triptiek en twee 17de-eeuwse marmeren zuilen. Ernaast staat de 14de-eeuwse **Tour St-Jacques**.

De ingang van het renaissancistische kasteel in La Tour d'Aigues

La Tour d'Aigues ㉑

Wegenkaart C3. 🏠 *4600*. 🚌 *Pertuis*. 🛈 *Château de la Tour d'Aigues (04-90075029)*. 🛒 *di*.

Dit plaatsje aan de voet van de Lubéron is genoemd naar een 10de-eeuwse toren. Het 16de-eeuwse kasteel voltooit een trio renaissancistische chateaus in de Lubéron (Lourmarin en Ansouis zijn de andere twee). Baron de Cental bouwde het kasteel op de ruïnes van een middeleeuwse voorganger. Het portaal is geënt op de Romeinse triomfboog in Orange *(blz. 161)*. De tijdens de Franse Revolutie (1789–1794) opgelopen schade is nu deels hersteld. Twee musea in de kelders verhalen over de streekgeschiedenis: het ene met keramiek, het andere met plaatselijke architectuur.

🏛️ **Salle de l'Habitat Rural en Pays d'Aigues et Musée des Faïences et des Céramiques**
Caves du Château, La Tour d'Aigues.
Tel. *04-90075033*. ⭕ *dag.*
⬤ *sept.–juni: ma-morgen, di-middag en zo-morgen, 25 dec.–1 jan.* 🖼️

De slaapkamer van de hertogin in het Château d'Ansouis

ALPES-DE-HAUTE-PROVENCE

*O*mdat de lucht in dit tamelijk ongerepte deel van de Provence het helderst van heel Frankrijk is, bouwde men hier de belangrijkste sterrenwacht van het land. De streek is echter niet altijd even goed begaanbaar, en het weer is er vaak slecht. Het is ook dankzij deze ontoegankelijkheid dat de traditionele levenswijze hier nog overheerst.

Dankzij irrigatie zijn grote delen van deze bergachtige streek er beter aan toe dan vroeger. Rond Valensole wordt nu de meeste lavendel van heel Frankrijk verbouwd. De belangrijkste rivier in het gebied is de Durance. Deze irrigeert velden waar nu perzik-, appel- en perenbomen groeien en zorgt door middel van dammen en een waterkrachtcentrale voor energie in het gebied. Dit alles leverde de streek werkgelegenheid en dus welvaart op. Net buiten Manosque is een nucleair onderzoekscentrum, Cadarache, geopend, en de stad is met zijn 20.300 inwoners inmiddels Digne-les-Bains als grootste in het gebied gepasseerd. Digne, beroemd vanwege de lavendel en de gezonde lucht, is een mooi, oud kuuroord dat nu hoopt een nieuw publiek te trekken met moderne beeldhouwkunst. De structuur en het klimaat van de streek hebben grote invloed op de geschiedenis en de architectuur gehad. Op strategische bergtoppen staan citadels als die van Sisteron (die Napoleon in 1815 veroverde) en de grensplaats Entrevaux. Bij de aanleg van dorpen en gebouwen heeft men altijd met weersomstandigheden rekening moeten houden, met de strenge winters, maar vooral de *mistral* is een factor van belang. De schoonheid van de streek schuilt ongetwijfeld in de hoge bergmeren, gletsjerdalen en de kleur- en bloemrijke alpenweiden.

De lavendel wordt in bosjes gedroogd, hier in de buurt van de Gorges du Verdon

◁ Olijfgaarden in de heuvels rond het versterkte stadje Entrevaux

Alpes-de-Haute-Provence verkennen

Dit afgelegen, ruige gebied in het noorden
van de Provence beslaat 6944 km²
bergachtig terrein. De Durance stroomt hier
door diepe kloven en wordt onderbroken
door vele dammen – een paradijs voor
bergbeklimmers en kanovaarders. Een van
de zijrivieren van de Durance is de Verdon,
die door de adembenemende Gorges du
Verdon – Europa's antwoord op de Grand
Canyon – stroomt. Naar het noordoosten
wordt het landschap steeds onherbergza-
mer en komt uit in het Parc National du
Mercantour met de Mont Pelat. Zuidelijker
vindt u het Plateau de Valensole.

Lavendelvelden rond Valensole

BEZIENSWAARDIG-HEDEN IN HET KORT

Annot ⑱
Barcelonnette ❸
Castellane ⑯
Colmars ❺
Digne-les-Bains ❻
Entrevaux ⑲
Forcalquier ❾
Gréoux-les-Bains ⑪
Les Pénitents des Mées ❼
Lurs ❽
Manosque ⑩
Mont Pelat ❹
Moustiers-Ste-Marie ⑮
Riez ⑬
St-André-les-Alpes ⑰
Seyne ❷
Sisteron ❶
Valensole ⑫

Rondrit

*Gorges du Verdon
(blz. 184–185)* ⑭

SYMBOLEN

═══ Snelweg

─── Hoofdweg

┄┄┄ Secundaire weg

━━━ Mooie route

---- Secundaire spoorlijn

▬▬▬ Landsgrens

═══ Regiogrens

△ Bergtop

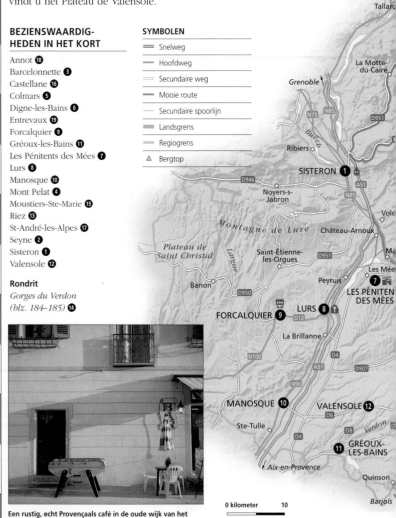

Een rustig, echt Provençaals café in de oude wijk van het
bergdorpje Castellane

0 kilometer 10

BEREIKBAARHEID

U bereikt de streek langs de Durance via de A51 van Aix-en-Provence naar Sisteron en verder naar La Saulce, vlak bij Gap. *Routes nationales* leiden verder langs de Durance naar Lac de Serre-Ponçon in het noorden en naar het oosten langs de Ubaye naar Barce-lonnette. Digne-les-Bains is goed bereikbaar, maar verder lopen er slechts kleinere wegen door de streek. De spoorlijn in het gebied loopt ook langs de Durance en verbindt Manosque en Sisteron met Aix-en-Provence.

Cottian Alps

Saint-Paul

Lac de Serre Ponçon

D900

Le Lauzet-Ubaye

Jausiers

Ubaye

D900

Turriers

D900

D900

Col della Maddalena

③ BARCELONNETTE

Pra-Loup

D64

② SEYNE

Parc National du Mercantour

D908

D902

MONT PELAT

Col d'Allos

④

Mont Pelat 3050 m

Col de Cayolle

La Foux d'Allos

A L P E S - D E -

La Javie

Allos

H A U T E

D900

⑤ COLMARS

P R O V E N C E

D908

⑥ DIGNE-LES-BAINS

D3

N85

D20

Montagne de Coupe

D955

Meailles

Var

SAINT-ANDRÉ-LES-ALPES

Chaudon-Noraate

Mézel

D908

Puget-Théniers

D907

Barrême

⑰

ANNOT **⑱**

N202

N202

Nice

N202

ENTREVAUX **⑲**

Lac de Castillon

Jaussiers

53

Sénez

⑮ MOUSTIERS-SAINTE-MARIE

D952

Saint-Auban

⑯ CASTELLANE

D952

D952

IEZ

N85

Rougon

Le Logis-du-Pin

Aiguines

D952

D71

La Palud

⑭

Lac de Ste-Croix

GORGES DU VERDON

De indrukwekkende Rocher de la Baume, net buiten Sisteron

Sisteron ●

Wegenkaart D2. 7500. 🚗 🚌
ℹ️ *Hôtel de Ville, Pl. de la République
(04-92611203).* 📅 *wo en za.*
www.sisteron.fr

Of u Sisteron nu uit het noorden of uit het zuiden benadert, het strategisch belang van de plaats wordt snel duidelijk. De 'poort naar de Provence' ligt, omgeven door olijfbomen, in een smal deel van het Durancedal. Het stadje wordt bewaakt door indrukwekkende versterkingen. Sisteron is tijdens oorlogen altijd een brandpunt geweest, voor het laatst in 1944 tijdens zware bombardementen van de geallieerden.

Sisteron wordt gedomineerd door de oorspronkelijk 12de-eeuwse **citadelle**. Hier hebt u een prachtig uitzicht over de Durance. De donjon, kerker, kapel, torens en wallen vormen samen een mooi decor voor de Nuits de la Citadelle, een zomerfestival vol muziek, theater en dans. De **Notre-Dame des Pommiers** op het centrale plein dateert van 1160 en is een mooi voorbeeld van

Een traditioneel Provençaalse boerderij, net buiten Seyne

de Provençaals-romaanse bouwstijl. Aan de oostkant ligt de 17de-eeuwse Chapelle des Visitandines met het nieuwe **Musée Terre et Temps**. In de oude stad vindt u winkeltjes en cafés in smalle stegen, die *andrônes* worden genoemd. De **Rocher de la Baume**, aan de overkant van de Durance, is een geliefd oefenterrein voor bergbeklimmers.

⛪ **La Citadelle**
04200 Sisteron. **Tel** *04-92612757.*
📅 *april–11 nov.: dag.*

Seyne ●

Wegenkaart D2. 1400. 🚌 ℹ️
Pl. d'Armes (04-92351100). 📅 *di en vr.*

Op een hoogte van 1210 m boven de zeespiegel overheerst dit kleine dorpje de Vallée de la Blanche. Rond Seyne grazen paarden en muilezels en elk jaar wordt er een beroemde paarden- en ezelmarkt gehouden. Aan de hoofdstraat staat de **Notre-Dame de Nazareth**, een 13de-eeuwse romaanse kerk met gotische portalen, een zonnewijzer en een groot roosvenster. Het pad langs de kerk leidt naar de **citadelle**, die Vauban in 1693 rond de 12de-eeuwse wachttoren bouwde. In St-Jean, Le Grand Puy en Chabanon, alle in de nabijheid van Seyne, kan 's winters worden geskied.

Barcelonnette ●

Wegenkaart E2. 3500.
🚌 ℹ️ *Pl. Frédéric Mistral (04-92810471).* 📅 *wo en za.*

Deze noordelijkste plaats in de Provence ligt in het Ubayedal, omgeven door een halve cirkel van besneeuwde bergen. In de kasseienstraatjes vindt u veel cafés, restaurants en winkels waar smakelijke plaatselijke producten als frambozen- en jeneverbessenlikeur worden verkocht. In 1231 werd het plaatsje gesticht door Raymond Bérenger V, graaf van Barcelona (vandaar de naam) en de Provence. Zijn overgrootvader verbond zich in

De citadel in Sisteron, hoog boven de Durance

Voor hotels en restaurants in deze streek zie blz. 202–203 en blz. 216–217

NAPOLEON IN DE PROVENCE

Napoleon wist dat de verovering van Sisteron de enige manier was waarop hij de macht die hij bij zijn ballingschap op Elba was kwijtgeraakt, kon terugwinnen. Op 1 maart 1815 ontvluchtte hij Elba en ging hij met 1026 getrouwen bij Golfe-Juan aan land. Op zijn haastige tocht naar Parijs reisde hij via Grenoble. De eerste halteplaats was Grasse, waar iedereen de deuren echter voor hem gesloten hield. Na zich van rijtuigen, kanonnen en paarden te hebben ontdaan, ging de tocht voort over moeilijk begaanbare bergpaden.

In Digne lunchte Napoleon in het Hôtel du Petit Paris en sliep hij in Château Malijai, terwijl hij wachtte op nieuws uit het royalistische bolwerk Sisteron. Hij kon zich op 5 maart van de plaats meester maken. In Rue du Jeu-de-Paume herinnert een plaquette aan deze gebeurtenis.

Napoleon steekt de Alpen over, een dramatisch schilderij van Jacques Louis David uit 1800

Een van de markante villa's in Barcelonnette

1112 door huwelijk aan het Huis van de Provence. Toen de textielzaak van de gebroeders Arnaud steeds slechter ging lopen, besloten ze naar Mexico te emigreren. Andere dorpelingen volgden, en toen ze begin deze eeuw met het daar verdiende geld terugkeerden, lieten ze grote villa's aan de rand van het dorp bouwen.

In het **Musée de la Vallée** wordt dit Mexicaanse avontuur geschetst. Het museum heeft vier filialen in de Ubayevallei: St-Paul, Jauziers, Pontis en Le Lauzet. 's Zomers staat hier een informatiebureau voor het Parc National du Mercantour. Het park ligt in het oosten tegen de Italiaanse grens en in het zuiden tegen de Alpes Maritimes aan *(blz. 97)*. Naast veel natuurschoon bevinden zich hier twee plaatsen met archeologische opgravingen.

🏛 Musée de la Vallée

Ave. de la Libération 10. **Tel.** 04-92812715. ◻ wo, do en za-middag, juli, aug. dag. (schoolvakanties 's middags), sept.–juni wo, do, vr en za-middag. 🎫

Mont Pelat ❹

🚉 Digne-les-Bains, Thorame-Verdon. 🚌 Colmars, Allos. 🅸 Place du Presbytère, Allos (04-92830281).

Deze hoogste (3050 m) piek in de Provençaalse Alpen is omgeven door veel fraaie bergpassen, waarvan sommige pas in juni begaanbaar worden. De D2202 aan de oostzijde leidt over de Col de Cayolle (2327 m), de D908 ten westen over de angstaanjagende Col d'Allos (2250 m). Ten zuiden van de Mont Pelat, in het hart van het Parc National du Mercantour, ligt het prachtige, 50 ha grote Lac d'Allos. Het is het grootste meer van deze afmeting op een dergelijke hoogte in Europa. In het prachtig heldere water wemelt het van de forellen. De D64, ten noordoosten van de Mont Pelat, leidt over de Cime de la Bonette, die met 2862 m de hoogste bergpas in Europa is. Op deze pas kunt u genieten van wellicht het allermooiste van de vele fraaie panorama's in het gebied.

Cime de la Bonette, de hoogste pas in Europa

Colmars ❺

Wegenkaart 2E. 🏚 *400.* 📮
ℹ️ *Ancienne Auberge Fleurie (04-92834192).* 📮 *di en vr (juni–sept.).*

Colmars ligt ingeklemd tussen twee middeleeuwse forten. U kunt over de 12 m hoge wallen lopen, waar u uitzicht hebt over de met eikenhouten platen bedekte daken van het dorp. Het plaatsje ontleent zijn naam aan de berg waar het op is gebouwd, de *Collis Martis.* De Romeinen bouwden hier een tempel ter ere van hun god Mars, en Vauban legde de basis voor het huidige aanzien van Colmars. Aan de noordkant van het dorp leidt een steeg naar het 17de-eeuwse **Fort de Savoie**. Van de Porte de France leidt een pad naar het Fort de France.
Colmars is ook 's zomers populair. Bezoekers luieren op de houten balkons – *soleillades*, letterlijk zontrappen – of wandelen over de paden. Borden wijzen u de weg naar de Cascade de la Lance, een waterval op een halfuur lopen van het dorp.

Het versterkte dorp Colmars, geflankeerd door twee forten

♦ **Fort de Savoie**
04370 Colmars. **Tel.** *04-92834192.*
⭘ *sept.–juli alleen op afspraak, juli–aug. dag.* 📷 ⭘ *verplicht.*

Digne-les-Bains ❻

Wegenkaart 2D. 🏚 *17.700.* 🚉
📮 ℹ️ *Rond point du 11 Novembre (04-92366262).* 📮 *wo en za.*
www.ot-dignelesbains.fr

De hoofdstad van de streek, waar zeven bronnen het gezonde water leveren, is al sinds de Romeinse tijd een kuuroord. Het Etablissement Thermal, ten zuidoosten van de stad, ontvangt nog altijd veel gasten die genezing zoeken. In de brede straten van Digne staat de gezondheid centraal, vooral in de Boulevard Gassendi, genoemd naar de hier geboren wis- en sterrenkundige Pierre Gassendi (1592–1655).

Straatkunst in Digne

In deze straat wordt in augustus elk jaar het vier dagen durende lavendelcarnaval gehouden *(blz. 229).* Digne noemt zichzelf dan ook *'la capitale de la lavande'.* De laatste jaren heeft Digne zich ook een naam verworven op het gebied van de moderne beeldhouwkunst.
In het vroegere gasthuis is het **Musée Départemental** gehuisvest. U vindt hier werk van 16de–19de-eeuwse Franse, Italiaanse en Hollandse meesters, plaatselijke kunst en 19de-eeuwse wetenschappelijke werktuigen.
Er hangt ook een portret van de reizigster Alexandra David-Néel. Zij werd in Digne geboren en stierf in 1969 op 101-jarige leeftijd. Haar huis, *Samten-Dzong* (fort van meditatie), is nu het **Musée Alexandra David-Néel**. Aan het noordelijke uiteinde van de Boulevard Gassendi staat de 19de-eeuwse **Grande Fontaine**. Even voorbij deze fontein bevindt zich een woonwijk waar vroeger het oudste gedeelte van Digne lag. De **Notre-Dame-du-Bourg** is het indrukwekkendste gebouw in Digne. Het is de grootste romaanse kerk in de Haute Provence, gebouwd tussen 1200 en 1330.
In de **Jardin Botanique des Cordeliers** groeien kruiden en medicinale planten uit de omgeving van Digne.

🏛 **Musée Départemental**
Bld. Gassendi 64.
Tel. *04-92314529.* ⭘ *wo–ma.*
⬤ *feestdagen.* 📷 ⭐

🏛 **Musée Alexandra David-Néel**
Ave. Maréchal Juin 27.
Tel. *04-92313238.* ⭘ *dag.*
📷 *4 per dag (okt.–juni 3 per dag).* 📷

🌿 **Jardin Botanique des Cordeliers**
Couvent des Cordeliers, Av. Paul Martin. **Tel.** *04-92315959.* ⭘ *maart–nov.: di–za.* ⬤ *feestdagen.* ⭐

Voor hotels en restaurants in deze streek zie blz. 202–203 en blz. 216–217

Les Pénitents des Mées **❼**

Wegenkaart 3D. 🛬 *Marseille.* 🚉
St-Auban. 🚌 *Les Mées.* ℹ️ *Bld. de
la République 21 (04-92343638)
's middags.*

Een van de boeiendste geo-
logische verschijnselen in het
gebied is Les Pénitents des
Mées, een bijna 2 km lange rij
zuilvormige rotsen van meer
dan 100 m hoog. De plaatselijke bevolking noemt de rots-
partij een processie van ver-
bannen monniken in pij.
Volgens de legende hadden
monniken uit de omliggende
bergen veel belangstelling
voor Moorse schonen die
tijdens de Saraceense invasie
in de 6de eeuw waren
gevangengenomen.
St-Donat, een kluizenaar die in
een grot in de buurt woonde,
bestrafte deze brutaliteit door
ze in steen te veranderen.
Aan de noordzijde van de rotsen ligt het dorpje Les Mées.
Bij de kapel, de St-Roch, kunt
u de rotsen mooi zien.

Les Pénitents des Mées domineren de wijde omgeving

Lurs **❽**

Wegenkaart 3D. 🚂 *350.* 🚉 *La
Brillane.* ℹ️ *april–sept.: 04700 Lurs
(04-92791020); okt.–maart: Mairie
(04-92799524).*

Onder Karel de Grote werd
de versterkte stad Lurs in de
9de eeuw gedeeld eigendom
van de bisschoppen van
Sisteron en de vorsten van
Lurs. Aan het begin van de
20ste eeuw was het dorp
praktisch verlaten, en pas na
de Tweede Wereldoorlog
kwamen er nieuwe bewoners,
voornamelijk drukkers en
grafisch kunstenaars, naar
Lurs. Via de Porte d'Horloge
bereikt u de ommuurde oude
stad. Ten noorden van het
gerestaureerde bisschoppelijk-
vorstelijke chateau begint de
300 m lange **Promenade des
Evêques** (bisschopspad). Dit
pad leidt langs vijftien
oratoria naar de kapel Notre-
Dame-de-Vie. De kapel is
vooral een bezoek waard
vanwege het prachtige uitzicht over de papavervelden
en de olijfgaarden langs de
Durance. Als u Lurs in noordelijke richting over de N96
verlaat, komt u bij de 12de-
eeuwse **Prieuré de Ganagobie**
uit. Het mozaïek in deze kerk
is gebaseerd op Byzantijnse
ontwerpen. Per dag worden
er verschillende diensten verzorgd door de monniken in
het klooster. Deze zijn voor
publiek toegankelijk.

🔒 **Prieuré de Ganagobie**
N96, 04310. **Tel.** *04-92680004.*
⭕ *di–za 's middags en zo.*

**Vloermozaïek in de kerk van de
Prieuré de Ganagobie**

LE TRAIN DES PIGNES

Een mooie dagtocht in de streek is een ritje
met de Chemin de Fer de Provence, een
spoorlijn die Digne-les-Bains met Nice
verbindt. Het is een overblijfsel van een plan
waaraan tussen 1891 en 1911 werd gewerkt
en dat de Côte d'Azur met de Alpen moest
verbinden. Tegen-
woordig rijdt deze
Train des Pignes het
hele jaar door vier
keer per dag. De
plaatselijke bevolking
maakt even graag ge-
bruik van de verbin-
ding als toeristen. Het
treintje rijdt met een
redelijke vaart langs,
passeert onderweg
het witte water van de

Asse de Moriez en zestien viaducten, vijftien
bruggen en 25 tunnels. Vanuit de trein krijgt
u een goede indruk van het omliggende
landschap, al kan de rit af en toe wel hobbe-
lig zijn. De mooiste stukken van het onbewoonde landschap
zijn als de trein door het onbewoonde landschap
rijdt, bijvoorbeeld
tussen St-André-les-
Alps en Annot, waar
u de *grès d'Annot
(blz. 187)* goed kunt
zien. De heenreis
duurt drie uur en u
kunt uw tocht onder-
breken waar u wilt,
bijvoorbeeld in En-
trevaux *(blz. 187).*
Voor kaartjes: tel. 04-
92310158

Het scriptorium in het Couvent des Cordeliers in Forcalquier

Forcalquier ❾

Wegenkaart C3. 🏘 *4500.* 🚉
ℹ️ *Pl. du Bourguet 13 (04-92751002).*
🚌 *ma.* 🌐 *www.forcalquier.com*

De ruïne van een kasteel en de 12de-eeuwse kapel Notre-Dame-de-Provence herinneren aan de tijd dat Forcalquier een onafhankelijke plaats en hoofdstad van de streek was. Waar ooit troubadours zongen en kooplui hun waren aanboden, heerst nu stilte. Tijdens de wekelijkse markt, waar honing, lavendel, regionale kunst en handgemaakte producten worden aangeboden, komt het plaatsje tot leven. Van de stadspoorten is slechts de Porte des Cordeliers over. In het **Couvent des Cordeliers** uit 1236 liggen de graven van de vroegere heersers van de streek. De kruisgang, de bibliotheek, het scriptorium en de refter zijn te bezichtigen. Nadat een studie in de jaren dertig van de 20ste eeuw had uitgewezen

dat de lucht hier het helderst was, werd het **Observatoire de Haute Provence** aan Forcalquier toegewezen. Het Centre d'Astronomie is ook interessant.

🔲 **Couvent des Cordeliers**
Bld. des Martyres. *Tel.* 04-92709119.
⭕ *juli–aug.: dag.* 📷 🎫 *verplicht: driemaal per dag).*

🔲 **Observatoire de Haute Provence**
St-Michel l'Observatoire.
Tel. 04-92706400. ⭕ *wo-middag.*
📷 🎫 *verplicht.*

Manosque ❿

Wegenkaart C3. 🏘 *20.300.* 🚉
🚌 ℹ️ *Pl. du Docteur Joubert (04-92721600).* 🚌 *za.*
www.manosque-tourisme.fr

Cadarache, het kernenergie-onderzoekscentrum van Frankrijk, heeft Manosque welvaart bezorgd. In het autovrije centrum van het industriestadje staan nog twee 13de-

en 14de-eeuwse stadspoorten, Porte Saunerie en Porte Soubeyrand. In de parfumerie aan de Rue Grande werkte de vader van de Provençaalse schrijver Jean Giono *(blz. 28).* In het **Centre Jean Giono** belicht men het leven van de schrijver. De schilder Jean Carzou is de aangenomen zoon van de stad. Hij beschilderde het interieur van het **Couvent de la Présentation** met apocalyptische allegorieen van het moderne leven.

🔲 **Centre Jean Giono**
Bld. Elémir Bourges 1. *Tel.* 04-92705454. ⭕ *okt.–juni: di–vr; juli–sept.: dag.* 📷 ⚫ *feestdagen.*

🔲 **Couvent de la Présentation – Fondation Carzou**
Bld. Elémir Bourges 9. *Tel.* 04-92874049.
⭕ *juni–sept.: di–za; okt.–mei: wo-za-middagen.* ⚫ *23 dec.–3 jan.* 📷

Gréoux-les-Bains ⓫

Wegenkaart D3. 🏘 *2000.* 🚉
ℹ️ *Ave. des Marronniers 5 (04-92780108).* 🚌 *di en do.*

De geneeskrachtige warmwaterbronnen in Gréoux-les-Bains verrichten hun reinigende werking al sinds de 1ste eeuw, toen de eerste baden werden gebouwd door de Romeinen. Tegenwoordig kunt u terecht in het Etablissement Thermal aan de oostzijde van het dorp.
Net als vele andere kuuroorden beleefde Gréoux zijn hoogtijdagen in de 19de eeuw. Boven het dorp is in een gerestaureerde ruïne van

---

LAVENDEL EN LAVENDIN

Deze beroemde Provençaalse bloem kleurt het Plateau de Valensole elke zomer paars. De bloem wordt hier sinds de 19de eeuw geteeld en het gebied voorziet in 80 procent van de wereldbehoefte. Meestal worden de bloemen machinaal geplukt, maar er zijn nog velden waar de plukkers met een jutezak op de rug oogsten. Na enkele dagen drogen wordt de oogst naar de distilleerderij verstuurd.
De lavendin, een hybride van lavendel, heeft de plaats van de lavendel voor een groot deel ingenomen.

De rijke lavendeloogst wordt binnengehaald

Voor hotels en restaurants in deze streek zie blz. 202-203 en blz. 216-217

De weidse velden van het Plateau de Valensole, waar de lavendel 's zomers alles paars kleurt

een kasteel van de tempeliers een openluchttheater ingericht. In de **Crèche de Haute Provence** in Gréoux is een in klei nagemaakt dorp met traditionele *santons* en *son-et-lumière*-schouwspelen te zien.

🏠 **Crèche de Haute Provence**
Ave. des Alpes 36. **Tel.** *04-92776108.*
◯ *april–dec.: di–zo.* 🖼 ♿

Korinthische zuilen in de Romeinse baden in Gréoux-les-Bains

Valensole ⑫

Wegenkaart D3. 🏘 *2500.*
ℹ *Pl. des Héros de la Résistance (04-92749002).* 🛒 *za.*

Dit is het hart van het gebied waar de meeste lavendel in Frankrijk wordt gekweekt. Een gotische kerk met stompe toren waakt over het paarse Plateau de Valensole. Admiraal Villeneuve, die het in 1805 in de Zeeslag bij Trafalgar tevergeefs tegen admiraal Nelson opnam, werd hier in 1763 geboren. Overal wordt naar verkooppunten voor zelfgemaakte honing

verwezen, en buiten het dorp staat het **Musée Vivant de l'Abeille**. In dit museum wordt het leven van de honingbij toegelicht aan de hand van demonstraties, foto's en videobeelden.

🏛 **Musée Vivant de l'Abeille**
Route de Manosque.
Tel. *04-92748235.* ◯ *di–za.*
🎉 *feestdagen.* ♿ 🏠

Riez ⑬

Wegenkaart D3. 🏘 *1700.* 🚌
ℹ *Pl. de la Mairie (04-92779909).*
🛒 *wo en za.* **www**.ville-riez.fr

In de kleine winkeltjes in dit dorp aan de rand van het Plateau de Valensole verkoopt men keramiek, traditionele *santons*, honing en lavendel. De renaissancistische gevels en de herenhuizen daarachter weerspiegelen de betere tijden die het dorp heeft gekend. U komt Riez binnen via de 13de-eeuwse Porte Aiguyère en belandt dan in de vredige, met

bomen omzoomde Grand'Rue. De mooiste huizen zijn hier nr. 27 en 29.

Het merkwaardigste overblijfsel uit het verleden is de Romeinse tempel voor de god Apollo. Hij staat verloren midden in de velden langs de Colostre. Dit was de plaats waar de Romeinse stad *Reia Apollinaris* stond. Aan de overkant van de rivier staat een van de weinige resten van Merovingische architectuur, een doopkapelletje uit de 5de eeuw.

Het dorp heeft een aantal fonteinen. De Fontaine Benoîte tegenover de Porte Sanson stamt uit 1819, maar er stond al sinds de 15de eeuw een fontein. De 17de-eeuwse Fontaine de Blanchon wordt gevoed door een ondergrondse bron, hij werd gebruikt om kleding van zieken te wassen in de tijd dat er nog geen vaccins en antibiotica waren. Het zachte water van de door een bron gevoede Fontaine de Saint-Maxime zou geneeskrachtig zijn voor de ogen.

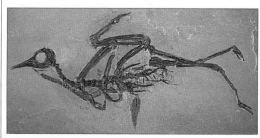

Fossiel van een waadvogel in het toeristenbureau van Riez

Rondrit: Gorges du Verdon ⑭

De adembenemende schoonheid van de Gorges du Verdon is een van de spectaculairste natuurverschijnselen in Frankrijk. De Verdon, een zijrivier van de Durance, stroomt op sommige plaatsen tot 700 m diep tussen de rotsen door. Bezichtiging van deze kloof neemt tenminste een dag in beslag, en deze routebeschrijving attendeert u op de mooiste plekjes. Aan het oostelijke en westelijke uiteinde van de kloof liggen Castellane, de natuurlijke ingang, en Moustiers-Ste-Marie. Tijdens de tocht kunt u langs steile hellingen komen en chauffeurs moeten altijd op haarspeldbochten en gladheid verdacht zijn.

In de Gorges wordt veel gewandeld

Moustiers-Ste-Marie ④
Dit dorp geniet faam vanwege de *faience (blz. 186)*.

Een gevel in Moustiers

SYMBOLEN

▬ Route

═ Andere wegen

☀ Uitzichtpunt

Aiguines ③
Van het dorpje bij dit mooi gerestaureerde 17de-eeuwse kasteel hebt u fraai uitzicht op het Lac de Ste-Croix.

0 kilometer   2

VOOR DE AUTOMOBILIST

Lengte: 113 km. Rustpunten: In La Palud-sur-Verdon zijn diverse cafés te vinden, en Moustiers-Ste-Marie is een geschikte plaats om te lunchen. Als u ergens wilt overnachten, zijn er in Castellane hotels en campings (zie ook blz. 250–251).

Het azuurblauwe water van het enorme Lac de Ste-Croix

WATERSPORTEN

Sinds Isadore Blanc (1875–1932) de kloof in 1905 voor het eerst helemaal verkende, is het altijd een paradijs voor buitensportliefhebbers geweest. Tegenwoordig wordt er vooral gewandeld, geklommen, kano gevaren en aan vlotvaart (*blz. 226–227*) gedaan. Wie per boot of vlot de rivier wil afzakken, moet dit wel onder deskundige begeleiding doen.

Op de snel stromende Verdon wordt veel aan vlotvaart gedaan

Isadore Blanc, de eerste verkenner van de Gorges

Point Sublime ⑥

Dit is een van de mooiste uitzichtpunten. Paden leiden naar de oever van de rivier, maar wie door de tunnels wil lopen, heeft een zaklantaarn nodig.

Castellane ①

In het oude centrum van dit toeristische plaatsje staan nog een klokkentoren en een stadspoort uit een ver verleden (*blz. 186*).

La Palud-sur-Verdon ⑤

Georganiseerde wandelingen beginnen in het dorpje La Palud, de 'hoofdstad' van de Gorges.

Rougon

Trigance

De Pont de Tusset

FREJUS

Pont de l'Artuby ②

U kunt aan weerszijden van de 100 m lange brug over de Artuby parkeren. Behalve het uitzicht is ook bungeejumping hier erg populair.

De Verdon slingert indrukwekkend tussen de rotsen door

Moustiers-Ste-Marie ⓫

Wegenkaart 3D. ⚎ *630.* 🖼 ❚ *Pl. de l'Eglise (04-92746784).* 🖼 *vr-ocht-end, kunstnijverheidmarkt (juli-aug.).* **www**.moustiers.fr

Moustiers ligt aan de rand van een ravijn, omgeven door grillige rotswanden. In het hart van het plaatsje staat de parochiekerk met een romaans belfort. Een pad slingert omhoog naar de 12de-eeuwse kapel Notre-Dame-de-Beauvoir. Het uitzicht op de Gorges du Verdon *(blz. 184–185)* is fraai. Over het ravijn is een 227 m lange ketting gespannen. In het midden daarvan hangt een gouden vijfpuntige ster. De ketting is in 1957 vervangen, maar het origineel zou in de 13de eeuw zijn opgehangen door de ridder Blacas als dank voor zijn bevrijding tijdens de zevende kruistocht *(blz. 42)*. Moustiers barst 's zomers haast uit zijn voegen van de drukte. De toeristen willen niet alleen het dorpje zelf, maar ook de hier gemaakte keramiek zien. In het **Musée de la Faïence** is de originele Moustierskeramiek te zien. In talloze winkels en ateliers zijn replica's te koop. Het nieuwe **Musée de la Préhistoire** in Quinson, 40 km naar het zuiden, mag u niet missen.

🏛 **Musée de la Faïence**
Moustiers-Ste-Marie. **Tel.** *04-92746164.* ⏰ *april–okt. wo–ma; nov.–maart za–zo (alleen 's middags); schoolvakanties wo–ma (alleen 's middags).* 🔒 *jan.* 🖼

De smalle straatjes van Moustiers

De kapel Notre-Dame-du-Roc, hoog boven Castellane

Castellane ⓰

Wegenkaart 3D. ⚎ *1500.* 🖼
❚ *Rue Nationale (04-92836114).* 🖼 *wo en za.* **www**.castellane.org

Veel bezoekers van de Gorges du Verdon beginnen hun tocht op een van de campings of in een van de hotels in Castellane. 's Zomers is het hier erg vol. Het plaatsje ligt aan de voet van een 180 m hoge rotspunt. Op die rots staat de **Notre-Dame-du-Roc**, een kapel uit 1703. Een steile, 30 minuten durende wandeling die achter de parochiekerk begint, leidt naar boven en levert een prachtig uitzicht op. Castellane was vroeger een vesting die menige belegering met succes doorstond. Het einde van het beleg door de hugenoten in 1586 wordt elk jaar op de laatste zaterdag in januari herdacht tijdens het Fête des Pétardiers.
In de 14de eeuw moesten de vestingwerken van het uit de Romeinse tijd daterende stadje helemaal worden herbouwd nadat de oude nederzetting in het Verdondal was weggezakt.
Op de Place Marcel-Sauvaire, het centrale plein, vinden de meeste sociale gebeurtenissen plaats. Om het plein staan hotels die al eeuwen vele gasten huisvesten.
Van de stadswallen is slechts de Tour Pentagonal en een stukje muur over. Deze staan even voorbij de 12de-eeuwse kerk St-Victor, waarlangs het pad naar de kapel voert.

MOUSTIERSKERAMIEK

De hoogtijdagen van de faience in Moustiers lagen tussen 1679 en het einde van de 18de eeuw. In die tijd waren er twaalf werkplaatsen. De vraag naar het aardewerk nam af, en in 1874 sloot de laatste werkplaats zijn poort. Marcel Provence pakte de draad in 1925 weer op en sindsdien wordt er weer op de traditionele wijze faience gemaakt. Antoine Clérissy, een monnik uit Faenza in Italië, was de eerste die de Moustierskeramiek zijn kenmerkende glazuur gaf. De oudste naar zijn methode gebakken werken hebben een blauwige glans en waren versierd met jachttaferelen of mythologische onderwerpen. Met de introductie van Spaans glazuur in 1738 ging men kleurrijkere afbeeldingen aanbrengen. Moustierskeramiek wordt nog altijd in vele werkplaatsen gemaakt en u kunt de makers ervan in hun ateliers aan het werk zien.

Een terrine van Moustiersfaience

Voor hotels en restaurants in deze streek zie blz. 203 en 217

St-André-les-Alpes ⓱

Wegenkaart 3D. 🕅 *950.* 🚗 🚉
ℹ️ *Place Marcel Pastorelli (04-92890239).* 🚌 *wo en za.*

Het vakantieplaatsje St-André-les-Alpes ligt aan het noordelijkste puntje van het Lac de Castillon, waar de Isolde en de Verdon samenkomen. De zandige oevers maken het meer, dat is ontstaan door de aanleg van de 90 m brede stuwdam Barrage de Castillon, tot een aangenaam centrum voor kanoën, kajakken, zwemmen en vissen. Het deel van het dorp dat niet aan het meer ligt, wordt omringd door lavendelvelden en boomgaarden. In deze buurt is deltavliegen zo populair dat een wijnboer zijn waar aanprijst als 'de wijn van de adelaars'.

Annot ⓲

Wegenkaart 3E. 🕅 *1000.* 🚗 🚉
ℹ️ *Bld. Saint-Pierre (04-92832303).* 🚌 *di.* **www.**annot.fr

In Annot proeft u de sfeer van de Alpen. Het plaatsje, waar de Train des Pignes *(blz. 181)* stopt, ligt aan de Vaïre, die door talloze ijskoude bergstroompjes wordt gevoed. Het landschap bestaat uit een voor dit gebied ongebruikelijk patroon van scherpe rotsen en diepe grotten. Overal rond het plaatsje liggen enorme zandstenen rotsblokken, de grès *d'Annot.* Veel van de huizen in Annot

Een zigzaggend pad leidt naar de citadel van Entrevaux

zijn tegen deze stenen aan gebouwd, zodat men per huis nog maar drie muren hoefde te bouwen. Achter de hoofdstraat, waaraan een romaanse kerk staat, ligt de *vieille ville.* Op sommige van de hoge gebouwen in de oude wijk zijn de 15de- tot 18de-eeuwse stenen balken nog te zien. 's Zomers rijdt er vrijwel elke zondag een stoomtreintje van Puget-Théniers naar Annot. Tijdens de rit kunt u in alle rust genieten van het ongerepte landschap.

Entrevaux ⓳

Wegenkaart 3E. 🕅 *875.* 🚗 🚉
ℹ️ *Porte Royale (04-93054673).* 🚌 *vr.* **www.**entrevaux.fr

Zodra bezoekers Entrevaux via de ophaalbrug en de Porte Royale binnenkomen, begrijpen ze waarom dit plaatsje vaak een 'sprookjesdorp' wordt genoemd. Aan weerszijden van de toegangspoort staan twee identieke torens, de Porte de France en de Porte d'Italie. Hier voorbij komt u het Ville Forte binnen. Begin augustus wordt het tweejaarlijkse muziekfestival *(blz. 33)* gehouden (volgende in 2006). Vauban maakte in 1690 een fort van Entrevaux. Het werd een van de sterkste bolwerken langs de grens tussen Frankrijk en Savoie. De 17de-eeuwse kathedraal is in de wallen opgenomen.
In tegenstelling tot veel andere forten staat de citadel niet op het hoogste punt, maar op een rotspunt buiten het dorp. Een steil, slingerend, 135 m lang pad leidt erheen. Maak de wandeling naar de citadel niet op het heetst van de dag.

Veel huizen in Annot zijn tegen zandstenen rotsen aan gebouwd

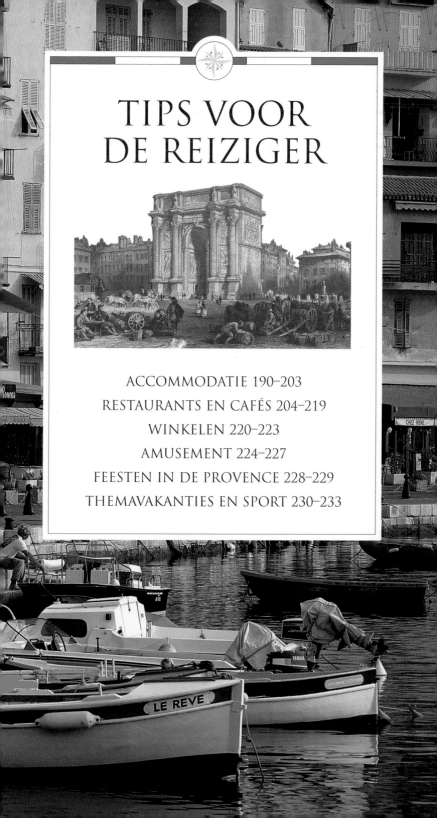

TIPS VOOR DE REIZIGER

ACCOMMODATIE

Het aanbod aan hotels in de Provence weerspiegelt de verscheidenheid van de streek. U kunt in het luxueuze Hôtel Carlton in Cannes logeren, maar ook uw intrek nemen in een eenvoudig onderkomen op het platteland, waar u even welkom bent en vaak een heerlijke keuken aantreft.

Négresco-portier

Provence de beste geselecteerd. U vindt onze selectie op bladzijde 196–203. Ze zijn gerangschikt naar departement. De plaats en prijs zijn gekozen vanwege de kwaliteit van de accommodatie en de prijs die daarvoor wordt gerekend. Op bladzijde 194–195 vindt u de allerbeste hotels in de Provence. Ook over het huren van een huisje of *gîte* en over kamperen wordt u hier nader geïnformeerd.

We hebben hotels in alle prijsklassen onderzocht en overal in de

WAAR MOET U ZOEKEN?

Aan hotels is in de Provence en aan de Côte d'Azur geen gebrek. Al sinds de kruistochten in de middeleeuwen is het gebied gewend reizigers onderdak te bieden.

Aan de kust van het departement Var tussen Toulon en St-Tropez is het aanbod heel ruim en divers. Verder naar het oosten, tussen Fréjus en Menton, worden de hotels exclusiever. Wie het chique Eden Roc in Cap d'Antibes, waar filmsterren zich graag laten zien, te duur vindt, kan onderdak zoeken in een eenvoudige kamer bij Hôtel des Arcades in Biot.

Ook meer landinwaarts is het aanbod ruim. U kunt in steden als Aix-en-Provence of Arles chique hotels vinden, maar rond de Lubéron en in de Var zijn ook allerlei eenvoudige onderkomens te

huur. In bijna elk dorpje staat altijd wel één hotel. En als u weet waar u moet zoeken, is er in de buurt altijd wel een verbouwde boerderij of een door lavendelvelden omringde, tot hotel omgetoverde oude priorij te vinden.

Wie rust zoekt, vindt die in de Haute Provence. Daar zijn veel oude kastelen en *relais de postes* (herbergen waar de postkoets vroeger halt hield) tot hotel verbouwd. U kunt hier in een rustieke omgeving van heerlijk regionaal eten genieten.

Het idyllische buitenleven leert u het best kennen in de dalen in het hart van de Var, rond het Parc Naturel Régional du Lubéron en in de omgeving van de Mont Ventoux. Wie van meer drukte houdt, moet naar de universiteitsstad Aix, het pauselijke Avignon of de Romeinse stad Arles gaan. Marseille heeft geen beste reputatie, maar is een bruisende stad met goede hotels en restaurants.

HOTELPRIJZEN

Een kamer met één bed kost vaak evenveel als een tweepersoonskamer, want de prijzen gelden veelal per kamer en niet per persoon. Belasting en bediening zijn bij de prijs inbegrepen, behalve als u vol- *(pension)* of halfpension *(demi-pension)* geniet. Bij de prijs is geen ontbijt inbegrepen. Als u wel ontbijt wilt, moet u dat melden. Kamers met een douche zijn zo'n 20 procent goedkoper dan die met een bad. In meer afgelegen gebieden kunt u vaak

Het majestueuze Hôtel Carlton in Cannes *(blz. 195)*

alleen halfpension krijgen, maar in veel dorpjes is het enige restaurant toch in het hotel te vinden. In het hoogseizoen kunnen hotels in de drukke kustplaatsen een voorkeur hebben voor gasten die halfpension boeken. Tussen oktober en maart dalen de prijzen in de Provence aanzienlijk, maar vaak sluiten hotels in deze periode helemaal. Tijdens festivals *(blz. 32–35 en 228–229)* stijgen de prijzen tot het niveau van het hoogseizoen.

Aan de Côte d'Azur zijn voordelige aanbiedingen buiten de drukke tijd heel gebruikelijk. Informeer naar zulke aanbiedingen bij uw reisbureau.

De sierlijke lounge in het Grand Hôtel du Cap-Ferrat *(blz. 196)*

Ingang Hôtel de Paris *(blz. 196)*

HOTELCLASSIFICATIES

De autoriteiten belonen de hotels in Frankrijk met één tot vier sterren, en daarboven is er nog een buitencategorie, de viersterren-de-luxe-klasse. De simpelste hotels komen niet voor sterren in aanmerking. De sterren geven aan welke faciliteiten u kunt verwachten, maar zeggen weinig over properheid of sfeer. Gezellige hotels kunnen weinig sterren hebben, terwijl onpersoonlijke zakenhotels soms hoog scoren.

FACILITEITEN

Welke faciliteiten u in een hotel kunt verwachten, is natuurlijk van de kwaliteit van het hotel afhankelijk. In rustige streken is er bij het hotel meestal wel een restaurant aanwezig, en een ontbijtzaal vindt u vrijwel overal. De duurdere hotels hebben vaak een zwembad. Bij hotels buiten de bebouwde kom kunt u uw auto goed kwijt, in de steden hebben de hotels soms een eigen parkeerplaats of -garage. Vooral in steden als Marseille of Nice is dit vanwege de vele inbraken in auto's geen overbodige luxe. Telefoon is op de kamer meestal wel aanwezig, maar een televisie is, vooral op het platteland, minder vanzelfsprekend. Als u een tweepersoonsbed *(grand lit)* in de kamer wenst, moet u dit bij reservering kenbaar maken. Veel hotels in de Provence zijn gehuisvest in gebouwen die vroeger een andere functie hadden. Dat maakt ze charmant, maar soms ook gehorig. Als u in een stadscentrum rustig wilt slapen, kunt u een kamer aan de achterkant vragen.

In Franse hotels krijgt u vaak een peluw – een dun, langwerpig kussen – in plaats van een gewoon hoofdkussen. Als u dat niet wenst, kunt u *un oreiller* vragen. Als u de voorkeur geeft aan een kamer met bad en toilet, moet u daar specifiek om vragen, want in een *cabinet de toilette* vindt u slechts een wastafel en bidet. Het traditionele Franse ontbijt wordt in de Provence vaak op het terras geserveerd. Het avondeten wordt tot 21.00 opgediend, op zondag is de eetzaal vaak gesloten. U moet doorgaans een dag extra betalen als u uw kamer niet voor 12.00 uur hebt verlaten.

RESERVEREN

In het hoogseizoen moet u – vooral als u een hotel langs de kust zoekt – ruim van tevoren reserveren. Uitbaters vragen dan soms om een aanbetaling. Toeristenbureaus *(blz. 237)* kunnen u helpen een passend hotel te vinden, en u kunt via hen ook vaak reserveren. Buiten het hoogseizoen (juni–sept.) kunt u wel op de bonnefooi rondreizen, maar zoek voor u een bestemming kiest eerst uit of het hotel van uw keuze dan wel open is.

Het exclusieve Eden Roc *(blz. 195)*

KINDEREN

Omdat de prijzen in hotels per kamer en niet per persoon worden berekend, kunt u uw kind vaak kosteloos bij u laten slapen. Kinderen zijn vrijwel overal welkom, maar worden wel geacht zich netjes te gedragen. Veel hotels buiten de steden beschikken over speciaal op families ingerichte gedeelten. Deze staan niet zelden vlak naast het zwembad.

Een van de vele karakteristieke chateau-hotels in de Provence

HET MODERNE KETENHOTEL

Buiten de doorgaande snelwegen zijn er weinig ketenhotels in de Provence te vinden. Mensen die hun reis willen onderbreken of goedkoop onderdak zoeken aan de rand van een stad, kunnen terecht bij de ketens **Campanile, Formule 1** en **Ibis**, die moderne, comfortabele kamers bieden. Ze zijn een goede keus als er niets anders beschikbaar is en kunnen met een creditcard direct telefonisch worden geboekt. Ze missen wel de charme en intimiteit van een authentiek Provençaals hotel. Vaak vindt u in de stad zelf of de directe omgeving wel net zo goedkoop onderdak, maar dan iets minder proper.

Andere moderne ketens richten zich op de zakenman en zitten in de grotere steden. **Sofitel, Novotel** en **Mercure** hebben hotels in Aix, Nice, Marseille en Avignon. Meer informatie krijgt u bij het Frans Verkeersbureau.

HET KLASSIEKE FAMILIEHOTEL

Als u niet zo veel geld te besteden hebt, is een vriendelijk familiehotel ideaal. Deze zijn in vrijwel elk dorp te vinden en de sfeer is er uiterst informeel; kinderen, katten en honden rennen er in en uit. Meestal is het het middelpunt van het dorp en zijn de eetzaal en het café ook open voor niet-hotelgasten.

De jaarlijks uitkomende gids *Logis de France*, verkrijgbaar bij het **Franse Verkeersbureau**, vermeldt deze één- en tweesterrenrestaurants met kamers *(auberges)*, die vaak zijn gespecialiseerd in de regionale keuken. De meeste zijn simpele eethuizen en zijn er slechts een paar in de grotere steden te vinden, maar daarbuiten zijn er genoeg leuke verbouwde boerderijen en goedkope badhotelletjes.

ADRESSEN

HOTELKETENS

Campanile
Tel. 020-6545240 *(Ned.).*
Tel. 01-64624646 *(Fr.).*
www.envergure.fr

Formule 1
Tel. 0892-685685 *(Fr.).*
www.hotelformule1.com

Ibis, Novotel,
Sofitel, Mercure
Tel. 02-6435000 *(België).*
Tel. 020-654530 *(Ned.).*
Tel. 0825-880000 *(Fr.).*
www.accorhotels.com

LOGIES MET KOOKGELEGENHEID

Gîtes de France
Rue St Lazare 59,
75009 Parijs.
Tel. 01-49707575.
www.gitesdefrance.fr

JEUGDHERBERGEN

CROUS
Ave. G Bernanos 39,
75005 Parijs.
Tel. 01-40513600.
Fax 01-40513699.
www.crous-paris.fr

FUAJ (Fédération Unie des Auberges de Jeunesse)
Rue Pajol 27, 75018 Parijs.
Tel. 01-44898727.
Fax 01-44898710.
www.fuaj.org

Stayokay (jeugdherbergen in Nederland)
Tel. 020-5513155.
@ info@stayokay.com
www.stayokay.com

UCRIF
Rue de Turbigo 27,
75002 Parijs
Tel. 01-40265764.

Vlaamse Jeugd-herbergcentrale
Van Stralenstraat 40, B 2060 Antwerpen.
Tel. 03-2327218.
www.jeugdherbergen.be

KAMPEREN

Fédération Française de Camping-Caravaning
Rue de Rivoli 78,
75004 Parijs.
Tel. 01-42728408.
Fax 01-42727021.
www.ffcc.fr

GEHANDICAPTE REIZIGERS

APF
Bld. Auguste Blanqui 17,
75013 Parijs.
Tel. 01-40786990.
Fax 01-45894057.
www.apf.asso.fr

GIHP
Rue Georges de Porto-Riche 10, 75014 Parijs.
Tel. 01-43956636.

Fax 01-45404026.
www.gihpnational.org

Les Compagnons de Voyage
Quai d'Austerlitz 17,
75013 Parijs.
Tel. 01-45836777.
www.compagnons.com

OVERIGE INFORMATIE

Maison de la France in Nederland
Prinsengracht 670,
1017 KX Amsterdam.
Tel. 0900-1122332
(€ 0,50/min.).
www.franceguide.com

Frans Verkeers-bureau in België
Guldenvlieslaan 21,
1050 Brussel.
Tel. 0925-88025
(€ 0,15/min.).
www.franceguide.com

BED EN BREAKFAST

In landelijke gebieden bieden huisjes, boerderijen en particuliere woningen bed en breakfast. Deze *chambres d'hôtes* zijn er in alle soorten en maten. Soms kunt u er op verzoek ook dineren. Ze staan apart vermeld in brochures van de toeristen- bureaus en vele zijn aangesloten bij de organisatie **Gîtes de France**; let op het groengele logo van *chambres d'hôtes*. Bij het kantoor in Parijs zijn brochures per departement verkrijgbaar en de website heeft een handige zoek- en reserveerfunctie.

Gîtes de France logo

JEUGDHERBERGEN

Voor de alleenreizende is dit de goedkoopste en vaak ook de gezelligste vorm van on- derdak. U hebt een lidmaat- schapskaart van uw nationale **Jeugdherbergcentrale** nodig, of een *Ajiste*-kaart, die u bij Franse jeugdherbergen kunt krijgen. In de zomer kunt u in lege studentenhuizen verblij- ven. Informeer bij **CROUS**, het Centre Régional des Oeuvres Universitaires. De belangrijk- ste jeugdherbergen in de Provence vindt u op blz. 245.

ZELFVERZORGING

De Provence is populair bij mensen die zelf willen koken en veel organisaties zijn ge- specialiseerd in het verhuren van landelijke boerenhuisjes of appartementen aan het strand. Een van de beste is **Gîtes de France**, met als hoofdkantoor het **Maison des Gîtes de France** in Parijs, dat wekelijks actuele lijsten met verhuurobjecten in elk departement uitgeeft. De eigenaren moeten in de buurt wonen en zijn ze zeer gastvrij, de voertaal is Frans. Verwacht geen luxe in uw *gîte*, maar u kunt zo wel het leven in de Provence leren kennen.

KAMPEREN

Kamperen is al heel lang populair in de Provence en het is nog altijd een goedkope en leuke manier om het gebied te verkennen. De faciliteiten lopen uiteen van een eenvoudige éénsterren- camping op een boerderij of wijngaard tot de kampeer- metropolen aan de Rivièra, com- pleet met zwem- paradijs en satelliet-tv. **Eurocamp** is gespeciali- seerd in gezinsvakanties. Luxetenten staan kant en klaar op het kampeerterrein van uw keuze te wachten. De kinderen worden vermaakt en oppas is aanwezig. Sommige campings laten alleen mensen toe met een speciaal *camping carnet*, verkrijgbaar bij de ANWB en clubs als de **Fédération Française de Camping-Caravaning**.

GEHANDICAPTEN

Er zijn maar weinig hotels in de Provence echt geschikt voor rolstoelgebruikers. In de grotere hotels zijn liften aanwezig en het personeel zal zijn uiterste best doen om gehandicapte gasten te helpen. De **Association des Paralysés de France (APF)** geeft een gids uit met adressen van toegankelijke accommodatie. Andere nuttige informatie krijgt u bij de **Groupement pour l'Insertion des Personnes Handicappés Physiques (GIHP)** en **Holidaycare**, die een gids uitgeeft met adressen van reisorganisaties voor gehandicapte reizigers.

DE LIJST GEBRUIKEN

De hotels staan op blz. 194– 203. De symbolen hieronder verklaren de faciliteiten.

🗷 geen creditcards

🛗 lift

🍴 restaurant in hotel

🏊 zwembad in hotel of strand

🧒 faciliteiten voor kinderen

🏋 fitnessruimte

▤ airconditioning in alle kamers

🅿 parkeergelegenheid

♿ toegankelijk voor rolstoelen

Prijsklassen voor een twee- persoonskamer (niet per per- soon) met douche voor één nacht, inclusief belasting en service, maar geen ontbijt:

€ tot € 90

€€ € 90–140

€€€ € 140–180

€€€€ € 180–260

€€€€€ vanaf € 260

Kamperen in de Provence, een populaire manier van overnachten

Een hotel kiezen

Deze hotels zijn geselecteerd uit uiteenlopende prijsklassen vanwege hun goede kwaliteit, uitstekende faciliteiten en hun ligging. Ze zijn ingedeeld naar streek; de streken staan in dezelfde volgorde als in de rest van de gids. Binnen elke streek zijn de hotels alfabetisch gerangschikt naar vestigingsplaats en daarbinnen naar prijscategorie.

PRIJSKLASSEN
Voor een standaard tweepersoonskamer (niet per persoon) met douche voor één nacht, inclusief belasting en service, maar zonder ontbijt:
€ tot € 90
€€ € 90–140
€€€ € 140–180
€€€€ € 180–260
€€€€€ vanaf € 260

DE RIVIÈRA EN DE ALPES MARITIMES

ANTIBES L'Auberge Provençale
Pl. Nationale 61, 06600 **Tel.** *04-93341324* **Fax** *04-93348988* **Kamers** *6*   **Wegenkaart** *E3*

Een groot stadshuis onder de schaduwrijke platanen van het gezellige plein. Ondanks de ligging in een van de meest gewilde plaatsen aan de Rivièra, hangt er in deze *auberge* de sfeer van een ouderwets pension. Ruime kamers met rustiek meubilair en hemelbedden. Goede prijs-kwaliteitverhouding. **www.aubergeprovencale.com**

ANTIBES Mas Djoliba
Ave. Provence 29, 06600 **Tel.** *04-93340248* **Fax** *04-93340581* **Kamers** *13*   **Wegenkaart** *E3*

Mas Djoliba is een ouderwets boerenhuis tussen veel groen, gelegen op een prettige afstand van oud-Antibes en de stranden. Laagbouw met palmbomen rond een terras met zwembad. Verrassend goede prijs-kwaliteitverhouding. Eind okt.–begin feb. gesloten. **www.hotel-djoliba.com**

BEAULIEU SUR MER Le Select Hôtel
Pl. Charles-de-Gaulle 1, 06310 **Tel.** *04-93010542* **Fax** *04-93013430* **Kamers** *19*   **Wegenkaart** *E3*

Het Select is een betaalbare keuze voor mensen die het zuinig aan willen doen aan de Rivièra, vlak bij het station gelegen en met simpele kamers en de sfeer van een pension. Vraag naar een kamer aan het plein, want die aan de achterkant zijn wat benauwd. Niet ideaal voor mensen met kinderen, maar prima voor een nachtje.

BEAULIEU SUR MER La Reserve de Beaulieu
Boulevard du Général Leclerc 5, 06310 **Tel.** *04 93 01 00 01* **Fax** *04 93 01 28 99* **Kamers** *37*   **Wegenkaart** *E3*

Dit elegante hotel aan zee in het centrum van Beaulieu nabij de jachthaven heeft zeer comfortabele kamers ingericht in warme, lichte pastelkleuren. Elke kamer heeft een groot bed, internetverbinding en een kluis. Het prachtige zwembad ligt naast de zee en is gevuld met verwarmd zout water. **www.reservebeaulieu.com**

BIOT Hôtel des Arcades
Pl. des Arcades 16, 06410 **Tel.** *04-93650104* **Fax** *04-93650105* **Kamers** *12*   **Wegenkaart** *E3*

Deze 15de-eeuwse herberg is een oase van rust aan de stille Place des Arcades. De kamers zijn klein (sommigen zeggen hokkerig), maar sfeervol. De kamers boven hebben een terras met zicht over de heuvels op de zee. De bar is tegelijk ontbijtzaal en restaurant. **www.cote.azur.fr/hotel-arcades-des-biot_151.htm**

BIOT Domaine du Jas
Route de la Mer 625, 06410 **Tel.** *04-93655050* **Fax** *04-93650201* **Kamers** *19*   **Wegenkaart** *E3*

Dit even buiten Biot gelegen hotel lijkt veel luxueuzer dan zijn driesterrenklasse doet verwachten. Een terras met zwembad (de hele zomer verwarmd) ligt in de schaduw van palmen en oleanders. De kamers hebben draadloze internetaansluiting en er is een gratis parkeergarage. **www.domainedujas.com**

CANNES Hôtel des Allées
Rue Emile Negrin 6, 06400 **Tel.** *04-93395390* **Fax** *04-93994325* **Kamers** *10*   **Wegenkaart** *E4*

Voor mensen die niet veel te besteden hebben is het kleine, vriendelijke Hôtel des Allées zonder meer de beste keus in Cannes. Dit centraal gelegen hotel staat aan een rustige zijstraat op slechts korte afstand van La Croisette. De balkons van enkele kamers kijken uit op zee. **www.hotel-des-allees.com**

CANNES Hôtel Molière
Rue Molière 5–7, 06400 **Tel.** *04-93381616* **Fax** *04-93682957* **Kamers** *24*   **Wegenkaart** *E4*

Dit 19de-eeuwse gebouw ligt slechts enkele minuten lopen van La Croisette, de boulevard van Cannes. Lichte, comfortabele kamers met balkon zien uit op een mooie tuin die het ontbreken van een zwembad compenseert. Zeer goede prijs-kwaliteitverhouding en druk bezocht, dus reserveer op tijd. **www.hotel-moliere.com**

CANNES Hôtel Splendid
Rue Felix Faure 4–6, 06400 **Tel.** *04-97062222* **Fax** *04-93995502* **Kamers** *62*   **Wegenkaart** *E4*

Voor mensen die het Carlton niet kunnen betalen is deze witte bruidstaart van een hotel met zijn belle-époquegevel een geweldig alternatief. Fantastisch uitzicht over de jachthaven vanuit het restaurant op het dak. Sommige kamers aan de zeekant hebben een mooi balkon. Goede service en een vriendelijks sfeer. **www.splendid-hotel-cannes.fr**

Verklaring van de symbolen *zie achterflap*

CANNES Eden Hôtel

Rue d'Antibes 133, 06400 **Tel.** 04-93687800 **Fax** 04-93687801 **Kamers** 116 **Wegenkaart** E4

Dit redelijk nieuwe hotel is licht en in een zo trendy mogelijke stijl ingericht, met enkele jaren-zestig-retro-accenten. Het ligt dicht bij de modieuze winkelstraten en er zijn een verwarmd buiten- en binnenbad, whirlpool, massageruimte en fitnesscentrum. **www.eden-hotel-cannes.com**

CANNES Carlton Inter-Continental

La Croisette 58, 06400 **Tel.** 04-93064006 **Fax** 04-93064025 **Kamers** 338 **Wegenkaart** E4

Dit heeft alle grandhotels de meeste grandeur. Hier logeren de sterren. Voor een verblijf tijdens het filmfestival van Cannes is er een lange wachtlijst. Het is het wel waard veel geld te betalen voor een kamer in art-decosfeer met uitzicht op zee en een privéstrand met ligstoelen en parasols. **www.international.com/cannes**

CAP D'ANTIBES Villa Val des Roses

Chemin des Lauriers 6, 06160 **Tel.** 06-85060629 **Fax** 04-92939724 **Kamers** 4 **Wegenkaart** E3

Val des Roses, een art-decovilla uit de jaren twintig van de 20ste eeuw, ligt dicht bij de Middellandse Zee en het strand. Het zwembad kijkt uit over zee en wordt omringd door palmbomen. De kamers zijn verschillend van stijl. Er is geen restaurant, maar u kunt overdag wedzame salades en hapjes. **www.val-des-roses.com**

CAP D'ANTIBES La Gardiole et La Garoupe

Chemin de la Garoupe 60–74, 06160 **Tel.** 04-92933333 **Fax** 04-93676187 **Kamers** 40 **Wegenkaart** E3

Pijnbomen en cipressen omringen dit betaalbare (naar de normen van Cap d'Antibes) hotel uit de jaren twintig van de 20ste eeuw. Balkenplafonds en witgepleisterde muren versterken de landelijke sfeer. De lichte kamers variëren in prijs en grootte. Schaduwrijk terras. Restaurant met Provençaalse keuken. **www.hotel-lagaroupe-gardiole.com**

CAP D'ANTIBES Hôtel du Cap – Eden-Roc

Boulevard Kennedy, 06601 **Tel.** 04-93613901 **Fax** 04-93677604 **Kamers** 120 **Wegenkaart** E3

Dit echte Antibespaleis uit 1870 is een schuilplaats voor de *rich and famous*, die hun jacht aan de steiger kunnen aanmeren. Luxesuites, appartementen en cabana's aan zee. U vindt hier ook een reusachtig verwarmd zeewaterzwembad, heerlijk eten, onberispelijke bediening en ultramoderne faciliteiten. **www.hotel-du-cap-eden-roc.com**

EZE Hermitage du Col d'Eze

Grande Corniche, 06360 **Tel.** 04-93410068 **Fax** 04-93412405 **Kamers** 32 **Wegenkaart** F3

Dit is waarschijnlijk de beste keuze in het dure Eze, al kunt u er in juli en augustus alleen op basis van halfpension verblijven. De ligging, op korte afstand van Eze, is onovertroffen, met prachtig uitzicht op de bergen. De kamers zijn onlangs gerenoveerd. Een geschikt hotel voor een kort of een langer verblijf. **www.ezehermitage.fr**

EZE Les Terrasses d'Eze

Route de la Turbie, 06360 **Tel.** 04-92415555 **Fax** 04-92415510 **Kamers** 81 **Wegenkaart** F3

Anders dan de meeste hotels in Eze, die zijn ondergebracht in middeleeuwse gebouwen, is Les Terrasses een opvallend voorbeeld van moderne architectuur met schitterend uitzicht op zee. De ruime, lichte en luchtige kamers zijn voorzien van een balkon. Het restaurant beschikt ook over een terras. **www.terrasses-eze.com**

EZE Château Eza

Rue de la Pise, 06360 **Tel.** 04-93411224 **Fax** 04-93411664 **Kamers** 10 **Wegenkaart** F3

Dit gebouw is een verzameling middeleeuwse huizen, hoog gelegen op het 'arendsnest' van Eze. Vroeger woonde hier prins Willem van Zweden, maar het complex is verbouwd tot luxehotel met elegante kamers en adembenemend uitzicht vanaf de terrassen. Het hotel bezit ook een bekroond restaurant en een privéstrand. **www.chateaueza.com**

JUAN-LES-PINS Eden Hotel

Ave. Louis Gallet 16, 06160 **Tel.** 04-93610520 **Fax** 04-93920531 **Kamers** 17 **Wegenkaart** E3

Het is moeilijk een beter goedkoop hotel in Juan-les-Pins te vinden dan het Eden. Het gebouw uit de jaren dertig van de vorige eeuw kent een wat verlopen charme, met simpele kamers, maar is vlak bij het strand gelegen, wat het ontbreken van een zwembad goedmaakt. Geen restaurant, maar het ontbijt wordt buiten geserveerd.

JUAN-LES-PINS Hôtel des Mimosas

Rue Pauline, 06160 **Tel.** 04-93610416 **Fax** 04-93920646 **Kamers** 40 **Wegenkaart** E3

Er staan palmen rond dit sierlijke hotel dat rond 1900 is gebouwd en karakter en stijl biedt voor een redelijke prijs. De koele, comfortabele kamers zijn simpel ingericht. Vraag naar een kamer met balkon aan de kant van het zwembad, of op de begane grond. De kamers aan de voorzijde zijn soms wat lawaaierig. **www.hotelmimosas.com**

MENTON Hôtel le Dauphin

Ave. Général de Gaulle 28, 06500 **Tel.** 04-93357637 **Fax** 04-93353174 **Kamers** 28 **Wegenkaart** F3

Dit moderne hotel biedt betaalbaar comfort. Vraag naar een kamer aan de kant van de zee, want die aan de straatkant kunnen lawaaierig zijn. Geen restaurant, maar dat hoeft geen probleem te zijn met de restaurants aan de boulevard van Menton zo vlakbij. Geluiddichte kamers voor musici. **www.hotel-ledauphin.com**

MENTON Hôtel Aiglon

Ave. de la Madone 7, 06500 **Tel.** 04-93575555 **Fax** 04-93359239 **Kamers** 28 **Wegenkaart** F3

Het comfortabele, dicht bij de boulevard gelegen Aiglon bezit een verwarmd zwembad en een prachtige tuin. Het is gehuisvest in een mooi, 19de-eeuws stadshuis en heeft een goed aangeschreven restaurant met een door palmen beschaduwd terras. Niet goedkoop, maar waar voor uw geld. **www.hotelaiglon.net**

MONACO Hôtel Alexandra

Boulevard Princesse Charlotte 35, 98000 **Tel.** *00377-93506313* **Kamers** *56* **Wegenkaart** *F3*

Hôtel Alexandra is het bewijs dat niet alle hotels in Monaco duur hoeven te zijn. Achter de grandioze belle-époquegevel gaan comfortabele kamers schuil. Misschien niet ideaal voor een lang verblijf, maar meer iets voor een weekeinde. Geen restaurant, maar ontbijt op de kamer. **www.monaco-hotel.com/montecarlo/alexandra/**

MONACO Columbus

Ave. des Papalins 23, 98000 **Tel.** *00377-92059000* **Fax** *00377-92059167* **Kamers** *153* **Wegenkaart** *F3*

Deze nieuwkomer in de Monegaske hotelscene staat in de trendy Fontviellewijk. De stijl is modern, met donker natuursteen en glimmend metaal. Ultramoderne kamers met faciliteiten als breedbandaansluiting. Het zwembad, wel het fitnesscentrum en het uitstekende restaurant met sigarenbar zijn indrukwekkend. **www.columbushotels.com**

MONACO Hôtel de Paris

Pl. du Casino, 98000 **Tel.** *00377-98062525* **Fax** *00377-92163850* **Kamers** *191* **Wegenkaart** *F3*

Het weelderige Hôtel de Paris is al meer dan een eeuw het vlaggenschip van Monaco's grandhotels. Het bezit geweldige faciliteiten, onberispelijke bediening, een goed restaurant en staat naast het casino. Op de gastenlijst staan beroemdheden als koningin Victoria en andere royalty, maar ook filmsterren en andere vips. **www.sbm.mc**

MONACO L'Hermitage

Square Beaumarchais, 98000 **Tel.** *00377-98062525* **Fax** *00377-98065978* **Kamers** *280* **Wegenkaart** *F3*

Dit roomkleurige belle-époquepaleis is een van de chicste hotels in Europa en een symbool van Monaco, met zijn glazen wintertuin, overdadige restaurant en marmeren terras. Grote, weelderige kamers met veel luxe extra's. Hier logeert u als u veel hebt gewonnen in het casino van Monte Carlo. **www.sbm.mc**

NICE La Belle Meunière

Ave. Durante 21, 06000 **Tel.** *04-93886615* **Fax** *04-93825176* **Kamers** *17* **Wegenkaart** *F3*

Een pretentieloos hotel met comfortabele en relatief rustige kamers, maar weinig andere faciliteiten. Het is echter centraal gelegen en heeft zijn eigen parkeergelegenheid – wat bijzonder handig is in Nice, waar diefstal uit auto's veel voorkomt. Er zijn weinig hotels in Nice die dit niveau bieden in deze prijsklasse.

NICE Le Petit Palais

Ave. Emile Bieckert 17, 06000 **Tel.** *04-93621911* **Fax** *04-93625360* **Kamers** *25* **Wegenkaart** *F3*

In deze 19de-eeuwse villa woonde ooit de filmster Sacha Guitry, maar nu biedt het rustige hotel tegen de Cimiezhelling uitzicht op de daken en smalle straatjes van de oude stad en de Promenade des Anglais. Er is geen restaurant, zwembad of tuin, maar dit is dit een betaalbare basis voor een korte vakantie in Nice. **www.petitpalaisnice.fr**

NICE Hôtel Windsor

Rue Dalpozzo 11, 06000 **Tel.** *04-93885935* **Fax** *04-93889457* **Kamers** *57* **Wegenkaart** *F3*

Hôtel Windsor biedt vele diensten en faciliteiten, waaronder een zwembad in een exotische palmentuin, een kinderspeelplaats en een wellnesscentrum met massages en een sauna. Sommige kamers zijn apart ingericht door plaatselijke kunstenaars. Er zijn een snackbar en een restaurant. **www.hotelwindsornice.com**

NICE Le Négresco

Promenade des Anglais 37, 06000 **Tel.** *04-93166400* **Fax** *04-93883568* **Kamers** *121* **Wegenkaart** *F3*

Het Négresco is de *grande dame* van de hotels aan de Rivièra en een herkenningspunt aan de Promenade des Anglais sinds het in 1913 werd geopend. De lijst van beroemde gasten lijkt eindeloos. Kunst, onberispelijke service en moderne faciliteiten maken dit tot een van de beste hotels ter wereld. **www.hotel-negresco-nice.com/**

ST-JEAN-CAP-FERRAT La Fregate

Ave. Denis Séméria 11, 06230 **Tel.** *04-93760451* **Fax** *04-93761493* **Kamers** *10* **Wegenkaart** *F3*

Dit familiehotel met simpel ingerichte kamers ligt aan een straatje bij de haven. Er is geen restaurant (alleen een kleine ontbijtzaal), maar er zijn genoeg mogelijkheden om te eten en te drinken in de omgeving. Zonder meer het beste adres als u de Provence verkent met een smalle beurs of op doorreis bent.

ST-JEAN-CAP-FERRAT Clair Logis

Av. Prince Rainier de Monaco 12, 06230 **Tel.** *04-93765181* **Fax** *04-93761185* **Kamers** *16* **Wegenkaart** *F3*

Deze villa in een grote, groene tuin biedt waar voor zijn geld en heeft door de jaren heen beroemde gasten getrokken, onder wie de vroegere Franse president Charles de Gaulle. De kamers zijn comfortabel op een wat ouderwetse manier. De dependance heeft modernere kamers. Geen zwembad, maar de zee is vlakbij. **www.hotel-clair-logis.fr**

ST-JEAN-CAP-FERRAT Grand Hôtel du Cap Ferrat

Boulevard du Général de Gaulle, 06230 **Tel.** *04-93765050* **Fax** *04-93760452* **Kamers** *53* **Wegenkaart** *F3*

Op de zuidpunt van Cap Ferrat staat een van de duurste hotels ter wereld. De kamers in grootse mediterrane stijl liggen te midden van tropische tuinen. Een funiculaire brengt de gasten naar het reusachtige zwembad, waar Charlie Chaplin zijn kinderen leerde zwemmen. **www.grand-hotel-cap-ferrat.com**

ST-JEAN-CAP-FERRAT La Voile d'Or

Port de St-Jean, 06230 **Tel.** *04-93011313* **Fax** *04-93761117* **Kamers** *45* **Wegenkaart** *F3*

Niet het duurste hotel in St-Jean, maar ook niet goedkoop. La Voile d'Or is echter elke cent waard. De kamers zijn onberispelijk, er zijn twee zwembaden en u hebt uitzicht op de jachthaven en de kust. Het restaurant bezit een heerlijk terras en een menu dat de klassieke Franse culinaire traditie weerspiegelt. **www.lavoiledor.fr**

Voor prijsklassen *zie blz. 194* **Verklaring van de symbolen** *zie achterflap*

ST-PAUL Hôtel 'Les Messugues'

⬛🏊🚶🏛 €€

Domaine des Gardettes, route Fondation Maeght, 06570 **Tel.** *04-93325332* **Kamers** *15* **Wegenkaart** *E3*

Deze villa uit de jaren dertig van de 20ste eeuw is de perfecte basis voor het verkennen van de streek rond St-Paul. Hij ligt in een rustige omgeving buiten de muren van St-Paul-de-Vence en is op zichzelf al een stuk geschiedenis. De kamerdeuren komen uit een 19de-eeuwse gevangenis. Parkeerterrein en zwembad. **www.messugues.com**

ST-PAUL-DE-VENCE Hostellerie des Remparts

🔘🚶 €€

Rue Grande 72, 06570 **Tel.** *0 4-93320988* **Fax** *04-93320691* **Kamers** *9* **Wegenkaart** *E3*

Midden in dit schilderachtige *village perché* biedt de Hostellerie des Remparts modern comfort in een middeleeuwse omgeving. De kamers zijn ingericht met antiek en ze hebben allemaal een fantastisch uitzicht. Het dorp is autovrij en het parkeerterrein is een eind weg, dus het is geen goede keuze voor mensen die moeilijk lopen.

VENCE Mas de Vence

⬛🔘🏊🚶🏛🅿♿ €

Ave. Emile Hugues 539, 06140 **Tel.** *04-93580616* **Fax** *04-93240421* **Kamers** *40* **Wegenkaart** *E3*

Dit middelgrote, moderne etablissement spreekt mensen die iets bijzonders zoeken misschien niet zo aan, ook al zijn de architectuur en de kleuren geheel in Provençaalse stijl. Het biedt uitstekende faciliteiten, waaronder airconditioning en geluiddichte kamers, een kleine tuin en een restaurant met terras naast het zwembad. **www.azurline.com**

VENCE Villa La Roseraie

🏊🏛🅿 €€

Ave. Henri Giraud 128, 06140 **Tel.** *04-93580220* **Fax** *04-93589931* **Kamers** *14* **Wegenkaart** *E3*

Kleurige Provençaalse stoffen en meubels sieren de kamers van dit mooie belle-époquestadshuis, dat inmiddels veruit het populairste boutiquehotel van Vence is. Reserveer maanden, zo niet jaren van tevoren. Palmen en magnolia's zorgen voor schaduw in de fraaie tuin waar het ontbijt wordt geserveerd. **www.villaroseraie.com**

VILLEFRANCHE Hôtel Versailles

⬛🔘🏊🏛🅿 €€

Boulevard Princesse Grace 7, 06230 **Tel.** *04-93765252* **Fax** *04-93019748* **Kamers** *46* **Wegenkaart** *F3*

Dit moderne hotel biedt genoeg faciliteiten voor een langer verblijf, waaronder een zwembad, een restaurant met Provençaalse specialiteiten en kamers met prachtig uitzicht. De ligging aan een drukke doorgaande weg is het enige minpunt. Het hotel is daardoor wel gemakkelijk te vinden. Ook veilig parkeren. **www.hotelversailles.com**

VILLEFRANCHE Hôtel Welcome

🔘🏛 €€€€

Quai Amiral Courbet 1, 06230 **Tel.** *04-93762762* **Fax** *04-93762766* **Kamers** *36* **Wegenkaart** *F3*

Een okergeel hotel met een ouderwetse charme en mooi uitzicht op zee en de haven van Villefranche. De meeste kamers met balkon of terras. Vraag naar een kamer die op de baai uitziet, want het uitzicht aan de stadskant is minder. Schilder Jean Cocteau logeerde hierin de jaren twintig van de 20ste eeuw. **www.welcomehotel.com**

DE VAR EN DE ÎLES D'HYÈRES

BORMES-LES-MIMOSAS Le Bellevue

🔘🚶🏛♿ €

Pl. Gambetta, 83230 **Tel.** *04-94711515* **Fax** *04-94059604* **Kamers** *12* **Wegenkaart** *D4*

Dit familiehotel kent ruime kamers met smeedijzeren balkons die een fantastisch uitzicht bieden over de daken met hun terracotta dakpannen helemaal tot de Îles de Porquerolles. Kamer 10 is de grootste, met eigen badkamer en openslaande deuren, in de schaduw van twee palmbomen. Het strand is slechts 3 km verderop. **www.bellevuebormes.fr.st**

BORMES-LES-MIMOSAS Le Grand Hôtel

🅿 €

Route de Baguier 167, 83230 **Tel.** *04-94712372* **Fax** *04-94715120* **Kamers** *46* **Wegenkaart** *D4*

De naam van dit hotel is goed gekozen: de ligging in het Massif des Maures, hoog boven de Middellandse Zee, is groots. De stijl is een licht verlopen belle époque. De mooie kamers (sommige met balkon), spectaculaire locatie, het zonovergoten terras en de vriendelijke bediening maken uw verblijf onvergetelijk. **www.augrandhotel.com**

CALLIAN Auberge des Mourgues

🔘🏊🚶🏛♿ €

Chemin des Mourgues, 83440 **Tel.** *04-94765399* **Kamers** *16* **Wegenkaart** *E3*

Dit eenvoudige, luchtige hotel in een van de oudste dorpen van de Var heeft alles wat nodig is voor een rustige plaats. In de 400 jaar oude Provençaalse boerderij bevindt zich ook een restaurant met een goede reputatie op het gebied van plaatselijke gerechten en specialiteiten. **www.aubergedesmorgues.fr**

COGOLIN Au Coq Hôtel

🔘🏛🅿 €

Pl. de la Mairie, 83310 **Tel.** *04-94541371* **Fax** *04-94540306* **Kamers** *24* **Wegenkaart** *E4*

Dit midden in een druk dorp gelegen lieflijke roze hotelletje is niet ver verwijderd van St-Tropez en de stranden van Cavalaire, maar ver genoeg om geen last te hebben van de drukte van de badplaatsen. De kamers zijn comfortabel en ruim en er is een heerlijke terrastuin om in te zonnebaden. **www.coqhotel.com**

COLLOBRIERES Hôtel des Maures

🔘 €

Boulevard Lazare-Carnot 19, 83310 **Tel.** *04-94480710* **Fax** *04-94480273* **Kamers** *10* **Wegenkaart** *D4*

Dit kleine, simpele familiebedrijf biedt waar voor zijn geld. Het hotel bezit een zeer populair restaurant, waar traditionele Provençaalse gerechten op tafel komen. De kamers hebben geen eigen badkamer, maar er zijn gedeelde badkamers op elke verdieping. Een goede keuze voor vakantiegangers met een smalle beurs.

FAYENCE Moulin de la Camandoule

🔲 🏨 📋 🎒 P   €€€

Chemin de Notre-Dame, 83440 **Tel.** *04-94760084* **Fax** *04-94761040* **Kamers** *11*   **Wegenkaart** E3

In een verbouwde 15de-eeuwse olijfoliemolen is dit rustige hotel gevestigd in een dal beneden het dorp Fayence. De apparatuur waarmee de olijven werden geperst is nog altijd te zien. In het restaurant eet u traditionele Provençaalse schotels en op het terras kunt u van de zon genieten. **www.camandoule.com**

FOX-AMPHOUX Auberge du Vieux Fox

🔲 🎒   €€

Pl. de l'Eglise, 83670 **Tel.** *04-94807169* **Fax** *04-94807838* **Kamers** *8*   **Wegenkaart** D4

In de middeleeuwen was dit een verzamelplaats voor de tempeliers en het hotel heeft nog veel middeleeuwse details behouden die de kleine kamers ruimschoots goedmaken. Het heerlijke eten in het restaurant dat in een rustieke eetzaal wordt opgediend, trekt Fransen uit de wijde omgeving. Er is ook een terras met een schitterend uitzicht.

FRÉJUS Hôtel Arena

🔲 🏨 🎒 📋 ♿ P   €€

Rue Général de Gaulle 145, 83600 **Tel.** *04-94170940* **Fax** *04-94520152* **Kamers** *36*   **Wegenkaart** E4

Hier proeft u de sfeer van de Provence, zowel in de inrichting – warme, vrolijke kleuren, houten meubels en mozaïektegels – als in het verfijnde restaurant. De kamers kijken uit op mooie binnenplaatsen en in de tuin staan palmbomen, oleanders en geraniums. Het restaurant serveert eersteklas Provençaalse gerechten. **www.arena-hotel.com**

GRIMAUD VILLAGE Côteau Fleuri

🔲 📋   €€

Pl. des Pénitents, 83310 **Tel.** *04-94432017* **Fax** *04-94433342* **Kamers** *14*   **Wegenkaart** E4

Het prachtige uitzicht op het Massif des Maures is een van de vele attracties van deze op een helling gelegen herberg in grijs natuursteen. In het restaurant brandt een enorme open haard en in de zomer wordt het eten buiten opgediend op het bloemrijke terras. Specialiteit is vis, naast andere plaatselijke producten. **www.coteaufleuri.fr**

GRIMAUD VILLAGE Hôtel la Pierrerie

🏨 📋   €€

Quartier du Grand Pont, 83310 **Tel.** *04-94432255* **Fax** *04-94432478* **Kamers** *14*   **Wegenkaart** E4

Een rustig alternatief voor het flitsende St-Tropez, waar het vanaf zijn heuveltop op uitkijkt. Het driesterrenhotel is gevestigd in een verzameling oude boerengebouwen rond het buitenzwembad. Eromheen staan cipressen en palmen. De kamers zijn sober ingericht in Provençaalse stijl, maar ruim en gastvrij. **www.lapierrerie.com**

HYÈRES Hôtel du Soleil

€

Rue du Rempart, 83400 **Tel.** *04-94651626* **Fax** *04-94354600* **Kamers** *22*   **Wegenkaart** D4

Een charmant, met klimop begroeid oud huis op een heuvel hoog boven dit mooie middeleeuwse stadje. Sommige kamers hebben een fabelachtig uitzicht op zee, andere zitten onder de nok van het dak, maar allemaal zijn ze traditioneel ingericht. Er is ook een zonnig terras met tafels met parasols. **www.hotel-du-soleil.fr**

ÎLE DE PORQUEROLLES Auberge des Glycines

🔲 📋   €€€€

Pl. d'Armes, 83400 **Tel.** *04-94583036* **Fax** *04-94583522* **Kamers** *11*   **Wegenkaart** D5

In het hart van het dorp, vlak bij de pier en de kerk, vindt u deze verrukkelijke schuilplaats op dit eiland. De kamers zijn ingericht met breedvallende gordijnen en antiek meubilair, net als de eetzaal die ook een grote open haard bezit. Ontbijt en diner worden op de schaduwrijke patio geserveerd. Halfpension verplicht. **www.auberge-glycines.com**

ÎLE DE PORT-CROS Le Manoir d'Hélène

🔲 🏨 🎒   €€€€

Port-Cros, 83400 **Tel.** *04-94059052* **Fax** *04-94059089* **Kamers** *22*   **Wegenkaart** D5

Een hotel op dit paradijselijke eiland is een zeldzaamheid. Le Manoir d'Hélène is een eenvoudig, maar verleidelijk 19de-eeuws landhuis, dat veel gastvrijheid biedt en waar men heerlijk eten serveert tussen de eucalyptusbomen. Alleen halfpension mogelijk, maar als het eten zo goed is als hier, is dat geen probleem.

LA CADIÈRE D'AZUR Hostellerie Bérard

🔲 🏨 🎒 📺 📋 P   €€€

Rue Gabriel-Péri, 83740 **Tel.** *04-94901143* **Fax** *04-94900194* **Kamers** *38*   **Wegenkaart** C4

Dit 11de-eeuwde klooster is nu een aantrekkelijke herberg met verwarmd buitenzwembad, een schaduwrijk terras, een heerlijke tuin en een goed aangeschreven restaurant. De kamers, cellen van de vroegere nonnen, zijn comfortabel en ruim, ondanks hun soberheid. Lessen in koken, wijn proeven en aquarelleren. **www.hotel-berard.com**

LE LAVANDOU Hôtel le Rabelais

📋 🎒 P   €

Rue Rabelais, 83980 **Tel.** *04-94710056* **Fax** *04-94718255* **Kamers** *20*   **Wegenkaart** D4

Dit hotel aan zee biedt vrolijk ingerichte, zonnige kamers, al zijn sommige wat klein. Er is ook een mooi terras vol bloemen vanwaar u de bedrijvigheid in de haven kunt observeren. 's Zomers ontbijt op het terras. Het strand is vlakbij. **www.le-rabelais.fr**

LES ARCS SUR ARGENS Logis du Guetteur

🔲 🏨 📋   €€€

Pl. du Château, 83460 **Tel.** *04-94995110* **Fax** *04-94995129* **Kamers** *13*   **Wegenkaart** D4

Het hotel maakt deel uit van een 11de-eeuws kasteel boven een klein dorp. De middeleeuwse sfeer komt tot uiting in het stevige metselwerk en de houten deuren. De kamers zijn echter van alle moderne gemakken voorzien. De eetzaal zit heel sfeervol in de kelder en het uitzicht vanaf de wallen is geweldig. **www.logisduguetteur.com**

SEILLANS Hôtel des Deux Rocs

🔲 🎒   €

Pl. Font d'Amont, 83440 **Tel.** *04-94768732* **Fax** *04-94768868* **Kamers** *14*   **Wegenkaart** E3

Dit 18de-eeuwse Provençaalse herenhuis aan het rustige dorpsplein biedt zowel een huiselijke sfeer als een goede mediterrane keuken. Sommige kamers zijn kleiner en donkerder dan andere – die aan de voorkant zijn het grootst, het lichtst en het best. 's Zomers eet u naast de fontein op het plein. **www.hoteldeuxrocs.com**

Voor prijsklassen *zie blz. 194* **Verklaring van de symbolen** *zie achterflap*

ST-TROPEZ Lou Cagnard

Ave. Paul Roussel, 83990 **Tel.** 04-94970424 **Fax** 04-94970944 **Kamers** 19 **Wegenkaart** E4

De kamers in dit hotel in een oud stadshuis zijn onlangs opgeknapt. Er is geen airconditioning en de kamers aan de straatkant zijn lawaaierig. Vraag naar een kamer die uitzicht op de kleine tuin met moerbeibomen. Het hotel ligt op slechts een minuut lopen van de gezellige Place des Lices. **www.hotel-lou-cagnard.com**

ST-TROPEZ Hôtel Mouillage

Port du Pilon, 83990 **Tel.** 04-94975319 **Fax** 04-94975031 **Kamers** 12 **Wegenkaart** E4

Dit piepkleine hotel is een echte vondst; de kamers combineren traditionele Provençaalse stoffen en schilderwerk met allerlei meubilair uit Noord-Afrika, India en Bali. Het biedt zelfs een zwembad en de service is uitstekend. Deze romantische schuilplaats heeft zelfs eigen parkeergelegenheid. **www.hotelmouillage.fr**

ST-TROPEZ Le Byblos

Ave. Paul Signac, 83990 **Tel.** 04-94566800 **Fax** 04-94566801 **Kamers** 97 **Wegenkaart** E4

Dit is het toppunt van glamour voor mensen voor wie geld geen rol speelt. Een luxueus complex van vrolijk gekleurde gebouwen zet de toon in de beroemdste badplaats van het Middellandse Zeegebied. In de weelderige kamers voelt u zich een Hollywoodster. Er zijn ook een schoonheidssalon en een kuuroord. **www.byblos.com**

ST-TROPEZ Le Yaca

Boulevard Aumale 1, 83990 **Tel.** 04-94558100 **Fax** 04-94975850 **Kamers** 28 **Wegenkaart** E4

Drie 18de-eeuwse huizen die ooit impressionistische schilders trokken, zijn verbouwd tot dit charmante hotel. Jarenlang favoriet bij de rich and famous. De van antiek en houten balken voorziene kamers hebben een mooi uitzicht. Het restaurant serveert uitstekende Italiaanse gerechten. **www.hotel-le-yaca.fr/**

TOULON Hôtel Mercure

Pl. Besagne, 83000 **Tel.** 04-98008100 **Fax** 04-94415751 **Kamers** 139 **Wegenkaart** D4

Naast het Palais des Congrès en vlak bij de haven staat dit ketenhotel, vrolijk ingericht in de warme kleuren van de Middellandse Zee. Palmbomen en glas-in-loodramen dragen bij aan de unieke sfeer van het ruime restaurant waar traditionele mediterrane gerechten op tafel komen. **www.accorhotels.com**

TOURTOUR L'Auberge St-Pierre

St-Pierre, 83690 **Tel.** 04-94500050 **Fax** 04-94705904 **Kamers** 16 **Wegenkaart** D4

Dit in een verbouwd, 16de-eeuws boerenhuis ondergebrachte hotel verzekert u van een rustig verblijf. In de eetzaal klatert een fontein en het terras biedt uitzicht over de Haut Var. Rond het hotel is de boerderij in vol bedrijf. De kamers zijn voorzien van een balkon met uitzicht over het land. **www.guideprovence.com/hotel/saint-pierre**

TOURTOUR La Bastide de Tourtour

Montée St Denis, 83690 **Tel.** 04-98105420 **Fax** 04-94705490 **Kamers** 25 **Wegenkaart** D4

Net buiten het dorp biedt dit oude, tot een hotel verbouwde complex prachtig uitzicht op de dennenbossen van de Haut Var. Enkele kamers hebben een balkon met weids uitzicht. Het restaurant is ondergebracht in een overwelfde ruimte en biedt een klassieke Franse keuken. Zwembad en tennisbanen. **www.verdon.net**

BOUCHES-DU-RHÔNE EN NÎMES

AIX-EN-PROVENCE Le Prieuré

Route de Sisteron 458 RN 96, 13100 **Tel.** 04-42210523 **Fax** 04-42216056 **Kamers** 22 **Wegenkaart** C4

De kamers in deze verbouwde, 17de-eeuwse priorij in een rustige voorstad van Aix zijn comfortabel. Vraag een kamer die uitzicht op de vijver, die vol vis zit, en de platanenlaan in de formele tuin, die is ontworpen door Le Nôtre. 's Zomers wordt het ontbijt op het terras opgediend. Een prettig, betaalbaar hotel. **http://hotel.leprieure.free.fr/**

AIX-EN-PROVENCE Hôtel des Augustins

Rue Masse 3, 13100 **Tel.** 04-42272859 **Fax** 04-42267487 **Kamers** 29 **Wegenkaart** C4

Een verbouwd, 12de-eeuws klooster; de receptie zit in de kapel. De grote, comfortabele kamers in traditionele Provençaalse stijl maken het Hôtel des Augustins een oase van rust in het centrum van Aix. De verrassende afwezigheid van een restaurant is niet zo'n probleem; er zitten er genoeg in de buurt. **www.hotel-augustins.com**

AIX-EN-PROVENCE Saint Christophe

Ave. Victor-Hugo 2, 13100 **Tel.** 04-42260124 **Fax** 04-42385317 **Kamers** 60 **Wegenkaart** C4

Dit prachtige stadshuis biedt waar voor zijn geld; de kamers zijn van alle moderne gemakken voorzien. Reserveer vroeg om zeker te zijn van een kamer met balkon. Het hotel is in art-decostijl ingericht en bevat op de begane grond een drukke, ouderwetse brasserie. **www.hotel-saintchristophe.com**

ARLES Hôtel Calendal

Rue Porte de Laure 5, 13200 **Tel.** 04-90961189 **Fax** 04-90960584 **Kamers** 38 **Wegenkaart** B3

Een redelijk geprijsd hotel in het oude centrum van Arles, vlak bij de Romeinse arena, met zowel kleine als grote kamers – allemaal fraai ingericht. Enkele hebben een balkon met zicht op de arena of het Romeinse theater. Ontbijt in een door palmen beschaduwde tuin. Oude foto's sieren de gemeenschappelijke ruimten. **www.lecalendal.com**

ARLES Hôtel d'Arlatan 🛏🏊📋🚶🅿   €€

Rue du Sauvage 26, 13200 **Tel.** *04-90935666* **Fax** *04-90496845* **Kamers** *47*   **Wegenkaart** *B3*

De 16de-eeuwse stadswoning van de Comtes d'Arlatan is nu een van de mooiste historische hotels van de streek. Door glazen tegels in de vloer van de salon kunt u de 4de-eeuwse Romeinse fundamenten zien. Er zijn een ommuurde tuin en een terras waar 's zomers wordt ontbeten. De kamers zijn ingericht met antiek en curiosa. **www.hotel-arlatan.fr**

ARLES Hôtel Mireille 🍴🏊🚶📋🅿   €€

Rive droite Trinquetaille, 13200 **Tel.** *04-90937074* **Fax** *04-90938728* **Kamers** *34*   **Wegenkaart** *B3*

Een schaduwrijk zwembad met terras, een goed restaurant en kleurige kamers maken dit hotel op de rechteroever van de Rhône heel aantrekkelijk. Trinquetaille zelf is een nogal saaie voorstad, maar gemakkelijk te vinden voor automobilisten. Er is parkeergelegenheid. Het historische Arles is goed bereikbaar. **www.hotel-mireille.com**

ARLES Nord Pinus 🛏🍴📋🅿🚹   €€€€

Pl. du Forum 14, 13200 **Tel.** *04-90934444* **Fax** *04-90933400* **Kamers** *26*   **Wegenkaart** *B3*

Dit symbool van het historische Arles, aan het plein waar Van Gogh het Café de Nuit schilderde, bood onderdak aan beroemdheden als Mistral, Picasso en Cocteau. Het is een nationaal monument en biedt comfortabele kamers en in de gemeenschappelijke ruimten moderne kunst, oude foto's en grote spiegels. **www.nord-pinus.com**

CASSIS Le Clos des Arômes 🍴🅿   €

Rue Abbé Paul Mouton 10, 13260 **Tel.** *04-42017184* **Fax** *04-42013176* **Kamers** *14*   **Wegenkaart** *C4*

Dit rustige hotel in een zorgvuldig opgeknapt Cassishuis staat midden in een tuin die vol staat met bloemen en groene struiken. Le Clos des Aromes biedt een uitstekende prijs-kwaliteitverhouding en is zeer in trek. Reserveer op tijd, zeker voor een verblijf in juli en augustus. **www.le-clos-des-aromes.com**

CASSIS Les Jardins de Cassis 🍴🏊🚶📋   €€

Rue A. Favier, 13260 **Tel.** *04-42018485* **Fax** *04-42013238* **Kamers** *36*   **Wegenkaart** *C4*

Zonder meer het prettigste hotel in de schilderachtige haven van Cassis. De kamers, in een complex van pastelkleurige gebouwen, zijn doordacht ingericht. Het zwembad ligt in een tuin met citroenbomen en bougainville. Het restaurant (open juni–sept.) serveert een mediterrane lunch rond het zwembad. **www.hotel-lesjardinsde-cassis.com**

FONTVIEILLE La Régalido 🍴🚶📋   €€

Ave. F. Mistral, 13990 **Tel.** *04-90546022* **Fax** *04-90546429* **Kamers** *15*   **Wegenkaart** *B3*

In een verbouwde olijfoliemolen in het hart van het ingeslapen Fontvieille zit La Régalido, een luxueus, gastvrij hotel met smaakvol ingerichte, uitnodigende kamers en een heerlijke bloementuin met palmen en vijgenbomen. Het restaurant heeft een terras waar u buiten kunt eten; de Provençaalse keuken op zijn best. **www.francemarket.com**

LES-BAUX-DE-PROVENCE L'Hostellerie de la Reine Jeanne 🍴🚶📋   €

Grande rue, 13520 **Tel.** *04-90543206* **Fax** *04-90543233* **Kamers** *10*   **Wegenkaart** *B3*

Een oud huis in het centrum van een van de aardigste en populairste dorpen van de Provence, met aantrekkelijke, verschillend ingerichte kamers. Redelijk geprijsd. Het hotel biedt een prachtig uitzicht op het dorp en het dal. Niet ideaal voor kleine kinderen. Parkeren is hier niet gemakkelijk. **www.la-reinejeanne.com**

LES-BAUX-DE-PROVENCE Auberge de la Benvengudo 🍴🏊🚶📺📋   €€€

Vallon de l'Arcoule, 13520 **Tel.** *04-90543254* **Fax** *04-90544258* **Kamers** *23*   **Wegenkaart** *B3*

Dit aantrekkelijke landhuis met door klimop begroeide muren is een van de leukste plaatsen om te overnachten aan de rand van de Bouches-du-Rhône. Het heeft comfortabele, fraai ingerichte kamers, een grote tuin, zwembad en tennisbaan. Ideaal om de streek met de auto te verkennen. Restaurant met regionale keuken. **www.benvengudo.com**

MARSEILLE Hôtel Péron   €

Corniche Kennedy 119, 13007 **Tel.** *04-91310141* **Fax** *04-91594201* **Kamers** *26*   **Wegenkaart** *C4*

Het moderne exterieur van dit hotel mist misschien karakter, de kamers zijn een wirwar van jaren-zestig-kitsch met klederdrachtpoppen en muurschilderingen van de verschillende streken van Frankrijk. De kamers aan de voorkant bieden een balkon met uitzicht op zee en dubbele beglazing. **http://hotel-peron.com**

MARSEILLE Hôtel Saint-Ferreol 🛏📋   €€

Rue Pisancon 19, 13000 **Tel.** *04-91331221* **Fax** *04-91542997* **Kamers** *18*   **Wegenkaart** *C4*

Vlak bij de Vieux Port straalt dit kleine, moderne hotel glamour uit. De kamers zijn nogal klein, maar goed ingericht en slim ontworpen. De meeste zijn voorzien van dubbele beglazing (een noodzaak in het drukke Marseille) en een whirlpool. **www.hotel-stferreol.com**

MARSEILLE Hôtel Mercure Beauvau 🛏📋🚶🚹   €€€€

Rue Beauvau 4, 13001 **Tel.** *04-91549100* **Fax** *04-91541576* **Kamers** *73*   **Wegenkaart** *C4*

Dit elegante hotel werd bijna een eeuw geleden gebouwd en in 2004 gerenoveerd. Het maakt nu deel uit van de Mercureketen van sterrenhotels. Het staat bij de Vieux Port, de vismarkt en de beroemdste straat van Marseille, de drukke La Canebière. Geluiddichte kamers met airconditioning. Geen zwembad. **www.accor-hotels.com**

MAUSSANE-LES-ALPILLES L'Oustaloun 🍴📋   €€

Pl. de l'Église, 13520 **Tel.** *04-90543219* **Fax** *04-90544557* **Kamers** *8*   **Wegenkaart** *B3*

Dit stadje is 's zomers minder druk dan toeristische trekpleisters als Les Baux. L'Oustaloun is een piepklein hotelletje aan het centrale plein. Het zit in een gerestaureerd 16de-eeuws stadshuis met eenvoudige kamers. De maaltijden worden geserveerd in een koele overwelfde eetzaal. Heel prettig als het 's zomers warm is. **www.loustaloun.com**

Voor prijsklassen *zie blz. 194* **Verklaring van de symbolen** *zie achterflap*

NÎMES Hôtel Kyriad Nîmes Centre 🗾 🗏 🅿 €

Rue Roussy 10, 30000 **Tel.** *04-66761620* **Fax** *04-66676599* **Kamers** *28* **Wegenkaart** *A3*

Een pas gerenoveerd hotel aan een rustige straat in het centrum van de stad, vlak bij de kathedraal. Het is gevestigd in een oud, verbouwd huis en de publieke ruimen zijn ingericht rond het thema stierenvechten. De kamers zijn met zorg ingericht. Die op de bovenverdieping kijken uit over de daken. **www.hotel-kyriad-nimes.com**

NÎMES L'Orangerie 🗓 ⛱ 🏋 🎦 🗏 ♿ €€

Rue Tour de l'Evêque 755, 30000 **Tel.** *04-66845057* **Fax** *04-66294455* **Kamers** *37* **Wegenkaart** *A3*

Een modern, maar aantrekkelijk hotel met een eigen zwembad. Ingericht in de felle kleuren van het Middellandse Zeegebied. Sommige kamers hebben een eigen balkon, andere een whirlpool. Het restaurant staat hoog aangeschreven en serveert lokale producten die creatief zijn bereid. Alleen voor niet-rokers. **www.orangerie.fr**

NÎMES New Hotel de la Baume 🗾 🗏 🅿 €€

Rue Nationale 21, 30000 **Tel.** *04-66762842* **Fax** *04-66762845* **Kamers** *34* **Wegenkaart** *A3*

Het New Hotel in de oude stad van Nîmesbezit een spectaculair trappenhuis en een open binnenplaats uit de 17de eeuw, toen het nog een woonhuis was. De kamers zijn groot en ingericht in een mengeling van traditionele en moderne stijl. **www.new-hotel.com**

NÎMES Imperator Concorde 🗾 🗓 🗏 🅿 €€€

Quai de la Fontaine, 30900 **Tel.** *04-66219030* **Fax** *04-66677025* **Kamers** *60* **Wegenkaart** *A3*

Dit charmante hotel gaat terug tot de jaren dertig van de 20ste eeuw toen er gasten kwamen als Ernest Hemingway en Ava Gardner. Het biedt alle faciliteiten die men zou verwachten van een viersterrentelg van de prestigieuze Concordegroep, waaronder een uitstekend restaurant en een mooie binnenplaats. **www.concorde-hotels.com**

SAINTES-MARIES-DE-LA-MER Hôtel de Cacharel ⛱ €€

Route de Cacharel, 13460 **Tel.** *04-90979544* **Fax** *04-90978797* **Kamers** *16* **Wegenkaart** *B4*

Op deze historische boerderij in het hart van de Camargue woonden ooit de *gardians*, de cowboys die hier het vee hoedden. Tegenwoordig is het hotel vooral in trek bij paardenliefhebbers, vanwege de paardrijmogelijkheden. Geen restaurant, maar het hotel levert op verzoek vlees- en kaasschotels. **www.hotel-cacharel.com**

SAINTES-MARIES-DE-LA-MER Mas de la Fouque 🗓 ⛱ 🏋 🎦 🗏 €€€€

Route du Petit Rhône, 13460 **Tel.** *04-90978102* **Fax** *04-90979684* **Kamers** *19* **Wegenkaart** *B4*

U krijgt waar voor uw geld in het chicste hotel van de Camargue. De kamers hebben een terras dat uitziet over de lagune en de eetzaal kijkt op het park. Tennisbanen, minigolf en een stal met de beroemde witte paarden uit de streek zijn ook beschikbaar. Er is zelfs een heliport voor als u in stijl wilt aankomen. **www.masdelafouque.com**

SALON-DE-PROVENCE L'Abbaye de Ste-Croix 🗓 ⛱ 🏋 🎦 🗏 €€€€

Route de Val de Cuech, 13300 **Tel.** *04-90562455* **Fax** *04-90563112* **Kamers** *21* **Wegenkaart** *B3*

Dit schilderachtige hotel is gevestigd in een 12de-eeuwse abdij. De kamers zijn rustiek ingericht. Van het adembenemende uitzicht op de omgeving kunt u genieten op het beschaduwde terras rond het zwembad. Het restaurant staat bekend om de lokale keuken. Nov.–april gesloten. **www.relaischateaux.com/saintecroix**

ST-RÉMY-DE-PROVENCE Hôtel l'Amandiere ⛱ 🅿 €

Ave. Théodore-Aubanel, 13210 **Tel.** *04-90924100* **Fax** *04-90924838* **Kamers** *26* **Wegenkaart** *B3*

Een stille oase buiten het centrum, omringd door een mooie tuin. Er hangt een landelijke sfeer, van de inrichting de kamers tot het traditionele metselwerk van het hotel en de tuin rond het zwembad. Vlakbij ligt het Alpilleskanaal, heerlijk om langs te wandelen en te picknicken. **http://Perso.wanadoo.fr/hotel.amandiere**

ST-RÉMY-DE-PROVENCE Le Mas des Carassins 🗓 ⛱ 🏋 🗏 🅿 ♿ €€

Chemin Gaulois 1, 13210 **Tel.** *04-90921548* **Fax** *04-90926347* **Kamers** *14* **Wegenkaart** *B3*

Dit Provençaalse boerenhuis staat buiten de stad, schilderachtig tussen lavendelvelden en olijfgaarden. Het gebouw is met zorg gerenoveerd en heeft zijn traditionele sfeer behouden. Het buitenzwembad is in de zomermaanden aantrekkelijk. Het restaurant is driemaal per week alleen voor hotelgasten geopend. **www.masdescarassins.com**

ST-RÉMY-DE-PROVENCE L'Hôtel des Ateliers de l'Image 🗾 🗓 ⛱ 🏋 🗏 ♿ €€€

Boulevard Victor Hugo 36, 13210 **Tel.** *04-90925150* **Fax** *04-90924352* **Kamers** *32* **Wegenkaart** *B3*

Dit hotel is gevestigd in een voormalige music-hall en heeft een fotografiethema. In de kamers en gangen zijn foto's tentoongesteld en gasten kunnen in een ontwikkellaboratorium hun eigen foto's afdrukken. Het menu van het restaurant combineert Franse klassiekers met de Japanse keuken. **www.hotelphoto.com**

ST-RÉMY-DE-PROVENCE Domaine de Valmouriane 🗾 🗓 ⛱ 🗏 🅿 €€€€

Petite route des Baux, 13210 **Tel.** *04-90924462* **Fax** *04-90923732* **Kamers** *11* **Wegenkaart** *B3*

Een mooi en prachtig verbouwd 18de-eeuws boerenhuis, omringd door dennenbossen en wijngaarden. De kamers zijn ingericht met Provençaalse meubels en kleurrijke stoffen. Het restaurant serveert lokale schotels onder een gewelfd plafond. Open haard in de bar en terras bij het zwembad. **www.valmouriane.com**

VILLENEUVE-LES-AVIGNON Hôtel de l'Atelier 🏋 🅿 €

Rue de la Foire 5, 30400 **Tel.** *04-90250184* **Fax** *04-90258006* **Kamers** *23* **Wegenkaart** *B3*

Dit rustige hotel is gevestigd in een 16de-eeuws huis. De publieke ruimten en kamers worden gekenmerkt door antieke meubels, kunst en originele houten balken. Er is een prachtige stenen schoorsteen in de lounge. Het dakterras kent zowel plekken met zon als schaduw, die geuren door de potten met bloeiende planten. **www.hoteldelatelier.com**

VILLENEUVE-LES-AVIGNON La Magnaneraie   🏨 🏊 🏃 📺 🅿 ♿   €€€€

Rue Camp de Bataille 37, 30400 **Tel.** *04-90251111* **Fax** *04-90254637* **Kamers** *29*   **Wegenkaart** *B3*

In de 15de eeuw werden hier zijderupsen geteeld, maar nu is dit een rustig, elegant hotel. Sommige kamers hebben een zonovergoten patio die u via openslaande deuren betreedt. Het restaurant is voorzien van fresco's. U kunt ook buiten in de mooie tuin eten. **www.hostellerie-la-magnaneraie.com**

VAUCLUSE

AVIGNON Hôtel le Splendid   🏃 📺   €

Rue Agricol Perdiguier 17, 84000 **Tel.** *04-90861446* **Fax** *04-90853855* **Kamers** *20*   **Wegenkaart** *B3*

Een betaalbare keuze in het centrum van de oude wijk. Comfortabele, vrolijk gekleurde kamers met een overdaad aan chintz in Provençaalse stijl. Ertegenover ligt de kruisgang van de St.-Martialkerk, die een mooie tuin en fontein bezit. Vraag naar een kamer aan de straat, met uitzicht op de tuin. **www.avignon-splendid-hotel.com**

AVIGNON Hôtel Mignon   📺 🅿   €

Rue Joseph-Vernet 12, 84000 **Tel.** *04-90821730* **Fax** *04-90857846* **Kamers** *16*   **Wegenkaart** *B3*

Dit eensterrenhotel biedt waar voor zijn geld in een verder zeer prijzige stad. Alle kamers met eigen badkamer en kleurentelevisie. In de receptie zijn internet- en e-mailfaciliteiten. Het ouderwetse decor is echt Provençaals, met bij elkaar passende beddenspreien en gordijnen. Ontbijt is bij de prijs inbegrepen. **www.hotel-mignon.com**

AVIGNON Hôtel d'Europe   🏨 🏃 📺 🅿   €€€€

Pl. Crillon 14, 84000 **Tel.** *04-90147676* **Fax** *04-90147671* **Kamers** *44*   **Wegenkaart** *B3*

Een van de beste hotels van Avignon dat teruggaat tot de 16de eeuw – Napoleon zou hier geslapen hebben. De kamers boven kijken uit op het Palais des Papes, dat 's avonds mooi verlicht is. Eersteklas keuken en uitstekende wijnen in het restaurant. Het geklater van de fontein in de tuin verhoogt de sfeer. **www.heurope.com**

AVIGNON La Mirande   🏨 📺 ♿   €€€€€

Pl. de la Mirande 4, 84000 **Tel.** *04-90142020* **Fax** *04-90862685* **Kamers** *19*   **Wegenkaart** *B3*

In de schaduw van het grootse Palais des Papes staat zonder meer het beste hotel van de stad. Vroeger de woning van een kardinaal, nu in 18de-eeuwse stijl gerenoveerd. Het restaurant is een van de beste van de regio en heeft een fraai barok interieur en een terras, omringd door bomen en geurige struiken. **www.la-mirande.fr**

GORDES Le Mas de Romarins   🏊 🏃 📺 ♿   €€

Route de Sénanque, 84220 **Tel.** *04-90721213* **Fax** *04-90721313* **Kamers** *13*   **Wegenkaart** *C3*

Een 18de-eeuws landhuis is gerenoveerd tot dit comfortabele en rustige driesterrenhotel. Traditionele details, waaronder natuurstenen schoorstenen en badkamers met Provençaalse keramiektegels. Op het mooie terras kunnen gasten van hun ontbijt genieten. Door bloemperken omringd zwembad. **www.masromarins.com**

LE BARROUX Hôtel les Géraniums   🏨 🏃 🅿   €

Pl. de la Croix, 84330 **Tel.** *04-90624108* **Fax** *04-90625648* **Kamers** *22*   **Wegenkaart** *B2*

De kamers van dit hotel in een oud gebouw in een van de befaamde *villages perchés* zijn landelijk, maar comfortabel. Er is een moderne dependance met iets grotere kamers. Het restaurant, met origineel houtwerk en een plezierig terras, biedt traditionele Provençaalse schotels. **www.hotel-lesgeraniums.com**

LE BARROUX Hostellerie Francois Joseph   🏊 🏃 🅿 ♿   €€

Chemin de Rabassièrres, 84330 **Tel.** *04-90625278* **Fax** *04-90623354* **Kamers** *18*   **Wegenkaart** *B2*

Twee traditionele boerenhuizen in een tuin met fantastisch uitzicht op het land eromheen zijn verbouwd tot een hotel- en appartementencomplex. Er zijn ook twee vakantiehuisjes op het terrein met een eigen tuin. Ontbijt op de veranda of de patio. November–maart gesloten. **www.hotel-francois-joseph.com**

LOURMARIN Hostellerie le Paradou   🏨 🏃 🅿   €

Combe de Lourmarin D943/Route d'Apt, 84160 **Tel.** *04-90680405* **Fax** *04-90085494* **Kamers** *10* **Wegenkaart** *C3*

Dit hotel heeft een adembenemende locatie naast de Lourmarinkloof, omringd door een schaduwrijk park en vlak aan de rivieroever. Het restaurant gaat er prat op dat het Provençaalse gerechten serveert met net iets extra's. 's Zomers eet u op het terras en 's winters voor de open haard. **www.leparadou-lacascade.com**

LOURMARIN Auberge de la Fenière   🏨 🏊 🏃 📺 🅿 ♿   €€€

Route de Cadenet, 84160 **Tel.** *04-90681179* **Fax** *04-90681860* **Kamers** *9*   **Wegenkaart** *C3*

Een oase in het hart van de Grand Lubéron, befaamd om zijn natuur en prachtige landschap. De kamers zijn recentelijk heringericht en modern, een staat vol doeken en de Mandenvlechterskamer die is ingericht met mandwerk. Op het terrein staan ook twee woonwagens. **www.reinesammut.com**

LOURMARIN Le Moulin de Lourmarin   📺 🏨 🏃 📺 🅿   €€€€

Rue Temple, 84160 **Tel.** *04-90680669* **Fax** *04-90683176* **Kamers** *19*   **Wegenkaart** *C3*

In dit hotel zijn nog de molenstenen te zien van toen het nog een olijfoliemolen was. Het is trots op zijn regionale keuken met vier verrukkelijke menu's (*blz. 217*). De kamers bevinden zich tussen de muren van de 300 jaar oude molen. Niet voor een lange vakantie, maar voor een nacht na een maaltijd. **www.moulindelourmarin.com**

Voor prijsklassen *zie blz. 194* **Verklaring van de symbolen** *zie achterflap*

PERNES-LES-FONTAINES Mas de la Bonoty
🏨 ♨ ⛹ 🅿️ €

Chemin de la Bonoty, 84210 **Tel.** *04-90616109* **Fax** *04-90613514* **Kamers** *8*   **Wegenkaart** *B3*

Dit gerenoveerde 17de-eeuwse boerenhuis wordt omringd door geurige lavendelvelden en olijfgaarden. De kamers zijn rustiek van stijl, maar van alle moderne gemakken voorzien. In de eetzaal zijn het originele metselwerk en de houten balken bewaard gebleven. Uitzicht op de Mont Ventoux. **www.bonoty.com**

ROUSSILLON Le Mas de Garrigon
🏨 ♨ 📋 🅿️ €€€

Route de St-Saturnin d'Apt, 84220 **Tel.** *04-90056322* **Fax** *04-90057001* **Kamers** *9*   **Wegenkaart** *C3*

Een rustig boerenhuis, gelegen tussen dennenbossen. Alles is hier ingesteld op een verfijnde smaak, tot de klassieke muziek toe die 's avonds in de lounges te horen is. De vrolijk gekleurde kamers zijn thematisch ingericht rond kunstenaars en schrijvers die een rol speelden in de Provence. **www.masdegarrigon-provence.com**

SEGURET Domaine de Cabasse
🏨 ♨ ⛹ 🍴 🅿️ ♿ €€

Route de Sablet, 84110 **Tel.** *04-90469112* **Fax** *04-90469401* **Kamers** *13*   **Wegenkaart** *B2*

Dit hotel hoort bij een in bedrijf zijnde wijngaard. Wijn proeven voor gasten is een van de attracties. De kamers zijn comfortabel en schoon, maar wat sober, en het zwembad draagt bij aan de ontspannen atmosfeer. Het restaurant is uitstekend en de wijnkaart natuurlijk van topklasse. **www.domaine-de-cabasse.fr**

SEGURET La Table du Comtat
🏨 ♨ 📋 €€€

Le Village, 84110 **Tel.** *04-90469149* **Fax** *04-90469427* **Kamers** *8*   **Wegenkaart** *B2*

Een natuurstenen gebouw uit de 14de eeuw op het hoogste punt van een middeleeuws dorp biedt weids uitzicht over de vlakten, vooral van het terras bij het restaurant. Het personeel is vriendelijk en behulpzaam en adviseert u graag over activiteiten in de omgeving. Het restaurant staat goed bekend.

VAISON-LA-ROMAINE Le Beffroi
🏨 ♨ ⛹ 🅿️ €€

Rue de l'EvÊ;ché, 84110 **Tel.** *04-90360471* **Fax** *04-90362478* **Kamers** *22*   **Wegenkaart** *B2*

Dit is al sinds de 16de eeuw een herberg. De kamers beschikken nu over alle moderne snufjes die een mens zich maar kan wensen, maar de openbare ruimten voelen nog ouderwets aan met hun antieke meubels en kroonluchters. Er zijn een tuin en een terras en het plaatselijke chateau is vlakbij. **www.le-beffroi.com**

ALPES-DE-HAUTE-PROVENCE

CASTELLANE Nouvel Hôtel du Commerce
🛜 🏨 ⛹ 🅿️ €

Pl. de l'Église, 04120 **Tel.** *04-92836100* **Fax** *04-92837282* **Kamers** *35*   **Wegenkaart** *D3*

Een goed adres om een paar nachten in dit schilderachtige plaatsje te logeren en een goede basis om de omgeving te verkennen. De kamers kijken uit op het marktplein of op de bergwand achter Castellane. Ze zijn mooi ingericht, goed geoutilleerd en brandschoon. De veranda van de eetzaal is heerlijk koel in de zomer. **www.hotel-fradet.com**

CHATEAU-ARNOUX La Bonne Étape
🏨 ♨ 📋 ⛹ 🅿️ €€€€

Chemin du Lac, 04160 **Tel.** *04-92640009* **Fax** *04-92643736* **Kamers** *18*   **Wegenkaart** *D2*

Dit gerenoveerde 18de-eeuwse gebouw is eigendom van een familie die een goede service hoog in het vaandel draagt. De kamers zijn fantastisch ingericht met antiek en elk heeft zijn eigen sfeer. Het restaurant heeft een goede naam wegens zijn uitstekende Franse keuken en elegante karakter. **www.bonneetape.com**

FORCALQUIER Hostellerie des Deux Lions
🏨 €

Pl. du Bourguet 11, 04300 **Tel.** *04-92752530* **Fax** *04-92750641* **Kamers** *12*   **Wegenkaart** *C3*

Dit hotel staat precies op de hoek van het centrale plein en heeft door zijn gunstige ligging al sinds de 17de eeuw een belangrijke rol gespeeld als pleisterplaats. De kamers zijn ruim en mooi ingericht. Die aan de voorkant houden door hun dubbele beglazing het lawaai op een afstand. **www.lesdeuxlions.com**

MOUSTIERS-STE-MARIE La Bonne Auberge
🛜 🏨 ♨ €

Rue Principale 'Le Village', 04360 **Tel.** *04-92746618* **Fax** *04-92746511* **Kamers** *19*   **Wegenkaart** *D3*

Een gerenoveerd hotel dat waar voor zijn geld biedt wat omgeving en faciliteiten betreft. Het ligt op loopafstand van de restaurants en cafés van Moustiers en niet ver van de adembenemende Verdon-kloof. De kamers zijn licht en simpel, de maaltijden smakelijk en het zwembad een prettige bijkomstigheid. **www.bonne-auberge-moustiers.com**

MOUSTIERS-STE-MARIE La Bastide de Moustiers
🏨 ♨ 📋 🍴 🅿️ ♿ €€€€

Chemin de Quinson, 04360 **Tel.** *04-92704747* **Fax** *04-92704748* **Kamers** *12*   **Wegenkaart** *D3*

Dit in een 17de-eeuws gebouw gehuisvest hotel biedt de modernste faciliteiten binnen zijn eerbiedwaardige muren. De Provençaalse gebouwen staan in een geweldige tuin en kijken uit op de omringende bergen. Het restaurant kent een goede wijnkaart. **www.bastide-moustiers.com**

REILLANNE Auberge de Reillanne
🏨 ⛹ €

D214 Le Pigonnier, 04110 **Tel.** *04-92764595* **Fax** *04-92764595* **Kamers** *6*   **Wegenkaart** *C3*

Een charmant landhuis in de Lubéron, omringd door een uitgestrekte tuin. De zitkamers en andere publieke ruimten zijn voorzien van gevulde boekenplanken en de comfortabele kamers zijn rustiek met boerenmeubelen en Provençaalse stoffen. In het restaurant worden Franse boerengerechten geserveerd. **www.auberge-de-reillanne.com**

RESTAURANTS, CAFÉS EN BARS

En van de geneugten van deze zonnige regio is de overvloed aan verse, verleidelijke gerechten. De kust van de Provence is vermaard om zijn visrestaurants – de beste vindt u in Marseille en Nice, maar ze zijn niet goedkoop. Voor de traditionele Provençaalse kost gaat u het binnenland in, naar de dorpen van de Var en Noord-Vaucluse. In de dalen van de Haute Provence is de keuken eenvoudiger, maar overheerlijk, met wild en truffels. Het leven in het zuiden draait

Wegwijzer Les Routiers

om de maaltijden; in dorpen en kleine steden staat het leven even stil tijdens de lunch (het hoofdmaal van de dag) en het avondeten. De lunch wordt tussen 12.00 en 14.00 uur geserveerd, het diner tussen 19.30 en 22.00 uur. In de stad blijven (eet)cafés en bars vaak wat langer open, vooral in het hoogseizoen *(blz. 218–219)*. De restaurants op blz. 210–217 zijn geselecteerd om hun uitstekende gerechten, inrichting en sfeer, in alle prijsklassen.

SOORTEN RESTAURANTS

Op het platteland kunt u eten bij een *ferme auberge*, een kleine herberg bij een boerderij of wijngoed. Hier geniet u van goede, goedkope maaltijden, die vaak van verse producten van het land zijn gemaakt. U eet mee met de familie, als onderdeel van uw verblijf daar. Veel restaurants op het platteland zijn gevestigd in hotels, maar hebben veel klanten die er niet slapen. Ze bieden waar voor uw geld en vormen vaak het sociale centrum van de plaats. In steden is vaak een mengeling van fastfoodzaken en traditionele Franse restaurants. In de grotere steden als Aix, Nice en Avignon zijn meer verschillende restaurants, waaronder de beste buiten Parijs. Als u onderweg bent, kunt u dan op de borden van Les Routiers – een gevestigde organisatie die grote familierestaurants aanraadt, maar ook kleinere brasseries, voor

eten van betaalbare en goede kwaliteit, in een aangename, ontspannen sfeer.
In de Provence is, net als in de rest van Frankrijk, het interieur ondergeschikt aan de kwaliteit van het eten. Desondanks zijn er genoeg bekoorlijke middeleeuwse interieurs en geweldige uitzichten.
Wetten verbieden nu dat er in openbare ruimtes in de Provence gerookt wordt. Café- en restauranteigenaren kunnen een zware boete krijgen als ze zich niet aan de nieuwe regels houden.

PRIJZEN

De prijzen in de Provence liggen doorgaans lager dan in de stedelijke gebieden. De meeste restaurants bieden menu's tegen vaste prijs, die veel beter zijn dan de gerechten à la carte. De lunch is altijd uitstekend – een flinke maaltijd met wijn kost minder dan € 15. In het binnenland kunt u dineren voor minder dan

Les Deux Garçons in Aix *(blz. 219)*

€ 30 en aan de kust zijn de prijzen lager, vanwege de grote concurrentie. In de luxueuze restaurants van de Côte d'Azur en de Rivièra betaalt u minimaal € 70 per persoon, maar dan is het eten ook voortreffelijk.
Restaurants zijn verplicht hun prijzen buiten op te hangen. Bedieningsgeld is doorgaans bij de prijs inbegrepen, maar geef een fooi voor goede bediening – zo'n 5 procent van de rekening. De meest geaccepteerde creditcards zijn Visa en Mastercard. American Express wordt steeds populairder, net als Diners Club. Rekeningen worden zelden met travellercheques betaald.

RESERVEREN

Voor de chique etablissementen van de Côte d'Azur en de Rivièra is reserveren verplicht. In het hoogseizoen is het wellicht nodig om in de klein-

Op het terras van Café de Paris in St-Tropez *(blz. 218–219)*

ste restaurants te reserveren. Op het platteland is altijd wel een tafeltje te vinden – de eigenaar zet er gewoon een tafel bij of breidt zijn terras verder uit.

KLEDINGVOORSCHRIFT

Fransen lopen er altijd verzorgd bij, ook in vrijetijdskleding – zorg er zelf ook voor dat u er netjes uitziet als u uit eten gaat. Strandkleding is ongewenst, behalve in cafés en bars. De lijst op blz. 210–215 geeft aan in welke restaurants formele kleding voorgeschreven is.

DE MENUKAART

Een menu bestaat doorgaans uit drie gangen. De ober neemt eerst de *entrée* (voorgerecht) en het hoofdgerecht op. Het dessert bestelt u na het eten. De duurdere menu's bestaan vaak uit vier gangen, met kaas vóór het dessert, maar er zijn ook restaurants met een zesgangenmenu, waar u een paar uur kunt tafelen.
De *entrée* bestaat vaak uit salade, paté, Provençaalse soep of schelpdieren. Het hoofdgerecht is vaak lam, kip of vis – wild is volop verkrijgbaar in het seizoen.
De koffie komt altijd na, niet met, het dessert – geef aan of u die *au lait* (met melk) wilt.

Ontbijt voor twee in een café

WIJNKEUZE

Wijn is een zo vanzelfsprekend onderdeel van het dagelijks leven in de Provence, dat zelfs het kleinste restaurant een grote keuze biedt *(blz. 208–209)*. De prijs is soms schrikbarend hoog, want alle restaurants hanteren een hoge

Het stijlvolle restaurant Colombe d'Or in St-Paul-de-Vence *(blz. 212)*

winstmarge (tot wel 300 procent). De meeste wijn komt uit de streek en wordt in een karaf geserveerd. Bestel een *demi* (50 cl) of *quart* (25 cl), zo kunt u relatief goedkoop verschillende wijnen proeven. Er zijn vier wijnklassen, toenemend in kwaliteit: Vin de Table, Vin de Pays, Vin Délimité de Qualité Supérieure (VDQS) en Appellation d'Origine Contrôlée (AOC). Bestel bij twijfel de huiswijn *(la réserve)* – weinig eigenaars zetten hun reputatie op het spel door slechte wijn aan te bieden.

VEGETARISCH

Geheel vegetarische restaurants zijn er nauwelijks; vlees neemt nog altijd een belangrijke plaats in op het Franse menu. U kunt wel een salade, omelet of soep bestellen, of een gerecht van de entrée-kaart. Als u erom vraagt, wil men wel eens een groentegerecht maken.

KINDEREN

Eten is in de Provence een echte familieaangelegenheid, kinderen zijn dan ook welkom in restaurants. Kinderstoelen of babyzitjes zijn er daarentegen nauwelijks. Steeds meer gelegenheden hebben een kindermenu en vaak kunt u voor minder geld een kleinere portie bestellen.

BEDIENING

Aangezien eten een ontspannen tijdverdrijf is in Frankrijk, is de bediening niet altijd even vlot. In kleine restaurants is er vaak maar één ober en worden de gerechten op bestelling bereid.

ROLSTOEL

Veel restaurants zijn beperkt toegankelijk voor rolstoelen. 's Zomers is dat minder erg, omdat er dan terrassen zijn. Vraag bij reserveren altijd om een goed bereikbare tafel.

DE RESTAURANTS

Verklaring van de symbolen op blz. 210–217.

  🚫 geen creditcards
  ♿ rolstoeltoegankelijk
  👶 kindermenu's
  👔 nette kleding vereist
  🪑 tafels buiten/terras

Prijscategorieën voor een driegangendiner, inclusief een halve fles huiswijn, couvert, btw en bediening:

€ tot € 30
€ € € 30–45
€ € € € 45–60
€ € € € € 60–90
€ € € € € vanaf € 90

De smaken van de Provence

De keuken van de Provence staat bekend als *cuisine du soleil* ('keuken van de zon'), en dat is niet voor niets. De streek is vermaard om zijn in de zon gerijpte fruit en groente, en levert veel verse vis en schaal- en schelpdieren en mager vlees uit de alpenweiden. De meeste kazen worden van geitenmelk gemaakt. De goede producten worden verrijkt met belangrijke ingrediënten: olijfolie, knoflook en geurige kruiden. De markten vormen een kleurig palet van seizoensproducten: tomaten, aubergines, paprika en courgettes, en kersen, meloenen, citroenen en vijgen. Maar de Provence is bovenal het land van de olijven en olijfolie.

Olijven en olijfolie

Geurige, door de zon gerijpte Cavaillonmeloen op de markt

GROENTEN

In de Provençaalse keuken spelen groenten een belangrijke rol. Ze worden rauw geserveerd als crudités met *aioli* (knoflookmayonaise) of *tapenade* (gepureerde ansjovis, olijven en kappertjes). Tomaten en courgettes worden vaak *à la niçoise* gevuld, met gehakt, rijst en kruiden. Kleine, paarse artisjokken worden opgediend met een botercitroensaus of gesauteerd met spek. Een populaire soep is de krachtige *pistou*, bonen en groenten met een scherpe saus van basilicum, pijnboompitten en knoflook. *Ratatouille* is een geurige stoofschotel bereid met olijfolie, knoflook en kruiden. Populaire salades zijn *salade niçoise* en *mesclun*, een streeksalade van rucola, veldsla, paardenbloemblaadjes en kervel.

MEDITERRANE VIS

De vis uit de Middellandse Zee staat hoog aangeschreven en vindt zijn hoogtepunt in de bouillabaisse. Er wordt veel vis gevangen: gestreepte zeebaars, *rascasse* (schorpioenvis), mul, zeebrasem, zonnevis, zeeduivel, maar ook pijlinktvis. Rond Nice worden vooral sardines en ansjovis gevangen. De meeste zijn het lekkerst zo van de grill met kruiden, zoals de

Mosselen   **Kreeft**   **Garnalen**   **Zeebaars**   **Zeeduivel**   **Inktvis**   **Kokkels**

Een selectie Middellandse Zeevruchten uit de Provence

PROVENÇAALSE GERECHTEN EN SPECIALITEITEN

De Provence heeft een paar klassiekers voortgebracht, waarvan de bouillabaisse de bekendste is. De ingrediënten van deze visstoofpot variëren van plaats tot plaats, maar Marseille beweert het gerecht te hebben bedacht. Verschillende vissoorten (waaronder in ieder geval *rascasse* of schorpioenvis) worden gekookt in een bouillon met tomaat en saffraan. Van oudsher wordt eerst de vissoep geserveerd, met croutons en *rouille*, een pittige mayonaise, gevolgd door de vis zelf. Wat ooit een vissersmaal was, is nu een luxegerecht dat u soms 24 uur van tevoren moet bestellen. Eenvoudiger is *bourride*, een vissoep met knoflook. Stoofpotten in rode wijn, *daubes*, worden meestal gemaakt met rundvlees, soms met tonijn of pijlinktvis. Andere klassiekers zijn *ratatouille* en *salade niçoise*.

Verse vijgen

Bouillabaisse *De vis in dit klassieke gerecht uit de Provence bestaat uit rascasse, zeeduivel, snapper en kongeraal.*

Gedroogde specerijen en kruiden op de markt in Nice

Het wild bestaat uit konijn, haas en everzwijn. *Charcuterie* uit de streek omvat *caillettes* (stukken varkensvlees en lever met spinazie en jeneverbes) en de *saucisson* uit Arles, ooit van ezels-, maar nu van varkensvlees.

FRUIT EN HONING

Verfijnde desserts zijn zeldzaam, vanwege het vele rijpe fruit. Cavaillonmeloenen behoren tot de lekkerste van Frankrijk en voor de citroenen van Menton is er een jaarlijks festival. Gekonfijte vruchten worden gemaakt in Apt en de honing wordt gearomatiseerd met kastanje, lavendel of rozemarijn.

klassieke *loup* (zeebaars) met venkel. Tot de zeevruchten behoren mosselen *(moules)*, kleine krabbetjes, reuzengarnalen *(gamba's)* en zee-egels *(oursins)*. Heel goed zijn de forel uit de bergrivieren ten noorden van Nice en de zoetwateraal uit de Camargue. Populaire visgerechten zijn *soupe de poissons* (vissoep), octopus op zijn Provençaals met witte wijn, tomaten en kruiden, en de beroemde *brandade de morue*, een specialiteit uit Nîmes, namelijk een puree van gezouten kabeljauw, room, aardappels en olijfolie.

VLEES EN WILD

Lam is de populairste vleessoort, vooral die van Sisteron, waar het dier op hoge bergweiden graast, wat een kruidige smaak aan het vlees

geeft. Rundvlees wordt vooral als *daube* geserveerd, vernoemd naar de schotel *(daubière)* waarin het zachtjes wordt gekookt. Een andere specialiteit is *boeuf gardien*, de stoofpot van stierenvlees uit de Camargue, geserveerd met nootachtige rode rijst.

De beroemde en overheerlijke *saussicons d'Arles*

OP DE KAART

Beignets des fleurs de courgette Gebakken courgettebloemen.

Fougasse Plat brood met olijfolie en vaak met olijven.

Ratatouille Stoofschotel van aubergine, courgette, tomaat en paprika.

Salade niçoise Sla met hardgekookte eieren, sperziebonen, tomaten en ansjovis.

Socca Pannenkoeken van kekermeel, specialiteit uit Nice.

Tarte Tropezienne Moskovisch gebak uit St-Tropez, gevuld met *crème patissière.*

Tourte des blettes Taart van snijbiet, rozijn en pijnpitten.

Artichauts à la barigoule *Babyartisjokken gevuld met spek en groente, bereid in wijn.*

Loup au fenouil *Zeebaars gevuld met venkeltakjes en bereid in witte wijn of gegrild boven nog meer takjes.*

Boeuf en daube *In rode wijn, ui en knoflook gemarineerde runderlappen, bereid met sinaasappelschil en tomaat.*

Wat drinkt u in de Provence

De Provence brengt een uitgebreid scala aan wijnen voort. In de noordelijker streken maakt men kruidige rode wijnen uit de druiven die op de rotsachtige, zonovergoten oeversvan de zuidelijke Rhône groeien. De beroemdste is de Châteauneuf-du-Pape. Van de druiven die meer in het kustgebied groeien, maakt men frisse, lichte witte wijn en rosé en enkele heerlijke rode wijnen. Vooral de droge witte wijn uit de buurt van de badplaats Cassis en de rode wijn en rosé uit het kleine wijngebied rond Bandol zijn bijzonder. Het verhaal dat Provençaalse wijn alleen in de streek van herkomst smaakt, is, door de moderne productietechnologie, achterhaald. Hieronder noemen wij de opvallendste wijnen uit de Provence.

Deze twee flesvormen zijn kenmerkend voor de streek

WITTE WIJN

Witte grenache-druiven worden vaak gemengd met andere druivensoorten om Provençaalse witte wijnen een rijke, heldere en friszoete smaak te geven. De hier genoemde wijnen passen goed bij vis.

Een mooie witte Châteauneuf-du-Pape

AANBEVOLEN WIT

- **Clos Ste-Magdeleine**
  Cassis
- **Châteaux Val Joanis**
  Côtes du Lubéron
- **Domaine St-André-de-Figuière**
  Côtes de Provence
- **Domaines Gavoty**
  Côtes de Provence

Witte Côtes-du-Rhône

ROSÉ

Provençaalse rosé is veel meer dan een zoetig aperitief in een kegelvormige fles. Druiven als de Syrah vormen de basis voor stevige, volle wijnen. Tavel, een droge rosé die zwaar genoeg is om bij het kruidige Provençaalse eten te drinken, is daar een mooi voorbeeld van. Ook de *vin gris* uit Bandol is voortreffelijk.

AANBEVOLEN ROSÉ

- **Château Romassan**
  Bandol
- **Commanderie de Bargemone**
  Côtes de Provence
- **Commanderie de Peyrassol**
  Côtes de Provence
- **Domaine la Forcadière**
  Tavel
- **Domaines Gavoty**
  Côtes de Provence

Lichte rosé (gris) uit Bandol

PROVENÇAALSE WIJNSTREKEN

In het zuidwesten van de streek, op de rotsachtige *côtes* (berghellingen), liggen de meeste wijngaarden. Voor een rondrit langs de wijngaarden van de Côtes de Provence *(blz. 108–109)* is Les Arcs een goed beginpunt.

ORANGE · Gigondas

· Beaumes-de-Venise

Lirac
Tavel · · Châteauneuf-du-Pape
· AVIGNON

· NIMES

· Les Baux-de-Provence

ARLES

Rhône

AIX-EN-PROVENCE

· Palette

MARSEILLE

Cassis
Bandol

Terrasvormige wijngaarden boven de kust bij Cassis

RODE WIJN

Een goede Châteauneuf-du-Pape is robuust en koppig genoeg om bij de stevigste vleesmaaltijd te drinken. De Bandol is, zeker als hij wat ouder wordt, ook heerlijk. Van de Côte de Provence en Côtes-du-Rhône komen lichtere wijnen. Als ze de naam van een dorp (de *Villages*) dragen, zijn het de beste, maar in Les Baux-de-Provence of op de Côtes du Lubéron vindt u ook talloze betrouwbare wijnhuizen.

De parel in de kroon van Côtes du Lubéron

Een rode wijn uit Les Baux

Een kruidige Châteauneuf-du-Pape

AANBEVOLEN ROOD

- ***Château de Beaucastel***
  Châteauneuf-du-Pape
- ***Château du Trignon***
  Sablet, Côtes-du-Rhône
- ***Château Val Joanis***
  Côtes du Lubéron
- ***Domaine de Pibarnon***
  Bandol
- ***Domaine des Alysses***
  Coteaux Varois
- ***Domaine Font de Michelle***
  Châteauneuf-du-Pape
- ***Domaine Tempier***
  Bandol

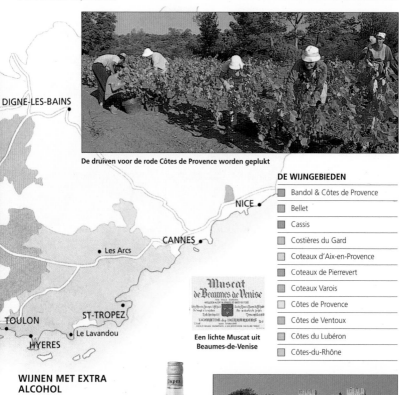

De druiven voor de rode Côtes de Provence worden geplukt

DE WIJNGEBIEDEN

- Bandol & Côtes de Provence
- Bellet
- Cassis
- Costières du Gard
- Coteaux d'Aix-en-Provence
- Coteaux de Pierrevert
- Coteaux Varois
- Côtes de Provence
- Côtes de Ventoux
- Côtes du Lubéron
- Côtes-du-Rhône

Een lichte Muscat uit Beaumes-de-Venise

WIJNEN MET EXTRA ALCOHOL

Bij *vins doux naturels* (van nature zoete wijnen) wordt de gisting gestopt voordat alle suiker is omgezet in alcohol, en de wijn wordt licht versterkt met alcohol. De meeste worden gemaakt met de geurige muscatdruif. Ze zijn heerlijk als koel aperitief of met desserts in plaats van likeur, en zijn stoperig zoet tot zinnelijk geurig van smaak. Andere worden gemaakt met rode grenache-druiven.

De flesvorm van de Muscat

Een zonovergoten wijngaard langs de Rhône

Een restaurant kiezen

De in dit overzicht opgenomen restaurants zijn geselecteerd om hun lekkere eten, de inrichting en de sfeer. Binnen elke streek staan ze alfabetisch naar vestigingsplaats en daarbinnen naar prijsklasse. Voor *De smaken van de Provence* zie bladzijde 206–207 en details over *Cafés en eenvoudig eten* vindt u op bladzijde 218–219.

PRIJSKLASSEN
Voor een driegangendiner voor één persoon, inclusief een halve fles huiswijn, couvert, belasting en bediening:

€ tot € 30
€€ € 30–45
€€€ € 45–60
€€€€ € 60–90
€€€€€ vanaf € 90

DE RIVIÈRA EN DE ALPES MARITIMES

BAR-SUR-LOUP L'École des Filles
€

Ave. Amirale de Grasse 380, 06620 **Tel.** *04-93094020* **Fax** *04-93424397*   **Wegenkaart** *E3*

Een restaurant in de vroegere dorpsschool, nu blijvend favoriet bij de plaatselijke bevolking. Het eten en de inrichting zijn echt Provençaals. In de zomer is er een zonnig terras. Het restaurant biedt à-la-cartegerechten en menu's voor een vaste prijs. Ma, di gesloten.

BIOT Les Terraillers
€€€€€

Route Chemin Neuf 11, 06410 **Tel.** *04-93650159* **Fax** *04-93651378*

In dit chique restaurant worden luxegerechten opgediend, op smaak gebracht met truffels en kruiden uit de omringende heuvels. De *foie gras* escalope mag u niet missen en het lam is een culinair hoogtepunt. Op de wijnkaart staan enkele van de betere *vins de pays* van de Provençaalse wijngaarden. Wo, do gesloten.

CAGNES-SUR-MER Fleur de Sel
€

Montée de la Bourgade 85, 06800 **Tel.** *04-93203333* **Fax** *04-93203333*   **Wegenkaart** *E3*

Een geweldig restaurant met pretentieloze gerechten voor betaalbare prijzen (vooral als u voor een vast menu kiest). De omgeving is landelijk en het restaurant staat in het hart van het dorp Haut de Cagnes. De keuze aan wijnen is ruim. Wo, do-middag gesloten.

CAGNES-SUR-MER Le Cagnard
€€€€€

Rue Sous-Barri 45, Haut de Cagnes, 06800 **Tel.** *04-93207321* **Fax** *04-93220639*   **Wegenkaart** *E3*

Het uitstekende Cagnard biedt een verrukkelijk menu met truffels, duif, langoustines en meer, alles perfect toebereid en onberispelijk gepresenteerd in de entourage van een 14de-eeuws landhuis. Enkele van de beste Provence- en Gardwijnen verhogen het genot. Onderdeel van de Relais et Châteauxgroep. Ma, di, do-middag gesloten.

CANNES La Mère Besson
€

Rue de Frères-Pradignac 13, 06400 **Tel.** *04-93395924*   **Wegenkaart** *E4*

Anders dan veel andere restaurants in Cannes, die het hele jaar door druk zijn, is dit een heerlijke plaats om u te ontspannen, weg van de drukte. Het eten is simpel Provençaals klassiek – probeer *aïoli* (knoflookmayonaise) met slakken of de zeer traditionele *estouffade* (stoofpot). Zo gesloten.

CANNES Le Comptoir des Vins
€€

Boulevard de la Republique 13, 06400 **Tel.** *04-93681326*   **Wegenkaart** *E4*

In dit wijnkelder-restaurant gaat alles net een beetje anders – u kiest eerst de wijn en beslist dan wat u erbij eet. De wijnkaart is lang, maar hoeft u de kop niet te kosten. Het eten is stevig en eenvoudig. Hier komt men gek genoeg eerder voor de lunch dan voor het diner. Ma–wo 's avonds, zo gesloten.

CANNES La Cave
€€€

Boulevard de la République 9, 06400 **Tel.** *04-93997987*   **Wegenkaart** *E4*

La Cave bestaat al vele jaren en is geliefd bij mensen uit de buurt en toeristen. U hebt een ruime keuze uit traditionele, Provençaalse gerechten, bereid met verse, plaatselijke producten. Op de wijnkaart staan meer dan 350 wijnen, waaronder een uitstekende keuze aan wijnen uit de regio.

CANNES 38, The Restaurant
€€€

Rue des Serbes 38, 06400 **Tel.** *04-92997960* **Fax** *04-923992610*   **Wegenkaart** *E4*

Het is moeilijk om ergens overvloediger te eten dan in 38, The Restaurant, waar de gasten de beste kookprestaties van heel Cannes kunnen verwachten voor verrassend redelijke prijzen en met een hoffelijke bediening. Het accent ligt op Provençaalse smaken en mediterrane zeevruchten. Er is een uitgebreide wijnkaart.

CANNES La Palme d'Or
€€€€€

La Croisette 73, 06400 **Tel.** *04-92987414* **Fax** *04-93390338*   **Wegenkaart** *E4*

Kinderen worden niet geweerd uit dit sterrenrestaurant en u hoeft ook geen stropdas te dragen, maar gasten die er niet speciaal op gekleed zijn, kunnen zich wat opgelaten voelen. Het eten is uitstekend, met vers zeebanket en een indrukwekkende wijnkaart. La Palme d'Or is het restaurant van Hôtel Martinez. Reserveren. Zo, ma gesloten.

Verklaring van de symbolen *zie achterflap*

EZE Troubadour 🗦 €€€

Rue du Brec, 06360 **Tel.** *04-93411903* ***Wegenkaart F3***

Dit restaurant, waar lunch en diner worden geserveerd, is alleen te voet bereikbaar. De drie kleine zalen, ingeklemd tussen middeleeuwse muren, zijn heerlijk koel na de zomerse warmte buiten. De vaste menu's en à-la-cartegerechten zijn geïnspireerd door klassieke Provençaalse kookkunst. Zo, ma, eind juni–half juli, half nov.–half dec. gesloten.

GRASSE Bastide St Antoine 🗦🗐🗦🗖🗦 €€€€€

Ave. H. Dunant 48, 06130 **Tel.** *04-93709494* **Fax** *04-93709495* ***Wegenkaart E3***

Het restaurant van Jacques Chibois staat naast zijn verrukkelijke boutiquehotel in de St-Antoinewijk van Grasse, vlak bij het stadscentrum. Het menu zal liefhebbers van de vernieuwende Franse keuken aanspreken: eend, truffels en een verrassende benadering van groenten. De uitstekende wijnkaart is vooral Provençaals.

JUAN-LES-PINS Les Pêcheurs 🗦🗐🗦🗖🗦 €€€€

Boulevard Maréchal Juin Cap d'Antibes 10, 06160 **Tel.** *04-92931330* **Fax** *04-92931504* ***Wegenkaart E4***

Hôtel Juana heeft onlangs zijn befaamde dakrestaurant ingeruild voor dit geweldige adres, ook wel het 'gastronomische cruiseschip' genoemd. Geniet van de gegrilde zeebaars met ingemaakte citroenen of gemarineerde Provençaalse groenten met basilicum. Lunch en diner, behalve di en wo. Di, wo, juli, aug 's middags gesloten.

MENTON A'Braïjade Meridionale 🗦🗦 €€

Rue Longue 66, 06500 **Tel.** *04-93356565* **Fax** *04-93356565* ***Wegenkaart C4***

Het menu hier draait helemaal om citroen, met een knipoog naar Noord-Afrika: in citroen gemarineerde *brochettes*, citroen gevuld met tonijn, eieren, olijven, kappers en *aïoli*, gegrilde kip met citroen en lamspaprika. Sept.–juni di, wo gesloten, juli, aug. 's middags gesloten.

MENTON Auberge Pierrot-Pierrette 🗦🗐🗖🗦 €€

Pl. de l'Eglise, 06500 **Tel.** *04-93357976* **Fax** *04-93357976* ***Wegenkaart F3***

Dit restaurant ligt op een heuvel 5 km van Menton en heeft een echt landelijke en vriendelijke sfeer. Het uitzicht vanaf het terras is overweldigend. Het eten is altijd vers en de kaart wisselt per seizoen. Meestal zijn er echter wel *écrevisses* (garnalen) en *canard à l'orange* op te vinden. Ma gesloten.

MONACO Zebra Square 🗦🗐🗖🅿🗦 €€€

Ave. Princesse Grace 10, 98000 **Tel.** *00377-99992550* **Fax** *00377-99992560* ***Wegenkaart F3***

Dit trendy restaurant, een filiaal van een van de chicste hotel-restaurants van Parijs, maakt zijn reputatie waar – overal ziet u zebrastrepen. Op het multiculturele menu staan grillgerechten, zeevruchten en fusionrecepten voor redelijke prijzen. Met zijn terras aan zee is dit de beste keuze in Monaco voor lunch of diner. Di, wo gesloten.

MONACO Bar et Boeuf 🗦🗐🗦🗦 €€€€

Ave. Princesse Grace, 98000 **Tel.** *00377-98067171* **Fax** *00377-98065785* ***Wegenkaart F3***

Nog een meesterwerk van Alain Ducasse, het ultramoderne interieur van dit restaurant is ontworpen door Philippe Starck. Het thema van het restaurant is vis en vlees, zoals uit de naam blijkt – *bar* is een soort zeebaars; *boeuf* is rundvlees. Enkele schotels vertonen invloeden uit het Verre Oosten. Half mei–half sept. gesloten.

MONACO Le Louis XV 🗦🗦🗦 €€€€€

Pl. du Casino, 98000 **Tel.** *00377-98068864* **Fax** *00377-98065907* ***Wegenkaart F3***

In de keuken zwaait de befaamde meesterkok Alain Ducasse de scepter. Edward VII was in zijn tijd een vaste gast en tijdens een van zijn bezoeken werd de klassieke *crêpe suzette* (een flensje, geflambeerd met sinaasappellikeur) bedacht, genoemd naar zijn *maîtresse*. Heerlijk eten en een uitzonderlijke wijnkaart. Di, wo gesloten.

MOUGINS Resto des Arts 🗦 €

Rue du Maréchal-Foch, 06250 **Tel.** *04-93756003* ***Wegenkaart E3***

Een eenvoudig restaurant met huiselijke sfeer en net zo'n eenvoudige, maar uitstekende lokale keuken. De vaste menu's geven waar voor uw geld, zeker rond lunchtijd, en er is een à la cartemenu. Specialiteiten zijn *daube provençale* (runderstoofpot) en *petits farcis* (tomaten, gevuld met gehakt, groenten en knoflook). Ma, di gesloten.

MOUGINS Le Moulin de Mougins 🗦🗐🗦🗖🗦 €€€€

Notre-Dame-de-Vie, Route départementale 3, 06250 **Tel.** *04-93757824* **Fax** *04-93901855* ***Wegenkaart E3***

Alain Llorca met twee Michelinsterren bekroonde restaurant staat 2,5 km buiten Mougins. Reserveren is noodzakelijk. Een ideaal adres om u eens goed te laten verwennen. Er staan vernieuwende visgerechten op het menu. De wijnen horen tot de beste van de Provence. Op het terras staan moderne beelden. Ma gesloten.

NICE L'Acchiardo 🗦🗐🗦 €

Rue Droite 38, 06000 **Tel.** *04-93855116* ***Wegenkaart F3***

In het centrum van de oude stad van Nice vindt u het meest authentieke restaurant van de stad, waar ook altijd veel Fransen komen. De vissoep zou de beste zijn die er bestaat, maar de andere gerechten mogen er ook zijn. De wijnen worden direct uit het vat geschonken. Alleen contant geld wordt geaccepteerd. Zo, za-avond gesloten.

NICE Le Boccaccio 🗐🗖🗦 €€€

Rue Masséna 7, 06000 **Tel.** *04-93877176* **Fax** *04-93820906* ***Wegenkaart F3***

Een van de beste visrestaurants in Nice, centraal gelegen aan een drukke, autovrije straat. Het fantasierijke interieur onderscheidt zich door glas-in-loodramen. De tafels zijn over verschillende verdiepingen verdeeld. Uitstekende visgerechten. Het vaste menu biedt een goede prijs-kwaliteitverhouding. Ma, za-avond gesloten.

NICE Le Chantecler

Promenade des Anglais 37, 06000 **Tel.** *04-93166400* **Fax** *04-93883568*   **Wegenkaart** *F3*

Een goed lopend, 19de-eeuws etablissement dat nog altijd hoog aangeschreven staat. Gedecoreerd met kunst en tapijten, helemaal in regencystijl. Er is een aantal vaste menu's, maar het menu Chantecler wordt van harte aangeraden vanwege zijn vier uitzonderlijke gangen. Het restaurant heeft één Michelinster. Ma, di gesloten.

PEILLON Auberge de la Madone

Peillon village, 06440 **Tel.** *04-93799117* **Fax** *04-93799936*   **Wegenkaart** *F3*

Een restaurant dat in de vegetarische keuken is gespecialiseerd is een zeldzaamheid in Frankrijk, maar dit is er een dat zich in een blijvende populariteit kan verheugen. Proef de *tourton des pénitents* (groentetaart met amandelen). Rond het terras staan olijfbomen en u hebt er mooi uitzicht op het dal. Wo gesloten.

ROQUEBRUNE-CAP-MARTIN Les Deux Frères

Pl. des Deux Frères, 06190 **Tel.** *04-93289900* **Fax** *04-93289910*   **Wegenkaart** *F3*

Provençaalse kookkunst met nadruk op lam en eend. Het restaurant is gehuisvest in een voormalige school en op warme dagen staan er tafels buiten, zodat de eters de wereld aan zich voorbij kunnen zien trekken en van het uitzicht op Monaco en de Middellandse Zee kunnen genieten. Ma, di lunch, zo diner; half nov.–half dec. gesloten.

ST-JEAN-CAP-FERRAT Le Pirate

Nouveau Port, 06230 **Tel.** *04-93761297*   **Wegenkaart** *F3*

Dit in vis en zeevruchten gespecialiseerde restaurant kijkt uit over de haven. Maak een keuze uit gerechten als zeeduivel en kreeft met knoflookmayonaise of bouillabaisse, een rijke soep met stoofpotje van gemengde vis, waaronder mosselen, garnalen en kreeft. De vaste menu's bieden waar voor uw geld. Alleen lunch.

ST-MARTIN-VESUBIE La Bonne Auberge

Allée de Verdun, 06450 **Tel.** *04-93032049* **Fax** *04-93032069*   **Wegenkaart** *E2*

Het restaurant van deze natuurstenen herberg te midden van een spectaculair landschap heeft een lommerrijk terras. Het menu is niet te duur en biedt een assortiment van goed bereide lokale schotels en regionale wijnen. Vooral voor de lunch is het zaak te reserveren. De kamers van het tweesterrenhotel zijn simpel, schoon en redelijk van prijs.

ST-PAUL-DE-VENCE La Colombe d'Or

Pl. du Général de Gaulle, 06570 **Tel.** *04-93328002* **Fax** *04-93327778*   **Wegenkaart** *E3*

Dit is een van de beroemdste en sfeervolste restaurants in de Provence en het wordt nog net zo vaak door de *rich and famous* bezocht als toen de impressionisten er met hun schilderijen voor hun maaltijd betaalden. Aan de muren hangen originele Picasso's en Matisse's. De gerechten zijn traditioneel, maar creatief.

ST-TROPEZ Le Café

Pl. Lices, 83900 **Tel.** *04-94974469*   **Wegenkaart** *E4*

Een centraal in St-Tropez gelegen, karakteristieke 'zinc'-café met heerlijke vissoep, garnalen in pastissaus en zelfgemaakte *foie gras*. Op marktdagen zult u er veel mensen uit de buurt aantreffen, voorafgaand aan de *pétanque* (jeu de boules) nemen de spelers het plein over.

TOUET-SUR-VAR Restaurant Chez Paul

Ave. Général de Gaulle, 06710 **Tel.** *04-93057103* **Fax** *04-93057111*   **Wegenkaart** *E3*

Het gezellige interieur van deze familieherberg in het mooie dal van de Var wordt 's winters en op koele zomeravonden door een open haard verwarmd en als het warm is, gaan de tafels naar buiten, in de schaduw van de bomen. Het menu is traditioneel en de wijnkaart bescheiden geprijsd. De openingstijden willen wel eens veranderen.

VENCE L'Armoise

Pl. de Peyra 9, 06140 **Tel.** *04-93581929*   **Wegenkaart** *E3*

André Valentine is gespecialiseerd in visschotels, maar het menu verandert elke week en er staat ten minste één vleesgerecht op. Het *pièce de resistance* is de *marmite* (stoofpot) van vis en groenten met een saus van rivierkreeftjes. De gegrilde jakobsschelpen, de garnalen en de bouillabaisse zijn ook heerlijk. Zo diner, ma, di lunch gesloten.

VENCE Auberge des Seigneurs

Pl. du Frêne, 06140 **Tel.** *04-93580424* **Fax** *04-93240801*   **Wegenkaart** *E3*

Deze in een vleugel van een kasteel gevestigde herberg ontving kunstenaars, aristocraten en koningen. Werken van plaatselijke kunstenaars sieren de muren van de eetzaal. Het menu is voornamelijk Provençaals, met schotels als lam aan het spit en gegrilde vis. De uitvoerige wijnkaart is bescheiden geprijsd. Zo lunch, ma gesloten.

VENCE Table d'Amis

Chemin de la Gaude 689, 06140 **Tel.** *04-93589075* **Fax** *04-93582286*   **Wegenkaart** *E3*

Het is de moeite waard een bedevaart naar Vence te maken naar dit restaurant. Specialiteiten zijn geroosterde eend in knoflook en *poivrade*, gegrilde zeeduivel en andere verwonderende schotels die geïnspireerd op de zeeën en hellingen van de Provence. In de eetzaal hangen mooie kunstwerken. Reserveren noodzakelijk. Openingstijden variëren.

VILLEFRANCHE L'Oursin Bleu

Quai Courbet 11, 06230 **Tel.** *04-93019012* **Fax** *04-93018045*   **Wegenkaart** *F3*

Het aquarium in de hal suggereert al dat de nadruk hier op verse vis ligt. De locatie is geweldig – aan de kade van een drukke jacht- en vissershaven, met tafels onder parasols op het terras. De eetzaal is versierd met maritieme memorabilia. Ideaal voor een lange, luie, zomerse lunch. Di, half juni–half feb. gesloten.

Voor prijsklassen *zie blz. 210* **Verklaring van de symbolen** *zie achterflap*

VILLEFRANCHE Le Carpaccio

Promenade des Marinières, 06230 **Tel.** *04-93017297* **Fax** *04-93019734* **Wegenkaart** *F3*

Reserveer 's zomers tijdig een tafel op het terras van dit restaurant met spectaculair uitzicht over de baai op St-Jean-Cap-Ferrat. Ook 's winters kunt u ervan genieten, dankzij de grote ramen. Zeevruchten, pizza's uit de houtoven en andere schotels naast het gerecht waar het hier om draait, carpaccio (dun gesneden plakjes rundvlees).

DE VAR EN DE ÎLES D'HYÈRES

COLLOBRIÈRES La Petite Fontaine

Pl. de la République 1, 83610 **Tel.** *04-94480012* **Fax** *04-94480303* **Wegenkaart** *D4*

Dit restaurant staat in het centrum van Collobrières, een mooi, op een heuvel gelegen dorp. Op het menu staan fricassée van kip en knoflook, konijn met verse kruiden en eend met wilde paddenstoelen. De wijnen komen van de plaatselijke wijncoöperatie en worden per glas of per karaf verkocht. Ma, zo-avond, feb., tweede week sept. gesloten.

FAYENCE Le Castellaras

Route de Seillans, 83440 **Tel.** *04-94761380* **Fax** *04-94841750* **Wegenkaart** *E3*

Het slechts 4 km van het centrum van Fayence gelegen Le Castellaras is de reis wel waard vanwege het gevarieerde menu: lamsfilet met dragonsaus, in olijfolie, citroen en dragon gemarineerde scampi, polenta in truffelolie. De wijnkaart is ontleend aan de wijngaarden van de Côtes de Provence. Ma, di (behalve juli, aug.) gesloten.

FAYENCE Le Moulin de la Camandoule

Chemin de Notre Dame des Cyprès, 83440 **Tel.** *04-94761040* **Wegenkaart** *E3*

Dit hotel-restaurant in een oude oliemolen heeft voordeel bij zijn rustige en idyllische ligging. Chefkok Phillipe Choisy heeft verschillende vaste menu's en à la carte-gerechten van hoge kwaliteit. De smaken zijn Provençaals en de ingrediënten zijn alle vers en van het seizoen. Vaak wordt de lunch geserveerd op het terras. Wo, do gesloten.

ÎLE DE PORQUEROLLES Mas du Langoustier

Île de Porquerolles Ouest, 83400 **Tel.** *04-94583009* **Fax** *04-94583602* **Wegenkaart** *D5*

Op de kaart van dit echte visrestaurant staan zonnevis met zee-egelkaviaar, gegrilde mul en andere schotels zoals wilde paddenstoelen en *foie gras*, begeleid door Provençaalse wijnen. De gasten komen uit de haven haast vanzelf naar dit hotel-restaurant, gelegen op de westpunt van dit schilderachtige eiland.

LA CADIÈRE D'AZUR Hostellerie Bérard

Rue Gabriel-Péri, 83740 **Tel.** *04-94901143* **Fax** *04-94900194* **Wegenkaart** *D4*

Dit hotel-restaurant in de gebouwen van een 11de-eeuws klooster biedt een schitterend uitzicht over de wijngaarden van Bandol. Eigenaar en chef-kok René Bérard doet geweldige dingen met vis en schaaldieren en maakt bijvoorbeeld een verrukkelijke saffraan-mosselsoep. Bandolwijnen smaken daar goed bij. Ma-middag, za-middag gesloten.

LA GARDE-FREINET Longo Maï

Route Nationale 98, 83680 **Tel.** *04-94555960* **Fax** *04-94555960* **Wegenkaart** *E4*

In dit fraai gelegen restaurant brandt op koele avonden een knapperend houtvuur en in de zomer staan op de tafels buiten mooi geschikte bloemen. Alles is zelfgemaakt, met veel variatie in vlees- en visgerechten. De zelfgemaakte paté is uitzonderlijk goed.

LA MOLE Auberge de la Môle

Route Nationale 98, 83310 **Tel.** *04-94495701* **Wegenkaart** *D4*

Dit intieme restaurant, weggestopt op het plein van La Môle, bezit een prettige bar aan de voorkant, en aan de achterkant van het gebouw zit een sfeervol restaurant. Regionale kost kenmerkt het uitstekende menu – eend, lam, terrines, salades en een goede kaasplank. Ma gesloten.

ST-TROPEZ La Pesquière/Le Mazagran

Rue des Remparts 1, 83990 **Tel.** *04-94970592* **Fax** *04-94970592* **Wegenkaart** *E4*

Twee, door één familie geleide restaurants aan weerszijden van de centrale Place de la Ponche, met mooi uitzicht over de baai op Ste-Maxime. De zeevruchtensalade is superieur, net als de gegrilde en gevulde sardines met ansjovis en olijven, de *calamari à la Provençale* en de *aïoli* met verse pasta. Heerlijke warme appeltaart of *Tropézienne* tot besluit.

ST-TROPEZ Le Bistrot Saint Tropez

Pl. des Lices 3, 83990 **Tel.** *04-94971133* **Wegenkaart** *E4*

Het interieur van deze trendy brasserie heeft een zachte verlichting en slim geplaatste vergulde spiegels en het terras kijkt uit op de aardige Place des Lices. De keuken is internationaal, maar Franse favorieten als roerei met truffels en lamskoteletten met *câpres* (paddenstoelen) staan ook nog op de kaart.

ST-TROPEZ Leï Mouscardins

Rue Portalet 10, 83990 **Tel.** *04-94972900* **Fax** *04-94977639* **Wegenkaart** *E4*

De pittoreske ligging van dit restaurant naast de Tour de la Portalet is één van zijn krachten. Een andere is het fantasierijke menu met kenmerkende gerechten als amandelmelksoep met groene olijven en door lokale tradities geïnspireerde schotels, naast moderne creaties. De wijnkaart kent veel regionale invloeden. Wo gesloten.

TOULON L'Arbre Rouge

Rue de la Comédie 25, 83000 **Tel.** *04-91922858*   **Wegenkaart** *D4*

Dit mooie restaurant in een achterafstraatje in Toulon ziet u makkelijk over het hoofd. Traditioneel Provençaalse keuken met onder andere met pistou gevulde sardines en gamba's met *persillade*. De bediening is alert en vriendelijk, en de sfeer is ideaal voor een romantisch diner. Do, vr en za diner, za en zo lunch gesloten.

BOUCHES-DU-RHONE EN NÎMES

AIGUES-MORTES Les Enganettes

Rue Marceau 12, 30220 **Tel.** *04-66536911*   **Wegenkaart** *A4*

Les Enganettes, met tafels op straat en op de wat intiemere binnenplaats, serveert een assortiment van mediterrane, Camargue-, Spaanse, Italiaanse en Marokkaanse schotels. De vaste menu's en de à-la-cartegerechten bieden waar voor uw geld. Er worden muziekavonden met live pianomuziek gehouden.

AIGUES-MORTES Le Café des Bouzigues

Rue Pasteur 7, 30220 **Tel.** *04-66539395*   **Wegenkaart** *A4*

Er zijn meer dan 60 zitplaatsen binnen en op de grote binnenplaats, dus het is niet moeilijk om een tafel te vinden in deze bistro, een relatief betaalbaar adres in het dure Aigues-Mortes. Op het mediterrane menu staan regionale zeevruchten en redelijk geprijsde wijnen. Lam- en aubergine-ovenschotels en perzikgazpacho.

AIX-EN-PROVENCE Brasserie Leopold

Ave. Victor-Hugo, 13090 **Tel.** *04-42260124* **Fax** *04-42385317*   **Wegenkaart** *C4*

Een klassieke brasserie met tientallen tafels op de begane grond van het comfortabele Hotel Saint-Christophe. Ideaal voor een volledige maaltijd, een hapje of een drankje. De tafels staan zowel binnen als buiten op straat. Regionale keuken en traditionele brasseriegerechten, met enkele concessies aan de moderne, trendy kookkunst.

AIX-EN-PROVENCE L'Aixquis

Rue Leydet 22, 13100 **Tel.** *04-42271741* **Fax** *04-42931061*   **Wegenkaart** *C4*

Een gevarieerd aanbod van schotels en een goede wijnkaart maken dit tot een van de populairste eethuizen in Aix. Chef-kok Benoit Strohm staat bekend om zijn kenmerkende schotels als konijn, gemarineerd in salie, verse tomaten en basilicum of ratatouille. Zo, ma-avond gesloten.

AIX-EN-PROVENCE Mas d'Entremont

Route des Platriéres, 13090 **Tel.** *04-42174242* **Fax** *04-42211583*   **Wegenkaart** *C4*

Het eten hier is typisch Provençaals, met veel vlees en vis, en de kaart met Provençaalse wijnen is goed, al is hij niet uitstekend. In de zomer eet u buiten op het terras met zicht op de tuin en bij kouder weer in de eetzaal waar enorme ramen uitzicht bieden op het omringende park.

AIX-EN-PROVENCE Relais Sainte-Victoire

Av. Sylvain Gauthier, Beaurecueil, 13100 **Tel.** *04-42669498* **Fax** *04-42668596*   **Wegenkaart** *C4*

Reserveer op tijd voor een tafel op het terras van dit landelijke eethuis in Beaurecueil aan de voet van de Mont Sainte-Victoire. Verse Provençaalse producten worden bereid met een moderne benadering tot schotels als lam in honingsaus en gegrilde sardines met zongedroogde tomaten. Ma, vr-middag, zo-avond gesloten.

AIX-EN-PROVENCE Le Clos de la Violette

Ave. de la Violette 10, 13100 **Tel.** *04-42233071* **Fax** *04-42219303*   **Wegenkaart** *C4*

Een elegant restaurant in een chic landhuis in zijn eigen tuin, een ideale locatie voor een romantisch avondje. Misschien niet iets voor kleine kinderen. De gasten kleden zich hier wel voor de gelegenheid. De lange wijnkaart biedt veel lokale en Provençaalse wijnen. Het à-la-cartemenu is Provençaals met een modern tintje. Zo, ma gesloten.

ARLES La Gueule du Loup

Rue des Arènes 39, 13200 **Tel/fax.** *04-90969669*   **Wegenkaart** *B3*

La Gueule du Loup ('De Wolvenmuil') is gastvrijer dan zijn naam doet vermoeden. Het menu is heel betaalbaar en verandert vrijwel dagelijks. Snelle bediening en een goede wijnkaart. Niet voor fijnproevers die op zoek zijn naar het beste van het beste, maar briljant op zijn eigen terrein – exquise Provençaalse kost. Zo, ma-middag gesloten.

ARLES Le Bistrot Le 16

Rue du Dr Fanton 16, 13200 **Tel.** *04-90937736*   **Wegenkaart** *B3*

Dit restaurant in 'bouchon-stijl' (eenvoudig) heeft een groot aantal salades. Het is voordelig en op het veranderende menu staan gerechten bereid met lokale producten. Het restaurant is onlangs in andere handen overgegaan, maar het is er nog steeds vroeg druk, dus kom tijdig voor lunch of diner. Zo gesloten.

ARLES Lou Marques

Boulevard Lices 9, 13200 **Tel.** *04-90525252* **Fax** *04-90525253*   **Wegenkaart** *B3*

Lou Marques – het restaurant van het eerbiedwaardige Hôtel Jules César – is een van de beste restaurants in Arles, met een centrale ligging, een mooi terras en een kaart vol klassieke Provençaalse gerechten. De entourage is plechtig, want hotel en restaurant zijn gevestigd in een oud klooster. Za, zo; nov.–april gesloten.

Voor prijsklassen *zie blz. 210* **Verklaring van de symbolen** *zie achterflap*

CARRY-LE-ROUET L'Escale

Promenade du Port, 13620 **Tel.** *04-42450047* **Fax** *04-42445203* **Wegenkaart** *C4*

Vindingrijke visgerechten, zoals gesauteerde zee-egel met appel, vormen de hoofdmoot in dit restaurant. Op het terras kijkt u uit op het haventje van Carry, gelegen tussen de parasoldennen aan de Côte Bleue. Bij koeler weer is de in warme kleuren geschilderde eetzaal gezellig. In het weekeinde reserveren.

DIGNE LES BAINS Le Grand Paris

Boulevard Thiers 19, 04000 **Tel.** *04-92311115* **Fax** *04-92323282* **Wegenkaart** *D2*

In de eerbiedwaardige omgeving van het beste hotel van Digne is dit ook het beste restaurant van de stad. Op het menu staan vooral traditionele gerechten, zoals lamsfilet en geroosterde eend met sjalotjes. Avontuurlijke fijnproevers vinden het menu misschien een beetje saai, maar kwaliteit en kwantiteit zijn ongeëvenaard. Goede wijnkaart.

LES-BAUX-DE-PROVENCE Hostellerie de la Reine Jeanne

Grande Rue, 13520 **Tel.** *04-90543206* **Fax** *04-90543233* **Wegenkaart** *B3*

Dit restaurant, dat hoort bij een klein hotel aan de drukke hoofdstraat van Les Baux, is verrassend goedkoop en gezellig voor dit drukke toeristenoord. Betaalbare schotels met dagverse ingrediënten. Traditionele kost met onder ander *aioli provençal* (knoflookmayonaise). Ook de wijnen op de wijnkaart zijn goedkoop.

LES-BAUX-DE-PROVENCE L'Oustau de Baumanière

Route Départementale 27, Le Val d'Enfer, 13520 **Tel.** *04-90543307* **Fax** *04-90544046* **Wegenkaart** *B3*

Dit geweldige restaurant telt twee Michelinsterren; ook het menu en de wijnkaart zijn hemels, net als de omgeving en het fabelachtige uitzicht op het dal. De keuken van Jean-André Charial mengt traditionele Provençaalse invloeden met het beste van de nouvelle cuisine tot een memorabele belevenis.

MARSEILLE Le Bastide de Capelongue

Bonnieux, Quai du Port 138, 13000 **Tel.** *04-91904087* **Wegenkaart** *C4*

Al generaties lang een instituut in Marseille (nu in handen van de gelijknamige kleindochter van de stichtster). Misschien is deze aan de kade gelegen oase wel het meest authentieke restaurant in Marseille. Bouillabaisse, *bourride* en andere visgerechten naast pens en varkenspoten. Niet geschikt voor vegetariërs of kinderen.

MARSEILLE Les Arcenaulx

Cours d'Estienne d'Orves 25, 13000 **Tel.** *04-91598049* **Wegenkaart** *C4*

In het voormalige pakhuizendistrict aan de Vieux Port, nu het centrum van het nachtleven in de binnenstad, is Les Arcenaulx gevestigd in het gebouw van een 17de-eeuwse boekverkoper/uitgever. Ideaal om een avondje stappen te beginnen of af te sluiten. Konijn, sardine, gemberpaté. Zo gesloten.

MARSEILLE L'Epuisette

Vallon des Auffes, 13007 **Tel.** *04-91521782* **Fax** *04-91591880* **Wegenkaart** *C4*

L'Epuisette is geschilderd in de mediterrane kleuren blauw en wit en bekoort met zijn uitstekende vismenu waarop gegrilde zonnevis, kreeftravioli en truffelrisotto prijken. Op de wijnkaart staan Cassis en Côteaux d'Aix-en-Provence. Het is een populair etablissement, dus reserveren aanbevolen. Zo, ma, aug. gesloten.

MARSEILLE Le Miramar

Quai du Port 12, 13002 Marseille **Tel.** *04-91911040* **Fax** *04-91566431* **Wegenkaart** *C4*

Een van de beste adressen om lekker zeebanket en bouillabaisse te proeven. Het handelsmerk van Marseille wordt bereid door chef-kok Christian Buffa in zijn restaurant aan de oude haven. Reserveer minstens 48 uur van tevoren. Vraag 's zomers om een tafel op het terras aan de kade. Zo, ma gesloten.

MARSEILLE Le Petit Nice Passédat

Corniche Kennedy 160, Anse de Maldorme, 13000 **Tel.** *04-91592592* **Fax** *04-91592808* **Wegenkaart** *C4*

Dit restaurant in de belle-époquevilla van Hotel Passédat biedt prachtig uitzicht op de Middellandse Zee. Het menu legt de nadruk op zeevruchten en bevat kreeftenterrine, rivierkreeft met hazelnootsaus en krab in gember. De wijnkaart is lang. Zo, ma; sept.–april gesloten.

NÎMES Au Flan Coco

Rue du Mûrier 31, 30000 **Tel.** *04-66218481* **Wegenkaart** *A3*

Een informeel en betaalbaar restaurant in Nîmes, met op zonnige dagen tafels op de stoep en goede regionale schotels, bereid door een team van *traiteurs*, die met verse ingrediënten uw maaltijd koken waar u bij staat. In de winkel ernaast, van dezelfde eigenaar, worden afhaalmaaltijden verkocht. Zo gesloten.

NÎMES Enclos de la Fontaine

Quai de la Fontaine, 30000 **Tel.** *04-66219030* **Fax** *04-66677025* **Wegenkaart** *A3*

L'Enclos de la Fontaine, het prettig moderne restaurant van het klassieke hotel Imperator Concorde, is misschien wel het elegantste restaurant van Nîmes. Toch is het betaalbaar. Het eten is zowel klassiek als vernieuwend met traditionele schotels en nieuwkomers als kalfsvlees met verse vijgenbeignets. Reserveer op tijd voor een plek op het terras.

NÎMES Au Plaisirs des Halles

Rue Littre 4, 30000 **Tel.** *04-66360102* **Fax** *04-66360800* **Wegenkaart** *A3*

Au Plaisirs des Halles, met zijn uitstekende regionale wijnen uit de Languedoc, Corbières, Minervois, de Provence en Herault, is modern ingericht. De patio is een heerlijke plaats om op een zonnige middag of zomeravond te eten. Zo, ma, twee weken eind okt.–begin nov. gesloten.

PARADOU–MAUSSANE-LES-ALPILLES Bistrot de La Petite France 🕭🗐🕭🗐🗐 €€

Ave. Vallée des Baux, 13520 **Tel.** *04-90544191* **Fax** *04-90545250* **Wegenkaart** *B3*

In dit restaurantje aan de D 17, die westwaarts naar Fontvieille loopt, kunt u tussen Les Baux en Arles even bijtanken. Het biedt een goede wijnkaart, schotels als varkenspoten met morilles, *foie gras* en truffels in twee menu's van regionale seizoensgerechten. Er is hier zelfs een kindermenu. Wo, do-middag, nov. gesloten.

ST-RÉMY-DE-PROVENCE Le Jardin de Frédéric 🗐🗐 €€

Boulevard Gambetta 8, 13210 **Tel.** *04-90922776* **Wegenkaart** *B3*

Dit betaalbare, door een familie beheerd restaurant staat in een mooie omgeving. Op het fantasierijke menu staan ribstuk van Sisteronlam in knoflooksaus, zeebaars in basilicum, kabeljauwsoufflé met saffraan en heerlijke desserts. In de zomer staan er tafels voor de groengeschilderde villa waar het restaurant in is gevestigd. Ma gesloten.

VAUCLUSE

AVIGNON La Fourchette 🗐🗐 €€

Rue Racine 17, 84000 **Tel.** *04-90852093* **Fax** *04-90855760* **Wegenkaart** *B3*

Het plaatselijk zeer populaire La Fourchette is een wat bizar eethuisje. Antieke vorken en posters van festivals sieren de muren. Het menu is traditioneel, met een moderne kijk op schotels als eendenborst in knoflook en een groentecrêpe (flensje) of gegrilde zeebaars. Het biedt een uitstekend assortiment kazen. Reserveren. Za, zo gesloten.

AVIGNON Le Petit Bedon 🕭🗐🅿🗐 €€

Rue Joseph-Vernet 70, 84000 **Tel.** *04-90823398* **Fax** *04-90855864* **Wegenkaart** *B3*

Dit restaurant, nog net binnen de muren van Avignons oude wijk, staat bekend om zijn gesmoorde groenten met tapenade en pistou, *bourride de loup* (zeewolf), en courgettepuree met knoflook. Een vriendelijke sfeer en een kaart met voornamelijk Provençaalse wijnen. Zo, ma gesloten.

AVIGNON Hiély-Lucullus 🕭🗐🗐🗐 €€€

Rue de la République 5, 84000 **Tel.** *04-90861707* **Fax** *04-90863238* **Wegenkaart** *B3*

Dit ouderwetse, bourgeois restaurant is in een middeleeuws gebouw gevestigd en heeft een lange geschiedenis als het gaat om koken voor de lekkerbekken van Avignon. Het is ingericht in belle-époquestijl (al stamt het uit de jaren dertig van de 20ste eeuw). Op het menu staan klassiekers als *foie gras*-flan met morilles.

AVIGNON Christian Étienne 🕭🗐🗐🗐 €€€€

Rue Mons 10, 84000 **Tel.** *04-90861650* **Fax** *04-90866709* **Wegenkaart** *B3*

De wijnkaart concentreert zich op wijnen uit de Provence en het Rhônedal en de ligging in het middeleeuwse hart van Avignon, vlak bij het Palais des Papes, is niet te evenaren. Het eten in dit restaurant is ook onvergelijkbaar, met menu's vol lokale ingrediënten. Een keuze uit vaste menu's of à la carte. Zo, ma (behalve juli) gesloten.

AVIGNON La Mirande 🕭🗐🕭🗐🗐 €€€€€

Pl. de la Mirande 4, 84000 **Tel.** *04-90142020* **Fax** *04-90862685* **Wegenkaart** *B3*

Een van de beste restaurants in Avignon, met tafels onder olijfbomen en aan de voet van de verlichte muren van het Palais des Papes of binnen in de prachtige eetzaal (vroeger het paleis van een kardinaal). Het menu is duizelingwekkend, evenals de wijnkaart, en het personeel is vriendelijk. Reserveren aanbevolen. Di, wo gesloten.

CARPENTRAS Chez Serge 🕭🗐🕭🗐🗐 €€

Rue Cottier 90, 84200 **Tel.** *04-90632124* **Fax** *04-90117068* **Wegenkaart** *B3*

Een verrassende ontdekking in het ingeslapen Carpentras. De stijl en de menu's van Chez Serge zijn een mengeling van oud en nieuw. De gerechten zijn verfijnd en er is fantasierijke kost met veel verse vis en wilde paddenstoelen. Uitvoerige wijnkaart, ook met Italiaanse en Californische wijnen. De eigenaren organiseren wijnproefavonden.

CAVAILLON Restaurant Prévot 🗐🕭🗐 €€€€

Ave. de Verdun 353, 84300 **Tel.** *04-90713243* **Fax** *04-90719705* **Wegenkaart** *B3*

Een gastronomisch hoogtepunt in het mooie marktplaatsje Cavaillon. Chef-kok Jean-Jacques Prévot houdt van meloenen – ze vormen het decoratieve thema in zijn restaurant en er is een heel menu gewijd aan de meloen. De meloen met jakobsschelpen is een aanrader. Goede wijnkeuze. Zo, ma gesloten.

CHATEAUNEUF-DU-PAPE La Mère Germaine 🕭🗐🗐 €

Rue Commandant Lemaitre 3, 84230 **Tel.** *04-90835437* **Fax** *04-90835027* **Wegenkaart** *B3*

Dit door wijngaarden omringde restaurant heeft een uitstekende kaart met regionale wijnen. De keuken is klassiek Provençaals, de porties ruim; La Mère Germaine biedt waar voor uw geld. De bediening is vriendelijk en efficiënt. Tijdens de lunch kunt u van het uitzicht genieten.

CHATEAUNEUF-DU-PAPE Le Pistou 🕭🗐🕭🗐 €€

Rue Joseph Ducos 15, 84230 **Tel.** *04-90837175* **Wegenkaart** *B3*

Een goede keus voor mensen die Châteauneuf-du-Pape bezoeken met een wat smallere beurs. In deze bistro serveert men traditionele gerechten en dagspecialiteiten. Hij ligt aan een rustig pad vlak bij het middeleeuwse kasteel en er hangt een pretentieloze sfeer, maar de bediening is goed. Ma en zo-avond gesloten.

GIGONDAS Les Florets

Route des Dentelles, 84190 **Tel.** *04-90658501* **Fax** *04-90658380* **Wegenkaart** *B2*

In dit hotel-restaurant hebt u op het terras een prachtig uitzicht over de Dentelles de Montmirail. Op het terras en binnen in het restaurant zijn niet veel zitplaatsen, dus kom vroeg of reserveer op tijd. Fraai opgediende regionale gerechten worden begeleid door goede wijnen uit de Gigondas. Di, wo gesloten.

LOURMARIN Moulin de Lourmarin

Rue du Temple, 84160 **Tel.** *04-90680669* **Fax** *04-90683176* **Wegenkaart** *C3*

Twee Michelinsterren zorgen ervoor dat dit hotel-restaurant *(blz. 202)* in een voormalige olijfoliemolen de concurrentie altijd voor blijft. Reserveren is geboden, vooral tijdens het filmfestival in Cannes. Gerechten met gegrild wild; er is zelfs een wagentje met taart.

ORANGE Le Yaca

Pl. Silvain 24, 84100 **Tel.** *04-90347003* **Wegenkaart** *B2*

Le Yaca, met zijn overwelfde natuurstenen eetzaal en in de zomer tafels buiten, naast het Romeinse theater van Orange, is een heerlijk oord voor een verrukkelijke, goedkope maaltijd. Geniet van gerechten als gegratineerde lamsbout, olijvenpuree of een rijke kippenleverterrine. Ruime porties. Di-avond, wo gesloten.

SEGURET La Table du Comtat

Le Village, 84110 **Tel.** *04-90469149* **Fax** *04-90469427* **Wegenkaart** *B2*

Een hotel-restaurant met vanaf het terras een schitterend uitzicht op de Dentelles en het omringende land. Op het menu staan heerlijkheden als truffels, duif, everzwijn en ander wild. In de wijnkelder liggen uitstekende Côtes-du-Rhônes en andere wijnen. Ook een prettige plaats voor een kort verblijf *(blz. 203)*. Di-middag gesloten.

SERIGNAN DU COMTAT Le Pre du Moulin

Route de Sainte-Cécile des Vignes, 84830 **Tel.** *04-90701455* **Fax** *04-90700562* **Wegenkaart** *B2*

Chef-kok Pascal Alonzo bereidt lekkernijen als truffelravioli met artisjokken en gegrild Remuzatlam in dit comfortabele hotel-restaurant dat aan een populaire wijnproefroute ligt. De wijnkaart staat vol geweldige wijnen uit het Rhônedal en de Gigondas. Ma, zo-avond gesloten.

ALPES-DE-HAUTE-PROVENCE

CASTELLANE Auberge du Teillon

Route Napoléon le Garde, 04120 **Tel.** *04-92836088* **Wegenkaart** *D3*

Deze plezierige herberg op korte afstand van het toeristische Castellane biedt een pretentieloze kaart die per seizoen verandert. Traditionele schotels worden met verse ingrediënten bereid. Specialiteiten zijn met de hand gerookte Noorse zalm en zelfgemaakte *foie gras*. Zo, ma; nov.–maart gesloten.

CHATEAU-ARNOUX La Bonne Etape

Chemin du Lac, 04160 **Tel.** *04-92640009* **Fax** *04-92643736* **Wegenkaart** *D3*

La Bonne Etape is de enige reden om uw reis in dit onopvallende marktstadje te onderbreken. Dit aardige eethuis biedt een hele reeks schotels en is gespecialiseerd in verse plaatselijke producten, met name lamsvlees. Op de lange wijnkaart staan wijnen uit heel Frankrijk. De eetzaal is versierd met schilderijen en wandtapijten.

DIGNE-LES-BAINS L'Origan

Rue du pied de Ville 6, 04000 **Tel.** *04-92316213* **Fax** *04-92316213* **Wegenkaart** *D2*

Dit restaurant is ideaal voor een lunch of een diner en u kunt er zelfs blijven slapen. De entourage is simpel, maar het menu van chef-kok Philippe Cochet is creatief en bevat schotels die niet iedereen zullen aanspreken, zoals varkenspoten en pens, maar ook truffels en goede visgerechten. Zo, Kerstmis, laatste twee weken van feb. gesloten.

MANOSQUE Les Voûtes de Mont d'Or

Boulevard Tilleuls 43, 04100 **Tel.** *04-92723228* **Fax** *04-92723228* **Wegenkaart** *C3*

Eenvoudige maar verfijnde gerechten met mediterrane invloeden geserveerd in een prachtig ingerichte, ruime eetzaal. Er is geen scheidingsmuur tussen restaurant en keuken, dus u kunt de kok aan het werk zien. Zeer voordelig en ook gastvrij. Ma en zo diner gesloten.

MANOSQUE Hostellerie de la Fuste

Route de Valensole, 04210 **Tel.** *04-92720595* **Fax** *04-92729293* **Wegenkaart** *C3*

Een elegante herberg, 6,5 km van Manosque en de reis dubbel en dwars waard. Op het menu staan plaatselijke producten en zelf gekweekte groenten, die worden opgediend op een terras onder 300 jaar oude platanen. Vis en vlees domineren het menu en u hebt een r uime keus uit kazen en desserts. Zo-avond, ma-middag gesloten.

MOUSTIERS-STE-MARIE La Treille Muscate

Pl. de l'Église, 04360 **Tel.** *04-92746431* **Fax** *04-92746375* **Wegenkaart** *D3*

Geniet hier van heerlijke maaltijden als een groentepistou in deze leuke bistro aan het centrale plein in een van de mooiste dorpen in de streek. Hij kijkt uit op een snelstromende rivier en heeft ook een terras. Door de keuze uit vaste menu's en de goede wijnkaart is dit een prettig adres om buiten te lunchen. Wo gesloten.

Cafés en eenvoudig eten

In landelijke streken op de hele wereld is het dorpscafé het centrum van het sociale leven, en dat geldt in de Provence nog sterker dan elders. Overal in de Provence treft u deze gelegenheden, vaak met tuin en terras. In veel cafés kunt u ook lunchen, waarbij het gebodene veelal bestaat uit een goedkope, eenvoudige dagschotel. Hapjes tussendoor kent men in Frankrijk minder dan bij ons, maar in vrijwel elk café kunt u wel een belegd stukje stokbrood of een *croque monsieur* (tosti) krijgen. Drinken hoort bij de Provence als de zon en *pastis*, de anijsdrank waar Marseille zo vaak mee wordt geassocieerd, geldt als een voor de hele streek onmisbaar attribuut. Veel inwoners drinken het de hele dag door, naast hun koffie. Verder is er op een zonnige dag niets zo lekker bij de lunch als een ijskoude rosé.

CAFÉS

Het verschil tussen allerlei soorten cafés zoals wij dat kennen, bestaat in de Provence veel minder. Op het platteland gaan de gelegenheden vroeg open en ze sluiten rond een uur of acht 's avonds, maar in steden als Nice en Marseille gaan veel cafés pas dicht als de laatste klant vertrekt. In veel cafés kunt u naast eten en drinken ook sigaretten, tabak, kranten, snoep en postzegels kopen. In de meeste cafés in de Provence wordt weinig aan de aankleding gedaan. In de grotere steden ligt dat natuurlijk wat genuanceerder. Wie bijvoorbeeld naar Aix gaat, mag een bezoek aan een van de stijlvolle cafés aan de Cours Mirabeau niet overslaan. Ook langs de Côte d'Azur zijn veel mooi ingerichte cafés. In **Brasserie Carlton** in Cannes kunt u tijdens het jaarlijkse filmfestival beroemdheden bewonderen, in Nice hebben de cafés aan de Cours Saleya zowel overdag als 's avonds grote aantrekkingskracht op de wat mondainere gasten en in Monaco is **Café de Paris** de allerchicste gelegenheid van de hele streek.
Behalve etablissementen voor de mondaine gasten kent de Provence in de grote steden ook een rijk studentenleven, en dat heeft zijn invloed op de horeca natuurlijk niet gemist. In steden als Nice, Marseille, Avignon en Aix bieden studentencafés alle mogelijke soorten bier aan, zowel van de tap als uit de fles. In cafés als **Wayne's Bar** en **De Klomp** in Nice treden vaak bandjes op. Wie tijdens het drinken naar wat rustiger muziek wil luisteren, kan vooral langs de kust goed terecht. In de statige sfeer van de belle époque kunt u champagne drinken terwijl een jazzgezelschap, een zangeres of een strijkje u op de achtergrond begeleidt. Het Carlton en het Martinez in Cannes, Le Négresco in Nice, **Somerset Maugham** in het Grand Hôtel van St-Jean-Le-Ferrat en de Hermitage in Monte Carlo zijn hiervoor de geschiktste gelegenheden (*zie* Accommodatie, *blz. 196–203*).

ETEN

In de meeste Provençaalse cafés kunt u ontbijten, maar in dorpscafés zal zich dat al gauw tot een paar stukjes *baguette* met koffie beperken. In grote steden krijgt u uitgebreider ontbijt: warme croissants, jam en verse jus. De lunch bestaat in cafés vaak uit de *plat du jour* (dagschotel) met een nagerecht, al dan niet vergezeld van een karafje wijn. Vaak kosten dergelijke maaltijden niet meer dan € 12. Een eenvoudiger lunch kan uit een broodje, salade of een omelet bestaan. Voor het avondeten moet u meestal in een restaurant zijn, maar in landelijke gebieden wordt in het dorpscafé wel een variant op de lunch geserveerd.

DRINKEN

Al sinds de Romeinse tijd, toen de legionairs wijn in de Provence introduceerden, is drinken een favoriete bezigheid in de streek. De laatste jaren gaat bier steeds meer de plaats van wijn innemen. Veel boeren bestellen een *pression* (pils van de tap). Van de sterkedrank zijn vooral *pastis*, een nectar van anijs, vanille en kaneel, en *marcs* in trek. Van de niet-alcoholhoudende dranken zijn *un diabolo*, vruchtensap met citroenlimonade, en *orange pressée*, verse sinaasappelsap, het meest gevraagd. Net als in veel andere landen rond de Middellandse Zee staat koffie voor een manier van leven. *Un café* is een kopje sterke zwarte koffie, voor koffie met melk vraagt u om *un café crème*. Wie instantkoffie wil, bestelt *un café américain*, voor een filterkoffie vraagt u *un café filtre*. Naar melk of citroen in de thee moet u vragen. Kruidenthee wordt verkocht als *tisane* of *infusion*.

AFHAALMAALTIJDEN EN PICKNICKEN

Een traditioneel Provençaals tussendoortje is de *pan bagnat*, een stevig broodje, gevuld met *salade niçoise* en doorweekt met olijfolie. Pizza komt ook steeds meer in trek, in elk dorp staat wel een auto waarin pizza wordt bereid. *Pissaladière* is een echt Provençaalse pizza met ansjovis en olijven.
In Nice is *socca*, een pannenkoek van kekermeel, de populairste snack (*blz. 206–207*). Net als alle andere Fransen zijn ook inwoners van de Provence dol op picknicken. Op deze liefhebberij inspelend, kent elk dorp wel één of meer winkels waar de behoeften voor een geslaagde picknick worden verkocht. In *boulangeries* en *pâtisseries* verkoopt men van alles, van croissants tot kleine pizza's en quiches, en daarnaast allerlei soorten cake en taart.
In vrijwel elke *boulangerie* kunt u vers belegd stokbrood krijgen. In de grote steden biedt de *traîteur* een ruime

keuze op het gebied van kant-en-klaarmaaltijden. Men verkoopt de gerechten per gewicht. **Au Flan Coco** in Nîmes en **Bataille** in Marseille zijn daar goede voorbeelden van. In veel supermarkten heeft men ook een *traiterie* ingericht. De *charcuterie* verkoopt vooral varkensvlees, met name worsten en patés. **Dorel et Milhau** in Arles verkoopt kruidige worstjes, die men in de Camargue graag eet. De plaatselijke markt is de geschiktste plaats om hapjes voor een picknick te kopen. In grotere steden is elke dag markt, in dorpjes vaak niet meer dan één keer per week. De *baguette* mag natuurlijk bij geen enkele Franse picknick ontbreken. Maar in de Provence maakt men ook eigen soorten brood, vaak met traditionele ingrediënten. U kunt overal *pain aux olives* kopen, vaak in de vorm van een *fougasse*, een plaatkoek met olijven. Deze wordt ook wel met ansjovis *(pain aux anchois),* spinazie *(pain aux épinards)* of, een zoetere vorm, met amandelen gebakken.

Van oudsher kent men geen bruin brood in de Provence, maar veel bakkers verkopen het tegenwoordig wel: *pain aux céréales.*

Het dichtst bij een gezond soort brood komt *pain de campagne,* een grove *baguette,* gebakken van ongeraffineerde witte bloem. Een van de beste *boulangeries* uit de streek is **Le Four à Bois** in de oude wijk van Nice. Men werkt er al generaties lang met dezelfde recepten. In vrijwel elk dorp is een *boulangerie,* en er worden vrijwel overal *pâtisseries,* taart en gebak, verkocht. Provençaalse producten als honing, amandelen en fruit zijn hier sterk in vertegenwoordigd. **Béchard** in Aix-en-Provence is het proberen waard. In de Provence zijn ook van dezelfde hoofdbestanddelen gemaakte snoepjes en bonbons te koop. *Calissons* (een snoepje met amandelcrème) en *suce-miel* (een honingsnoepje) zijn erg populair. Twee van de beste winkels zijn **Puyricard** in Aix en **Auer** in Nice.

ADRESSEN

CAFÉS

Aix-en-Provence
Brasserie des Deux Garçons
Cours Mirabeau 53.
Tel. 04-42260051.

Avignon
Pub Z
Rue de la Bonneterie 58.
Tel. 04-90854284.

Cannes
Brasserie Carlton
La Croisette 58.
Tel. 04-93064006.

Le Zanzibar
Rue Félix-Faure 85.
Tel. 04-93393075.

Eze
Château Eza
Rue de la Pise.
Tel. 04-93411224.

Juan-les-Pins
Pam-Pam
Boulevard Wilson 137.
Tel. 04-93611105.

Marseille
Le Bar de la Marine
Quai de Rive Neuve 15.
Tel. 04-91549542.

La Part des Anges
Rue Sainte 33.
Tel. 04-91335570.

Monaco
Café de Paris
Le Casino, Place du Casino.
Tel. 00377-92162020.

Flashman's
Avenue Princesse Alice 7.
Tel. 00377-93300903.

Nice
Le Grand Café de Turin
Place Garibaldi 5.
Tel. 04-93622952.

De Klomp
Rue Mascoinat 8.
Tel. 04-93924285.

O'Hara's
Rue Droite 22.
Tel. 04-93804322.

Les Trois Diables
Cours Saleya 2.
Tel. 04-93624700.

Wayne's Bar
Rue de la Préfecture 15.
Tel. 04-93134699.

Nîmes
Le Café Olive
Boulevard Victor Hugo 22.
Tel. 04-66678910.

La Petite Bourse
Boulevard Victor Hugo 2.
Tel. 04-66674431.

St-Paul-de-Vence
Café de la Place
Place du Général de Gaulle.
Tel. 04-93328003.

St-Tropez
Café des Arts
Place des Lices.
Tel. 04-94970225.

Le Café de Paris
Quai de Suffren 15.
Tel. 04-94970056.

Senequier
Quai Jean Jaurès.
Tel. 04-94970090.

St-Jean-Cap-Ferrat
Somerset Maugham
Grand Hôtel de Cap-Ferrat, Boulevard du Général de Gaulle 71.
Tel. 04-93765050.

Villefranche
Le Cosmo Bar
Pl. Amélie Pollonais 11.
Tel. 04-93018405.

AFHAAL-MAALTIJDEN

Aix-en-Provence
Béchard
Cours Mirabeau 12.

Puyricard
Rue Rifle-rafle 7.

Arles
Dorel et Milhau
Rue Réattu 11.

Marseille
Bataille
Rue Fontange 18.

Le Four des Navettes
Rue Sainte 136.

Nice
Le Four à Bois
Rue Droite 35.

Auer
Rue St-François-de-Paule 7.

Nîmes
Au Flan Coco
Rue du Mûrier d'Espagne 31.

WINKELEN

Winkelen in de Provence is een van de leukst denkbare tijdverdrijven. In het kleinste dorpje kan een pottenbakker of een schilder zitten of misschien komt u net aan als het marktdag is en valt u met uw neus in de regionale producten – artisjokken, asperges, paddenstoelen – die verser dan vers van het land komen. In de steden vindt u winkeltjes die alles verkopen, van droogbloemen tot babykleertjes.

Olijfolie uit de Provence

Er zijn overal wel een paar straten te vinden met beroemde namen waar u zich aan de etalages kunt vergapen. Men heeft in de Provence het verpakken van levensmiddelen tot een kunst verheven en de flessen, potjes en dozen zijn op zichzelf al de moeite waard. In dit hoofdstuk vindt u alles over openingstijden en goederen met een Provençaals karakter die u in de vele winkels en op de markten kunt kopen.

OPENINGSTIJDEN

Levensmiddelenwinkels gaan om 8.00 uur open en sluiten om 12.00 uur voor de lunch, een pauze die in de Provence wel drie uur kan duren. Na de lunch blijven de meeste winkels tot 19.00 uur open, in grote steden als Nice en Marseille zelfs langer. Bakkers zijn vaak tot 13.00 uur of later open. De meeste super- en hypermarkten zijn tussen de middag wel open.
Andere winkels zijn geopend van ma–za 9.00–19.00 uur, al sluiten de meeste voor de lunch. Veel winkels zijn op maandagochtend dicht. Levensmiddelenwinkels en kiosken zijn zondagochtend geopend, maar vrijwel alle winkels zijn zondagmiddag dicht.

GROTERE WINKELS

Aan de rand van elke grotere stad vindt u hypermarkten (*hypermarchés* of *grandes surfaces*): let op borden met *Centre Commercial*. De grootste zijn Casino, Auchan en Carrefour. Er wordt meestal ook goedkope benzine verkocht. Warenhuizen of *grands magasins*, waaronder Monoprix en Prisunic, treft u meestal aan in stadscentra. Exclusieve zaken als Printemps en Galeries Lafayette komen zowel in de steden als in winkelcentra in de buitenwijken voor.

Geurige gedroogde bloemen in een winkel in St-Tropez

SPECIALITEITENWINKELS

Een van de genoegens van het winkelen in de Provence is dat er nog volop specialiteitenwinkels te vinden zijn, ondanks de supermarkten. De bakker (*boulangerie*) is meestal gecombineerd met de pâtisserie, de banketbakker. De kaaswinkel (*fromagerie*) gaat vaak samen met een winkel die andere zuivelproducten verkoopt (*laiterie*), maar de slager (*boucherie*) en de *charcuterie* (delicatessen) zijn altijd gescheiden. Bij een *traiteur* koopt u kant-en-klare maaltijden. Voor gedroogde en kruidenierswaren moet u bij de *épicerie fine* zijn. Schoonmaakmiddelen en huishoudelijke artikelen koopt u bij een *droguerie* en ijzerwaren bij een *quincaillerie*. Zie blz. 243 voor adressen.

Een Provençaalse olijvenkoopman met zijn waren

MARKTEN

In deze gids staan de marktdagen van elke beschreven stad vermeld. Vraag iemand op straat naar *le marché*. Markten worden 's morgens gehouden als de producten kakelvers zijn – tegen 12.00 uur zijn de kooplui meestal weer aan het inpakken. Volgens de Franse wet moet op de prijskaartjes de herkomst van de producten staan: *du pays* betekent 'plaatselijk'. *Les marchés de Provence* zijn onsterfelijk geworden door een chanson van Gilbert Bécaud. Sommige zijn beroemd – Cours Saleya (*blz. 84*) in Nice en de levensmiddelen- en bloemenmarkten van Aix (*blz. 148*), bijvoorbeeld. Naar andere moet u echt op zoek gaan, zoals de truffelmarkten in de Var. Probeer Aups (*blz. 104*) eens op een donderdagochtend tijdens het truffelseizoen, tussen november en februari.

De bloemen-, fruit- en groentemarkt op Cours Saleya in Nice

Zakken gedroogde kruiden op de markt in St-Rémy-de-Provence

REGIONALE SPECIALITEITEN

De zon in de Provence komt terug in de felgekleurde stoffen, die *indiennes* heten. In veel winkels kunt u ze per meter kopen, in andere, zoals **Les Textiles Mistral** en **Souleïado**, zijn ze verwerkt tot kussens, overhemden en boxershorts.

Overal produceren olijfoliemolens rijke, pikante olijfolie, die ook wordt gebruikt om de zeep *savon de Marseille* te maken. Olijven, vaak gekruid met *herbes de Provence*, zijn overal te krijgen, net als zakjes kruiden zelf. Lavendel en lavendelhoning zijn regionale specialiteiten. De plaatselijke bloemen worden ook in allerlei vormen te koop aangeboden, gedroogd of verwerkt tot parfums *(blz. 67)*.

Traditionele snoepjes *(confiseries)* zijn er in overvloed, vol vruchten en noten: amandel-*calissons* uit Aix en fruitige *berlingots* uit Carpentras zijnde bekendste.

PLAATSELIJKE WIJNEN

De Provence behoort niet tot 's werelds grootste wijnstreken, maar de vele wijngaarden *(blz. 208–209)* produceren een breed scala aan goede wijnen en u zult overal borden tegenkomen die u uitnodigen voor een *dégustation* (proeverij). U wordt geacht ten minste één fles te kopen.

Wijncoöperaties verkopen de wijnen van kleine producenten. U kunt er wijn in 5- en 10-

litervaten kopen *(en vrac)*. Deze wijn is belastingvrij, maar met wijngaarden als die van Châteauneuf-du-Pape en Baumes-de-Venise in de buurt kunt u wijn *en vrac* beter tijdens uw vakantie opdrinken en betere wijn mee naar huis nemen.

Kunst te koop in de haven van St-Tropez

KUNSTNIJVERHEID

Veel van de ambachten die nu in de Provence floreren, waren 50 jaar geleden vrijwel uitgestorven. De pottenbakkers uit Vallauris danken hun wederopleving aan Picasso *(blz. 72–73)*, maar meestal is het de vraag van de toerist die een ambacht in leven houdt. Van de kleine aardewerken *santons* uit Marseille tot fluiten en tamboerijnen uit Barjols: er is een ruime keus aan geschenken en souvenirs. Biot is beroemd om zijn glaswerk met luchtbelletjes, Cogolin om zijn pijpen en kleden en Salernes om zijn zeshoekige terracotta tegels.

Het naar drop smakende aperitief uit Marseille

Wat koopt u in de Provence

U kunt in de Provence het beste artikelen kopen die het karakter van de streek weergeven, iets van de opbrengsten van het land of iets van de historische traditie van de kunstnijverheid. De chique boutiques in St-Tropez en Cannes wedijveren met Parijs in het bepalen van de modetrends, maar uw souvenirs uit de Provence moeten veel tijdlozer zijn. De geuren, kleuren en smaken die er te koop zijn, houden uw vakantieherinneringen levend tot in de donkerste wintermaanden en langer – ten minste tot uw volgende bezoek.

Lavendel, een van de geuren van de Provence

DE GEUREN VAN DE PROVENCE

Lavendel uit de Provence geeft zijn geur aan een groot aantal artikelen, maar het populairst zijn wel de stoffen zakjes met gedroogde bloemen. Uw bad zal geuren naar de plaatselijke bloemen en kruiden en u wast zich met de beroemde olijf-oliezeep uit Marseille.

Savon de Marseille van olijfolie

Oranjebloesemwater uit Vallauris

Badschuim met lindegeur

Gedroogde lavendel in Provençaalse stofjes

Badschuim met malvegeur

Glaswerk

Glasblazen is een modern Provençaals ambacht. In Biot (blz. 74) kunt u glasblazers aan het werk zien en werkstukken van hun hand mee naar huis nemen.

Aardewerk

Ga op zoek naar traditionele tegels, kook-potten en voorraad-potten van terre rouge, porselein of Moustiersfaience (blz. 186), of naar kunstwerken van grès-klei.

Terracotta santons

Provençaalse kerststallen zijn bevolkt met deze traditionele figuren. De meeste kunstnijverheids-winkels bieden een grote keuze.

Olijfhout
Het hout van de olijfboom is net zo rijk van kleur en structuur als zijn olie en wordt verwerkt tot kunstwerken of gebruiksvoorwerpen.

Jachtmessen
In de jagerswinkels in de Provence hebt u een goede kans het perfecte picknick- of keukenmes te vinden, veilig, maar vlijmscherp.

Provençaalse stoffen
Deze stoffen, met hun eeuwenoude patronen en kleuren, worden per meter verkocht om er moderne kleren van te maken.

DE SMAKEN VAN DE PROVENCE
Niemand mag de Provence verlaten zonder ten minste een potje olijven of een fles olijfolie, maar denk ook eens aan gemakkelijk mee te nemen blikjes ingemaakt fruit, potten honing of heerlijke purees. Mooi verpakt als ze zijn, vormen ze ideale cadeautjes.

Amandelsnoepjes, de specialiteit van Aix-en-Provence

Gekonfijte kastanjes of *marrons glacés*

Geitenkaas, verpakt in kastanjebladeren

Een pittige basis voor vissoep

Groene olijven met Provençaalse kruiden

Olijfolie

Gepureerde zoute kabeljauw of brandade de morue

Amandel- en sinaasappelconfiture

Lavendelhoning en hazelnootconfit

AMUSEMENT

Vroeger werd de Provence beschouwd als een cultureel achtergebleven gebied waar niets gebeurde, behalve wijnoogsten en *mistrals*. Nu gaat er geen maand voorbij zonder belangrijk festival *(blz. 32–35 en blz. 228–229)*. Het hele jaar door vinden er concerten plaats, waaronder opera's in Marseille, St-Tropez en Nice en popconcerten in Toulon. Het uitgaansleven lijkt

Acteur, festival in Avignon

zich te beperken tot badplaatsen als Juan-les-Pins en St-Tropez, waar clubs en cafés de hele nacht open blijven. In de winter is het rustiger, maar in de kleine cafés in Marseille en Nice is het ook dan een gezellige drukte. Genieten van de zon en de frisse lucht kost niets en is een populair vermaak in de Provence, evenals wandelen en *pétanque* spelen, de Provençaalse vorm van *jeu de boules*.

PRAKTISCHE INFORMATIE

Informatie over wat er in de Provence te doen is, kunt u bij de toeristenbureaus krijgen. In de meeste grote steden vindt u wekelijkse uitgaven waarin de belangrijkste evenementen per week staan vermeld. Deze uitgaven zijn verkrijgbaar bij de grotere krantenkiosken.

KAARTVERKOOP

De meeste kaartjes kunnen aan de kassa worden gekocht, maar voor kassuccessen kunt u beter reserveren, vooral in de zomer. Voorverkoop gebeurt bij **FNAC**-winkels in de grotere steden of de **Virgin Megastore** in Marseille.
De kassa's van theaters zijn zeven dagen per week open van 11.00 tot 19.00 uur. Bij de meeste kunt u telefonisch bespreken en met een creditcard betalen. Als u geen kaartjes hebt besproken, kunt u op de avond van de voorstelling aan de deur nog kaarten kopen

bij handelaars die er meer geld voor vragen. Pas wel op – het komt voor dat kaarten dubbel worden verkocht.

OPERA EN KLASSIEKE MUZIEK

Muziek is overal in de Provence, van kleine dorpskerken tot de belle-époqueoperagebouwen in Marseille, Toulon en Nice. De **Opéra de Nice** wordt als een van de beste van Frankrijk beschouwd. Het is doorgaans geen probleem om kaartjes te krijgen. Het orkest van Monte Carlo wordt geleid door de beroemdste dirigenten van de wereld. 's Zomers vinden verschillende klassieke muziek- en jazzfestivals plaats in Toulon, die de beste orkesten en solisten aantrekken.
Elk jaar wordt op 21 juni het Fête de la Musique in de Provence en in heel Frankrijk gevierd. Amateurs en professionele musici bouwen in dorpen en steden hun

Cello

podium op en spelen erop los. De beste manier om dit mee te maken is rondlopen en zo veel mogelijk verschillende 'concerten' te beluisteren. De genres lopen uiteen van accordeonmuziek, volledige orkesten, rappers tot elektro.

POPMUZIEK EN JAZZ

De Provence beleeft een opleving op het gebied van de popmuziek met **Zenith-Oméga,** waar de meeste bands op wereldtournee optreden. De echt grote popconcerten, zoals van U2 en de Rolling Stones, vinden plaats in het voetbalstadion van Marseille, het **Stade-Vélodrome**.
Het **Nice Jazz Festival** in de arena van Cimiez *(blz. 84)* is een van de beste ter wereld. Hier gaf Miles Davis een van zijn laatste concerten tussen de Romeinse muren en olijfgaarden. Ook **Jazz à Juan** in Juan-les-Pins is zeer geliefd. Hier speelde Ray Charles en debuteerde Nigel Kennedy als jazzviolist.

THEATER

Theaterbezoek in de Provence kan zo formeel of relaxed zijn als u zelf wilt. Voor een bezoek aan een van de grotere theaters moet u zich kleden, een tafel reserveren voor een *souper* in een restaurant in de buurt, wat zich daarin specialiseert en in de pauze nippen aan veel te dure champagne. Een

Miles Davis op het Nice Festival du Jazz in de arena van Cimiez

bezoek aan een van de kleinere theaters kan echter gewoon in dagelijkse kleding en voor een normale prijs. U kunt zich juist vanwege de intimiteit van het theater volledig door de voorstelling laten meeslepen.

Marseille is het centrum van de theaterwereld in de Provence en kan zich beroemen op een van de beste theatergezelschappen van Frankrijk, het **Théâtre National de la Criée**. Kleinere gezelschappen brengen vernieuwende toneelstukken die vaak ook in Parijs te zien zijn. Avignon is ook beroemd om zijn **Théâtre des Carmes**, waar het **Festival d'Avignon** *(blz. 229)* plaatsvindt. Er is ook een experimenteel theaterfestival, het **Avignon Public Off**.

KIJKSPORTEN

De Provence en de Côte d'Azur vormen een ideale omgeving voor enkele grote sportevenementen in Frankrijk. De Tour de France trekt elk jaar in juli door de streek en de tennistoernooien van Monte Carlo en Nice trekken topspelers. De Grand Prix van Monaco *(blz. 32)*, eind mei, is een van de hoogtepunten van het Formule 1-circuit. Liefhebbers van paardenrennen kunnen tussen december en maart naar de renbaan van Cagnes-sur-Mer gaan.

Dit gebied kan zich ook verheugen in twee van de grootste voetbalteams van Frankrijk – *Olympique de Marseille* en *Monaco*, of de

De open tenniskampioenschappen in Monte Carlo

miljonairsclub. Rugby wint aan populariteit in de Provence. In Nice en Toulon zitten topclubs.

BALLET

De mengeling van nationaliteiten en stijlen in Marseille heeft geleid tot originele en sterke producties. Gezel-

Gezicht over de haven in Monaco op het verlichte casino

schappen als **Bernadines** treden soms ook op in Parijs. Het Nationale Balletgezelschap heeft zijn thuisbasis in de École de Danse in Marseille. Het nieuwe **Centre National Chorégraphie** in Aix-en-Provence is een belangrijke aanwinst voor de balletscene.

GOKKEN

De Rivièra is beroemd om zijn casino's. Als u ouder bent dan 18 jaar, kunt u in de meeste toeristenoorden spelen. Het populairste casino – **Le Casino** – staat in Monaco. Hier moet u entree betalen en een legitimatie tonen voor u begint te gokken. Het **Casino Croisette** in Cannes en het **Casino Ruhl** in Nice zijn ook vanwege hun architectuur een bezoek waard. Als u niet met groot geld wilt spelen, kunt u altijd uw munten eens in een fruitmachine gooien.

STIERENVECHTEN

De opwindendste sportevenementen in de Provence zijn misschien wel de jaarlijkse *ferias* of stierengevechten. Het traditionele stierengevecht in de Provence is de *course à la cocarde*, die begint met een *abrivado*, waarbij de stieren door de stad naar de plaatselijke arena worden gejaagd. De stier komt de arena binnen met een rode *cocarde* of rozet aan zijn hoorns, die de *razeteurs* of matadors proberen te pakken, wat aanleiding geeft tot veel vermaak. Aan het eind van het seizoen krijgt de stierenvechter met de meeste rozetten niet alleen roem en eer, maar ook veel geld.

Stierengevechten eindigen steeds vaker met de dood van de stier, als in de bloedige Spaanse *corrida*, maar dat is in de grote arena's in Nîmes en Arles *(blz. 32)*. Deze worden aangekondigd met de woorden *mise à mort*.

Affiche voor de feria in Nîmes in 1992 door Francis Bacon

BIOSCOPEN

In het haventje van La Ciotat nam Louis Lumière de eerste film ter wereld op en Marcel Pagnol legde de basis voor de moderne Franse film in zijn studio's in Marseille. De term *la septième art*, die de Fransen graag voor film gebruiken, geeft het respect weer dat ze voor het genre hebben. De Fransen houden van kleine, onafhankelijke buurtbioscopen en elk stadje heeft zijn eigen filmtheater. Als u een film wilt zien, ga dan niet naar een van de giganten van UGC of Gaumont, maar kies een kleine *salle de cinéma*. Als u niet genoeg Frans spreekt om een Franse film te zien, kies dan een originele versie (V.O.,*Version Original*) van een Engelse film. Als er V.F. *(Version Française)* bij staat, betekent dat dat de film Franstalig is.

Iets anders om te onthouden is de houding van de Fransen tegenover snoepen. Eigenlijk mogen alleen kinderen dat doen en dan alleen na school. In Franse bioscopen zijn wel stalletjes met popcorn en snoep, maar alleen de buitenlanders zitten tijdens spannende scènes van een film te kauwen en te smakken. Aan de andere kant horen er bij sommige Franse bioscopen cafés en restaurants, zodat de bezoekers tijdens een maaltijd nog wat kunnen napraten. Zoals de roem van Cannes *(blz. 68)* al aangeeft, worden filmfestivals serieus genomen door de Fransen. Cannes zelf is een mengelmoes van mediahype, ouderwetse glamour en geld. Het is een fantastische ervaring om hier een film of een feest te bezoeken, maar het is erg moeilijk om een kaartje te krijgen, want die worden alleen op uitnodiging verstrekt.

DISCOTHEKEN EN NACHTCLUBS

In de zomer kennen de grote steden van de Provence een bruisend nachtleven. De muziek volgt niet de allerlaatste trend, maar eerder de stijl die het jaar ervoor in New York en Londen in was, maar de discogangers zijn chic en de prijzen hoog. Clubs als **Jimmy'Z** in Monaco en **Les Caves du Roy** in St-Tropez zijn gericht op de jetset, en **Whisky à Gogo** in Juan-les-Pins en **Le Blitz** in Cannes meer op een jong publiek. Nette kleding vereist. Geen sportschoenen.

ADRESSEN

KAARTVERKOOP

FNAC
Avignon
Rue de la République 19.
Tel. 04-90143549.
www.fnac.com

Marseille
Centre Commercial Bourse.
Tel. 04-91140050.

Nice
Avenue Jean Médecin 30.
Tel. 04-92177777.

Virgin Megastore
Marseille
Rue St-Ferréol 75.
Tel. 04-91555500.
www.virgin.fr

OPERA EN KLASSIEKE MUZIEK

Aix-en-Provence
Aix en Musique
Place John Rewald 3.
Tel. 04-42216969.

Marseille
Opéra Municipal
Rue Molière 2.
Tel. 04-91551419.
www.operabase.com

Nice
CEDAC de Cimiez
Ave. de la Marne 49.
Tel. 04-93538595.

Forum Nice Nord
Bld. Comte de Falicon 10.
Tel. 04-93842437.

Opéra de Nice
Rue St-François-de-Paule 4.
Tel. 04-92174000.

Toulon - Ollioules
CNCDC
Châteauvallon
Tel. 04-94227400.
www.chateauvallon.com

Festival de Musique Classique
Tel. 0494185300.

Opéra de Toulon
Pl. Victor Hugo.
Tel. 04-94930376.

POP- EN JAZZMUZIEK

Aix-en-Provence
Hot Brass Club
Chemin d'Eguilles-Célony 1857.
Tel. 04-42210557.

Juan-les-Pins
Festival du Jazz
Office de Tourisme,
Pl. de Gaulle 11, Antibes.
Tel. 04-92905300.
www.antibesjuan les pins.com

Marseille
Espace Julien
Cours Julien 39.
Tel. 04-91243414.

L'Intermédiaire
Pl. Jean-Jaurès 63.
Tel. 04-91470125.

Le Pelle-Mêle
Place Huiles 8.
Tel. 04-91548526.

Stade Vélodrome
Allées Ray-Grassi.
Tel. 04-91291450.

Nice
Bar des Oiseaux
Rue St-Vincent 5
(jazz en café-théâtre).
Tel. 04-93802733.

Festival du Jazz
Promenade des Anglais 5.
Tel. 08-92707407.

Toulon
Zenith-Oméga
Bld. Commandant Nicolas.
Tel. 04-94226677.

Le Scat
Rue de la Verrerie 11.
Tel. 04-42230023.

THEATER

Avignon
Avignon Public Off
BP 5, 75521 Paris Cedex 11.
Tel. 06-74209684.
www.avignon-off.org

Festival d'Avignon
Espace St-Louis,
Rue Portail Baguier 20.
Tel. 04-90276650.
www.festival-avignon.com

Théâtre des Carmes
Place des Carmes 6.
Tel. 04-90822047.

Théâtre National de la Criée
Quai de Rive-Neuve 30.
Tel. 04-91547054.

Marseille
Théâtre du Merlan
Avenue Raimu.
Tel. 04-91111930.

Nice
Théâtre de l'Alphabet
Bld. Carabacel 10.
Tel. 04-93130888.

Théâtre de la Semeuse
Rue du Château.
Tel. 04-93928508.
www.nicejazzfest.com

ADRESSEN

KIJK-SPORTEN

Marseille
ASPTT Tennis
La Fouragère
Avenue
Van Gogh 38.
Tel. 04-91938585.
www.asptt-marseille.org

Olympique de Marseille
Boulevard
Michelet 3
13008 Marseille.
Tel. 04-91765909.
www.om.net

Monaco
Grand Prix
Automobile
Club de Monaco.
Tel. 01-43124455.
www.fia.com

Nice
League de la
Côte d'Azur
Route de Grenoble 66.
Tel. 04-97257680.

Tour de France
www.letour.fr

BALLET

Aix-en-Provence
Centre National Chorégraphie
Av. Mozart 530.
Tel. 04-42934800.

Marseille
Bernardines
Bld. Garibaldi 17.
Tel. 04-91243040.

GOKKEN

Cannes
Casino Croisette
Palais des Festivals.
Tel. 04-92987800.
www.lucienbarriere.com

Monaco
Le Casino
Place du Casino.
Tel. 00377-93305678.

Nice
Casino Ruhl
Promenade des
Anglais 1.
Tel. 04-97031222.

STIERENVECHTEN

Arles
Arènes d'Arles
Rond-point des
Arènes.
Tel. 04-90960370.

Nîmes
Les Arènes
Bld. des Arènes.
Tel. 08-91701401.

BIOSCOPEN

Aix-en-Provence
Le Mazarin
Rue Laroque 6.
Tel. 04-42269985.

Avignon
Utopia Cinéma
Rue des Escaliers
Sainte Anne 4.
Tel. 04-90826536.
www.cinemas-utopia.org

Cannes
Cannes Filmfestival
www.festival-cannes.fr

Marseille
Cinéma Chambord
Avenue du Prado 283.
Tel. 04-91257111.

Monte Carlo
Le Sporting d'hiver
Place du Casino.
Tel. 00377-93308108.

Nice
Cinémathèque
Esplanade Kennedy 3.
Tel. 04-92040666.

Mercury Cinéma
Place Garibaldi 16.
Tel. 04-93553781.

Nîmes
Le Sémaphore
Rue Porte de
France 25a.
Tel. 04-66678804.

DISCOTHEKEN EN NACHTCLUBS

Aix-en-Provence
Le Mistral
Rue Frédéric Mistral 3.
Tel. 04-42381649.

Avignon
Les Ambassadeurs Club
Rue Bancasse 27.
Tel. 04-90863155.

Cannes
Le Blitz
Rue Macé 22.
Tel. 04-93390525.

Disco 7
Rue Rouguière 7.
Tel. 04-93391036.

Jimmy'Z
Casino Croisette,
Palais des Congrès.
Tel. 04-92987878.

Hyères
Le Fou du Roi
Casino des Palmiers,
Avenue Ambroise
Thomas 1.
Tel. 04-94128080.

Le Rêve
Avenue Badine 9.
Tel. 04-94580007.

Juan-les-Pins
Le Village Voom Voom
Boulevard de la Pinède 1.
Tel. 04-92939000.

Whisky à Gogo
Rue Jacques Leonetti.
Tel. 04-93612640.

Marseille
Le Circus
Rue du Chantier 5.
Tel. 04-91337722.

Monaco
Jimmy'Z
Avenue Princesse
Grace 26.
Tel. 00377-92162277.

Le Tiffany's
Ave. Spélugues 3.
Tel. 00377-93505313.

Nice
Le Grand Escurial
Rue Alphonse Karr 29.
Tel. 04-93823766.

St-Raphaël
La Réserve
Promenade René Coty.
Tel. 04-94950220.

St-Tropez
Les Caves du Roy
Palace de la Côte d'Azur,
Avenue Paul Signac.
Tel. 04-94971602.

PAPAGAYO
Résidence Du Port.
Tel. 04-94970756.

Feesten in de Provence

Feesten horen in de Provence bij het leven. Ze worden niet voor het plezier van de toerist gehouden, maar om de vieringen van het seizoen, die diep in de tradities zijn geworteld, voort te zetten. Veel *fêtes* gaan terug op heidense riten en andere gedenken historische gebeurtenissen – slechts enkele zijn bedorven door de toeristenindustrie. Hier volgt een selectie van de interessantste feesten in elk departement.

Een praalwagen op het Carnaval de Nice

DE RIVIÈRA EN DE ALPES MARITIMES

Het vuurwerk boven de Baie des Anges tijdens het Carnaval de Nice toont de stad op zijn mooist *(blz. 84–85)*. Het is het grootste carnaval in Frankrijk voor de vastenperiode, met als hoogtepunt het vuurwerk op Vastenavond en de opoffering van Prins Carnaval, *Sa Majesté Carnaval*.
In alle katholieke landen wordt carnaval gevierd. Het is gebaseerd op de heidense viering van het einde van de winter en het begin van de lente. Het is de tijd van uitspattingen *(mardi gras* betekent 'vette dinsdag') voor de vastentijd begint *(carne vale* is Latijn voor 'vaarwel vlees').
Het feest begint drie weken voor Mardi gras (Vastenavond), als Prins Carnaval zijn opwachting maakt. Twee weekeinden lang rijden kleurige praalwagens vol bloemen langs een 2 km lange route rond de Jardin Albert I in wolken van confetti en begeleid door muziekkorpsen en ruiters.

Carnavalvierders in het centrum van Nice

In de 19de eeuw stelde het Carnaval de Nice nog niet veel voor. Pas in 1873 kwamen de eerste praalwagens, op instigatie van de plaatselijke kunstenaar Alexis Mossa, die ook Prins Carnaval weer tot leven riep. Sinds die tijd wordt er veel aandacht besteed aan de kostuums. Tijdens het carnaval is de hele stad *en fête*, en in vele hotels en cafés worden feesten en bals georganiseerd, vaak de klok rond. Onderdak moet u lang van tevoren boeken.

DE VAR EN DE ÎLES D'HYÈRES

Bij een aantal feesten in de streek horen geweerschoten, die herinneren aan oude rituelen om heksen af te schrikken. In St-Tropez *(blz. 118– 119)* klinken spectaculaire salvo's op de tweemaal per jaar gevierde *bravade*, ter ere van twee gebeurtenissen.
Op 16 en 17 mei is een religieuze processie gewijd aan de patroon van de stad, Saint Torpès. Hij was een Romeins soldaat, in dienst van keizer Nero. In 68 bekeerde hij zich tot het christendom en stierf de marteldood door onthoofding. Zijn lichaam werd in een boot gelegd, samen met een hond en een haan. Door een wonder bleef het ongeschonden en het vaartuig spoelde aan in Zuid-Frankrijk, waar nu St-Tropez ligt.
De *bravade* in mei herdenkt zijn aankomst. De viering begint met de zegening van een lans in de Église de St-Tropez. Vandaar wordt het vergulde houten beeld van de heilige door de met vlaggen versierde stad gedragen onder het afschieten van geweerschoten. Aan het strand wordt de zee gezegend, die de heilige heeft behoed.
De tweede *bravade* vindt plaats op 15 juni en bestaat uit donderende fusillades en militaire parades. Hij gedenkt de dag in 1637, toen de plaatselijke militie een Spaanse vloot van 22 schepen versloeg die vier schepen van de koninklijke Franse vloot had willen onderscheppen.

La bravade in St-Tropez, ter ere van de patroonheilige van de stad

BOUCHES-DU-RHÔNE EN NÎMES

Het grootste zigeunerfestival in Europa, de Pèlerinage des Gitans in Saintes-Maries-de-la-Mer *(blz. 138)*, is een ontroerend feest. Eind mei verzamelen zich alle zigeuners van het continent om hun patroonheilige, Sara,

Processie naar de zee in Saintes-Maries-de-la-Mer

de Zwarte Madonna, te eren. Dit gebeurt in het schilderachtige Saintes-Maries-de-la-Mer.

De bedevaart is een kleurige gebeurtenis, opgefleurd door de klederdracht van Arles en de kleding van de *gardians*. Sara was een Ethiopische bediende die met een boot de kust van de Camargue bereikte, met aan boord Maria Magdalena en de heiligen Maria Klopas (zuster van de Maagd Maria) en Maria Salomé (moeder van de apostelen Jakobus en Johannes). De vrouwen besloten in de stad te blijven en ze bouwden een oratorium, waarop later de versterkte kerk Notre-Dame-de-la-Mer verrees. De heiligen begonnen het evangelie uit te dragen en de stad werd bekend als het 'Mekka van de Provence'.

Sara staat sereen en uitbundig gekleed in de crypte. Op de twee dagen en nachten van de viering in mei worden er een mis en een nachtwake aan haar gewijd. De volgende dag worden de beelden van de heiligen naar de zee gedragen, waar de cowboys van de Camargue hun paarden diep het water in rijden en de bisschop van Arles de zee zegent.

Nadat de beelden naar de kerk zijn teruggebracht, begint een groot feest met rodeo's, stieren- en paardenrennen, volksdansen en allerlei vermaak. In oktober komen de *gardians* terug voor een kleinere verering van Maria Salomé. Er is dan een processie rond de kerk.

VAUCLUSE

De pauselijke stad Avignon *(blz. 166–168)* vormt een schitterende achtergrond voor het belangrijkste kunstfestival van de Provence, het Festival d'Avignon. Toneel, muziek, ballet en film krijgen van juli tot begin augustus alle aandacht. Meer dan een kwart miljoen bezoekers trekken jaarlijks naar Avignon voor het grootste kunstfestival van Frankrijk. Het is raadzaam hotel en kaartjes op tijd te reserveren om teleurstelling te voorkomen *(zie blz. 226–227 voor reserveringen).* Jean Vilar nam in 1947 het initiatief voor het festival. Hij wilde het toneel naar het volk brengen en liet een aantal voorstellingen opvoeren in de tuin van het Palais des Papes. Zijn Théâtre National Populair treedt nog steeds op. Andere podia zijn theaters en bioscopen, waar de hele dag films worden vertoond, het operagebouw en kerken. Sinds de jaren zestig van de 20ste eeuw brengt het experimentele Avignon Public Off zo'n 520 voorstellingen op meer dan 100 podia. Op de Place d'Horloge spelen amateurartiesten.

ALPES-DE-HAUTE-PROVENCE

De bloem die het meest bij de Provence hoort, heeft zijn eigen feest, het Corso de la Lavande, in Digne-les-Bains *(blz. 180).*

Dit kleurrijke evenement ter ere van de oogst duurt vier dagen en vindt plaats in augustus. Er zijn potten honing en allerlei lavendelproducten te koop in de stad. Het feest concentreert zich in de hoofdstraat, de Boulevard Gassendi. Het hoogtepunt valt op de laatste dag, als met bloemen overdekte praalwagens, gewijd aan diverse thema's, door de straten trekken.

Lavendel op het festival in Digne

begeleid door muziek, dans en gejuich. Aan de stoet gaat een vrachtauto van de gemeente vooraf die de straten besprenkelt met liters lavendelwater en de stad vervult van het zoete parfum.

Straatartiesten op het Festival d'Avignon

THEMAVAKANTIES EN SPORT

A lles is mogelijk in dit gevarieerde gebied, van een zon- en zeevakantie tot skiën en extreme sporten. Watersporten zijn zeer populair; in de meeste plaatsen zijn zeilboten te huur. Ervaren windsurfers willen naar het *Brutal Beach,* even ten westen van Toulon, maar in de meeste badplaatsen kunnen planken worden gehuurd. Enkele van de beste duikgebieden in de hele Middellandse Zee liggen rond de Îles d'Hyères. Er zijn ook allerlei mogelijkheden om te kanoën of te wildwatervaren in de Verdon en de Gard. Gelegenheid om te wandelen, te fietsen of mountainbiken en paard te rijden hebt u overal. De Féderation Française de la Randonnée Pédestre geeft de overal verkrijgbare *Topo Guides* uit met beschrijvingen van routes en inlichtingen over overnachtingsmogelijkheden en vervoer.

Surfen in de Provence

KUNSTNIJVERHEID

Bij het **Institut Français** kunt u een cursus Frans volgen, gecombineerd met andere activiteiten. Studenten kunnen hun Frans ophalen terwijl ze meewerken aan de restauratie van historische objecten via **Union Rempart** (Union pour la Réhabilitation et Entretien des Monuments et du Patrimoine Artistique).
U kunt tijdens een weekeindcursus in een mooie landelijke streek leren beeldhouwen. Wend u tot **Provence Verte** voor details.
Verschillende gespecialiseerde reisorganisaties bieden schildervakanties aan. Informeer bij het verkeersbureau **Maison de la France**.

KOOKCURSUSSEN

Er bestaan allerlei gastronomische cursussen waar u de regionale of klassieke kookkunst kunt leren. Zo'n cursus wordt vaak gecombineerd

met een bezoek aan de markt om de beste ingrediënten te leren herkennen. **Hostellerie Bérard** in La Cadière d'Azur biedt uitstekende kookcursussen aan.
Olijfolie is onmisbaar in de mediterrane keuken en bij veel producenten kunt u een kijkje nemen in hun *moulins,* zoals bij **Château Virant** in Lançon de Provence. De Olijfbomenroute in Canton de Levens voert langs olijfoliemolens. Liefhebbers van vijgen kunnen bij **Les Figuières du Mas de Luquet** alles leren over deze heerlijke delicatesse.

LAVENDELVELDEN EN WIJNGAARDEN

De streken die het meest worden geassocieerd met het kweken en verwerken van lavendel zijn die rond de Mont Ventoux, de Lubéron en de Provençal Drôme. Het **Musée de la Lavende** in Lagarde d'Apt organiseert wandelingen door lavendelvelden. In het hele gebied zijn mogelijkheden tot *dégustation.* Als u een bezoek aan Les-Baux-de-Provence, Les Alpilles of St Rémy-de-Provence wilt combineren met een bezoek aan een wijngaard, ga dan het **Syndicat des Vignerons des Baux-de-Provence**. Wendt u voor wijnen van de Lubéron tot het **Section Interprofessionelle des Côtes du Lubéron**.

Een kookcursus in Hostellerie Bérard

PARFUMERIE- EN AROMATHERAPIE-CURSUSSEN

In Grasse kunnen parfumliefhebbers hun eigen *eau de toilette* maken met hulp van een 'meesterparfumeur'. Deze cursussen worden aangeboden door **Le Studio des Fragrances** in Galimard. De **Tarinologie Workshop** in Molinard organiseert ook cursussen. De andere grote parfumerie, **Fragonard**, heeft aroma-synergyworkshops op het programma staan. Hier leren de cursisten gebruik te maken van de eigenschappen van planten en essentiële oliën. De lessen worden gegeven door professionele aromatherapeuten.

EXTREME SPORTEN

De opwindende nieuwe sport snowkiting bestaat uit skiën met een stuntvlieger. Voeg u bij de beste snowkiters op de Col du Lautaret tussen de Grave, de bergtop de Meije en Serre Chevalier. Een nog extremere sport is een soort duiken – onder het ijs.

Heerlijk geurende lavendelvelden bij Châteauneuf-du-Pape

Een spelletje *boules* in volle gang, een favoriete vrijetijdsbesteding

Andere favoriete sporten zijn paragliding (*parapente*) en hanggliding (*deltaplane*). Meer informatie kunt u krijgen bij de **Fédération Française de Vol Libre**. Gliding (*vol à voile*) is populair in de zuidelijke streken, waar het klimaat warm is en de thermiek uitstekend. Details over glidingclubs, vindt u bij de **Fédération Française de Vol à Voile**.

VOGELS KIJKEN

De Camargue is een paradijs voor vogelaars. Het informatiecentrum in het **Parc Naturel Regional de Camargue** biedt gedetailleerde informatie over vogels. Het organiseert wandelingen in het natuurgebied en bezit een met glas overdekt gedeelte, waar u door een verrekijker vogels kunt observeren. Ga voor meer informatie naar het toeristenbureau in Arles (*blz. 144-146*) of het toeristenbureau in Stes-Maries-de-la-Mer (*blz. 137*).

JEU DE BOULES/ PÉTANQUE

Dit favoriete spel van de plaatselijke bevolking is het symbool van Provence. Het wordt zelden door vrouwen gespeeld. Het wordt met metalen ballen gespeeld op een aarden baan. De regels zijn simpel, maar het kan er heftig aan toe gaan.

KANOËN

Kanoën is populair op het uitgestrekte Lac de Ste-Croix in het Parc Naturel Regional de Verdon. De beroemdste route is de 24 km lange tocht door de Gorges du Verdon,

van de Carrejuanbrug naar het Lac de Ste-Croix, die ongeveer twee dagen duurt. La-Palud-sur-Verdon is het beste beginpunt voor wildwatervaren en kajakken over de stroomversnellingen. Wie het rustiger wil doen, gaat naar de rivier de Sorgue en begint aan de voet van de hoge kliffen van Fontaine-de-Vaucluse. Inlichtingen bij de **Fédération Française de Canoë-Kayak**.

CANYONING

De Grand Canyon du Verdon, de grootste kloof van Europa, kunt u per vlot of te voet bezoeken. Het is nu een centrum voor avontuurlijke sporten. Bij het **toeristenbureau van Castellane** kunt u een lijst met bedrijven krijgen die canyoning, rafting en dergelijke activiteiten aanbieden.

VISSEN

De bijeneter ziet u veel in de Provence

Vissen is zeer populair op meren en rivieren waar het mag. Bij de toeristenbureaus en hengelsportwinkels kunt u een vergunning krijgen. U kunt zeevissen op de Middellandse Zee en zeebaars, sardines, mul en schaaldieren als kreeften binnenhalen. Nachtvissen komt ook steeds meer in trek.

GOLF EN TENNIS

Er zijn veel mogelijkheden om te golfen in dit gebied, van banen op grote hoogten tot banen aan zee of op de rand van een klif. Er zijn in totaal zo'n 30 banen, vooral in de Bouches-du-Rhône en de Var en van deze banen zijn er meer dan twintig

18-holesbanen. De beste zijn de banen van Frégate, St-Cyr, Golf de l'Esterel in St-Raphaël en, vlak bij Avignon, Golf de Châteaublanc. Op de meeste banen wordt lesgegeven door plaatselijke experts.
De Provence Golf Pass geeft toegang tot dertien banen in de vijf departementen, inclusief vijf green fees. Voor zowel verstokte golfliefhebbers als mensen die af en toe een balletje slaan is dit een uitstekende manier om de banen te leren kennen. Informeer bij het **Regionale verkeersbureau Provence-Alpes-Côte d'Azur** of de **Fédération Française de Golf**, die u een lijst met alle golfbanen kunnen geven.
In de meeste toeristenoorden en steden zijn tennisbanen te vinden die open staan voor het publiek. Vele daarvan zijn traditionele mediterrane gravelbanen.
In april trekken alle tennisliefhebbers naar Monte Carlo om internationale kampioenen te zien spelen in het Monte Carlo Open Kampioenschap.

Kanoën in de Gorges du Verdon, een opwindende ervaring

PAARDRIJDEN

Het moerasgebied van de Camargue is beroemd om zijn robuuste witte paarden, directe afstammelingen van prehistorische paarden (*blz. 136*), maar het hele gebied is zeer in trek bij paardenliefhebbers. Een lijst met adressen waar u kunt rijden of trektochten kunt maken, krijgt u bij de **Ligue Régionale de Provence de Sports Equestres**.

NATURISME

De grootste en oudste naturistenkolonie in de streek bevindt zich op het meest oostelijke van de Îles d'Hyères, het Île du Levant. Hij beslaat de helft van het 8 km lange eiland. Voor meer informatie over naturisme, wendt u zich tot de **Fédération Française de Naturisme**.

SKIËN

De belangrijkste skigebieden zijn in de Alpes Maritimes te vinden, op het punt waar Alpen en Provence elkaar ontmoeten. De grootste skioorden, Auron, Isola 2000 en Valberg (*blz. 96*) liggen slechts een paar uur van de kust, waardoor u na het skiën nog naar het strand kunt gaan. In het noorden, in de Alpes-de-Haute-Provence liggen de skioorden Pra Loup en Chabanon. Meer inlichtingen bij de **Fédération Française de Ski** in Annecy of de **Fédération Française de la Montagne et de l'Escalade**.

KUUROORDEN

In het hooggelegen dorp Gordes, een van de mooiste dorpen in Frankrijk, ligt het pas geopende Daniel Jouvance-kuuroord, **La Bastide de Gordes**. Het is zonder meer een ideale plaats voor een ontspannende korte vakantie. In het schilderachtige, gastronomische dorp Mougins staat **Le Mas Candille,** een elegant, individueel hotel met een Shiseido-kuuroord in Japanse stijl. Ga voor het summum van luxe naar het **Thalazur**-kuuroord in Antibes.

WANDELEN, KLIMMEN EN FIETSEN

Langeafstandspaden worden Grandes Randonées (GR) genoemd en korte routes Petites Randonées (PR). Sommige paden mogen ook worden gebruikt door mountainbikers en ruiters. Het Parc Naturel Régional du Lubéron biedt uitstekende fiets- en wandelpaden. Het informatiecentrum **Maison du Parc** levert een lijst met overnachtingsadressen voor wandelaars en beschrijvingen van zo'n twintig wandelingen. Door de Camargue lopen veel routes en wandelpaden. Het 'Sentier Littoral', een schitterend kustpad vanaf St-Tropez, bestrijkt 35 km tot Cavalaire. U kunt de tocht in Ramatuelle onderbreken. Een uitstekend Frans boek, *Promenez-vous à pied – Le Golfe de St-Tropez* geeft beschrijvingen van 26 wandelingen in de streek. Misschien wel het spectaculairste pad in de hele Provence is de GR 9, die dwars over de Lubéron en de Monts du Vaucluse loopt.
Ervaren klimmers kunnen zich wagen aan de Buouxkliffen in de Lubéron, of aan een van de 933 routes in de Gorges du Verdon. De spleten of *calanques* tussen Cassis en Marseille zijn spectaculair. U hebt een gemakkelijke toegang in de Dentelles de Montmirail, ondanks de barre rotswanden. In de streek liggen uitstekende wijngaarden, zoals Gigondas, Vacqueyras en Beaumes-de-Venise, waar u na een klim wijn kunt proeven.
Het **Comité Departemental de la Randonnée Pédestre** in Cagnes-sur-Mer biedt veel informatie. Details over paden in de omgeving geeft de **Fédération Française de Randonnée Pédestre**. Fietstochten door de groene Lubéron in de Vaucluse zijn geschikt voor jong en oud. In de hogere Var staat Figanières bekend om de mountainbikepaden en de Alpes-de-Haute-Provence bezitten zo'n 1500 km bewegwijzerde paden. Details krijgt u bij de **Fédération Française de Cyclisme**.

WATERSPORT

De meeste kustplaatsen bieden uitstekende faciliteiten voor zowel de ervaren als de beginnende zeiler. Op de Îles d'Hyères zijn enkele eersteklas zeilscholen te vinden, op het kleine eilandje Bendor en op Porquerolles, het grootste eiland van de Franse Rivièra. Voor windsurfen scheppen de betrouwbare winden van de Bouches-du-Rhône en de Var ideale omstandigheden. Ook in de Camargue, waar de mistral waait, zijn de voorwaarden gunstig, in Port St-Louis en Les Saintes-Maries-de-la-Mer. De windsurfwedstrijd in St-Tropez in juli is een opzienbarend evenement dat altijd opwindend is en veel mensen trekt.
Duiken is dankzij het heldere water, de vele wrakken op de bodem en het rijke zeeleven heel populair. Vooral in Marseille en op de Îles d'Hyères en in Cavalaire wordt het veel gedaan. Bij het eilandje Port-Cros ligt een speciaal onderwater-'ontdekkingspad'. St-Raphaël is ook een belangrijk duikcentrum, met voor de kust enkele wrakken uit de Tweede Wereldoorlog. Meer over duiken komt u te weten bij de **Fédération Française d'Etudes et de Sports Sous-Marins** in Marseille. Het mooiste gedeelte van de Rhône loopt door Avignon en Arles, ook wel de 'Steden van kunst en geschiedenis' genoemd, en de Camargue – waar de wilde paarden, stieren en flamingo's leven. Enkele bedrijven organiseren boottochten of cruises in drijvende hotels. Informeer bij de toeristenbureaus in Avignon, Arles, Les Saintes-Maries-de-la-Mer of Port St Louis du Rhône. De *calanques* kunnen worden bezichtigd per boot vanuit Marseille en Cassis. **Les Amis de Calanques** geven meer details.
Veel stranden zijn particulier eigendom en niet gratis. Er zijn catamarans, roeiboten, waterski's en surfplanken te huur. Gedetailleerde informatie bij de nationale zeilschool, **Fédération Française de Voile**.

ADRESSEN

KUNSTNIJVERHEID

Institut Français
Maison Descartes,
Vijzelgracht 2A,
1017 HR Amsterdam
Tel. 020 -5319501
www.maisondescartes.
com

Provence Verte
Office de Tourisme,
83170 Brignoles.
Tel. 04-94720421.
www.la-provence-verte.fr

Union Rempart
Rue des Guillemites 1,
75004 Parijs.
Tel. 01-42719655.
www.rempart.com

KOOKCURSUSSEN

Château Virant
Route de St Chamas,
13680 Lançon de
Provence.
Tel. 04-90424447.
www.chateauvirant.com

**Hostellerie
Bérard**
83740 La Cadière
d'Azur.
Tel. 04-94901143.
www.hotel-berard.com

**Les Figuières du
Mas de Luquet**
Chemin du Mas
de la Musique,
Mas de Luquet,
13690 Graveson.
Tel. 04-90957203.
www.lesfiguieres.com

LAVENDELVELDEN
EN WIJNGAARDEN

**Syndicat des
Vignerons des
Baux-de-Provence**
Chateau de Romanin,
13210 Saint-Remy-de-
Provence.
Tel. 04-90924587.

**Section Inter-
professionnelle des
Côtes du Lubéron**
Boulevard Saint Roch 90,
BP12 La Tour d'Aigues.
Tel. 04-90073440.
www.vins-cotes-
luberon.com

**Musée de la
Lavande**
Route de Gordes, Lagarde
d'Apt. *Tel.* 04-90769123.
www.museedelalavande.
com.

PARFUMERIE EN
AROMATHERAPIE

Fragonard
Boulevard Fragonard,
06130 Grasse.
Tel. 04-93364465.
www.fragonard.com

**Le Studio des
Fragrances**
Route de Pégomas 5,
06130 Grasse.
Tel. 04-93092000.
www.galimard.com

**Tarinologie
Workshop**
Boulevard Victor Hugo 60,
06130 Grasse.
Tel. 04-93360162.
www.molinard.com

EXTREME SPORTEN

**Fédération
Française de Vol
Libre**
Rue de Suisse 4, 06000
Nice. *Tel.* 04-97038282.
www.ffvl.fr

**Fédération
Française de Vol
à Voile**
Rue de Sèvres 29,
75006 Parijs.
Tel. 01-45440478.
www.ffvv.org

VOGELS KIJKEN

**Parc Naturel
Regional de
Camargue**
Pont du Gau, 13460
Saintes-Maries-de-la-Mer.
Tel. 04-90978632.
www.parc-camargue.fr

KANOËN

**Fédération
Française de
Canoe-Kayak**
Quai de la Marne 87,
94340 Joinville-le-Point.
Tel. 01-45110850.
www.ffck.org

CANYONING

**Castellane Tourist
Office**
Rue Nationale, Castellane.
Tel. 04-92836114.
www.castellane.org

GOLF EN TENNIS

**Fédération
Française de Golf**
Rue Anatole France 68,
92300, Levallois Perret.
Tel. 01-41497700.
www.ffgolf.org

**Regionaal
toeristenbureau
Provence-Alpes-
Côte d'Azur**
Régis Gaguère, Marseille.
Tel. 04-91564700.
www.crt-paca.fr

PAARDRIJDEN

**Ligue Régionale de
Provence de Sports
Equestres**
Avenue du club Hippique
298,13090 Aix-en-
Provence.
Tel. 04-42572082.

NATURISME

**Fédération
Française de
Naturisme**
Rue Regnault 5,
93500 Pantin.
Tel. 08-92693282.
www.ffn-naturisme.com

SKIËN

**Fédération
Française de la
Montagne et de
l'Escalade**
Quai de la Marne 8,
75019 Parijs. *Tel.* 01-
40187550. www.ffme.fr

**Fédération
Française de Ski**
Avenue des Marquisats 50,
Annecy.
Tel. 04-50514034.
www.ffs.fr

KUUROORDEN

La Bastide de Gordes
Le Village, 84220 Gordes.
www.bastide-de-
gordes.com

Le Mas Candille
Boulevard Clément
Rebuffet, 06250 Mougins.
Tel. 04-92284343.
www.lemascandille.com

Hôtel Thalazur 770
Chemin des Moyennes
Bréguières, 06600 Antibes.
Tel. 04-92918200.

WANDELEN,
KLIMMEN EN
FIETSEN

**Comité
Departemental de
la Randonnée
Pédestre**
Avenue de Verdun 4,
Cagnes-sur-Mer.
Tel. 04-93207473.
www.cdrp06.org

**Fédération
Française de
Cyclisme**
Rue Louis Bertrand 12,
94100, Ivry-sur-Seine.
Tel. 01-56208888.
www.ffc.fr

**Fédération
Française de
Randonnée
Pédestre**
Rue du Dessous des
Berges 64, 75013 Parijs.
Tel. 01-44899393.
www.ffrandonnee.fr

Maison du Parc
Place Jean Jaurès 60,
84404 Apt.
Tel. 04-90044200.

WATERSPORT

**Fédération
Française d'Etudes
et de Sports Sous-
Marins**
Quai Rive-Neuve 24,
Marseille.
Tel. 04-91339931.
www.ffessm.fr

**Fédération
Française de Voile**
Rue Henri Bocquillon 17,
75015 Parijs.
Tel. 01-40603700.
www.ffv.fr

**Les Amis de
Calanques**
Chemin de la Louisiane
Ceyresée, La Ciotat.
Tel. 06-09335498.

WEGWIJS IN
DE PROVENCE

PRAKTISCHE INFORMATIE

Net als in de rest van Frankrijk loopt in de Provence het hoogseizoen van half juni tot eind augustus. Vooral aan de kust is het in deze periode erg druk. Sinds het begin van de 20ste eeuw trekken beroemde filmsterren al naar de stranden in

Nationaal logo voor toeristeninformatie

dit gebied en toen de massa hen volgde, was de zomervakantie-industrie geboren. De Provence is soms duur in vergelijking met andere Franse streken, maar biedt accommodatie die loopt van topklassehotels tot eenvoudige kampeerterreinen. Er is voor iedereen

wat te doen, van skiën in de winter tot zandkastelen bouwen in de zomer. U vindt er prachtige kunstverzamelingen en mooie Romeinse ruïnes, oeroude festivals, uitstekend eten en wijn en een adembenemend landschap. Toeristenbureaus geven alle informatie over plaatselijke evenementen en helpen u onderdak te vinden. De adressen vindt u hiernaast *(zie ook* Accommodatie *blz. 194)*. Het tempo in de Provence is traag, tussen 12.00 en 15.00 uur ligt het leven stil. Wees daarom geduldig en haast u nooit.

Het strand in Nice

DE BESTE TIJD

In het hoogseizoen proberen de plaatselijke bedrijven in de toeristengebieden de winst voor dat jaar binnen te halen. Overal is het afgeladen en de prijzen kunnen met wel 30 procent toenemen. De Franse schoolvakanties lopen van de eerste week van juli tot de eerste week van september. Ga, als u geen zin hebt in massa's om u heen, naar de Var of Vaucluse of het ruige gebied van de hoger gelegen Provence.
De Provence is in mei en september op zijn mooist. Het weer is nog heerlijk en het is er betrekkelijk rustig. In mei bloeien de bloemen en in september worden de druiven geoogst. In de wintermaanden komen ook zonnige dagen voor, maar pas op voor de ijskoude *mistral* die het

gebied kan teisteren. Skiën is in de zuidelijke Alpen meestal mogelijk tussen half november en april *(blz. 96)*.
De meeste attracties zijn het hele jaar door te bezoeken, al veranderen de openingstijden soms buiten het seizoen. Veel steden houden hun festivals buiten het hoogseizoen.

TOERISTENINFORMATIE

In de meeste grote steden is een *Syndicat d'initiative* of een *Office de Tourisme* gevestigd en in de kleinere steden kunt u bij het stadhuis terecht. De toeristenbureaus verschaffen gratis kaarten en informatie over accommodatie (soms kunt u er ook een hotel bespreken) en festivals. Bij het Franse Verkeersbureau in uw eigen land kunt u van tevoren informatie inwinnen.

OPENINGSTIJDEN

In deze gids staan bij alle bezienswaardigheden de openingstijden vermeld. Bedrijven zijn meestal geopend van 8.00 of 9.00 tot 12.00 uur en van 14.00 of 15.00 tot 18.00 uur. Banken zijn maandag tot en met vrijdag open van 8.30 tot 12.00 uur en van 13.30 tot 16.30 uur. Warenhuizen, supermarkten, toeristenbureaus en sommige bezienswaardigheden blijven tussen de middag open.
Veel restaurants zijn twee dagen per week gesloten, meestal op maandag en dinsdag.
Buiten het seizoen zijn langs de kust veel hotels en restaurants gesloten. Bel van tevoren even op. Het openbaar vervoer rijdt buiten het seizoen ook minder frequent.

TOERISTENBUREAU in Villecroze

Het festival in Avignon

MUSEUMBEZOEK

In Frankrijk gaan veel musea tussen de middag dicht – de openingstijden zijn doorgaans van 9.00 tot 12.00 uur en van 14.00 tot 17.30 uur. De openingstijden verschillen per seizoen. De meeste musea zijn van mei tot en met september langer open. Meestal sluiten ze één dag per week, de nationale musea op maandag en de gemeentelijke op dinsdag. Veel musea zijn de maand november gesloten. De toegangsprijzen voor musea liggen tussen € 1,50 en € 8. Combikaartjes voor musea en monumenten zijn er niet veel. Nationale musea

Provençaalse museumkaartjes

zijn de eerste zondag van de maand gratis toegankelijk. Voor elke bezienswaardigheid moet u een apart kaartje kopen. Een uitzondering op de regel is Arles, waar een pas te koop is die toegang geeft tot de meeste musea. Studenten met ISIC-kaarten en mensen jonger dan 18 of ouder dan 65 jaar krijgen meestal korting. Bij veel musea kunt u op zondag gratis of met korting naar binnen. Kerken zijn doorgaans vrij toegankelijk, maar soms heft men entree bij kruisgangen of kapellen.

DE PROVENCE VOOR GEHANDICAPTEN

Door de vele oude, smalle straatjes en de oude gebouwen in de Provence is het een moeilijk begaanbaar gebied voor gehandicapten. Er wordt weinig rekening gehouden met rolstoelgebruikers, ook veel hotels en restaurants zijn voor hen moeilijk toegankelijk. In nieuwere musea zijn wel faciliteiten voor gehandicapte bezoekers. Informeer voor u vertrekt bij:

Nice
Association HORUS (blindenvereniging), Ecole Olympus, Av. Lairolle 13, 06100.
Tel. 04-92090348.
@ horus-ccnv@wanadoo.fr
Groupement pour l'Insertion des Personnes Handicapées Physiques (GIHP).
Tel. 04-93264424.

Parijs
Groupement pour l'Insertion des Personnes Handicapées Physiques (GIHP),
Rue Georges de Porto-Riche 10, 75014.
Tel. 01-43956636.
www.gihpnational.org

INFORMATIE OVER AMUSEMENT

Er zijn diverse informatiebronnen over amusement in de Provence. De grote Engelssprekende gemeenschap heeft zijn eigen radiostation en krant. Als u beter Engels dan Frans verstaat, kunt u ook luisteren naar Rivièra Radio, een mini-BBC voor het zuiden van Frankrijk die vanuit Monte Carlo uitzendt. U vindt deze zender op FM 106,3 en FM 106,5. *Riviera Reporter* is een Engelstalige tijdschrift. In de plaatselijke Franse kranten staat alles over festivals, sportevenementen en het weer. Lees in het westen van de Provence *Le Provençal* en in het oosten *Nice Matin*. De meeste steden hebben een eigen tijdschrift voor evenementen. Bij de toeristenbureaus kunt u deze informatie meestal ook krijgen. Kranten en tijdschriften koopt u bij een *tabac*.

Bord van een tabac

ADRESSEN

FRANSE VERKEERS-BUREAUS IN NEDERLAND EN BELGIË

Maison de la France in Nederland
Prinsengracht 670,
1017 KX Amsterdam.
Tel. 0900-1122332
(€ 0,50/min.).
www.franceguide.com

Frans Verkeersbureau in België
Guldenvlieslaan 21, 1050 Brussel.
Tel. 0925-88025
(€ 0,15/min.).
www.franceguide.com

BELANGRIJKSTE TOERISTENBUREAUS IN DE PROVENCE

Aix-en-Provence
Pl. du Général de Gaulle 2.
Tel. 04-42161161.
Fax 04-42161162.
www.aixenprovencetourism.com

Avignon
Cours Jean-Jaurès 41.
Tel. 04-32743274.
Fax 04-90829503.
www.avignon-tourisme.com

Cannes
Palais des Festivals,
La Croisette.
Tel. 04-93392453.
Fax 04-92998423.
www.cannes.fr

Draguignan
Bld. Lazare Carnot 2
Tel. 04-98105105.
Fax 04-98105110.
www.dracenie.com

Marseille
La Canebière 4.
Tel. 04-91138900.
Fax 04-91138920.
www.marseille-tourisme.com

Nice
Prom. des Anglais 5.
Tel. 08-92707407.
Fax 04-89064803.
www.nicetourism.com

St-Tropez
Quai Jean-Jaurès.
Tel. 04-94974521.
Fax 04-94978266.
www.ot-saint-tropez.com

Veiligheid en gezondheid

Over het algemeen is de Provence veilig voor toeristen. Neem echter wel voorzorgsmaatregelen, vooral in de grote steden. Wees op uw hoede langs de Côte d'Azur en met name in Nice, dat een hoger criminaliteitsgehalte heeft dan Marseille. Landelijke gebieden zijn meestal veilig. Langs de kust wordt veel in auto's ingebroken, laat daarom nooit waardevolle zaken in uw auto achter. In Nice en Marseille doet u er verstandig aan groepjes onschuldig ogende kinderen te mijden. Het zijn waarschijnlijk zakkenrollers. In geval van nood kunnen consulaten hulp bieden (*blz. 239*).

Politieagent   Brandweerman

EIGENDOMMEN

Let altijd goed op uw bezittingen. Neem in de grote steden geen waardevolle spullen mee de straat op. Zorg ervoor dat u goed bent verzekerd. Travellercheques zijn het veiligste betaalmiddel. In de toeristische gebieden langs de Côte d'Azur en in steden als Avignon en Marseille vormen zakkenrollers een probleem. In Nice komt het weggrissen van tassen veel voor, maar berovingen minder. Parkeer uw auto niet in een afgelegen buurt en gebruik, als dat mogelijk is, een ondergrondse of overdekte parkeergarage. In de steden worden

de parkeergarages met videocamera's bewaakt. Als u daar parkeert, vermijdt u het gevaar dat uw auto wordt weggesleept door de politie. Neem geen waardevolle spullen mee naar het strand. Als het niet anders kan, draag ze dan steeds bij u. Het is niet raadzaam op het strand te slapen: er zijn gevallen van berovingen en aanvallen bekend. Ga in geval van diefstal naar het dichtstbijzijnde politiebureau of *gendarmerie*. Neem uw identiteitspapieren mee (en, zo nodig, de papieren van uw auto). Het opmaken

van het proces-verbaal neemt veel tijd in beslag, maar u hebt het nodig voor uw verzekering. Als uw paspoort is gestolen, moet u naar de politie en het dichtstbijzijnde consulaat gaan.

VEILIGHEID

Er zijn spoorwegtrajecten, zoals Marseille-Barcelona en Marseille-Ventimiglia, met een twijfelachtige reputatie. Houd de deur van uw coupé op slot en pas goed op uw bezittingen. Soms worden in autoslaaptreinen auto's vernield. In de zomer zijn wegpiraten actief, die op de snelweg auto's van toeristen tot stoppen dwingen. Bij de meeste afritten van snelwegen bevinden zich politiebureaus. Probeer daarom in noodgevallen altijd de volgende afrit te halen.

RECHTSBIJSTAND

Als uw verzekering het dekt, kunt u door Europ Assistance of Mondial Assistance worden bijgestaan bij de procedure rond verzekeringsclaims. Als dat niet zo is, moet u advies vragen bij het dichtstbijzijnde consulaat.

TOLKEN

Als u een tolk nodig hebt, neem dan contact op met de **Société Française des Traducteurs Professionnels** (*blz. 239 en 243*).

Ambulance

Brandweerwagen

Politiewagen

GEVAREN BUITEN

Bosbranden zijn in de Provence een groot gevaar. Harde wind en droog hout zorgen ervoor dat het vuur zich snel verspreidt. Wees daarom voorzichtig met sigarettenpeuken. Kampvuren zijn in het gebied verboden. Als u een brand ziet, sla dan onmiddellijk alarm en blijf op een afstand. Het vuur kan heel snel van richting veranderen.
In de Middellandse Zee kunt u veilig zwemmen, al kan de stroming voor Cap d'Antibes en de Camargue sterk zijn. Rond de grote havens is het water vervuild. Op enkele stranden staan Europese blauwe vlaggen die aangeven dat het water schoon is. Als u in de bergen gaat wandelen, denk er dan aan dat de weersomstandigheden snel kunnen omslaan. In de winter is het verstandig de plaatselijke autoriteiten van uw wandel-

Affiche brandpreventie

route op de hoogte te brengen. Neem in de zomer warme kleren en wat proviand mee voor het geval er een storm opsteekt. In de zuidelijke Alpen kunnen hoogteziekte voorkomen. Klim daarom langzaam en pauzeer regelmatig om te acclimatiseren. In de bergen achter Nice en Cannes komen grijsbruine slangen en adders voor. Trek in het jachtseizoen – september tot februari en met name op zondag – felgekleurde kleren aan als u gaat wandelen. Aan de bomen hangen borden die jachtgebieden aangeven.

MEDISCHE ZORG

Alle inwoners van de EU hebben recht op behandeling via het Franse ziekenfonds. De behandeling moet echter contant worden betaald. U kunt aanspraak maken op een vergoeding, maar dat vergt een ingewikkelde procedure. Sluit daarom altijd een reisverzekering af. Apotheken kunnen problemen met de gezondheid diagnostiseren en een behandeling voorschrijven. Ze zijn herkenbaar aan het groene kruis.

ALARMNUMMERS

Centre Anti-Poison (Marseille)
Tel. 04-91752525.

Brandweer (Sapeurs Pompiers)
Tel. 18.

Politie (Gendarmerie)
Tel. 17.

Ambulance (SAMU)
Tel. 15.

TOLKEN

Société Française des Traducteurs Professionnels
Tel. 01-42939996.
www.sft.fr

EERSTE HULP

Avignon
Hôpital Général Henri Duffaut, Rue Raoul Follereau 305.
Tel. 04-32753333.
Fax 04-90871730.
www.ch-avignon.fr

Marseille
La Conception, Boulevard Baille 147.
Tel. 04-91383000.

Nice
Hôpital St-Roch, Rue Pierre-Devoluy 5.
Tel. 04-91380000.

SOS Médicin
Tel. 04-90826500.

CONSULATEN

Nederlandse consulaten
Rue Gustave Ricard 15, 13006 Marseille.
Tel. 04-91256664.

Rue Rossini 14, 06000 Nice.
Tel. 04-93875294.

Belgische consulaten
Cours Pierre Puget 75, 13006 Marseille.
Tel. 04-91370717.

Rue Gabriel Fauré 5, 06046 Nice.
Tel. 04-93877956.

OPENBARE TOILETTEN IN DE PROVENCE

In een groot aantal steden in de Provence treft u moderne, automatische toiletten aan. Laat kinderen onder de 10 jaar deze toiletten niet zonder toezicht gebruiken, want de automatische spoeling kan gevaarlijk zijn. Het beste alternatief is het toilet te gebruiken in een café of restaurant waar u iets drinkt of eet, of naar een warenhuis te gaan. De traditionele pissoirs die in meer landelijke gebieden nog wel voorkomen, zijn niet altijd even schoon. Langs de snelwegen zijn om de 20 km rustgebieden met toiletten.

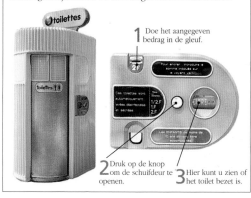

1 Doe het aangegeven bedrag in de gleuf.

2 Druk op de knop om de schuifdeur te openen.

3 Hier kunt u zien of het toilet bezet is.

Banken en geldzaken

U mag ieder geldbedrag meenemen naar Frankrijk, maar bedragen hoger dan € 17.500 (in contanten en cheques) dient u bij aankomst aan te geven. Het is het veiligst om uw geld in de vorm van travellercheques bij u te dragen, maar creditcards of pinpassen, waarmee u geld kunt opnemen bij geldautomaten, zijn veruit het handigst. Sinds 2002 is het opnemen van geld in het buitenland bij geldautomaten in sommige gevallen zelfs gratis.

CHANGE
CAMBIO-WECHSEL

Bord van een wisselkantoor

OPENINGSTIJDEN

De banken in de grote steden zijn open van ma–vr 8.30–12.00 uur, en 13.30–16.30 uur. Op feestdagen zijn ze dicht op vr (middag)–di (ochtend).

BANKEN

Er is geen limiet gesteld aan de hoeveelheid geld die u naar Frankrijk mag meenemen, maar als u meer dan € 7500 wilt uitvoeren, moet u dat nu tevoren vastleggen. In de meeste banken vindt u een *bureau de change*, dat de gunstigste koers berekent, maar ook commissie vraagt. Buiten Parijs zijn weinig particuliere wisselkantoren te vinden, behalve op de grote spoorwegstations en sommige hotels en winkels.
Zelfs in afgelegen streken beschikken veel banken over automaten, die kaarten accepteren van de Visa/Carte Bleue- of Eurocard/Mastercard-groepen. Om geld op te nemen, toetst u uw pincode in. De instructies worden doorgaans in het Frans, Engels en Duits gegeven. Geldautomaten kunnen vlak voor het weekeinde leeg raken. Het is ook mogelijk om met een Visa-card tot € 300 per dag op te nemen bij iedere bank die een Visa-teken voert. Houd er rekening mee dat u bij elke transactie uw paspoort moet tonen.

TRAVELLERCHEQUES EN CREDITCARDS

.Travellercheques kunt u verkrijgen bij American Express, Thomas Cook of uw eigen bank. Als u verwacht de meeste cheques uit te geven, dan kunt u ze het beste in euro's nemen. Cheques van American Express worden bijna overal in Frankrijk geaccepteerd, als u ze verzilvert in een Amex-kantoor dan betaalt u geen commissie. Bij diefstal worden de cheques direct vervangen.
De gebruikelijke creditcards in Frankrijk, die u zelfs op tolwegen kunt gebruiken, zijn de Carte Bleue/Visa en Eurocard/Mastercard. Vanwege de hoge kosten accepteren veel zaken in de Provence geen American Express-cards.
Zoals in veel landen zijn de Franse creditcards nu 'smart cards': op de kaart zit een microchip, de *puce*, waarin gegevens kunnen worden opgeslagen, in plaats van een magnetische strip. Winkeliers hebben betaalapparaten die zowel kaarten met een chip als met de ouderwetse magneetstrip kunnen lezen, hoewel de laatste steeds meer in onbruik raakt. Meestal zult u gevraagd worden uw PIN-code *(code confidentiel)* in te tikken en op de knop *validez* te drukken. Als uw kaart niet gelezen kan worden als 'smart card', dan zal men u zeggen dat u een *puce morte* hebt. In dat geval zult u de persoon bij de kassa er van moeten overtuigen de kaart door de magnetische lezer te halen *(bande magnétique)*.

DE EURO

De euro (€), de Europese munt, wordt nu gebruikt in

dertien van de zevenentwintig landen van de Europese Unie. In Oostenrijk, België, Finland, Frankrijk, Duitsland, Griekenland, Ierland, Italië, Luxemburg, Nederland, Portugal, Slovenië en Spanje kunt u met de euro betalen. De landen waar dat nu nog niet kan (o.a. Denemarken, Groot-Brittannië en Zweden), voeren de munt mogelijk later in. De Franse overzeese gebiedsdelen (zoals Réunion en St-Martin) hebben ook de euro ingevoerd.

De eurobiljetten zien er in alle dertien landen hetzelfde uit; er zijn tekeningen van fictieve monumenten op afgebeeld. De munten daarentegen zijn aan één zijde alle gelijk, maar de keerzijde is per land verschillend. Munten en papiergeld zijn in de dertien genoemde EU-landen geldig.

Bankbiljetten

Er zijn zeven bankbiljetten verkrijgbaar. Het biljet van € 5 (grijs) is het kleinst, gevolgd door € 10 (roze), € 20 (blauw), € 50 (oranje), € 100 (groen), € 200 (geel) en € 500 (paars). Op alle biljetten staan de sterren van de Europese Unie.

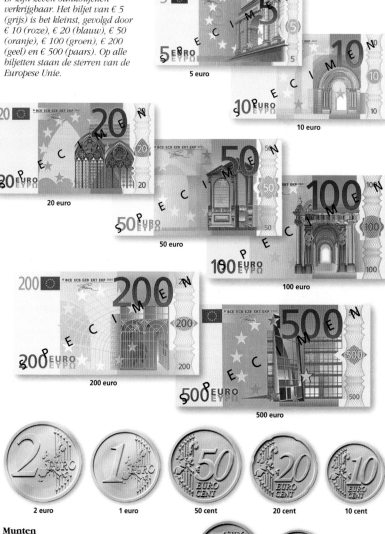

5 euro

10 euro

20 euro

50 euro

100 euro

200 euro

500 euro

2 euro

1 euro

50 cent

20 cent

10 cent

Munten

De euro heeft acht verschillende munten: € 2 en 1, 50 cent, 20 cent, 10 cent, 5 cent, 2 cent en 1 cent. De munten van € 2 en 1 zijn zowel zilver- als goudkleurig. De munten van 50, 20 en 10 cent zijn goudkleurig en die van 5, 2 en 1 cent bronskleurig.

5 cent

2 cent

1 cent

Communicatie

Bord van een telefooncel

De Franse telecommunicatie behoort tot de modernste ter wereld. Het grootste telefoonbedrijf is France Télécom, La Poste (de voormalige PTT) verzorgt de post. Openbare telefoons werken met telefoonkaarten (*télécartes*) en u vindt ze overal in de Provence. Postkantoren of *bureaux de postes* zijn te herkennen aan een geel met blauw logo van La Poste. In grote plaatsen kunt u buitenlandse kranten kopen, aan de Côte d'Azur zijn ook een Engelstalig radiostation en een Engelstalige krant. In internetcafés en hotels kunt u contact maken met het internet.

De brievenbussen zijn in Frankrijk overal felgeel

EEN KAARTTELEFOON GEBRUIKEN

1 Pak de hoorn en wacht op de kiestoon.

2 Steek de *télécarte* met de pijl naar boven in de sleuf.

3 Op het scherm verschijnt het aantal eenheden op de kaart en wordt aangegeven hoe u het nummer moet kiezen.

4 Kies het telefoonnummer en wacht tot u verbinding hebt.

5 Als u nog een gesprek wilt voeren, moet u niet ophangen, maar op de groene knop drukken.

6 Hang na het gesprek de hoorn op. De kaart komt uit de sleuf.

Franse telefoonkaarten

MOBIELE TELEFOONS

De meeste mobiele telefoons uit Europese landen werken in Frankrijk. Vraag uw telefoonmaatschappij naar de mogelijkheden en tarieven van bellen in Frankrijk. Internationale gesprekken met mobiele telefoons zijn duur.

EEN BRIEF VERSTUREN

Postzegels (*timbres*) worden per stuk of in *carnets* van tien verkocht. Bij *tabacs* kunt u gewone postzegels kopen die echter niet geschikt zijn voor post naar het buitenland. De openingstijden van postkantoren zijn verschillend. Over het algemeen zijn ze maandag tot vrijdag van 9.00 tot 17.00 uur geopend, met een lunchpauze van 12.00 tot 14.00 uur. 's Zaterdags zijn ze van 9.00 tot 12.00 uur geopend. In sommige grotere plaatsen is het hoofdpostkantoor op sommige dagen geopend van 8.00 tot 19.00 uur. U kunt brieven en pakjes wereldwijd versturen (maar het kan wel langer duren dan u gewend bent). Brieven gooit u in de gele brievenbussen die vaak drie gleuven hebben: één voor de plaats zelf, één voor het *département* (de Provence is onderverdeeld in vijf *départements*, zie *Postcodes* hierna) en één voor overige bestemmingen (*autres destinations*). Tegen een kleine vergoeding kunt u ook post versturen en ontvangen via het postkantoor (*poste restante*). Het is goed om de achternaam te onderstrepen, omdat Franse

TELEFONEREN IN FRANKRIJK

Vrijwel alle Franse openbare telefoons werken met telefoonkaarten (*télécartes*) en creditcards. Munttelefoons zijn vrijwel verdwenen, behalve in sommige cafés. Telefoonkaarten van 50 of 120 eenheden zijn verkrijgbaar bij postkantoren, *tabacs*, sommige kiosken en supermarkten. Met de dienst *pays direct* kunt u via een telefoniste naar uw land bellen en betalen met een creditcard of door middel van een collect call (PCV). U kunt in sommige gevallen ook zo naar een derde land bellen. De meeste telefooncellen kunnen ook gesprekken ontvangen – het telefoonnummer vindt u boven het telefoontoestel. In grote postkantoren kunt u vanuit cellen (*cabines*) naar het buitenland bellen en aan het loket afrekenen. Dit is veel goedkoper dan bellen vanuit hotels, die daarvoor een toeslag vragen. De elektronische telefoongids Minitel is handig en u kunt hem in het postkantoor gratis raadplegen.

beamten soms menen dat de eerste naam de achernaam is: de Fransen schrijven de achternaam eerst, in hoofdletters.

POSTCODES

Alle Franse adressen hebben een postcode van vijf cijfers. De eerste twee staan voor het *département*. Volgt daarna 000, dan is het de postcode van de hoofdstad. De laatste twee cijfers van de postcode van Marseille geven de *arrondissements* van de stad aan.

Departementcodes

Alpes-de-Haute-Provence	04
Alpes Maritimes	06
Bouches-du-Rhône	13
Var	83
Vaucluse	84

ANDERE DIENSTEN

In postkantoren kun u ook telefoongidsen *(annuaires)* raadplegen, waaronder de elektronische gids Minitel, telefoonkaarten kopen, postwissels *(mandats)* versturen en ontvangen, en naar alle landen in de wereld telefoneren. Er zijn ook fax- en telexdiensten. De meeste hoofdpostkantoren bieden ook toegang tot internet.

BUITENLANDSE KRANTEN

Nederlandstalige kranten die u op de dag zelf of een dag later in de kiosken kunt kopen, zijn onder andere *De Telegraaf, de Volkskrant, De Standaard* en *Het Laatste Nieuws.* Op enkele plaatsen kunt u andere Nederlandse en Belgische dagbladen aantreffen en soms ook weekbladen. Ook Engelse, Duitse, Italiaanse, Zwitserse, Spaanse en ook Noord-Afrikaanse kranten zijn ruimschoots verkrijgbaar. *The News* is een Engelstalig maandblad, gewijd aan Frankrijk. De Engelssprekende bevolking van de Provence heeft zijn eigen radiostation en krant die plaatselijke informatie verschaffen. (Zie *Informatie over amusement*, blz. 237.)

TELEVISIE EN RADIO

Het Engelstalige Canal+ zendt

BELANGRIJKE NET- EN LANDNUMMERS

- Kies voor alle nummers in de Provence 04, voor Monaco 00377, voor het Ile de France 01, voor het noordwesten 02, voor het noordoosten 03, voor het zuidwesten 05.
- Kies voor de **telefoniste** 12.
- Voor **internationale informatie**: Duitsland 16 12; andere landen in Europa 16 13; de rest van de wereld 16 14.
- Kies voor **Pays Direct** 19, wacht op de kiestoon en kies vervolgens 00.
- Kies voor **directe internationale telefoongesprekken** eerst 19.
- De **landnummers** zijn: Nederland 31, België 32. Laat de eerste 0 van het netnummer altijd weg.

elke dag om 7.00 uur het Amerikaanse avondnieuws van ABC uit. In veel hotels kunt u Sky News en CNN ontvangen. Het Frans-Duitse kanaal ARTE zendt programma's uit vanuit de hele wereld, vaak in de oorspronkelijke taal met Franse ondertitels. Kijk in de overzichten naar *vo* of *vf (version originale, version française)*.Rivièra Radio heeft een Engelstalig programma in het zuiden van Frankrijk op 106.3 en 106.5 FM stereo vanuit Monte Carlo. U kunt er het Engelse nieuws van de BBC en 24 uur muziek en actualiteiten op beluisteren, waaronder de programma's van de BBC World Service. Op *France Musique* kunt u 24 uur per dag naar klassieke muziek luisteren (92.2 FM in Nice en 94.7 FM in Marseille). De nationale actuali-teitenzender heet *France Info* (105.2–105.8 FM).

INTERNET

Veel hotels, jeugdherbergen en campings in de Provence hebben internetfaciliteiten, maar informeer voor u uw reservering maakt. De duurdere hotels hebben ook WiFi in de kamers. In de grotere plaatsen zijn ten minste een aantal internetcafés, gaa naar het plaatselijke toeristenbureau voor adressen. De grote havens in de Provence hebben alle WiFi.

INTERNETCAFÉS

Avignon

Cyber@net84, 84 pl Jérusalem.
Tel. 04-32444029.

Cannes

Dre@mcybercafé,

6 rue Commandant Vidal.
Tel. 04-93382679.

Dignes-les-Bains

Cyber Café Municipale, 45 av du 8 Mai 1945. **Tel.** 04-92308717.

Marseille

Magic Café, 20 rue du Docteur Escat. **Tel.** 04-91357576.

Monaco

Achille Informatique, 15 pl d'Armes. **Tel.** (00377) 97708890.

Nice

Cyberpoint, 10 av Felix Faure. **Tel.** 04-93927063.

Toulon

Bar Puget, 1 pl Puget.
Tel. 04-94930554.

NEDERLANDSTALIGE RADIO-UITZENDINGEN

Radio Nederland Wereldomroep

www.wereldomroep.nl

Radio Vlaanderen Internationaal

Tel. 02-7413111.

INTERNATIONALE BOEKHANDELS

Aix-en-Provence

Paradox, 15 rue du 4 Septembre. **Tel** 04 42 26 47 99.

Cannes

Cannes English Bookshop, 11 rue Bivouac Napoléon.
Tel 04 93 99 40 08.

Marseille

Librairie Maurel, 95 rue de Lodi. **Tel** 04 91 42 63 44.

Monaco

Scruples, 9 rue Princesse Caroline. **Tel** (00 377) 93 50 43 52.

Montpellier

The Bookshop, 6 rue de l'Université. **Tel** 04 67 66 09 08.

Nice

The Cat's Whiskers, 30 rue Lamartine. **Tel** 04 93 80 02 66.

DOUANE EN IMMIGRATIE

Inwoners van EU-landen of toeristen uit de VS of Nieuw-Zeeland die korter dan drie maanden in Frankrijk blijven, hebben geen visum nodig. Na drie maanden is een *carte de séjour* vereist. Reizigers uit andere landen moeten voor vertrek inlichtingen inwinnen bij het Franse consulaat in hun eigen land.

BELASTINGVRIJE GOEDEREN

Reizigers van buiten de EU kunnen de omzetbelasting TVA of btw die ze op Franse goederen betalen, terugkrijgen als ze meer dan € 175 besteden in één winkel. Vraag een *bordereau de vente à l'exportation* (een formulier voor het exporteren van goederen) en neem het artikel binnen drie maanden mee. Het formulier (ondertekend door u en de verkoper) moet aan de douane worden overhandigd als u de EU verlaat en het bedrag wordt aan u overgemaakt. Op levensmiddelen, medicijnen, tabak, auto's en motorfietsen kan men geen belasting terugkrijgen.

UITVOERBEPERKINGEN

U kunt zo veel goederen (waarover btw is betaald) als u wilt meenemen van het ene EU-land naar het andere, mits ze bestemd zijn voor eigen gebruik. Wel kan men u verzoeken aan te tonen dat de goederen voor eigen gebruik zijn bestemd, als ze de door de EU voorgeschreven hoeveelheden overschrijden. Deze zijn: 10 l sterke drank, 90 l wijn, 110 l bier en 800 sigaretten.

INVOERBEPERKINGEN

Sinds 31 juni 1999 is het in de EU niet meer mogelijk om belastingvrij te winkelen. Voor personen die van buiten de EU komen, gelden de volgende invoerbeperkingen: niet meer dan 2 liter wijn, 1 liter sterke drank met meer dan 22 procent alcohol of 2 l drank met minder dan 22 procent

alcohol, 50 g parfum, 500 g koffie, 100 g thee en 200 sigaretten. Voor personen die jonger zijn dan 17 jaar is het niet toegestaan tabak of alcohol te importeren of te exporteren. Ook niet wanneer de ingekochte goederen als geschenken zijn bedoeld.

Regionale wijnen die zijn ingekocht om uit te voeren

INVOEREN VAN ANDERE GOEDEREN

Over het algemeen kunnen persoonlijke bezittingen (auto, fiets) belastingvrij worden ingevoerd, als duidelijk is dat ze voor eigen gebruik zijn en niet om te verkopen. Informatie hierover vindt u in de brochure *Voyagez en Toute Liberté* die verkrijgbaar is bij het

Een van de vele Parijse parfums

Centre des Renseignements des Douanes. Douanebeambten kunnen u ook van advies dienen. Voor de invoer- en uitvoer van planten, dieren, kunst, medicijnen en wapens zijn speciale regels van kracht. Informeer voor vertrek bij de Franse douane of bij de douane in uw eigen land.

ETIQUETTE

In uw contacten met de douane, in taxfree- en andere winkels moet u erop bedacht zijn dat de mensen in de Provence heel hartelijk zijn, maar dat de Franse omgangsvormen hier, nog meer dan ergens anders, moeten worden nageleefd. Geef iemand aan wie u wordt voorgesteld een hand. Zeg in winkels *bonjour* voor u zegt wat u wilt hebben, *merci* als u geld terugkrijgt en *au revoir, bonne journée* als u vertrekt. Vrienden van verschillende geslachten begroeten elkaar gewoonlijk met twee of drie kussen op de wang. De grotere vakantieoorden lijken onpersoonlijk, maar in de kleinere plaatsen zal men uw pogingen om Frans te praten en zo belangstelling voor de streek te tonen met geduld en enthousiasme begroeten.

Straatbeeld in Nice

INFORMATIE VOOR STUDENTEN

Studenten met een geldig identiteitsbewijs kunnen profiteren van kortingen van 25–50 procent in theaters, musea, bioscopen en allerhande bezienswaardigheden. De belangrijkste universiteit in deze streek is Aix-en-Provence/Marseille. Andere grote universiteiten bevinden zich in Avignon en Nice. Het BIJ en CRIJ (het Bureau Information Jeunesse/Centre Régional Information Jeunesse) in deze steden verschaffen informatie over het studentenleven en lijsten met adressen van goedkope slaapplaatsen.

Internationale studentenkaart

DE TIJD IN DE PROVENCE

De Provence ligt één uur voor op Greenwich Mean Time (GMT). Het is er even laat als in Nederland en België. De tijdsverschillen tussen de Provence en de grote steden in de wereld veranderen, afhankelijk van de zomertijd. Bijvoorbeeld: Londen -1 uur, New York -6 uur, Dallas -7 uur, Los Angeles -9 uur, Perth +7 uur, Sydney +9 uur, Auckland +11 uur, Tokyo +8 uur. In Frankrijk gebruikt men niet a.m. en p.m., maar telt men, net als in Nederland en België, gewoon door na 12 uur: 13, 14, 15. Bijvoorbeeld: 13.00 uur is 1 uur 's middags. Het belangrijkste van de tijd in de Provence is dat er zo veel van is. Overal lijkt men eindeloos de tijd te hebben.

ELEKTRISCHE ADAPTERS

De netspanning bedraagt in Frankrijk 220 volt. Stekkers zijn voorzien van twee kleine ronde pennen. Stekkers voor zwaardere apparaten bezitten twee grote ronde pennen. De betere hotels hebben ingebouwde adapters voor scheerapparaten. De multi-adapters met grote en kleine pennen, die op elk vliegveld te koop zijn, hebben reizigers uit Nederland en België niet nodig.

Een tweewegstekker

KERKDIENSTEN

De Provence is een katholiek gebied, met veel religieuze feesten en diensten die een geschiedenis van 500 jaar of langer kennen. Immigranten hebben ook andere godsdiensten meegebracht. In Nice en Marseille zijn Anglicaanse kerken waar Engelstalige diensten worden gehouden. In die steden bevinden zich ook synagogen en in Nice kunnen islamieten terecht bij het **Centre Islamique des Alpes Maritimes**. Denkt u er bij het bezichtigen van katholieke kerken, waarvan de deur meestal open is, aan dat u zich bescheiden gedraagt. Ga niet al te bloot gekleed en stoor mensen die zijn gekomen om te bidden niet door luid te praten of vlak voor hen langs te lopen. Informeer even of het is toegestaan om met flitslicht te fotograferen.

ADRESSEN

DOUANE INFORMATIE

Centre des Renseignements des Douanes
Rue de d'Hauteville 84,
75010 Parijs.
Tel. 0870-024444..
www.douane.gouv.fr

Nice
Rue Tonduti de l'Escarène
18. **Tel.** 04-93137813.

Marseille
Ave. R.Schuman 48.
Tel. 04-91141516.

STUDENTEN INFORMATIE

Aix-en-Provence
BIJ, Bld. Aristide-Briand
37 bis. **Tel.** 04-42919800.

MARSEILLE
CRIJ, La Canebière 96.
Tel. 04-91243350.

Nice
CRIJ, Rue Gioffredo 19.
Tel. 04-93809393.

JEUGDHERBERGEN

Aix
Ave. Marcel Pagnol 3,
Jas de Bouffan.
Tel. 04-42201599.

Avignon
(Villeneuve-lès-Avignon)
Chemin de la Justice 7bis.
Tel. 04-90254620.
www.ymca-avignon.com

Marseille
Quartier Bonneveine,
Impasse du Dr Bonfils.
Tel. 04-91176330.

Nice
Route Forestière du

Mt Alban.
Tel. 04-93892364.

Auberge Camélias,
3 Spitalieri.
Tel. 04 93 62 15 54.
www.hihostels.com

Clairvallon,
Ave. Scudéri 26.
Tel. 04-93812763.
www.clajsud.fr

Fontaine de Vaucluse
La Vignasse.
Tel. 04-90203165.

GEBEDSHUIZEN

Katholiek
Cathédrale Sainte-Réparate
Pl. Rossetti, Nice.
Tel. 04-93623440.

Basilique Notre-Dame
de la Garde

Rue Fort du Sanctuaire,
Marseille.
Tel. 04-91134080.

Anglicaans
Nice Anglican Church
Rue de la Buffa 11, Nice.
Tel. 04-93871983.
www.anglican-nice.com

Église Anglicane de
Marseille Rue de Belloi 4,
Marseille.
Tel. 04-91901881.

Joods
Grande Synagogue
Rue G. Deloye 7, Nice.
Tel. 04-93921138.
www.consistoire.org

Temple Israëlite de Sainte
Marguerite (Algerijns)
Bld. Ste Marguerite
205,Marseille.
Tel. 04-91756350.

REISINFORMATIE

De Provence ligt op het kruispunt van wegen tussen Frankrijk, Spanje en Italië en wordt doorsneden door internationale snelwegen en spoorlijnen. De luchthaven van Nice is na die bij Parijs de modernste en drukste van Frankrijk en verwerkt jaarlijks vier miljoen reizigers. Op de luchthaven van Marseille landen ook dagelijks vluchten uit de grotere Europese steden en er is een wekelijkse verbinding met New York. Lange afstanden overbrugt u in Frankrijk heel snel met de tgv *(blz. 248)*. De Franse snelwegen zijn uitstekend onderhouden, maar in het hoogseizoen wel erg druk.

Boeing 737 van Air France

AANKOMST PER VLIEGTUIG

De twee belangrijkste vliegvelden in de Provence – Marseille-Marignane en Nice-Côte d'Azur, dat onlangs is gemoderniseerd – zijn van alle gemakken voorzien. Op **Marseille-Provence** komen nationale en internationale vluchten met vooral zakelijke reizigers en er is een nieuwe terminal voor goedkope vluchten, MP2. De luchthaven is handig als u in het hart van de Provence moet zijn. Luchthaventaxi's naar het centrum van Marseille kosten ongeveer € 40 ('s nachts en op zondagen € 50). Er rijdt ook om de 20 minuten een bus naar het grootste station in Marseille (St-Charles). Op het vliegveld bevinden zich veel autoverhuurbedrijven, waaronder Ada, Avis, Budget, Citer, Europcar en Hertz.

Op **Nice-Côte d'Azur** treft u twee aankomsthallen aan. De oostelijke is voor internationale vluchten en sommige binnenlandse vluchten van Franse luchtvaartmaatschappijen (Littoral en TAT). Informeer bij uw reisbureau welke aankomsthal u zult gebruiken. De westelijke aankomsthal is alleen voor binnenlandse vluchten. Taxi's naar het centrum kosten € 25–30. Er rijden om de 10 minuten bussen naar het Gare Routière-station en bus 99 gaat om het halfuur naar het Gare SNCF. Elk halfuur vertrekken er bussen naar Cannes en elk uur naar Monaco en Menton. Heli-Inter vliegt om de 20 minuten naar Monte Carlo en 's zomers verschillende keren per dag naar St-Tropez.
Er zijn nog drie andere internationale luchthavens in de Provence: Montpellier, Nîmes en Toulon.

LUCHTHAVENS

Avignon-Caumont
Tel. 04–90815151.
Van luchthaven naar stad 10 km.
Taxi € 24.

Marseille-Provence
Tel. 04–42141414.
Van luchthaven naar stad 25 km.
Shuttlebus € 10, taxi € 40.

Montpellier Méditerranée
Tel. 04–67208585.
Van luchthaven naar stad 7 km.
Shuttlebus € 8, taxi € 15–20.

Nice-Côte d'Azur
Tel. 08–20423333.
Van luchthaven naar stad 6 km.
Shuttlebus € 4, taxi € 25–30.

Nîmes/Arles/Camargue
Tel. 04–66704949.
Van luchthaven naar stad 8 km.
Shuttlebus € 5, taxi € 25.

Toulon-Hyères
Tel. 08–25018383.
Van luchthaven naar stad 23 km.
Shuttlebus € 1,40, taxi € 40.

De internationale terminal Nice-Côte d'Azur

LUCHTVAART MAATSCHAPPIJEN

De Provence is na Parijs waarschijnlijk de streek in Frankrijk die per vliegtuig het best te bereiken is. Vanuit de meeste grote Europese steden vertrekken dagelijks directe vluchten naar het gebied. Uit Nederland en België wordt elke dag op de Provence gevlogen, onder meer door KLM, Transavia, SN Brussels Airlines en Air France. Ook budgetmaatschappijen als Easyjet vliegen op de vliegvelden van Marseille en Nice.

TELEFOONNUMMERS VAN LUCHTVAART- MAATSCHAPPIJEN

Air France
Frankrijk
Tel. 3654.
Nederland
Tel. 020-6545720.
België
Tel. 02-5414111.
www.airfrance.com

SN Brussels Airlines
Brussel
Tel. 02-7238152.
Frankrijk
Tel. 08-26101818.
www.brusselsairlines.be

Easyjet
Frankrijk
Tel. 08-26102611.
www.easyjet.com

KLM
Frankrijk
Tel. 08-90711231.
www.klm.com

Transavia
Nederland
Tel. 0900-0737 (€ 0,35/min.).
www.transavia.com

AUTOVERHUURBEDRIJVEN

Op het vliegveld in Nice kunt u bij de volgende autoverhuurbedrijven een auto huren: Avis, Budget, Citer, Europcar en Hertz. Op het vliegveld in Marseille hebt u de keuze uit Avis, Budget, Citer, Eurodollar, Europcar, Eurorent en Hertz.

Vertrekhal van vliegveld Marseille

TARIEVEN EN CHARTERS

Vliegtickets zijn in de paasvakantie en in het hoogseizoen het duurst. APEX-tarieven kunnen erg voordelig zijn, maar de vlucht moet wel enige tijd van tevoren worden geboekt. In sommige gevallen een maand, anders zeven tot veertien dagen. Deze tarieven hebben echter beperkingen en kunnen niet worden veranderd of geannuleerd zonder extra kosten. Zowel buiten het seizoen als in het hoogseizoen worden er veel chartervluchten op Nice aangeboden. Zoek naar de beste aanbiedingen bij een betrouwbaar reisbureau.

GOEDKOPE REISBUREAUS

Aix
Usit Connections
Cours Sextius 7.
Tel. 04-42934848.

Marseille
Voyages Wasteels
La Canebière 67.
Tel. 04-95093060.
www.wasteels.fr

Nederland
Eurolines
Julianaplein 5, 1097 DN Amsterdam.
Tel. 020-5608788.
www.eurolines.nl

België
Nouvelles Frontières
M. Lemonnierlaan 2,
1000 Brussel.
Tel. 02-5474444.
www.nouvelles-frontieres.be

FLY-DRIVE EN FLY-RAIL AANBIEDINGEN

Air France en de Franse spoorwegen bieden gecombineerde tickets aan voor vliegtuig en trein. U vliegt naar Parijs en neemt daar de trein naar het zuiden. Er zijn voordelige aanbiedingen te krijgen voor dergelijke reizen naar Avignon, Arles of Marseille. Er worden ook kant-en-klare reizen naar de Provence georganiseerd, waarbij alles is inbegrepen, de vlucht, het huren van een auto en de accommodatie. U hoeft dan nergens meer over na te denken, alles wordt geregeld. Het is natuurlijk wel gemakkelijk om van zo'n aanbieding gebruik te maken, maar het blijft avontuurlijker om zelf uw reis uit te stippelen en naar het soort onderdak te zoeken dat het beste op uw persoonlijke wensen aansluit. Misschien ziet u in deze gids wel een bestemming of hotel, waar geen enkele georganiseerde reis heen gaat.

VLIEGTIJDEN

Enkele vliegtijden naar de Provence zijn:
Amsterdam–Marseille: 2 uur.
Brussel–Marseille: 1 uur en 3 kwartier.
Amsterdam–Nice: 2 uur.
Brussel–Nice: 1 uur en 3 kwartier.
Londen–Marseille: 2 uur.
Londen–Nice: 2 uur.

Aankomst per trein

Logo van SNCF

Per trein naar de Provence reizen is snel en efficiënt. De treinen van de Franse spoorwegmaatschappij, Société Nationale des Chemins de Fer (**SNCF**), behoren tot de comfortabelste in Europa. De reis van Parijs naar Avignon gaat met de tgv (Train à Grande Vitesse) bijna net zo snel als met het vliegtuig en duurt ongeveer vier uur. De andere treinen zijn langzamer, maar het vervoer is altijd ontspannen en gemakkelijk.

BELANGRIJKSTE TRAJECTEN

De belangrijkste trajecten naar de Provence vanuit Noord-Europa lopen over Lille en Parijs. In Parijs moet u zich meestal van het Gare du Nord, waar u in Parijs aankomt, verplaatsen naar het Gare de Lyon, vanwaar de treinen naar Zuid-Frankrijk vertrekken. De Rivièra-Express rijdt dagelijks van Amsterdam via Brussel naar Ventimiglia, om de dag rechtstreeks of met een overstap in Brussel.

Van Amsterdam rijden er dagelijks vijf internationale treinen naar Parijs en vijf treinen waarbij u in Brussel moet overstappen. Uit Brussel vertrekken dagelijks twaalf internationale treinen naar Parijs. In de Provence zijn de treinen die langs de kust tussen Nice en Marseille rijden erg druk bezet. Het is aan te bevelen plaatsen te reserveren op deze en andere *Grandes Lignes*.

De particuliere spoorwegmaatschappij **Chemins de Fer de Provence** onderhoudt de Train des Pignes *(blz. 181)*, die over 151 km van Nice naar Digne-les-Bains rijdt door de Varvallei.

TREINREIZEN VAN TEVOREN BESPREKEN

Bel voor informatie met de spoorwegen. Er zijn ook reissites op internet waarop u uw kaartje online kunt reserveren. Het is soms moeilijk om thuis gemaakte reserveringen te veranderen. Als u de datum van uw thuisreis verandert, moet u soms een nieuw kaartje kopen en bij thuiskomst de kosten terugvragen.

TREINREIZEN IN FRANKRIJK BESPREKEN

De loketten in alle stations in Frankrijk zijn op een centrale computer aangesloten. Er staan ook kaartjesautomaten (met instructies in het Frans en het Engels) in de hal van de grote stations. Als u in het bezit bent van een creditcard met een pincode, kunt u door middel van het Minitel-systeem *(blz. 243)* reserveren. Als u met de tgv wilt reizen, is een reservering verplicht, maar deze kan tot vijf minuten voor vertrek worden gedaan. In drukke perioden gaan de prijzen omhoog. Het nieuwe internationale reserveringssysteem op het station van Lille is verbonden met de meeste Europese reisbureaus en stations.

Kaartjesautomaat

TARIEVEN

Voor een tweedeklaskaartje in de tgv gelden twee tarieven: één voor de daluren en één voor de piekuren. Voor de eerste klas geldt slechts één tarief. De kosten voor de noodzakelijke reservering zijn bij de prijs van het kaartje

Parijs–Marseille duurt slechts drie uur met de tgv

DE TGV

Trains à Grande Vitesse, of hogesnelheidstreinen, rijden 300 km/u. Er zijn vijf hoofdlijnen van de tgv die Frankrijk met verschillende bestemmingen in Europa verbinden. De Eurostar rijdt van Parijs naar Londen en de Thalys naar Brussel en Amsterdam. De tgv Méditerranée naar de Provence vertrekt van Gare de Lyon in Parijs. Andere tgv's vertrekken van Grenoble, Genève en Lausanne. Door zijn snelheid en comfort is de tgv wel iets duurder. Reserveren is verplicht.

inbegrepen. Voor andere treinen moet u soms een toeslag betalen en moet u de reserveringskosten (€ 3) meestal apart betalen.

Er zijn kortingen van 25 procent voor reizigers met kinderen *(Découverte Enfant⁺)*, voor personen tussen de 12 en 25 jaar *(Découverte 12–25)*, voor zestigplussers (Découverte Senior), voor personen die samen reizen *(Découverte à Deux)* voor een weekendretour *(Découverte Séjour)* en voor reserveringen *(Découverte J8 en Découverte J30)*. De SNCF heeft ook een *Carte Enfant+* en een *Carte Senior* (50 procent korting). Buiten Frankrijk kunt u Eurodomino-passen kopen, waarmee u respectievelijk drie, vijf of tien dagen binnen een maand kunt reizen. Er zijn ook Interrail-kaarten verkrijgbaar, waarmee onbeperkt door 25 landen in Europa kan worden gereisd, met uitzondering van het land waar de kaart is gekocht. Niet-Europeanen kunnen gebruikmaken van de Eurail-kaart.

Een bagagekar op het station

onderweg meer stations aan. De TER *(Train Express Regional)* is meestal een korte trein die in de regio komt. Als u met de nachttrein reist, kunt u de *train auto couchette* nemen en een couchette reserveren in een coupé voor vier of zes personen. Het is raadzaam om goed op uw spullen te passen.

U kunt ook een coupé met twee slaapplaatsen en een wasgelegenheid reserveren, maar die is duurder.

Op de dienstregeling kunt u zien of een trein een restauratiewagen heeft. In de TGV is altijd een bar te vinden met lichte maaltijden. In de eersteklascoupés kunt u een maaltijd laten brengen. Deze dient u wel van tevoren te reserveren. De **SNCF** biedt ook diensten aan als het reserveren van een auto, een taxi, een fiets of een hotelkamer.

DIENSTREGELING EN BOETES

De dienstregeling wordt twee keer per jaar gewijzigd. Brochures met aankomst- en vertrektijden van de voornaamste bestemmingen zijn gratis verkrijgbaar. Voor het Provence-Alpes-Côte d'Azur-gebied geldt een Transports Express Régionaux-dienstregeling, waarin ook de bustijden zijn vermeld.

U moet uw kaartje afstempelen in de stempelautomaat voor u het perron betreedt, anders riskeert u een boete.

AUTOSLAAPTREIN

De autoslaaptrein vervoert auto's, motorfietsen en fietsen 's nachts van onder andere Lille en Parijs naar de Provence. Met deze trein kunt u zich de lange autorit naar het zuiden over de tolwegen besparen. De dienst rijdt naar Avignon, Marseille en Nice en in het hoogseizoen naar Fréjus en St-Raphaël. Informeer bij de Franse spoorwegen.

ADRESSEN

RESERVERINGEN

Nederland
NS Internationaal, TeleSales
Tel. 0900-9296 (€ 0,35/min.)
Bij telefonische reservering worden boekingskosten berekend.
www.nsinternationaal.nl

België
NMBS reizen in Europa
Tel. 02-5282828
www.b-rail.be/int/N

Spoorwegen in Frankrijk
TGV
Tel. 08-92353535.
SNCF
Tel. 01-53902020.
www.sncf.fr
www.sncf.com
www.thalys.com
www.voyages-sncf.com

Online reserveren van TGV-reizen.
http://nl.tgv.com/nl
http://be.tgv.com/nl

PARTICULIERE SPOORWEGEN

Chemins de Fer de Provence
Tel. 04-97038080.

AUTOSLAAPTREIN

Rechtstreekse autoslaaptrein van 's-Hertogenbosch naar Avignon.
www.autoslaaptrein.nl

Een zilverkleurige TGV of Train à Grande Vitesse

SOORTEN TREINEN

Er zijn in Frankrijk ook nog andere soorten treinen dan de tgv. Zo is er de TRN *(Train Rapide National)*, die nog altijd Corail wordt genoemd. Deze trein is minder snel en doet

Reizen over de weg

Frankrijk is een paradijs voor automobilisten en de weg naar de Provence gaat over een uitstekend, maar duur netwerk van snelwegen. De Provence is een ideaal gebied om per auto te verkennen vanwege zijn schitterende wegen, waaronder de Grande Corniche boven Nice en de landweggetjes door de heuvels van de Lubéron *(blz. 170–171)*. De mooiste wegen, vooral die langs de Côte d'Azur, kunnen in het hoogseizoen wel druk zijn.

DE REIS NAAR DE PROVENCE

Als u met uw eigen auto reist, is het verplicht een groene kaart mee te nemen. Zonder groene kaart bent u in Frankrijk alleen tegenover derden verzekerd, ongeacht of u thuis allrisk verzekerd bent. Bij de ANWB kunt u speciale polissen krijgen. Het is verplicht om het kentekenbewijs van uw auto, verzekeringspapieren en een geldig rijbewijs bij u te hebben. Bij het nummerbord achter op uw auto moet een sticker worden bevestigd waaruit het land van registratie blijkt. Wie van de Benelux naar Zuid-Frankrijk rijdt, doet er goed aan Parijs te mijden. Ten eerste zit het verkeer rond de Franse hoofdstad vaak helemaal vast, maar belangrijker is dat de weg via Luxemburg, Nancy, Dijon en Lyon de snelste verbinding met Zuid-Frankrijk is. Houd's zomers wel rekening met enorme files, vooral bij Lyon waar zomaar rijen auto's van 100 km lang kunnen ontstaan.
Vanuit Spanje leidt de A8 rechtstreeks naar Marseille en verder naar Nice en Italië. In het hoogseizoen zijn de snelwegen zeer druk en is het de moeite waard kleinere (mooiere) wegen te kiezen. Neem bijvoorbeeld de afslag van de snelweg bij Montélimar en rijd naar de Lubéron via Nyons en Vaison-la-Romaine, of verlaat de snelweg bij Avignon en rijd door de Lubéron en de Var. Echte waaghalzen kunnen de Route Napoléon nemen van Grenoble, over de Alpen, naar Digne en vervolgens naar Grasse. Neem in Grasse de fraaie D3 en dan de D2210 naar Nice of rijd door naar Cannes.

Drie van de grootste autoverhuurbedrijven in Frankrijk

EEN AUTO HUREN

Het is de moeite waard om bij een aantal autoverhuurbedrijven te informeren naar speciale aanbiedingen. In Frankrijk is **Rent A Car** een goede keuze.
Voor kleine groepen zijn fly-drivearrangementen interessant. De SNCF stelt bij treinreizen desgewenst huurauto's beschikbaar, waarbij de auto bij grote stations kan worden opgehaald. U kunt ook het TT leasearrangement proberen van Citroën, Peugeot en Renault.

DE TOLWEG OF PÉAGE

Als u een snelweg (péage) oprijdt, neemt u een kaartje uit de machine. Hieruit blijkt waar u de weg bent opgereden. U betaalt als u de weg weer verlaat. Het bedrag hangt af van de afstand en het soort voertuig.

Tolwegbord
Op deze borden staan de naam van en de afstand tot de volgende afrit. Meestal zijn de borden blauw en soms staan er tarieven voor verschillende soorten voertuigen op vermeld.

Bemand tolhuisje
Als u uw kaartje overhandigt aan een beambte in een tolhuisje, vertelt deze u hoeveel uw rit heeft gekost. De prijs verschijnt ook op een scherm. U kunt betalen met munten, bankbiljetten of creditcards. Op verzoek geeft men een kwitantie af.

Automaat
Doe uw kaartje in de automaat. De prijs van uw rit verschijnt in euro's op het scherm. U kunt met munten of met een creditcard betalen. De automaat geeft geld terug en kan een kwitantie geven.

VERKEERSREGELS

Net als in Nederland en België rijdt men in Frankrijk aan de rechterkant van de weg en heeft rechts voorrang, alleen geldt dat niet op rotondes. Daar hebben auto's die zich al op de rotonde bevinden voorrang. Als een auto met zijn lichten knippert, betekent dat dat de bestuurder wil passeren. Zowel voor de voor- als de achterbanken zijn veiligheidsriemen verplicht. Inhalen op plaatsen waar een doorlopende witte streep op de weg staat, wordt streng bestraft.

MAXIMUMSNELHEDEN EN BOETES

De maximumsnelheden zijn:
• **Snelwegen** 130 km/u, bij regen 110 km/u
• **Vierbaanswegen** 110 km/u; 50 km/u in de bebouwde kom.
• **Andere wegen** 90 km/u.
Bij snelheidsovertredingen en rijden onder invloed wordt snelrecht toegepast.

De A6 van Parijs naar Lyon is de snelste weg naar het zuiden

SNELLE DOORGAANDE WEGEN

De drie belangrijkste snelwegen in de Provence zijn: de A7 van Lyon naar Marseille, de A9 van Orange naar Barcelona en de A8 van Marseille naar Menton. De nieuwe A54 gaat dwars door de Camargue, van Aix-en-Provence via Arles naar Nîmes. De A8 is de duurste tolweg in Frankrijk, maar u schiet wel op.

Verboden voor alle verkeer   **Eenrichting-verkeer**

VOUS N'AVEZ PAS LA PRIORITÉ
Rotonde heeft voorrang

Einde voorrangsweg

LANDELIJKE WEGEN

In de Provence is het een van de grootste genoegens om van de hoofdwegen af te slaan en kleine landweggetjes in te rijden. De RN en D-wegen *(Route Nationale* en *Départementale)* vormen een prima alternatief voor snelwegen. De borden met *bison futé* (slimme bizon) erop geven alternatieve routes aan om de grootste drukte te vermijden en zijn in de Franse vakantieperioden, de *grands départs*, erg handig. De weekeinden halverwege juli en aan het begin en einde van augustus zijn de drukste maanden van het jaar.

KAARTEN

De beste algemene kaart van de Provence is de gele kaart van Michelin, nr. 245, met een schaal van 1:200.000. De kaarten van het **IGN** (Institut Géographique National) zijn gedetailleerder. Bij de toeristenbureaus kunt u meestal gratis stadsplattegronden krijgen. Voor grotere steden hebt u misschien een gedetailleerdere kaart nodig.

Een paar nationale en regionale kaarten

PARKEREN

Parkeren in de grote steden, met name langs de kust, is aan strenge regels gebonden. Als u ergens parkeert waar dat niet mag, kan uw auto worden weggesleept, hetgeen u een boete van tot € 152 kost. In de meeste steden in de Provence staan parkeer-automaten *(horodateurs)*. In veel steden kunt u tussen 12.00 en 14.00 uur gratis parkeren. De kans is groot dat u klem wordt gezet door een andere auto. De Fransen gaan dan toeteren om de schuldige op te sporen.

Een *horodateur* of parkeer-automaat

BENZINE

In Frankrijk is benzine ver-houdingsgewijs duur, vooral langs de snelwegen. Bij grote super- en hypermarkten kunt u goedkope benzine kopen. Op een door de Franse toeristenbureaus *(blz. 237)* uitgegeven kaart staan benzinestations aangegeven, die binnen een straal van 2 km van de afritten van snelwegen goedkopere benzine verkopen. Overal is loodvrije benzine te koop. Diesel is de goedkoopste brandstof in Frankrijk. U kunt bij elk lpg-station in Frankrijk een kaart met verkooppunten krijgen.

Mountainbikes zijn ideaal om het landschap te verkennen

FIETSEN

Een van de aangenaamste manieren om de Provence te leren kennen, is op de fiets. Fietspaden zijn in de steden in de Provence echter schaars. Slechts enkele ste-den, zoals Arles, Avignon en Nîmes, beschikken over spe-ciale fietsroutes. U kunt op speciale treinen uw fiets mee-nemen – kijk in de dienst-regeling of er een fietssym-bool bij staat. Bij een aantal stations kunt u fietsen huren en er zijn overal fietsverhuur-bedrijven, met name in de Lubéron en de steden rond de Camargue. U kunt daar ook mountainbikes (VTT) huren. Langs de Côte d'Azur worden veel fietsen gestolen.

Op de meter van de taxi kunt u de *prix à payer* aflezen

TAXI'S

De prijzen van taxi's verschil-len per regio in de Provence. De tarieven zijn het hoogst langs de Côte d'Azur. Elders begint de meter te tellen bij € 2 en komt er € 0,60 bij voor elke kilometer. Voor bagage wordt een extra bedrag gerekend. Taxi's moe-ten een meter of *compteur* gebruiken. Het is niet gebrui-kelijk in de Provence een taxi aan te houden. Ga naar een taxistandplaats of bespreek een taxi per telefoon.

LIFTEN

Liften wordt in Frankrijk oogluikend toegestaan. Langs de snelwegen uw duim opsteken is niet toegestaan. Wie dat toch doet, krijgt een waarschuwing van de politie. Allostop-Provoya bemiddelt met chauffeurs die vanuit Parijs naar het zuiden of van de ene streek naar de andere rijden: **Tel.** 01-53204242.

REIZEN PER BUS

Vroeger was de bus het goedkoopste vervoermiddel naar de Provence, maar nu vliegen betaalbaar is ge-worden, is de bus een minder aantrekkelijke keuze. De reistijd van Amsterdam over Brussel naar Toulon met **Eurolines** *(blz. 251)* bedraagt 21 uur, tegenover een vliegreis van anderhalf uur. Men rijdt driemaal per week via Brussel, Avignon, Aix-en-Provence en Marseille naar Toulon. Het is een goed alternatief voor mensen met vliegangst, maar wel erg tijdrovend.
In grote steden vindt u een busstation, maar elders rijden er maar weinig streekbussen. In het noorden van de Provence onderhoudt de SNCF busdiensten en bussen van particuliere bedrijven rijden tussen de grotere steden. Van de dienstregeling van plaatselijke bussen klopt meestal niet veel. Wees daarom altijd ruim op tijd.

Een bus van Eurolines

Watersport en bootreizen

Weinig is opwindender dan de aanblik van de glinsterende Middellandse Zee voor de zuidkust van de Provence. Bijna elke stad heeft wel een haven waar boten te huur zijn. De veerdiensten die verbindingen onderhouden met de eilanden voor de kust zijn gemakkelijk te vinden en u kunt het hele jaar door tochtjes naar Corsica maken vanuit Marseille en Nice. Het reisbureau **Kuoni** organiseert cruises. Er zijn ook mogelijkheden om te varen over de Rhône en de Durance. Vakanties met woonboten worden vooral op de Rhône en in de Camargue georganiseerd.

Zeilen in een inham langs de kust van de Provence

HAVENS

Het hele jaar door onderhoudt **SNCM Ferryterranée** autoveerdiensten vanuit Marseille en Nice naar Corsica (Bastia, Ajaccio en Île Rousse). 's Zomers vaart er een veer van Marseille naar Propriano en van Toulon naar Ajaccio. De oversteek is meestal 's nachts. SNCM vaart één of twee keer per week van Marseille en Toulon naar Sardinië. Vanuit Marseille gaat er wekelijks een boot naar Tunis of Algiers en in het hoogseizoen elke week een naar Oran. De veerdiensten naar de eilanden voor de kust vertrekken uit Bandol naar het Île de Bendor, van Tour Fondu naar Porquerolles en van Port d'Hyères en Le Lavandou naar Le Levant en Port-Cros.

CRUISES EN BOOTTOCHTEN

Veel bedrijven langs de Franse zuidkust bieden cruises op de Middellandse Zee aan. Onderweg legt de boot aan in St-Tropez, Villefranche en Monaco. **Crown**

Blue Line verhuurt boten voor riviertochten van een week. Dagtochten naar de Îles d'Hyères vertrekken vanaf

Boten in de haven van St-Tropez

Quai Stalingrad in Toulon. **Les Grands Bateaux de Provence** biedt tochten aan naar Arles, en **La Camargue au Fil de l'Eau** verzorgt dagelijks tochten met een *péniche*, een traditionele rivierboot. **Mireio** organiseert cruises met diner, dansen of lunch van Avignon naar Arles. Woonbootvakanties boekt u bij **Rive de France.**

ZEILEN

In meer dan 70 jachthavens langs de Provençaalse kust kunnen jachten aanmeren. Het liggeld varieert. De havens aan de Côte d'Azur zijn het duurst. De **Féderation Française de Voile** informeert u waar u zeilclubs kunt vinden of een boot huren.

ADRESSEN

SNCM FERRYTERRANÉE

Marseille **Tel.** 3260.
www.sncm.fr

CRUISES EN BOOTTOCHTEN

Crown Blue Line
Quai du Canal 2, 30800 Saint-Gilles.
Tel. 04-68945272.

Les Grands Bateaux de Provence
Avignon. **Tel.** 04-90856225.

La Camargue au Fil de l'eau
30220 Aigues-Mortes.
Tel. 04-66537947.

Mireio
Avignon. **Tel.** 04-90856225.

Rive de France
Boulogne.
Tel. 04-67371460.

ZEILEN

Fédération Française de Voile
Rue Henri Bocquillon 17,
75015 Parijs.
Tel. 01-40603700.
www.hffvoile.org

Een particuliere motorboot voor Cannes

Register

Dankbetuiging

De uitgever bedankt de volgende personen en instellingen voor hun hulp bij de samenstelling van dit boek.

Auteur

Roger Williams is een schrijver en uitgever die jarenlang voor de *Sunday Times* heeft gewerkt. Hij heeft twee romans en een aantal reisgidsen op zijn naam staan, over uiteenlopende plaatsen, van Barcelona tot de Baltische Staten, en heeft meegewerkt aan *Over Europe*, de eerste reisgids over het verenigde Europa. Hij bezoekt Frankrijk regelmatig en schrijft al meer dan 30 jaar over de Provence.

Medewerkers

Adele Evans, John Flower, Robin Gauldie, Jim Keeble, Anthony Rose, Martin Walters.

Aanvullende foto's

Demetrio Carrasco, Andy Crawford, Lisa Cupolo, Nick Goodall, Steve Gorton, John Heseltine, Andrew Holligan, Richard McConnell, Neil Mersh, Ian O'Leary, Clive Streeter.

Aanvullende illustraties

Simon Calder, Paul Guest, Aziz Khan, Tristan Spaargaren, Ann Winterbotham, John Woodcock.

Cartografische research

Jane Hugill, Samantha James, Jennifer Skelley, Martin Smith (Lovell Johns).

Vormgeving en redactie

HOOFDREDACTIE Georgina Matthews
REDACTIE Douglas Amrine
ILLUSTRATIES Gaye Allen
CONTROLE VAN DE PROEVEN Hilary Stephens
FOTORESEARCH Susan Mennell
DTP Salim Qurashi
KAARTCOÖRDINATEN Simon Farbrother, David Pugh
KAARTEN Uma Bhattacharya, Kunal Singh, Jennifer Skelley, Samantha James (Lovell Johns Ltd, Oxford)
RESEARCH Philippa Richmond
Azeem Alam, Vincent Allonier, Rosemary Bailey, Shahnaaz Bakshi, Laetitia Benloulou, Josie Bernard, Hilary Bird, Kevin Brown, Margaret Chang, Cooling Brown Partnership, Guy Dimond, Joy Fitzsimmonds, Vinod Harish, Victoria Heyworth-Dunne, Jackie Grosvenor, Annette Jacobs, Nancy Jones, Erika Lang, Delphine Lawrance, Francesca Machiavelli, James Marlow, Helen Partington, Sangita Patel, Katie Peacock, Alice Peebles, Carolyn Pyrah, Philippa Richmond, Kavita Saha, Baishakhee Sengupta, Sailesh Sharma, Bhaswati Singh, Catherine Skipper, Priyanka Thakur, Amanda Tomeh, Daphne Trotter, Janis Utton, Conrad Van Dyk, Dora Whitaker, Irina Zarb.

Speciale assistentie

Louise Abbott; Anna Brooke, Manade Gilbert Arnaud; Brigitte Charles, Monaco Tourist Board, London; Sabine Giraud, Terres du Sud, Venasque; Emma Heath; Nathalie Lavarenne, Musée Matisse, Nice; Ella Milroy; Marianne Petrou; Andrew Sanger; David Tse.

Fotografische referentie

Bernard Beaujard, Vézénobres.

Toestemming voor het nemen van foto's

De uitgever is dank verschuldigd aan de volgende bedrijven en instellingen voor hun toestemming voor het nemen van foto's: Fondation Marguerite et Aimé Maeght, St-Paul-de-Vence; Hotel Négresco, Nice; monsieur J.-F. Campana, Mairie de Nice; Monsieur Froumessol, Mairie de Cagnes-sur-Mer; Musée Ephrussi de Rothschild, St-Jean-Cap-Ferrat; Musée Jean Cocteau, Menton; Musée International de la Parfumerie, Grasse; Musée Matisse, Nice; Musée National Message Biblique Marc Chagall, Nice; Musée Océanographique, Monaco; Musée Picasso/Château Grimaldi, Antibes; Salle des Mariages, Hôtel de Ville, Menton, en alle andere kerken, musea, hotels, restaurants, winkels en bezienswaardigheden, te groot in aantal om afzonderlijk te bedanken.

Fotoverantwoording

b = boven; lb = links boven; mb = midden boven; rb = rechts boven; mlb = midden links boven; mb = midden boven; mrb = midden rechts boven; ml = midden links; m = midden; mr = midden rechts; mlo = midden links onder; mo = midden onder; mro = midden rechts onder; lo = links onder; o = onder; mo = midden onder; ro = rechts onder; olb = onder links boven; omb = onder midden boven; orb = onder rechts boven; olo = onder links onder; omo = onder midden onder; oro = onder rechts onder.

We hebben onze uiterste best gedaan om alle rechthebbenden te achterhalen. Onze verontschuldigingen voor de gevallen waarin dat niet is gelukt. In een volgende uitgave zullen wij graag de rechthebbende(n) onze dank betuigen.

Kunstwerken staan afgebeeld met toestemming van de volgende houders van auteursrechten:

© ADAGP, Paris en DACS, Londen 2006: 26br, 27br, 27o, 30br, 74lb, 76b, 76mlb, 76lo, 77lb, 77rm, 78m, 78o, 85lo, 99rb, 107ro, 119mro, 120mb, 120mo, 121mrb, 121mro, 144mb; ©ARS, NY en DACS, Londen 2006: 59lb, 76mlo; © DACS, Londen 2006: 132lb; © Estate of Francis Bacon/DACS, Londen: 225lo; © Succession H.Matisse/DACS, Londen 2006: 27mr, 82rb, 82lo, 83mb, 83rm, 83ro; © Succession Miro/ADAGP, Parijs and DACS, Londen 2006: 77mrb; © Succession Picasso/DACS, Londen 2006: 26ro, 73ml, 73mr, 73mlo, 73lo, 73ro.

De uitgever is dank verschuldigd aan de volgende personen, bedrijven en fotoarchieven voor hun toestemming tot het afdrukken van hun foto's:

Alamy Images: Dave Watts 231m; Alvey & Towers: 248o; Ancient Art and Architecture Collection: 39b en mo, 40lo, 43b; Archives de l'Automobile Club de Monaco: 52mb; Artephot, Parijs: Plassart 27m; Associated Press Ltd: 29mo.

La Belle Aurore: 32o, 37b; Hostellerie Berard: 230mr; Bridgeman Art Library: Christie's, Londen 47mro, 50–51; Giraudon 47b, 48lo; Schloss Charlottenburg, Berlijn 179b.

Campagne, Campagne!, Parijs: Jolyot 92ro; J.L. Julien 31lo; Meissonnier 159o; Meschinet 138m; Moirenc 247;

Pambour 171b, 172t; Picard 159b; Pyszel 90b; Carte
Musées Côte d'Azur: 237cl; Cephas: Mick Rock 208ro,
209mb en ro; Jean-Loup Charmet, Parijs: 28ml, 29mlb;
© Antoine de Saint-Exupéry/Gallimard 29mlb; 37o, 42lo,
46mb en mo, 49b en mlb, 50lb en rb, 52b, 53b, 132ml,
140b, 153lb, 160ml; Bruce Coleman: Adrian Davies 114lo;
J.L.G. Grande 136omb; George McCarthy 19lb; Andrew J.
Purcell 115mo en lo; Hans Reinhard 137b, 171lo, mo en
ro; dr. Frieder Sauer 114m; Robert Wanscheidt 160lo;
K. Wothe 160mo; Paul van Gaalen 136orb; Corbis:
Sophie Bassouls 29mr; Owen Franken 231b; John Hicks
11ro; Chris Lisle 11lb; Joe Cornish: 23rb, 188, 234;
Julian Cotton Picture Library: Jason Hawkes aerial
collection 13, 56–57; Culture Espaces, Parijs: 86b en mb;
Véran 87b.

Photo Daspet, Avignon: Musée du Petit Palais, Avignon
44b, 45mo; Palais des Papes, Avignon 44mro en o; Diaf,
Parijs: J.-P. Garcin 33mo; J.-C. Gérard 228b en o, 151o;
Camille Moirenc 162m; Bernard Régent 26b; Patrick
Somelet 158o; Direction des Affaires Culturelles, Monaco:
91m.

European Commission: 241; Mary Evans: 9 inzet, 28b, lo
en ro, 28mro, 45ro en b, 46o, 57inzet, 189inzet, 235inzet;
Jane Ewart: 22mo, 23m, 24lb, 25mo, 58lb, 76mo, 127o,
163mb en mo, 203o, 237o, 244o; Explorer Archives, Parijs:
L. Bertrand 38mo; Jean-Loup Charmet 67b, 124m, 147o;
Coll. ES 42b, 46mo en lo; Coll. Sauvel 15b; G. Garde
33mb; J.P. Hervey 64b; J. & C. Lenars 39m; J.-P.
Lescourret 165m; M.C. Noailles 65o; Peter Willi 40mb;
A. Wolf 43mlo.

Fondation Auguste Escoffier, Villeneuve-Loubet: 74m;
Fondation Maeght, Saint-Paul-de-Vence, Frankrijk:
Claude Germain 77b en m; Coll. M. et Mme. Adrien
Maeght 77o; Frank Lane Picture Agency: N. Clark 170o;
Fritz Polking 18rb; M.B. Withers 136olo.

Galerie Intemporel, Parijs: Les Films Ariane, Parijs 54–55;
Editions Gaud, Moisenay: 70lo, 86o, 87lo en ro, 142b,
181m; Giraudon, Parijs: 27b, lo en ro, 28mr, 32b, 36,
40ro, 48mb en ro, 133o, 145o, 172m; Lauros-Giraudon
38mb, 45mo, 46rb (detail), 46–47, 49mlo, 51mlo, 53mlo
(alle rechten voorbehouden); 73lb en rb, 110lo, 125o,
134b, 144b, 146b; Musée de la Vieille Charité, Marseille
38ro; Musée de la Ville de Paris, Musée du Petit
Palais/Lauros-Giraudon 26lo; Musée des Beaux-Arts,
Marseille 48–49, 49o, 152o; Musée du Louvre, Parijs 8–9;
Musée du Vieux Marseille, Marseille 48mo, 50mb; Grand
Hôtel du Cap Ferrat: 191b; Ronald Grant Archive: Grottes
de St-Cézaire: 65m.

Robert Harding Picture Library: 35o, 246b; Hotel Eden
Roc, Cap d'Antibes: 191o; Hulton-Deutsch Collection:
28m, 29lo, 52ro; Keystone 94b.

Illustrated London News Picture Library: 50o.

Catherine Karnow, San Francisco: 110m; The Kobal
Collection: United Artists 71lb.

Daniel Madeleine: 183o; Magnum Photos: Bruno Barbey
228m; René Burri 55mlo; Robert Capa 82m; Elliott Erwitt
91ro; Guy le Querrec 225o; Mairie de Nîmes: Jean-Charles

Blais 132b (alle rechten voorbehouden); Francis Bacon
225o (alle rechten voorbehouden); Mansell Collection:
39o, 42ro, 43o, 51mlb, 52lo; Editions Molipor, Monaco:
94o; courtesy SBM 51mro, 94m; Musée de l'Annonciade,
St-Tropez: E. Vila Mateu 119o, 120–121; Musée
d'Anthropologie, Monaco: J.-F. Buissière 38lb; Musée
Archéologique de la Vaison-la-Romaine: Christine Bézin
41mlo; Musée d'Art Moderne et d'Art Contemporain,
Nice: 54ro, 85o; Musée Fabre, Montpellier: Leenhardt
135o; Musée de la Photographie, Mougins: 66o; Musée
Matisse, Nice: © Service photographique, Ville de Nice
82b en o, 83b, m en ro.

The National Gallery, Londen: 26m; Nature
Photographers: Carlson 18mb; Michael Gore 18o;
Network Photographers/Rapho: Mark Buscail 184b.

L'Oeil et la Mémoire/Bibliothèque Municipale d'Avignon:
Atlas 26, folio 147 42mo; Oxford Scientific Films: Mike
Hill 136olo; Tom Leach 160ro; Frank Schneidermeyer
136oro.

John Parker: 21lo, 24o, 58rb, 108b, 157; Pictures Colour
Library: 185o; Photo Resources: C.M. Dixon 41mor;
Planet Earth Pictures: Richard Coomber 136omo; John
Neuschwander 114ro; Peter Scoones 19o; Popperfoto:
29b, 29mo, 72o.

Range: Bettmann 28mo, 29mro en or; Retrograph Archive,
Londen: © Martin Breese 30rb, 69o; Roger-Viollet, Parijs:
47mlb, 51b, 52mo, 163o.

Service de Presse de la Ville de Cagnes-sur-Mer: 78m en
o, 79o; Roger Smith, Eze: 86mo, 87m; SNCF/French
Railways Ltd., Londen: 55o, 249o; Frank Spooner
Pictures: Robin 67o; P. Siccoli 54mo; Gamma/T. Pelisier
38o; Gamma/Christian Vioujard 67mrb en mlo; Sygma:
75b; 68o; H. Conant 54lo; J. Donoso 67mro; Diego
Goldberg 55mro; Keystone 52–53; 53mlb en o; Leo
Mirkine 55ml.

Editions Tallendier, Parijs: Bibliothèque Nationale
42–43; Terres du Sud, Venasque: Philippe Giraud 2,
44mlo; 45m en lo, 46lb en ro, 64o, 70ro, 81mb, 105o,
166b, 167mo, 168o; Tony Stone Images: Joe Cornish 14;
Travel Library: Philip Enticknap 93b en ro.

Wallis Phototheque, Marseille: Clasen 55b, 67mlb;
Constant 182o; Di Meglio 115mb; Giani 96b, 225b; Huet
185b; LCI 31ro, 176b; Leroux 16o; Poulet 96ml; Royer
96mr en o; Tarta 193o.

Roger Williams: 101, 138o, 165b, 170m, 181o, 185mb.

Omslag
Voorflap - Corbis: Owen Franken grote foto; DK Images:
lo. Achterflap - John Parker: mlb; The Travel Library:
Philip Enticknap lo; Wallis.fr: © ILICO lb; Leroux mlo.
Rug - Corbis: Owen Franken b; DK Images:
Kim Sayer o.

Algemene uitdrukkingen

In noodgevallen

Help!	**Au secours!**	oo suh**koer**
Stop!	**Arrêtez!**	aret-**ee**
Bel een! dokter	**Appelez un mèdecin!**	appe-**lee** û med**sè**
Bel een ambulance!	**Appelez une ambulance!**	appe-**lee** uun añbuu-**lañs**
Bel de politie!	**Appelez la police!**	appe-**lee** lah poh-**lies**
Bel de brandweer!	**Appelez les pompiers!**	appe-lee leh pom-**pjee**
Waar is de dichtstbijzijnde telefoon?	**Où est le téléphone le plus proche?**	oe è luh teele**efon** luh pluu **prosj**
Waar is het dichtstbijzijnde ziekenhuis?	**Où est l'hôpital le plus proche?**	oe è l'**opi**tal luh pluu **prosj**

Basiswoorden voor een gesprek

Ja	**Oui**	wie
Nee	**Non**	noñ
Alstublieft	**S'il vous plaît**	siel voe **plè**
Dank u wel	**Merci**	mer-**sie**
Pardon	**Excusez-moi**	exkuu-**zee** mwa
Hallo	**Bonjour**	boñ**zjoer**
Tot ziens	**Au revoir**	oo ruh-**vwaar**
Goedenavond	**Bonsoir**	boñ-**swaar**
Ochtend	**Le matin**	ma**tè**
Middag	**L'après-midi**	l'aprè-**miedie**
Avond	**Le soir**	swaar
Gisteren	**Hier**	iejèr
Vandaag	**Aujourd'hui**	oo-zjoer-**dwie**
Morgen	**Demain**	dumè
Hier	**Ici**	ie-**sie**
Daar	**Là**	laa
Wat?	**Quel, quelle?**	kèl, kèl
Wanneer?	**Quand?**	kà
Waarom?	**Pourquoi?**	poer-**kwaa**
Waar?	**Où?**	oe

Nuttige uitdrukkingen

Hoe gaat het met u?	**Comment allez-vous?**	kom-mà tal**lee** voe
Zeer goed, dank u.	**Très bien, merci.**	trè bjèn, mer-**sie**
Prettig met u kennis te maken.	**Enchanté de faire votre connaissance.**	âsjâ-**tee** duh fèr votr kon-è-**sans**
Tot straks.	**A bientôt.**	Aa bjè-**too**
Dat is goed.	**Voilà qui est parfait.**	vwaalaa kie è parfè
Waar is/zijn...?	**Où est/sont...?**	oe è/sõ
Hoe ver is het naar...?	**Combien de kilomètres d'ici à...?**	kom-bjè duh kielo-**mètr** d'ie-**sie** aa
Welke kant uit naar...?	**Quelle est la direction pour?**	kèl è laa **dier-èk-sjõ** poer
Spreekt u Engels?	**Parlez-vous anglais?**	par-**lee** voe âng-**lè**
Ik begrijp het niet.	**Je ne comprends pas.**	zjuh nuh kom-**prâ** pa

In noodgevallen

Kunt u langzaam spreken?	**Pouvez-vous parler moins vite, s'il vous plaît?**	poe-**vee** voe par-lee mwèn viet siel voe plè
Het spijt me.	**Excusez-moi.**	exkuu-**zee** mwa

Nuttige woorden

groot	**grand**	grâ
klein	**petit**	puh-**tie**
warm	**chaud**	sjoo
koud	**froid**	frwaa
goed	**bon**	bõ
slecht	**mauvais**	moo-**vè**
genoeg	**assez**	assee
goed	**bien**	bjè
open	**ouvert**	oe-**vèr**
dicht	**fermé**	fer-**mee**
links	**gauche**	goosj
rechts	**droit**	drwaa
rechtdoor	**tout droit**	toe drwaa
dichtbij	**près**	prè
ver	**loin**	lwèn
omhoog	**en haut**	añ oo
omlaag	**en bas**	añ ba
vroeg	**de bonne heure**	duh bon eur
laat	**en retard**	añ ruh-**tar**
ingang	**l'entrée**	l'ä-**tree**
uitgang	**la sortie**	sor-**tie**
toilet	**les toilettes, les WC**	twaa-let, wee-**see**
vrij	**libre**	liebre
gratis	**gratuit**	grah-**twie**

Telefoneren

Ik wil interlokaal telefoneren.	**Je voudrais faire un interurbain.**	zhuh voe-**drè** fèr û âter-urbè
Ik wil graag een collect call maken.	**Je voudrais faire une communication PCV.**	zhuh voe**drè** fèr uun kommuu-nikaa-**sjõ** pee-see-vee
Ik probeer het later nog eens.	**Je rappelerai plus tard.**	zhuh rapèle**ree** pluu taar
Kan ik een boodschap achterlaten?	**Est-ce que je peux laisser un message?**	es-**kuh** zhuh peu lè-**see** u mè**saazj**
Blijf aan de lijn.	**Ne quittez pas, s'il vous plaît.**	nuh kie-**tee** pa siel voe plè.
Kunt u iets harder spreken?	**Pouvez-vous parler un peu plus fort?**	poe-**vee** voe par-**lee** û peu pluu for
lokaal gesprek	**la communication locale**	kommuunikaa-**sjõ** loo-kal

Winkelen

Hoeveel kost dit?	**C'est combien s'il vous plaît?**	sè kom-**bjè** siel voe plè
Accepteert u creditcards?	**Est-ce que vous acceptez les cartes de crédit?**	es-**kuh** voe zaksep-**tee** lè kart duh kree-**die**

Accepteert u traveller-cheques?	Est-ce que vous acceptez les chèques de voyage?	es-**kuh** voe zaksep-**tee** lè sjek duh vwaa**jaazj**
Ik wil graag …	Je voudrais…	zhuh voe-**drè**
Hebt u?	Est-ce que vous avez?	es-**kuh** voe zav**ee**
Ik kijk alleen even.	Je regarde seulement.	zhuh ruh**gaarde** seuluh**mã**
Hoe laat gaat u open?	A quelle heure vous êtes ouvert?	ah kèl eur voe zèt oe-**vèr**
Hoe laat sluit u?	A quelle heure vous êtes fermé?	ah kèl eur voe zèt fer-**mee**
deze	Celui-ci	suh-lwie-**sie**
die	Celui-là	suh-lwie-**laa**
duur	cher	sjèr
goedkoop	pas cher, bon marché	pa sjèr, bõ mar-**sjee**
maat, kleding	la taille	tajuh
maat, schoenen	la pointure	pwã-**tuur**
wit	blanc	blã
zwart	noir	nwaar
rood	rouge	roezj
geel	jaune	zjoon
groen	vert	vèr
blauw	bleu	bleu

Soorten winkels

antiek-winkel	le magasin d'antiquités	maga-**zèn** d'ãtiekie-**tee**
apotheek	la pharmacie	farmaa-**sie**
bakkerij	la boulangerie	boelã-**zjurie**
bank	la banque	bãk
banketbakkerij	la pâtisserie	patie-**serie**
boekwinkel	la librairie	lie-**brèrie**
cadeauwinkel	le magasin de cadeaux	maga-**zèn** duh ka**doo**
delicatessenzaak	la charcuterie	sjarkuu-**terie**
groentewinkel	le marchand de légumes	mar-**sjã** duh lee-**guum**
kaaswinkel	la fromagerie	fromaazje-**rie**
kapper	le coiffeur	kwa**feur**
krantenwinkel	le magasin de journaux	maga-**zèn** duh zjoer-**noo**
kruidenier	l'alimentation	alie-menta-**sjõ**
markt	le marché	marsj-**ee**
melkwinkel	la crémerie	krème-**rie**
postkantoor	la poste, le bureau de poste, les PTT	poost, buu**roo** duh poost, pee-tee-**tee**
schoenwinkel	le magasin de chaussures	maga-**zèn** duh sjoo-**suur**
sigarenwinkel	le tabac	taba
slagerij	la boucherie	boe-**sjerie**
viswinkel	la poissonnerie	pwassonne-**rie**
reisbureau	l'agence de voyages	l'azjèns duh vwajaazj
supermarkt	le super-marché	suu pèr-**marsjee**
warenhuis	le grand magasin	grã maga-**zèn**

Het menu

l'agneau	l'an**joo**	lamsvlees
l'ail	l'aj	knoflook
la banane	baa**naan**	banaan
le beurre	beur	boter
la bière	bjèr	bier
le bifteck, le steack	bief-**tèk**, steek	biefstuk
le boeuf	beuf	rundvlees
bouilli	boe-**jie**	gekookt
le café	ka-**fee**	koffie
le canard	kan**aar**	eend
le citron pressé	sie-**trõ** press-**ee**	vers citroensap
les crevettes	kre-**vèt**	garnalen
les crustacés	**kruus**-ta-**see**	schaaldieren
cuit au four	kwiet oo foer	gebakken
le dessert	dè-**sèr**	dessert
l'eau minérale	l'oo mie**nee**-ral	mineraalwater
les escargots	lèhzès-kar-**koo**	slakken
les frites	friet	frites
le fromage	from-**aazj**	kaas
les fruits frais	frwie frè	vers fruit
les fruits de mer	frwie duh mèr	zeevruchten
le gâteau	gah-**too**	taart
la glace	glas	ijs
grillé	grie-**jee**	gegrild
le homard	om**aar**	kreeft
l'huile	l'wiel	olie
le jambon	zjã-**bõ**	ham
le lait	lè	melk
les légumes	lee-**guum**	groenten
la moutarde	moe-**tard**	mosterd
l'oeuf	l'uf	ei
les oignons	lèzon**jõ**	uien
les olives	lèzo**liev**	olijven
l'orange pressée	l'orã**zj** press-**ee**	vers sinaasappel-sap
le pain	pèn	brood
le petit pain	pe-**tie** pèn	broodje
poché	posj-**ee**	gepocheerd
le poisson	pwa-**ssõ**	vis
le poivre	pwavr	peper
la pomme	pom	appel
les pommes de terre	pom-duh tèr	aardappels
le porc	por	varkensvlees
le potage	poo-**taazj**	soep
le poulet	poe-**lè**	kip
le riz	rie	rijst
rôti	roo-**tie**	geroosterd
la sauce	soos	saus
la saucisse	soo**sies**	worst, vers
sec	sèk	droog
le sel	sèl	zout
le sucre	suukr	suiker
le thé	tee	thee
le toast	toost	toost
la viande	vie-**jand**	vlees
le vin blanc	vèn blã	witte wijn
le vin rouge	vèn roezj	rode wijn
le vinaigre	vie**nègr**	azijn

Uit eten

Hebt u	Avez-vous une	avee-**voe** uun
een tafel?	table libre?	taabl liebr
Ik wil een	Je voudrais	zjuh voe-**dree**
tafel	réserver	reezèr-**vee**
reserveren	une table.	uun taabl
De rekening,	L'addition, s'il	l'adie-**sjō** siel
alstublieft.	vous plaît.	voe **plee**
Ik ben	Je suis	zjuh swie
vegetariër.	végétarien.	vezjee-**tarjèn**
Ober	Madame,	maa-**dam**,
	Mademoiselle/	maa-demwaa-
	Monsieur	**zèl**/me-**sjeu**
menu	le menu, la carte	men-**uu**, kart
menu tegen	le menu à	men-**uu** aa
vaste prijs	prix fixe	prie fieks
couvertkosten	le couvert	koe-**vèr**
wijnkaart	la carte des vins	kart-**dèh vèn**
glas	le verre	vèr
fles	la bouteille	boe-**tij**
mes	le couteau	koe-**too**
vork	la fourchette	foer-**sjèt**
lepel	la cuillère	kwie-**jèr**
ontbijt	le petit	pe-**tie**
	déjeuner	dee-**zjeu-nee**
lunch	le déjeuner	dee-**zjeu-nee**
diner	le dîner	die-**nee**
hoofdgerecht	le plat principal	plaa pr sie-**pal**
voorgerecht	l'entrée, le hors	l'ä-**tree**, or-
	d'oeuvre	deuvr
dagschotel	le plat du jour	plaa duu zjoer
wijnbar	le bar à vin	bar aa vèn
café	le café	ka-**fee**
rare	saignant	sè-**nä**
medium	à point	aa **pwä**
well done	bien cuit	bjèn **kwie**

Verblijf in een hotel

Hebt u een	Est-ce que vous	es-kuh voe-
kamer vrij?	avez une	**zavee** uun
	chambre?	sjambr
tweepersoons-	la chambre	sjambr
kamer met	a deux	aa deu
tweepersoons-	personnes, avec	pèr-**son** avek
bed	un grand lit	un grä lie
een kamer met	la chambre à	sjambr aa
twee bedden	deux lits	deu lie
eenpersoons-	la chambre pour	sjambr aa
kamer	une personne	uun pèr-**son**
kamer met	la chambre avec	sjambr avek
bad, douche	salle de bains,	sal duh bèn,
	une douche	uun doesj
kruier	le garçon	kar-**sō**
sleutel	la clef	klee
Ik heb	J'ai fait une	zjee fè uun
gereserveerd.	réservation.	reezèrva-**sjō**

Bezienswaardigheden

abdij	l'abbaye	l'ab-**ee**
bibliotheek	la bibliothèque	bieblieo-**tèk**
busstation	la gare routière	kaar roe-**tjèr**
galerie	la galerie d'art	kale-**rie** daar

herenhuis	l'hôtel	l'ootèl
	particulier	partikuu-**ljee**
kathedraal	la cathédrale	katee-**dral**
kerk	l'église	l'eegliez
museum	le musée	muu-**zee**
op officiële	fermeture	fèrme-**tuur**
feestdagen	jour férié	zjoer feerie-**ee**
gesloten		
spoorweg-	la gare	kaar
station	(SNCF)	(ès-èn-see-**èf**)
stadhuis	l'hôtel de ville	l'ootèl duh viel
toeristen-	les renseigne--	ransènje-
bureau	ments	mä
	touristiques,	toe-ries-**tiek**,
	le syndicat	sandie-**ka**
	d'initiative	d'ienie-sja**tiev**
tuin	le jardin	zjar-**dèn**

Getallen

00	zéro	zee-**roo**
01	un, une	û, uun
02	deux	deu
03	trois	trwaa
04	quatre	katr
05	cinq	sènk
06	six	sies
07	sept	sèt
08	huit	wiet
09	neuf	neuf
10	dix	dies
11	onze	ōze
12	douze	doeze
13	treize	trèze
14	quatorze	ka**torz**
15	quinze	kènz
16	seize	sèze
17	dix-sept	dies-**sèt**
18	dix-huit	dies-**wiet**
19	dix-neuf	dies-**neuf**
20	vingt	vèn
30	trente	tràt
40	quarante	ka**rät**
50	cinquante	sènk**ät**
60	soixante	swas**ät**
70	soixante-dix	swasät-**dies**
80	quatre-vingts	katr-**vät**
90	quatre-vingts-	katr-vät-
	dix	dies
100	cent	sä
1000	mille	miel

Tijd

een minuut	une minute	uun mie-**nuut**
een uur	une heure	uun eur
een halfuur	une demi-heure	uun **de-mie** eur
maandag	lundi	lû-**die**
dinsdag	mardi	mar-**die**
woensdag	mercredi	mèrkre-**die**
donderdag	jeudi	zjeu-**die**
vrijdag	vendredi	vàdre-**die**
zaterdag	samedi	sam-**die**
zondag	dimanche	die-**mäsj**

DE GIDS DIE LAAT ZIEN WAAR ANDERE ALLEEN OVER SCHRIJVEN

NEDERLANDSE BESTEMMINGEN

AMSTERDAM • FRIESLAND • GELDERLAND • MAASTRICHT & ZUID-LIMBURG
DE MOOISTE VAARROUTES IN NEDERLAND • DE MOOISTE WANDELINGEN IN NEDERLAND
NEDERLAND • NOORD-BRABANT • NOORD- & MIDDEN-LIMBURG • UTRECHT
WANDELINGEN DOOR PARK, STAD & LAND • ZEELAND

LANDEN-, REGIO- & STEDENGIDSEN

AUSTRALIË • BALI & LOMBOK • BARCELONA & CATALONIË • BEIJING & SHANGHAI • BERLIJN
BOEDAPEST • BRAZILIË • BRETAGNE • BRUSSEL, ANTWERPEN, GENT & BRUGGE • CALIFORNIË
CANADA • CANARISCHE EILANDEN • CHINA • CORSICA • COSTA RICA • CUBA • CYPRUS
DELHI, AGRA & JAIPUR • DENEMARKEN • DORDOGNE, BORDEAUX & DE ZUIDWESTKUST
DUBLIN • DUITSLAND • EGYPTE • FLORENCE & TOSCANE • FLORIDA • FRANKRIJK
GRIEKENLAND, ATHENE & HET VASTE LAND • GRIEKSE EILANDEN • GROOT-BRITTANNIË
HONGARIJE • IERLAND • INDIA • ISTANBUL • ITALIË • JAPAN • KROATIË • LISSABON
LOIREDAL • LONDEN • MADRID • MALLORCA, MENORCA EN IBIZA • MAROKKO • MEXICO
MILAAN & DE MEREN • MOSKOU • NAPELS MET POMPEJI & DE AMALFI-KUST
NEDERLANDSE ANTILLEN & ARUBA • NEW ENGLAND • NEW YORK • NIEUW-ZEELAND
NOORD-SPANJE • NOORWEGEN • OOSTENRIJK • PARIJS • POLEN • PORTUGAL MET MADEIRA
EN DE AZOREN • PRAAG • PROVENCE & CÔTE D'AZUR • ROME • SAN FRANCISCO • SARDINIË
SCHOTLAND • SEVILLA & ANDALUSIË • SICILIË • SINGAPORE • SPANJE • STOCKHOLM
ST.-PETERSBURG • THAILAND • TSJECHIË EN SLOWAKIJE • TUNESIË • TURIJN • TURKIJE • UMBRIË
USA • USA-ZUIDWEST & LAS VEGAS • VENETIË & VENETO • VIETNAM & ANGKOR WAT
WASHINGTON, DC • WENEN • ZUID-AFRIKA • ZWEDEN • ZWITSERLAND

CAPITOOL COMPACT

ALGARVE • AMSTERDAM • ANDALUSIË & COSTA DEL SOL • BARCELONA • BERLIJN
DOMINICAANSE REPUBLIEK • HONG KONG • KRETA • LISSABON • LONDEN • MADRID
NAPELS & AMALFI-KUST • NEW YORK • NORMANDIË • PARIJS • PRAAG
PROVENCE & CÔTE D'AZUR • ROME • SICILIË
TOSCANE • VENETIË • WENEN

MINI CAPITOOL

BARCELONA • BERLIJN • ISTANBUL • LONDEN
NEW YORK • PARIJS • PRAAG • ROME
VENETIË • WENEN

NATUUR- & VELDGIDSEN

BOMEN • PADDESTOELEN • VOGELS
VOGELS VAN EUROPA • WILDE BLOEMEN

TAALGIDSEN

DEENS • DUITS • ENGELS
FRANS • GRIEKS • ITALIAANS
NOORS • PORTUGEES
SPAANS • TSJECHISCH
TURKS • ZWEEDS

ALTIJD ACTUEEL

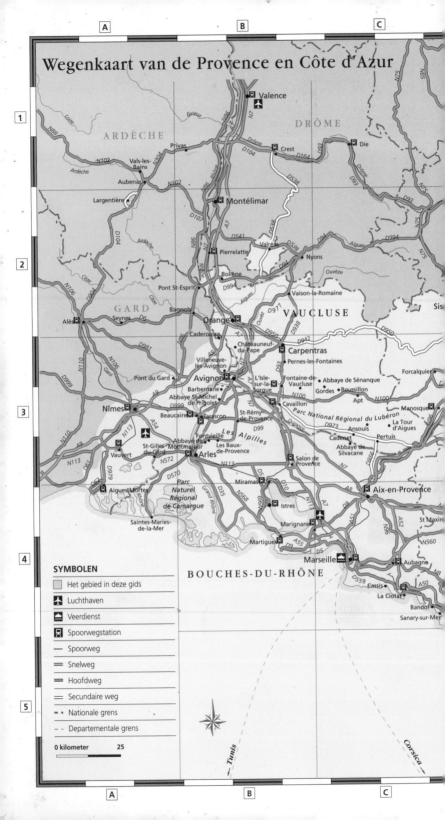